高等学校应用型本科金融学"十三五"规划教材

期货市场理论与实务

QIHUO SHICHANG LILUN YU SHIWU

主　编　庞海峰
副主编　张福双　张德春　程　宇

中国金融出版社

责任编辑：王效端　张菊香
责任校对：李俊英
责任印制：陈晓川

图书在版编目（CIP）数据

期货市场理论与实务/庞海峰主编 . —北京：中国金融出版社，2017.8
高等学校应用型本科金融学"十三五"规划教材
ISBN 978 – 7 – 5049 – 8663 – 4

Ⅰ.①期…　Ⅱ.①庞…　Ⅲ.①期货市场—高等学校—教材　Ⅳ.①F830.9

中国版本图书馆 CIP 数据核字（2016）第 195338 号

期货市场理论与实务
Qihuo Shichang Lilun yu Shiwu

出版
发行　中国金融出版社

社址　北京市丰台区益泽路 2 号
市场开发部　（010）63266347，63805472，63439533（传真）
网上书店　http://www.chinafph.com
　　　　　（010）63286832，63365686（传真）
读者服务部　（010）66070833，62568380
邮编　100071
经销　新华书店
印刷　保利达印务有限公司
尺寸　185 毫米 ×260 毫米
印张　17.5
字数　400 千
版次　2017 年 8 月第 1 版
印次　2019 年 2 月第 2 次印刷
定价　38.00 元
ISBN 978 – 7 – 5049 – 8663 – 4
如出现印装错误本社负责调换　联系电话（010）63263947
编辑部邮箱：jiaocaiyibu@126.com

前　　言

　　《期货市场理论与实务》是为了满足应用型本科经济管理类各专业教学需要而编写的，也可供广大期货投资者和爱好者学习参考之用。

　　本书站在期货投资者的角度，全面阐述期货市场投资的基本理论、基本知识和基本方法，并辅之以经典案例分析，突出了实务特点。

　　具体来说，本书具有如下特色：

　　1. 以投资为主线，以投资者为本体，按照投资者行为顺序设计全书的内容。

　　2. 体现实用性。每章以案例结束，章后设"复习思考题"。操作性内容讲解细致，与实际业务一致。

　　3. 贯穿辩证法的思想。期货市场本身充满了辩证法，所以在教材内容上也充分体现了唯物辩证法的思想。

　　4. 国内与国外分析相结合。除对国内的期货交易制度做详细分析外，对国外一些重要的制度和风险防范措施也做了有针对性的阐述。

　　5. 资料性强。本书介绍了一些期货业的重大事件和案例，并附有专用术语中英文对照。

　　本书共有五所高校的教师参加编写。具体分工如下：哈尔滨商业大学庞海峰编写第一、二、三章，黑龙江财经学院的张福双和郭强、黑龙江东方学院的张德春、哈尔滨学院的程宇共同编写第四、五、六章，哈尔滨理工大学的张婧思编写了第七、八章及附录的内容。庞海峰教授负责全书内容与大纲的设计、总纂和修改定稿。参加本书的资料整理、编写工作的还有庞舒月、刘欢、盛继丹、刘振亮、张燕、王尊、景楷淇。

　　在本书编写过程中，我们参考了大量国内外学者的著作和文章，还使用了中国证监会、中国期货业协会、上海商品期货交易所、大连商品交易所、郑州商品交易所、中国金融期货交易所的资料，在此，我们对以上资料提供者及作者深表诚挚的谢意。

　　由于编者水平所限，书中难免会有错误和疏漏，恳请专家、学者及读者批评指正。

庞海峰

2017 年 8 月

目　　录

第一章

期货市场基础知识

【教学目标】

1. 了解期货市场的产生和发展
2. 了解中国期货市场的产生和发展
3. 理解期货交易的基本概念及特征
4. 理解期货交易与现货交易的区别
5. 理解会员制和公司制交易所的不同
6. 理解期货市场的功能与作用
7. 了解期货市场的组织结构与投资者

【知识结构图】

期货市场基础知识
- 期货市场的产生和发展
  - 期货市场的产生
  - 期货市场的发展
  - 中国期货市场的建立与发展
- 期货交易的基本概念及特征
  - 期货交易的基本概念
  - 期货交易与现货交易的区别
  - 期货交易的基本特征
- 期货市场的功能与作用
  - 期货市场的功能
  - 期货市场的作用
- 期货市场的组织结构与投资者
  - 期货交易所
  - 期货结算机构
  - 期货中介机构
  - 期货投资者

第一节　期货市场的产生和发展

一、期货市场的产生

一般认为，期货交易最早萌芽于欧洲。早在古希腊和古罗马时期，欧洲就出现了中央交易场所和大宗易货交易，形成了既定时间在固定场所开展的交易活动。在此基础上，产生了远期交易的雏形。在农产品收获以前，商人先向农民预购农产品，待收获以后再进行交付，这就是比较原始的远期交易。中国的远期交易同样历史悠久，春秋时期中国商人的鼻祖范蠡就曾开展远期交易。

现代意义上的期货交易在19世纪中期产生于美国芝加哥。19世纪30—40年代，随着美国中西部大规模的开发，芝加哥因毗邻中西部平原和密歇根湖，从一个名不见经传的小村落发展成为重要的粮食集散地。中西部的谷物汇集于此，再从这里运往东部消费区。由于粮食生产特有的季节性，加之当时仓库不足，交通不便，所以粮食供求矛盾异常突出。每年谷物收获季节，农场主们用车船将谷物运到芝加哥，因谷物在短期内集中上市，供给量大大超过当地市场需求，而恶劣的交通状况使大量谷物不能及时疏散到东部地区，加之仓储设施严重不足，粮食购销商无法采取先大量购入再见机出售的办法，所以价格一跌再跌，无人问津。可是，到了来年春季，粮食短缺，价格飞涨，消费者深受其害，加工企业也因缺乏原料而困难重重。在供求矛盾的反复冲击下，粮食商率先行动起来。他们在交通要道旁边设立仓库，收获季节从农场主手中收购粮食，来年发往外地，缓解了粮食供求的季节性矛盾。不过，粮食商因此承担了很大的价格风险。一旦来年粮价下跌，利润就会减少，甚至亏本。为此，他们在购入谷物后立即跋涉到芝加哥，与这里的粮食加工商、销售商签订第二年春季的供货合同，事先确定销售价格，确保利润。因此，芝加哥的粮食商在长期的经营活动中摸索出了一套远期交易的方式。

1848年芝加哥的82位商人发起组建了芝加哥期货交易所（简称CBOT）。严格地讲，芝加哥期货交易所成立之初，首先进行的也只是农产品远期合同交易，并未进行期货交易。当时，粮食运输很不可靠，轮船航班也不定期，从美国东部和欧洲传来的供求消息经过很长时间才能传到芝加哥，粮食价格波动相当大。在这种情况下，农场主即可利用远期合同保护他们的利益，避免运粮到芝加哥时因价格下跌或需求不足等原因而造成损失。加工商和出口商也可以利用远期合同减少因各种原因而引起的加工费用上涨的风险，保护他们自身的利益。

这种远期交易方式在随后的交易过程中遇到了一系列困难，如商品品质、等级、价格、交货时间、交货地点等都是根据双方的具体情况达成的，当双方情况或市场价格发生变化，转让已签订合同则非常困难。另外，远期交易最终能否履约主要依赖对方的信誉，而对对方信誉状况作全面细致的调查，费时费力，成本较高，难以进行，使交易中的风险增大。

针对上述情况，1851年，芝加哥期货交易所引进了远期合同，农场主、加工商或贸易商利用远期合约稳定农产品价格、降低风险。

1865年，芝加哥期货交易所推出了标准化合约，同时实行保证金制度，向签约双方收取一定数额的保证金，作为履约保证。

1882年，交易所允许以对冲方式免除履约责任，这种措施吸引了投机者的加入，使得期货市场流动性有了明显增强。

1883年，成立了结算协会，向芝加哥期货交易所的会员提供对冲工具。但结算协会当时还算不上规范严密的组织，直到1925年芝加哥期货交易所结算公司（BOTCC）成立以后，芝加哥期货交易所所有交易都要进入结算公司结算，现代意义上的结算机构才初具雏形。

标准化合约、保证金制度、对冲机制和统一结算的实施，这些具有历史意义的制度创新，标志着现代期货市场的确立。

芝加哥期货交易所成立后，期货市场逐渐发展起来，新的品种也逐渐引入。1874年5月，芝加哥商业交易所（CME）成立，并于1969年发展成为世界上最大的肉类和畜类期货交易中心。2007年，CBOT和CME合并成为芝加哥商业交易所集团（CME Group）。该集团成为目前全球最大的期货交易场所。

1876年12月，伦敦金属交易所（LME）成立。现在，伦敦金属交易所是世界上最大的有色金属期货交易中心。

【专栏1-1】

伦敦金属交易所

伦敦金属交易所（LME）是世界上最大的有色金属交易所，伦敦金属交易所的价格和库存对世界范围的有色金属生产和销售有着重要的影响。在19世纪中期，英国曾是世界上最大的锡和铜的生产国。随着时间的推移，工业需求不断增长，英国又迫切地需要从国外的矿山大量进口工业原料。在当时的条件下，由于穿越大洋运送矿砂的货轮抵达时间没有规律，所以金属的价格起伏波动很大，金属商人和消费者要面对巨大的风险，1877年，一些金属交易商人成立了伦敦金属交易所并建立了规范化的交易方式。从本世纪初起，伦敦金属交易所开始公开发布其成交价格并被广泛作为世界金属贸易的基准价格。世界上全部铜生产量的70%是按照伦敦金属交易所公布的正式牌价为基准进行贸易的。伦敦金属交易所（LME）成立于1877年及位于伦敦的心脏地带。交易所是世界首要的有色金属交易市场，同时提供有色金属期货及期权买卖。

LME采用国际会员资格制，其中多于95%的交易来自海外市场。交易品种有铜、铝、铅、锌、镍和铝合金。交易所的交易方式是公开喊价交易，此种交易在"圈"内进行，也被称作是"圈内交易"，它的运行有24小时电话下单市场与LME select屏幕交易系统的支持。LME每天都公布一系列官方价格，这些价格在业内被作为金属实货合同定价的依据。

二、期货市场的发展

自期货交易产生以来，在国际上，期货市场的发展大致经历了由商品期货到金融期货，再由金融期货到期货期权的发展过程。在此过程中，新的期货交易所纷纷成立，期货、期货期权和其他期货品种等上市品种不断增加，交易规模不断扩大，推动了世界期货交易的高速发展。

（一）期货品种的发展

20 世纪 70 年代以前，期货交易以农产品和金属期货交易为主。20 世纪 70 年代初发生的石油危机，给世界石油市场带来巨大冲击，石油等能源产品价格剧烈波动，直接导致了石油等能源期货的产生。

随着布雷顿森林体系的解体，20 世纪 70 年代初国际经济形势发生急剧变化，固定汇率制被浮动汇率制所取代，利率管制等金融管制政策逐渐取消，汇率、利率频繁剧烈波动，促使人们重新审视期货市场。在这种情景下，金融期货应运而生。最早出现的金融期货是外汇期货。1972 年 5 月，芝加哥商业交易所（CME）设立了国际货币市场分部门（IMM），首次推出包括英镑、加拿大元、德国马克、法国法郎、日元和瑞士法郎等在内的外汇期货合约。1975 年 10 月，芝加哥期货交易所上市国民抵押协会债券（GNMA）期货合约，从而成为世界上第一个推出利率期货合约的交易所。1977 年 8 月，美国长期国债期货合约在芝加哥期货交易所上市，是迄今为止国际期货市场上交易量最大的金融期货合约。1982 年 2 月，美国堪萨斯期货交易所（KCBT）开发了价值线综合指数期货合约，使股票价格指数也成为期货交易的对象。至此，金融期货三大类别的外汇期货、利率期货和股票价格指数期货均上市交易，并形成一定规模。进入 20 世纪 90 年代后，在欧洲和亚洲的期货市场，金融期货交易占了大部分份额。在国际期货市场上，金融期货也成为交易的主要产品。

金融期货的出现，使期货市场发生了翻天覆地的变化，彻底改变了期货市场的发展格局。目前，在国际期货市场上，金融期货已经占据了主导地位，并且对整个世界经济产生了深远的影响。

随着商品期货、金融期货交易的发展，人们对期货市场机制和功能的认识不断深化，逐渐认识到期货交易作为一种规范、成熟、高效的风险管理工具，其应用范围并不局限于商品和金融领域，还可以被应用于经济、社会等各领域，因而国际期货市场上出现了天气期货、经济指数期货等品种。

金融期货产生不久，国际期货市场又一次重要的金融创新出现——1982 年 10 月美国长期国债期货期权合约在芝加哥期货交易所上市引发了期货交易的又一场革命。目前，国际期货市场上的许多期货交易所都引进了期权交易方式。

期权交易与期货交易都有规避风险的功能。期货交易主要是为现货商提供套期保值的工具，而期权交易不仅对现货交易具有风险转移的作用，而且对高风险的期货交易也具有规避风险的作用，因此，期权交易能与其他投资工具组合实行灵活的交易策略和避险操作，吸引了大量投资者。

目前，国际期货市场呈现商品期货交易保持稳定，金融期货后来居上，期货期权方兴未艾的基本态势。

（二）期货市场发展趋势与格局

1. 期货市场发展趋势。首先，交易所体制从非营利性会员制向营利性公司制发展。传统的期货交易所都是非营利性的会员制，以此来显示其坚持公开、公平、公正的原则。非营利性交易所受决策程序复杂、兼顾各方利益关系等各种因素制约，在激烈的市场竞争中，常常处于不利的地位。1998年瑞典金融交易所（OM）以公司制的形式成立，创造了当年成立交易所、当年开业、当年在证券市场上市的创举，引发了期货交易所从非营利性会员制向营利性股份公司改制的浪潮。20世纪90年代以来，公司制改制频繁发生。公司制改制使交易所产权明晰、职责分明，降低了运营成本，提高了决策效率，同时通过建立新的金融模式，交易所在资本市场上可以筹集更多资金，全面提高竞争能力。

其次，交易方式从公开喊价的交易池交易向电子交易发展。20世纪70年代以前，交易所还是公开喊价交易的天下。1988年，随着世界上第一家完全采用电子化交易系统进行交易的交易所——瑞士期权和金融期货交易所（SOFFEX）的诞生，期货业的发展翻开了新的一页。20世纪90年代，电子化期货交易飞速发展，电子化交易已经成为期货交易所采用的主要方式之一。随着电子技术的进步，电子交易系统逐渐取代人工喊价的交易池交易，吸纳了来自全球各地的交易者。

最后，交易所联网、合并的发展趋势。20世纪90年代是全球期货市场全速发展的时期。由于当时世界经济形势乐观，计算机技术、通信技术以及网络技术的突破性发展，期货市场开始全面转向电子化、网络化和国际化。各国交易所出现联网、合并的发展趋势。交易所合并多数发生在欧洲和美国。其主要原因是美国期货发展历史悠久，交易所众多，因此有很好的合并基础。欧盟的成立以及欧元的统一使欧洲各国有同美国竞争的基础。比较著名的交易所合并包括：美国纽约商品交易所（NYMEX）和纽约商品期货交易所（COMEX）合并，以及2004年美国咖啡、原糖及可可交易所与纽约棉花交易所正式并入纽约商品交易所；德国与瑞士合资的全电子化交易所——欧洲期货与期权交易所（EUREX）于1998年成立，成为世界最大的衍生品市场之一；2000年香港联合交易所和香港期货交易所、期货结算所、股票结算所、股票期权结算所合并成立香港交易所；新加坡证券交易所与新加坡国际金融期货交易所于1999年合并成立新加坡交易所。

目前，在期货交易所之间的各项竞争中，电子交易平台竞争是竞争的核心。电子平台的发展以及网络化使各大交易所根据自身的利益和发展目标选择了不同的交易所组成联盟，实现了期货市场联网。

2. 期货市场发展现状与格局。进入21世纪，特别是经过2008年全球性金融危机，全球金融市场格局在跌宕起伏的行情中重新洗牌，金融衍生品市场的新秩序也在重新构建。从全球各地区期货和期权交易量来看，全球期货市场已经形成北美、亚太和欧洲三足鼎立的格局。据美国期货业协会（FIA）2009年的统计数据，北美地区的期货和期权交易量占全球的35.90%，亚太地区紧随其后，占全球的35.06%；欧洲地区位居第三，占全球的21.48%；拉美地区占全球的5.77%；其余地区（包括南非、土耳其、以色列和迪拜交易所）为1.79%。在按照期货与期权合约交易量排名的全球20大交易所中，韩国交易所（KRX）因其旗舰产品Kospi200期权的巨额成交量超过欧洲期货交易所（Eurex）和芝加哥商业交易所集团而跃居全球第一。芝加哥商业交易所集团排名下降到第三位。欧洲期货交易所位列第二。

【专栏1-2】

全国电子交易系统

全国电子交易系统（National Electronic Trading System）又称NET系统，是由中国证券交易系统有限公司（简称中证交）开发设计，并于1993年4月28日由当时主管金融的中国人民银行批准投入试运行的。该系统中心设在北京，利用覆盖全国100多个城市的卫星数据通信网络连接起来的计算机网络系统，为证券市场提供证券的集中交易及报价、清算、交割、登记、托管、咨询等服务。NET系统由交易系统、清算交割系统和证券商业务系统这三个子系统组成。

三、中国期货市场的建立与发展

我国期货市场的产生起因于20世纪80年代的改革开放，新的经济体制要求国家更多地依靠市场这只"看不见的手"来调节经济。改革是沿着两条主线展开的，即价格改革和企业改革。价格改革最早从农产品开始。国家实行价格双轨制后，出现了农产品价格大升大降、农业生产大起大落、政府用于农产品补贴的财政负担日益加重等一系列难题。其中有两点引起有关领导和专家学者重视：一是现货价格失真，二是市场本身缺乏保值机制。这两点最终又归结到市场体系不健全，在80年代中后期，一批学者提出了建立农产品期货市场的设想。

（一）期货市场的理论探索与试点阶段（1987—1990年）

早在20世纪70年代末80年代初，随着中国对外开放的发展，为了规避国际商品市场价格波动风险，中国对外贸易部所属的一些国营进出口贸易公司开始关注国际期货市场的动态，试探性地在西方期货市场上买卖期货合约、进行期货交易。1984年，芝加哥期货交易所与中国建立了一项教育交流计划，这一计划对促进中国期货市场的研究与建立起了关键性的作用。

中国正式提出建立期货市场是在1987年。当时，香港的杨竟羽先生针对中国市场发展的情况和特点，提议中国政府应着力培育中国的期货市场。此后建立期货市场的问题开始引起中国政府的重视，中国开始了对期货市场的研究和探索工作。

1990年10月12日，经国务院批准，中国第一个期货市场——郑州粮食批发市场开业，这是一件全球瞩目的大事。尽管当时这一市场还只是一个以现货交易为基础的现货批发市场，但它已超越了一般批发市场的意义，引入了期货市场的交易机制，明确了由现货起步、最终向期货市场过渡的指导思想，从而迈出了中国期货市场发展的第一步，标志着新中国期货市场的诞生和现代化期货交易所的建立。1993 年 5 月 28 日，郑州粮食批发市场推出标准化的期货合约，同时启用"中国郑州商品交易所"的名称。

（二）期货市场盲目发展阶段（1991—1993 年）

1991 年 6 月 10 日，深圳有色金属期货交易所宣告成立。这是国内第一家真正以"期货交易所"形式进行期货交易的交易所，它成功地借鉴了国际市场相关交易所的交易模式，并在同年 9 月 28 日推出了中国第一个商品期货标准合约——特级铝期货合约。深圳有色金属期货交易所的建立，不仅为中国期货行业的发展奠定了坚实的基础，探索了一条中国期货市场发展的运行模式，也为后来中国有色金属行业期货品种的成功运行，中国有色金属现货市场的逐步完善，国内外有色金属市场的顺利接轨起到了积极的推动作用。

上海金属交易所建立于 1992 年 5 月。在此前一年，原物资部、经贸部曾在上海邀请了伦敦金属交易所的专家、国内期货研究者、政府有关领导共同商讨在上海建立金属交易所的可能性。从而为在 1993 年 3 月推出一号铜标准化期货合约创造了条件。

中国期货史上另一个具有历史意义的里程碑事件是 1992 年 9 月，第一家期货经纪公司——广东万通期货经纪公司成立，同年底中国国际期货经纪公司开业。这些专业化期货经纪公司的相继成立，为中国期货市场的快速起步及发展发挥了积极的促进作用。

随着中国期货市场的推进，不少地区都在进行建立期货交易所的尝试。特别是外盘期货交易业务在国内悄然兴起，推动了国内期货市场的迅速膨胀。从 1993 年开始，标有"交易所"名称的期货市场大批出现，各地纷纷批准成立期货经纪公司。由于人们认识上的偏差，尤其是受到各部门、各行业和各地方利益的驱动，在缺乏统一管理的情况下，各地各部门纷纷创办了形式多样、名目繁多的期货交易所。而到了 1994 年 5 月，自称为期货交易所的市场就约有 40 家（而此时全世界的交易所还不到 100 家）。这些交易所有近 50 个可进行期货交易的上市品种。同一时期，400～500 家期货经纪公司先后成立，接受 30 000 多名客户的委托，这些公司有 144 家取得了国家工商行政管理局颁布的营业执照，而这 144 家中又有 110 家经国家工商行政管理局批准可从事境外期货业务。

由于经验不足和相关法规政策的滞后，期货市场的过热发展带来了许多问题。首先，期货交易所的数量太多，存在着严重的重复设置，不仅浪费了资源，还因为上市品种的交易过于分散而影响了期货市场发现价格功能的发挥。其次，由于监管不力和交易规则有待完善，致使大量恶性投机事件发生，甚至出现了投机双方多空对搏的局面。"3·27 国债风波"就是一个最典型的例子，这无疑扰乱了市场秩序，违背了建立期货市场的初衷。针对这一情况，从 1993 年开始，国家有关部门接连发布了一些文件，对中国的期货市场开始全面的治理整顿。

（三）清理整顿时期（1993—2000 年）

针对中国期货市场盲目发展的混乱状况，1993 年 11 月 4 日，国务院发出《关于制止期货市场盲目发展的通知》，提出了"规范起步、加强立法、一切经过试验和从严控制"的原则，这标志着中国期货市场治理整顿时期的开始。首当其冲的是对期货交易所的清理，政府对交易所的数量进行了严格控制，在进行了一年多的实地考察和研究论证之后，中国证监会经国务院同意，最终确定了15家商品交易所作为试点期货交易所，其余的均被取缔或合并。1996年9月，长春联交所又被并入北京商品交易所，由此，中国的期货交易所由15家变为14家；1999年中国的期货交易所数量被再一次压缩，全国的期货交易所只剩下了大连商品交易所、上海期货交易所和郑州商品交易所三家；与此同时，中国对期货交易品种和期货代理机构进行了整顿，到1999年底，期货交易所上市品种已由1997年的79个下降到12个（国债、股指等尚不具备期货交易条件的品种早在1995年前后就被相继取消了），期货代理机构的数量也大大减少。

为了规范期货市场及其参与主体的行为，1995—1996年，中国证监会先后颁布了一系列的通知与文件，加强对期货市场的监管并严厉打击投机行为。1999年6月，《期货交易管理暂行条例》和4个配套管理办法出台，这预示着中国期货市场将进入一个新的发展阶段。

（四）规范发展时期（2001年至今）

1. 期货市场法律法规逐步完善。

2001年3月，"十五"计划纲要明确提出："要进一步开放市场，放开价格，继续发展商品市场，重点培育和发展要素市场，建立和完善统一、公平竞争、规范有序的市场体系。要积极发展大宗商品批发市场，稳步发展期货市场。"此后，有关推进期货市场改革开放和稳定发展的相关举措相继出台。

2001年5月，国务院五部委联合颁布《国有企业境外期货套期保值业务管理办法》，允许大型国有企业经国务院批准后可以从事境外期货套期保值交易。同时抑制与打击非法及违规参与境外期货的行为。

2002年1月23日，中国证监会下发了《期货经纪公司高级管理人员任职资格管理办法（修订）》、《期货从业人员管理办法（修订）》。2002年5月17日，新的《期货交易所管理办法》、《期货经纪公司管理办法》颁布，同年7月1日正式实施，为期货市场的稳步发展奠定了基础。

2003年7月1日，《期货从业人员执业行为准则》正式实施。

2004年1月，《国务院关于推进资本市场改革开放和稳定发展的若干意见》颁布，对期货经纪公司的性质、内部治理结构、发展方向等问题作出了新的规定，成为中国期货市场的纲领性文件。

2004年3月，中国证监会发布《期货经纪公司治理准则（试行）》，明确了对期货经纪公司的有关准则。

2007年3月6日，国务院修订了《期货交易管理条例》，修订后的《期货交易管理条例》将规范的内容由商品期货扩展到金融期货和期权交易，扩大了期货公司的业务范围，进一步强化了风险控制和监督管理。新条例的修订和实施对于规范期货交易行为，维护期货市场秩序，防范风险，保护期货交易各方的合法权益和社会公共利益，促进期货市场积极稳妥发展，具有重要意义。

2011 年 12 月 22 日，中国证监会实施《证券期货业信息系统安全等级保护基本要求（试行）》。

2008 年 10 月 28 日，中国证监会公布《证券期货市场统计管理办法》。

2013 年 1 月 31 日，中国证监会公布《期货经纪合同要素》和《证券期货业信息系统运维管理规范》。

2014 年 8 月 21 日，中国证监会实行《期货公司监督管理办法》。

2014 年 12 月 26 日，中国证监会公布金融行业推荐性标准《证券期货业信息系统审计规范》。

2015 年 8 月 1 日，中国证监会公布《境外交易者和境外经纪机构从事境内特定品种期货交易管理暂行办法》。

2016 年 8 月 2 日，中国证监会公布《证券期货业统计指标标准指引（2016 年修订）》，自 2017 年 1 月 1 日起施行。

2. 期货交易走出低谷并呈现高速增长态势。2001 年、2002 年市场出现恢复性增长，分别成交 3.01 万亿元和 3.95 万亿元。2003 年期货交易走出低谷，成交金额达到 10.84 万亿元。2004—2007 年期货交易量稳步增长，特别是从 2006 年开始，期货交易快速增长，2006 年和 2007 年分别达到 21 万亿元和 40.97 万亿元，同比分别增长 56.23% 和 95.06%。2008 年更是达到 71.91 万亿元，同比增长 75.52%。2009 年再创新高达到 130.5 万亿元，同比增长 81.5%，同年，中国商品期货成交量占全球的 43%，居全球第一。从此中国期货市场进入了规范和高速发展的新时期。2010 年全国期货市场交易总额 154.5 万亿元，2011 年全国期货市场交易总额 137.5 万亿元，2012 年全国期货市场交易总额 171.1 万亿元，2013 年全国期货市场交易总额 267.4 万亿元，2014 年全国期货市场交易总额 291.9 万亿元。到了 2015 年全国期货成交总额达 554.23 万亿元，同比增长 89.81%。其中金融期货占据近 80% 的份额，商品期货合计占据 20% 的份额。

3. 期货新品种不断推出。第二次清理整顿后，中国三家交易所共有 12 个期货上市品种，2000 年实际交易的品种只有 6 个，进入规范发展阶段后，中国期货市场不仅在政策环境也得到了进一步的改善，期货市场三级监管体系也得到了进一步的完善，而且在期货品种上有了一定发展。2005 年以后，随着股权分置改革的启动和稳步推进，制约股指期货推出的制度性障碍逐渐消除，2006 年中国金融期货交易所成立，2010 年 4 月正式推出沪深 300 股指期货交易，2013 年 9 月 6 日推出了 5 年期国债期货，2015 年 3 月 20 日推出了 10 年期国债期货，并在 2015 年 4 月 16 日正式上市交易中证 500 股指期货和上证 50 股指期货。

4. 中国期货保证金监控中心成立。2006 年 5 月 18 日，中国期货保证金监控中心成立。该监控中心是经国务院同意，中国证监会决定设立的期货保证金安全存管机构。其基本职能是及时发现并报告期货保证金被挪用的风险状况，配合期货监管部门处置保证金风险事件。中国期货保证金监控中心的成立，对于保证期货交易资金安全、维护投资者利益具有重要意义。

5. 中国金融期货交易所成立。

2006 年 9 月 8 日，中国金融期货交易所在上海挂牌成立。中国金融期货交易所成立之初开展了沪深 300 股指期货的仿真交易，同时筹划推出股指期权，研究开发国债、外汇期货交易及金融衍生产品，为适时推出金融期货品种奠定了基础条件。

2010 年 4 月 16 日，中国沪深 300 股指期货成功上市，金融期货的推出使中国期货市场的发展迈出了可喜的步伐，意义重大。

第二节　期货交易的基本概念及特征

期货与现货相对应，并由现货衍生而来。期货不是货，通常指以某种大宗商品或金融资产为标的可交易的标准化合约。期货合约是期货交易所统一制定的、规定在将来某一特定的时间和地点交割一定数量标的物的标准化合约。

一、期货交易的基本概念

期货交易是商品经济发展到一定阶段的必然产物，是社会经济发展的客观要求，是市场发展的高级形态，它在形成规范的交易秩序和有影响的预期价值方面显示出巨大的优越性和市场导向作用，已经成为现代市场经济不可缺少的重要组成部分。

期货交易（Futures Trading）是一种与现货或实物交易完全不同的交易方式，用一句话来概括就是在期货交易所内买卖标准化期货合约的交易。这是投资者交纳一定数量的履约保证金，通过在期货商品交易所公开竞价买卖期货合约并在合约到期前进行对冲，或通过期货转现货进行实物交割来了结义务的一种交易方式。

进行期货交易，买卖的是标准化合约，这种标准化合约规定了在将来某一特定时间和地点交割某种特定品质、规格的商品。因为参与期货交易的投资者的基本目的是回避价格风险或投机获利，所以进行实物交割的比例很少，可见，期货市场上交易的并不是商品实物，而只是以商品实物为基础的一纸标准期货合约，因而有人说"期货不是货"。在期货市场上，投资者不论是否拥有商品实物，也不论是否需要商品实物，都可以进行期货合约的交易。

期货市场是市场经济发展的产物。随着商品生产和商品交换的发展，现货市场逐渐呈现出局限性。主要表现为：商品的市场价格经常会出现剧烈波动，而价格波动的风险又完全落在商品的生产者、经营者和消费者身上。由于现货市场价格调节的滞后性，必将导致市场供求的不平衡，形成巨大的市场风险，这对大宗初级产品和中间产品（半成品）生产和经营的影响尤其明显。为了保持生产的连续性，生产者、加工者、经营者往往还要储备一定数量的原材料，若长期持有大量的存货，就会面临市场价格波动的风险。一旦原材料的市价下跌，会导致生产者、加工者、经营者发生巨大亏损。为了弥补现货交易的不足，人们在长期实践中探索出一种能回避风险和价格发现的新的交易方式，即期货交易。建立期货市场，开展期货交易，来保护生产者、加工者和经营者的利益并作为一种风险投资手段，有助于形成均衡价格和转移市场风险。因此，期货市场和期货交易是市场经济发展到一定阶段的客观必然产物。

【专栏1-3】

大宗商品

大宗商品（Bulk Stock）是指可进入流通领域，但非零售环节，具有商品属性并用于工农业生产与消费使用的大批量买卖的物质商品。在金融投资市场，大宗商品指同质化、可交易、被广泛作为工业基础原材料的商品，如原油、有色金属、钢铁、农产品、铁矿石、煤炭等。包括三个类别，即能源商品、基础原材料和农副产品。其特点一是价格波动大。只有商品的价格波动较大，有意回避价格风险的交易者才需要利用远期价格先把价格确定下来。比如，有些商品实行的是垄断价格或计划价格，价格基本不变，商品经营者就没有必要利用期货交易来回避价格风险或锁定成本。二是供需量大。期货市场功能的发挥是以商品供需双方广泛参加交易为前提的，只有现货供需量大的商品才能在大范围进行充分竞争，形成权威价格。三是易于分级和标准化。期货合约事先规定了交割商品的质量标准，因此，期货品种必须是质量稳定的商品，否则，就难以进行标准化。四是易于储存、运输。商品期货一般都是远期交割的商品，这就要求这些商品易于储存、不易变质、便于运输，保证期货实物交割的顺利进行。

二、期货交易与现货交易的区别

现货交易（Cash Trading）是指买卖双方以即期现货合同或远期合同所确定的价格与付款方式、交割方式进行商品实物所有权转移的交易。现货交易覆盖面广，交易灵活。现货交易根据交货期的不同可分为即期交易（Spot Contract）和远期合同交易（Forward Contract）。人们习惯上常把远期合同交易也称为"期货"，由此导致许多人误将现货远期合同交易与期货交易混为一谈。虽然期货交易是从现货交易中的远期合同交易发展而来的，但它已完全脱胎换骨，形成一种高级的市场交易形式。期货交易与现货交易之间的区别如表1-1所示。

表1-1　　　　　　　　　　　　期货交易与现货交易的区别

	现货交易		期货交易
	即期交易	远期交易	
交易目的	获取或让渡商品实物	获取实物、转移风险或追求风险收益	转移价格风险或追求风险收益
交易对象	商品实物	商品实物或非标准合同	标准化合约

	现货交易		期货交易
	即期交易	远期交易	
交易方式	一对一磋商，讨价还价（无特定限制）	拍卖或双方协商（无特定限制）	公开竞价，公平竞争
交易场所	无限制	无限制	期货商品交易所
结算方式	全额付款（分期或一次性）	全额付款（分期或一次性）	保证金交易（每日无负债结算）
结算关系	双方直接结算	双方直接结算	通过结算所结算
履约方式	实物交割	实物交割	合约对冲，少部分实物交割
交割方式	双方约定	双方约定	固定交割方式
信用风险	需要买卖双方诚信，风险较大	需要买卖双方诚信，风险较大	双方资信由交易所负责，风险小
商品范围	无限制（一切商品）	无限制（一切商品）	有限制（交易所上市品种）

由此可见，期货交易与现货交易是两种截然不同的交易方式，它们有着根本的区别。

第一，交易目的不同。现货交易的目的是获取或让渡商品的所有权，是满足买卖双方需求的直接手段。期货交易的主要目的不是到期获得实物，而是转移现货交易中的风险，包括价格风险、汇率风险和利率风险等，或猎取风险利润，因此在交易中进行实物交割的数量很少。

第二，交易对象不同。现货交易的买卖对象是商品实物本身，而期货交易买卖的对象是以商品实物为基础的标准化期货合约。

第三，交易方式不同。现货交易一般是即时成交或在很短时间内完成商品的交收活动，交易方式灵活方便，无特定限制。期货交易必须在高度组织化的期货交易所内以公开竞价的方式集中进行交易，投资者参与期货交易必须委托期货经纪公司代理交易。

第四，交易场所不同。现货交易一般不受交易时间和场所的限制。但是期货交易必须在交易所内依照法规进行公开、集中的交易。

第五，结算方式不同。现货交易无论是货到付款、分期付款还是一次性付款，最终都要全额付款，而期货交易只交纳一定数额的保证金即可进行交易活动。但在交易过程中始终要维持一定的保证金水平（每日无负债结算）。

第六，结算关系不同。现货交易中买卖双方根据双方签订的合同约定的方式直接进行结算，而期货交易双方不直接发生结算关系，所有期货交易都通过商品结算所或交易所的结算部门进行结算，交易双方互无关系，只对结算所负财务责任，结算所成为任何一个买者或卖者的交易对方，为每笔交易作担保。

第七，履约方式不同。现货交易的履约方式是实物交收方式。虽然远期合同交易中也可采用背书方式转让合同，但最终的履约方式还是实物交收。而期货交易有对冲平仓和实物交割两种履约方式，并且绝大多数期货合约都是通过对冲平仓的方式了结的。据统计，成熟的国际商品期货市场上期货合约到期实际交割的比例不超过5%。

第八，交割方式不同。现货交易的交割方式由双方约定，交割时间、地点、验收等内容由双方在合同中具体约定。而期货交易的交割方式是固定的，是通过交易所的指定注册仓库进行的。

第九，信用风险不同。现货交易需要双方的诚信，交易者面临一定的信用风险，特别是远期交易从交易达成到最终完成实物交割有相当长的一段时间，此间市场可能发生各种变化，如市场价格出现大幅波动、买方资金出现问题或卖方生产出现问题等，因而可能导致不履约的行为；而期货交易以保证金制度为基础，每日进行无负债结算而且由交易所担保履约，因而信用风险很小。

第十，商品范围不同。现货交易的品种是一切进入流通的商品，而期货交易品种是有限制的。各交易所都有自己的上市品种，在不同的交易所只能进行该交易所上市品种的交易。

三、期货交易的基本特征

期货交易是在现货交易、远期交易的基础上发展起来的。在市场经济发展过程中，商流与物流的分离呈扩大的趋势，期货交易是两者分离的极端形式。期货交易的基本特征可归纳为如下五个方面：

1. 合约标准化。期货合约标准化是指除价格之外的所有条款都是预先由期货交易所统一规定好的，这给期货交易带来很大便利。交易双方不需对交易的具体条款进行协商，节约交易时间，减少交易纠纷。

2. 杠杆机制。期货交易实行保证金制度，也就是说交易者在进行期货交易时只需要缴纳少量的保证金，一般为成交合约价值的5%~10%，就能完成数倍乃至数十倍的合约交易，具有以少量资金就可以进行较大价值额的投资特点，被形象地称为"杠杆机制"。期货交易的杠杆机制使期货交易具有高收益和高风险的特点。例如，当保证金比例为10%时，不考虑手续费等因素，买入期货合约后，当期货合约价格上涨10%时，交易者的投资收益率将达到100%。但是，高收益必然伴随高风险，期货交易既能给交易者带来高收益的机会，也可能给交易者带来遭受巨大损失的风险。如果交易者对价格趋势判断错误，买入期货合约后，当期货合约价格下降10%时，则交易者的投资损失将达到100%。期货合约保证金比例越低，期货交易的杠杆作用就越大，高收益和高风险的特点就越明显。

3. 双向交易和对冲机制。因为期货合约是标准化的，交易者无论是买入还是卖出合约均不需要对合约具体条款进行协商，这为交易者的双向交易提供了便利和可能。双向交易是指期货交易者既可以买入期货合约作为期货交易的开端（称为买入建仓），也可以卖出期货合约作为交易的开端（称为卖出建仓，即使投资者不拥有商品也可以卖出建仓），也就是通常所说的"买空卖空"。与双向交易的特点相联系的还有对冲机制，在期货交易中大多数交易者并不是通过合约到期时进行交割来履行合约，而是通过与建仓时的交易方向相反的交易来解除履约责任，具体说就是买入建仓之后可以通过卖出相同合约的方式解除履约责任，卖出建仓后可以通过买入相同合约的方式解除履约责任。期货交易的双向交易和对冲机制，给予投资者双向的投资机会：在期货价格上升时，可通过低买高卖来获利；在期货价格下降时，可通过高卖低买来获利。投资者还可以通过对冲机制以免除交割，从而增加了期货市场的流动性。

4. 当日无负债结算制度。期货交易实行当日无负债结算制度，也就是在每个交易日结束后，对交易者当天的盈亏状况进行结算，在不同交易者之间根据盈亏情况进行资金划转，如果交易者亏损严重，保证金账户资金不足时，则要求交易者必须在下一日开市前追加保证金，做到"当日无负债"，以有效防范风险，保证期货市场的正常运转。

5. 交易集中化。期货交易必须在期货交易所内进行。期货交易所实行会员制，只有会员方能进场交易。处在场外的广大客户若想参与期货交易，只能委托期货经纪公司代理交易。所以，期货市场是一个高度组织化的市场，期货交易最终在期货交易所内集中完成。

第三节　期货市场的功能与作用

一、期货市场的功能

期货市场自产生以来，之所以不断发展壮大并成为现代市场体系中不可或缺的重要组成部分，是因为期货市场具有难以替代的功能与作用。正确认识期货市场的功能和作用，可以进一步加深对期货市场的理解。规避风险和价格发现是期货市场的两大基本功能。

（一）规避风险

1. 期货市场规避风险的功能。期货市场规避风险的功能是指借助套期保值交易方式，通过在期货和现货两个市场进行方向相反的交易，从而在期货市场和现货市场之间建立一个盈亏冲抵机制，以一个市场的盈利弥补另一个市场的亏损，实现锁定成本、稳定收益的目的。

2. 期货市场上套期保值规避风险的原理。在期货市场上买进或卖出与现货数量相等，但交易方向相反的期货合约，在期货市场和现货市场之间建立一种盈亏冲抵的机制，利用一个市场的盈利来弥补另一个市场的亏损，从而达到转移价格波动风险并锁定成本、稳定收益的目的。

以大连期货交易所的大豆期货为例，说明大豆种植者如何通过期货市场规避价格风险。在中国东北，大豆每年4月开始播种，到10月收获，有半年多的生长期。大豆价格受市场供求变化影响，经常发生波动，由于价格下跌给生产者带来损失的可能性是客观存在的。如果大豆种植者预计在收获期大豆价格可能下降，为了规避价格风险，他可以在播种时就在期货市场卖出交割月份在 11 月的与预计大豆产量相近的大豆期货合约。如果大豆价格在 10 月时出现下跌，尽管他在现货市场上以较低的价格出售承担了一定的损失，但他可以在期货市场上将原来卖出的合约进行对冲平仓来获得相应收益，期货市场的收益可以弥补（但并不一定是完全弥补）现货市场的亏损。如果生产者判断错误，10 月现货价格不仅未跌反而上涨，那么对生产者来说，套期保值的结果是用现货市场上的盈利去弥补期货市场上的亏损。总之，不管是用期货市场盈利来弥补现货市场亏损，还用现货市场盈利来弥补期货市场亏损，套期保值是在这两个市场之间建立盈亏冲抵机制。如果生产者根据预期进行远期交易，在其预期正确时，获得的收益要高于套期保值，但是一旦预期错误，则要承担较大的风险。商品生产经营者作为"风险厌恶者"使套期保值成为在现代市场经济条件下规避风险的有力工具。

期货市场通过套期保值来实现规避风险的功能，主要基于如下经济原理：

（1）价格平行性原理。同种商品的期货价格和现货价格走势一致。对于同一种商品来说，在现货市场和期货市场同时存在的情况下，在同一时空内会受到相同的经济因素和现货供求等共同因素的影响和制约，因而一般情况下两个市场的价格变动趋势相同。

（2）价格收敛性原理。期货价格和现货价格随着期货合约到期日的来临，两者呈现趋同性。由于交割的存在，随着期货合约临近交割，现货价格与期货价格趋于一致。

3. 投机者、套利者的参与是套期保值实现的条件。生产经营者通过套期保值来规避风险，但套期保值并不是消灭风险，而只是将其转移出去，转移出去的风险需要有相应的承担者，期货投机者、套利者正是期货市场风险的承担者。

（二）价格发现

1. 期货市场价格发现的功能。价格发现是指在市场条件下，买卖双方通过交易活动，使某一时间和地点上某一特定质量和数量的产品的交易价格接近其均衡价格的过程。价格发现不是期货市场所特有的，但期货市场特有的机制比其他市场具有更高的价格发现效率。

期货市场价格发现的功能是指在期货市场通过公开、公平、高效、竞争的期货交易运行机制，形成具有真实性、预期性、连续性和权威性价格的过程。期货市场价格发现的原因：首先，期货交易参与者众多。期货交易的参与者中，除了会员以外，还有他们所代表的众多的商品生产者、销售者、加工者、进出口商以及投机者等。成千上万的买家和卖家聚集在一起进行竞争，可以代表供求双方的力量，有助于均衡价格的形成。其次，交易者熟悉商品行情。期货交易市场中的交易人员了解某种商品行情，有丰富的交易知识和广泛的信息渠道以及一套科学的分析预测方法。他们把各自的信息、经验和方法带到市场上去，结合自己的生产成本、预期利润，对商品供求和价格走势进行判断、分析和预测，报出自己的目标价格，与众多对手博弈。这样形成的期货价格实际上反映了大多数人的预测，因而能够比较接近地代表供求变动趋势。最后，市场操作透明度高，竞争公开化、公平化，有助于形成公正的价格。期货市场是集中化的竞价场所，自主报价，公开竞争，避免了现货交易中一对一的交易方式容易产生的欺诈和垄断行为，因此，期货交易发现的价格有较高的权威性。

正是基于此，期货市场在价格发现上的特有优势，使得人们普遍将期货市场与价格发现联系在一起，并将价格发现作为期货市场的基本功能之一。

2. 期货市场价格发现的特点。通过期货交易形成的价格具有以下特点：

（1）预期性。期货价格具有对未来供求关系及其价格变化趋势进行预期的功能。期货交易者大都熟悉某种商品行情，有丰富的经营知识和广泛的信息渠道以及分析、预测方法，他们结合自己的生产成本、预期利润对商品供求和价格走势进行分析和判断，报出自己的理想价格，与众多的对手竞争，这样形成的期货价格实际上反映了大多数人的预测，因而能够反映供求变动趋势。

（2）连续性。期货价格能够连续不断地反映供求关系及其变化趋势，这是因为期货合约是标准化的，转手极为便利，买卖非常频繁，这样，就能不断地产生期货价格。

（3）公开性。期货价格是集中在交易所内通过公开竞争达成的，依据期货市场的信息披露制度，所有在期货交易所达成的交易及其价格都必须及时向会员报告并公之于众。通过传播媒介，交易者能够及时了解期货市场的交易情况和价格变化，并迅速传递到现货市场。

（4）权威性。正是由于期货价格真实地反映供求及价格变动趋势，具有较强的预期性、连续性和公开性，所以在期货交易发达的国家，期货价格被视为一种权威价格，成为现货交易的重要参考依据，也是国际贸易者研究世界市场行情的依据。

随着期货交易和期货市场的不断发展完善，尤其是随着期货市场国际联网的出现，期货市场的价格发现功能越来越完善，期货价格将在更大范围内综合反映更多的供求影响因素，更准确地预测未来价格变化的趋势。

二、期货市场的作用

期货市场的作用是期货市场基本功能的外在表现，其发挥的程度依赖于社会、经济、政治等外部条件的完善程度。期货市场的作用是多元的、综合的，可分为宏观和微观两个层面。

（一）期货市场在宏观经济中的作用

1. 期货市场提供的转移价格风险的工具有助于稳定国民经济。期货品种涉及农产品、金属、能源、金融等行业，而这些行业在国民经济中起到了举足轻重的作用。期货市场为这些行业提供了转移价格风险的工具，能减缓价格波动对行业发展的不利影响，有助于稳定国民经济。例如，以芝加哥期货交易所为代表的农产品期货市场促进了美国农业生产结构的调整，保证了农产品价格的基本稳定；美国芝加哥商业交易所集团和芝加哥期权交易所为国债和股市投资者提供了避险工具，促进了债券和股票市场的平稳运行。

【专栏 1-4】

美国发展衍生品市场的经验

　　美国作为世界衍生品交易的发源地和衍生品大国，以期货为核心的衍生品市场在维护美国金融、经济安全上发挥了至关重要的作用。1929 年美国股市大崩盘后，一蹶不振，导致整个经济大萧条，而 1987 年美国股市也曾出现较大的股灾，但并没有出现类似的经济危机，没过多久股市便又兴旺起来。原因之一就是当今的美国证券市场有1929 年的证券市场所不具备的股指期货等金融衍生工具。由于避险工具的存在，使投资者在 1987 年股灾中的损失得到大大缓解，没有导致金融界的连锁反应，并很快迎来了 90 年代的空前大牛市。事后，很多经济学家指出，假设 1987 年危机发生时没有股指期货交易，后果真是不堪设想。再如，"9·11"事件发生后，期货价格瞬间暴跌，所有相关的股票也被抛售。9 月 20 日之后，股票市场虽仍在继续下滑，但期货指标已经开始回升，这个变化马上被市场发现，股票价格随即反弹，两者的差距很快地又缩小至接近状态。

　　对此，利奥·梅拉梅德认为，期货和期权市场虽还没有达到完美的程度，但却继续着它们控制风险的作用。事实上，期货市场在 21 世纪初期多次金融风波中的表现值得荣获最高荣誉，这包括：(1) 美国中央银行 1 年内 8 次降息；(2) 持续大跌的股票市场；(3) "9·11" 事件给市场带来的振荡；(4) 对恐怖主义分子的战争，面临的恐怖事件；(5) 自大萧条以来，从来没有出现的公司丑闻。

　　2. 期货市场信息为政府宏观经济政策提供参考依据。制定宏观经济政策是政府的基本经济职能之一，关系国计民生的重要物资商品供求状况及价格趋势是政府制定宏观经济政策的重点参考对象。由于现货市场的价格信息具有短期性的特点，仅反映一个时点的供求状况，故以此作参考制定的政策具有滞后性。通过现实的市场价格指导未来的生产或进行产业结构调整，经常会造成下一阶段市场供求失衡，容易产生社会生产盲目扩张或收缩，造成社会资源的极大浪费。期货交易是大量信息相互作用，进而对远期价格进行预测的一种竞争性经济行为。它所形成的未来价格信号能反映多种生产要素在未来一定时期的变化趋势，具有超前性。政府可以依据期货市场的价格信号确定和调整宏观经济政策，引导工商业企业调整生产经营规模和方向，使其符合国家宏观经济发展的要求。例如，上海期货交易所的铜、铝期货报价已经为国家所认可，成为国内资源定价的依据，并且已经在国际上产生了影响，充分体现了期货市场的价格发现功能。

　　3. 期货市场促进本国经济的国际化。长期以来，许多市场经济国家都在努力寻找解决现货市场所带来的地域分割和相关贸易政策限制的方法，促进本国经济的国际化发展。标准化的期货合约交易为期货交易成为全球无差别的交易方式提供了条件。同时，期货交易具有公开、公平、公正的特点，市场透明度高，形成的价格是国际贸易中的基准价格，于是期货市场成为各个国家合理配置资源的基础。利用期货市场能够把国际、国内两个市场联系起来，促进本国经济的国际化发展。

期货市场能吸引大量的投资，繁荣当地和周围地区的经济，促进建筑、交通、仓储、通信等事业的快速发展，促进国际交流。期货市场的发展，使贸易量增加，刺激储运业、通信业、房地产业、旅游业等投资的兴起，以及经纪公司和金融机构的业务开展，促进了市场经济的繁荣。一些期货交易所已跨越国界，成为国际期货贸易中心。例如，芝加哥商品交易所集中了世界绝大部分的农产品期货贸易，约占世界期货交易量的40%，它所形成的价格成为国际市场农产品的基准价格，促进了农产品市场的国际化，而期货市场的国际化又推动了经济全球化。

4. 有助于增强国际价格形成中的话语权。期货价格在国际和国内贸易中发挥了基准价格的作用，期货市场自然成为市场定价中心。世界经济联系越来越紧密的今天，一些大国的期货市场甚至已经成为全球定价中心。20世纪80年代之后，美国、英国等地的交易所集中了世界上绝大多数的农产品、石油和金属原材料的期货交易，这些交易所形成的价格已成为国际市场基准价格。当这种主导地位形成后，其他国家的企业在进行贸易时，甚至在制定国内价格时也要参考它们的价格，以致其在贸易中处于被动地位。为此，在经济全球化背景下，发展中国家应积极建立自己的期货交易所，增强国际价格形成中的话语权地位。

5. 有助于市场经济体系的建立与完善。无论是发达国家还是欠发达国家，都存在一定的社会闲置资源和资金。实现对这些资源与资金的最佳利用，必须依靠完善的市场经济体系。现代市场体系是相互关联、有机结合的市场群，不仅包括消费资料和生产资料等产品市场，也包括劳务、技术、信息、土地等生产要素市场以及证券、期货市场在内的金融市场。其中，期货市场是市场经济发展到一定历史阶段的产物，是市场体系中的高级形式。期货市场的发展和创新是市场体系在现代发展的最主要表现之一。从20世纪70年代的金融期货创新到80年代的期权交易的广泛开展，都表现出期货市场发展和创新的强劲势头。从另一个角度讲，现货市场和期货市场是现代市场体系的两个重要组成部分，建立由现货市场和期货市场共同构成的现代市场体系，能够使市场机制的基础调节作用得以全面发挥。同时，期货市场的形成和高效安全运行大大增加了金融市场与商品市场的关联度，提高了市场体系的运行效率，降低了市场交易成本，提高了市场机制优化经济资源配置的能力。

6. 调节市场供求，减缓价格波动。当期货价格发生变化时，生产者可根据期货市场提供的关于下一生产周期供求情况和价格变化趋势的预测，决定下一生产周期的生产规模和产品结构。通过增加或减少市场供应量，使市场供求趋于平衡，从而抑制了市场价格的剧烈波动。期货价格的权威性解决了现货价格失真及对生产经营调节滞后的问题，提供了下一生产周期的合理预期，用期货交易把产销连接在一起，稳定了产销关系，使未来市场上供求大致处于平衡状态，从而有效地抑制市场供求和价格的非正常波动。

（二）期货市场在微观经济中的作用

1. 期货交易有助于企业锁定生产成本实现预期利润。企业进行生产经营过程中，利用期货市场进行套期保值，可以帮助企业规避现货市场的价格风险，达到锁定生产成本、实现预期利润的目的，避免企业生产活动受到价格波动的干扰，保证生产活动的平稳进行。在美国，大多数农场主通过直接或间接进入期货市场进行套期保值交易。在中国，尽管期货市场建立的时间不长，但随着市场经济体制的逐步建立，企业面临的市场风险增大，许多企业开始利用期货市场进行套期保值交易。江西铜业、黑龙江的北大荒集团、铜陵有色金属公司等大型国有企业多年来利用期货市场开展套期保值业务，已经取得了很好的经济效益。

2. 期货交易的价格信号作用有助于企业组织安排现货生产。企业利用期货市场价格发现的功能，可对现货商品的未来价格走势作出预期。期货市场的价格信号，有助于企业调整相关产品的生产计划，避免生产的盲目性。例如，中国大连商品交易所大豆期货价格对东北大豆生产区的生产以及整个大豆产业都起到重要指导作用，成为全国大豆市场的主导价格。黑龙江等大豆主产区自1997年开始考察大连商品交易所大豆期货价格安排生产，确定大豆种植面积。

3. 期货市场拓展了企业的现货销售和采购渠道。企业在现货市场交易中面临的最大问题之一，就是合同的兑现率不高，信用风险大。在现货交易中交易双方个别、分散签约，缺乏履约的约束力，往往是一方违约，不仅给对方造成损失，还容易形成债务链。期货交易所采取集中竞价，市场组织化和规范化程度高，进场交易的必须是交易所正式会员，这些会员都经过严格的信用审查并需要交纳一定的履约保证金，加之交易所也负有履约担保责任，因而使合约的履行有了切实的保证。在现货市场发展不尽完善的情况下，持有或需要现货的生产经营者利用期货市场进行实物交割，可以弥补现货市场流通功能的不足。例如，大连油脂工业总厂把其采购部设在大连商品交易所，根据加工进度，每月都从大连商品交易所收购1万多吨大豆，占其大豆来源的三分之一以上；作为黑龙江省农业排头兵的北大荒集团和九三油脂集团，多年来一直将期货市场作为市场经营的"一条腿"，每年从期货市场购买大豆数十万吨，有力地保障了企业的原料来源。通过期货市场采购或销售现货，具有履约严格、资金安全、质量保证、库存降低、节约采购费用的优势，吸引了大批生产加工企业。

4. 期货市场促使企业关注产品质量问题。在现代经济社会中，提高产品质量、树立企业信誉是企业生存之本。在期货市场中，期货品种的交割等级实行标准化，其质量、规格等都有严格规定，通过对不同交割品级升水的确定，体现了优质优价的市场法则，这为生产企业提高其产品质量起到了促进作用。例如，沈阳冶炼厂的"矿工"牌电解铜一度因质量问题被交易所取消注册交割资格，为此该厂经过狠抓产品质量，健全质量管理体系，终于使自己的产品重返上海期货交易所。江西铜业公司的"贵冶"牌电解铜在上海期货市场一度被评为贴水级，该公司通过一系列改进措施使产品质量大大提高，其产品不但在国内期货市场成为升水交割品，而且成为中国第一个在伦敦金属交易所注册的交割品牌。

【专栏 1-5】

棕榈油的套期保值

棕榈油在国内完全是依赖进口的植物油品种。国内棕榈油的消费完全依赖于贸易商进口棕榈油到国内销售。国内贸易商在采购棕榈油的时候，就面临着很大的不确定性。因此，在国内棕榈油期货推出之后，国内贸易商就可选择在国内卖出相应的棕榈油期货合约进行卖出保值。

2007 年 10 月 10 日，国内某棕榈油贸易商，在国内棕榈油现货价格为 8 270 元/吨的时候与马来西亚的棕榈油供货商签订了 1 万吨 11 月船期的棕榈油订货合同，棕榈油CNF 价格为 877 美元，按照当日的汇率及关税可以计算出当日的棕榈油进口成本价在8 223 元/吨，按照计算可以从此次进口中获得 47 元/吨的利润。由于从订货到装船运输再到国内港口的时间预计还要 35 天左右，如果价格下跌就会对进口利润带来很大的影响。于是，该贸易商于 10 月 10 日在国内棕榈油期货市场卖出 12 月棕榈油合约1 000 手进行保值，成交均价为 8 290 元/吨。到 11 月 15 日，进口棕榈油到港卸货完备，该贸易商卖到 10 000 吨棕榈油现货，价格为 7 950 元/吨；同时在期货市场上买入1 000 手 12 月棕榈油合约进行平仓，成交均价为 7 900 元/吨。通过此次保值，该贸易商规避了棕榈油市场下跌的风险，保住了该贸易商的 47 元/吨的进口利润并从期货市场额外获得了 70 万元盈利。但这里需要强调的是，卖出套期保值关键在于销售利润的锁定，其根本目的不在于赚多少钱，而在于价格下跌中实现自我保护。如果企业没有参与套期保值操作，一旦现货价格走低，它必须承担由此造成的损失。因此，卖出套期保值规避了现货价格变动的风险，锁定了未来的销售利润。

第四节　期货市场的组织结构与投资者

期货市场由期货交易所、结算机构、中介与服务机构、投资者、期货监督管理机构等组成。期货市场已经建立了由中国证监会、中国证监会各地派出机构、期货交易所、中国期货保证金监控中心和中国期货业协会组成的"五位一体"的监管体系，这部分内容的详述见本书第七章，本章重点介绍前四个构成部分的职能与作用。

一、期货交易所

(一) 性质

期货交易所是为期货交易提供场所、设施、相关服务和交易规则的机构。它自身并不参与期货交易。在现代市场经济条件下，期货交易所已成为具有高度系统性和严密性、高度组织化和规范化的交易服务组织。期货交易所致力于创造安全、有序、高效的市场机制，以营造公开、公平、公正和诚信透明的市场环境与维护投资者的合法权益为基本宗旨。期货交易所的职能都围绕着上述宗旨展开。

（二）职能

期货交易所通常发挥以下 6 个重要职能。

1. 提供交易场所、设施和服务。交易双方在特定的场所进行合约的买卖是期货交易的一大特点。期货交易所必须为期货交易提供固定场所、必要的设施、先进的通信联络设备、现代化的信息传递和显示设备等一整套硬件设施，再辅之以完备、周到的配套服务，以保证期货交易的正常进行。

2. 制定并实施业务规则。为保证交易双方交易行为的规范化，确保期货交易的有序进行，交易所需要建立一套健全、统一的期货交易规则以及相应的业务管理细则等。

3. 设计合约、安排合约上市。合约的标准化是期货交易得以进行的前提条件。由交易所制定合约的标准化条款有效免除了交易者因合约条款发生纠纷而使交易无法进行的可能性，大大提高了市场的流动性和效率。另一方面，交易所紧密把握市场动向、满足交易者的需求，精心设计并选择合适的时间安排新的合约上市，能保持期货市场的活力，更有效地发挥期货市场的功能与作用。

4. 组织和监督期货交易。期货交易有一套复杂、严密的交易流程，期货交易所的组织监督使整个流程可以有序、稳定地进行，这样可以降低市场交易成本、提高市场的运行效率，同时为交易者能随时利用期货市场达到自己的目的提供一个安全、方便的交易环境。

5. 监控市场风险。期货市场是一个高风险的市场，是否存在一套能有效控制风险的管理制度，不仅直接影响期货市场功能的发挥，而且直接决定着期货市场能否生存。交易所利用保证金制度、每日无负债结算制度、涨跌停板制度、持仓限额和大户持仓报告制度、风险准备金制度等风险管理制度，从市场的各个环节对风险进行控制，保证期货市场平稳运行。

6. 发布市场信息。期货交易所及时把本交易所内形成的期货价格以及有关信息向会员及公众公布，以便交易者利用这些信息调整自己的交易行为，达到套期保值或者投机图利的目的，为相关生产经营者提供价格信息指导。

（三）组织结构

各个国家期货交易所的组织形式不完全相同，一般可以分为会员制和公司制两种。

1. 会员制。会员制期货交易所由全体会员共同出资组建，缴纳一定的会员资格费，作为注册资本。缴纳会员资格费是取得会员资格的基本条件之一，不是投资行为，不存在投资回报问题。交易所是会员制法人，以全额注册资本对其债务承担有限责任。会员制期货交易所的权力机构是由全体会员组成的会员大会，会员大会的常设机构是由其选举产生的理事会。因此，会员制期货交易所是实行自律性管理的非营利性的会员制法人。

（1）会员构成。世界各地交易所的会员构成分类不尽相同。有自然人会员与法人会员之分、全权会员与专业会员之分、结算会员与非结算会员之分等。欧美国家会员以自然人为主。

（2）会员资格。会员在进场交易或代理客户交易之前必须取得会员资格。从国际期货市场的交易所会员制运作状况来看，期货交易所会员资格的获得方式有多种，主要是：以交易所创办发起人的身份加入，接受发起人的转让加入，依据期货交易所的规则加入，在市场上按市价购买期货交易所的会员资格加入。

（3）会员的权利和义务。交易所会员的基本权利包括：参加会员大会，行使表决权、申诉权；在期货交易所内进行期货交易，使用期货交易所提供的交易设施，获得有关期货交易的信息和服务；按规定转让会员资格，联名提议召开临时会员大会等。

会员应当履行的主要义务包括：遵守国家有关法律、法规、规章和政策；遵守期货交易所的章程、业务规则及有关决定；按规定交纳各种费用；执行会员大会、理事会的决议；接受期货交易所业务监管等。

（4）机构设置。会员制期货交易所的具体组织结构各不相同，但一般说来均设有会员大会、理事会、委员会和业务管理部门。

（5）管理架构。根据交易所工作职能需要设置相关业务部门。一般来说，交易所都设有总经理、副总经理，及其相关的交易、交割、研究发展、市场开发、财务等部门。

总经理行使以下职权：组织实施会员大会、理事会通过的制度和决议；主持期货交易所的日常工作；根据章程和交易规则拟定有关细则和办法；拟订并实施经批准的期货交易所发展规划、年度工作计划；拟订期货交易所财务预算方案、决算报告；拟订期货交易所合并、分立、解散和清算的方案；拟订期货交易所变更方案；决定期货交易所机构设置方案，聘任和解聘工作人员；决定期货交易所员工的工资和奖惩等。

2. 公司制。公司制期货交易所通常由若干股东共同出资组建，以盈利为目的，股份可以按照有关规定转让，盈利来自从交易所进行的期货交易中收取的各种费用。它不参与合约标的物的买卖，但按规定对参与交易者收取交易费用，股东从中分享收益。尽管交易所采取股份制，但交易所在交易中完全中立，其人员也不得参与交易，这便于管理及保证交易的公正性。英国以及英联邦国家的期货交易所一般都是公司制交易所。2007年由 CME 和 CBOT 合并而成的 CME 集团也是公司制交易所。

公司制交易所一般采用公司管理制，下设股东大会、董事会、监事会及经理机构，各负其责，相互制约。入场交易的交易商的股东、高级职员或雇员不能成为交易所的高级职员。

（1）股东大会。股东大会由全体股东共同组成，是公司最高权力机构。股东大会就公司的重大事项如修改公司章程，决定公司的经营方针和投资计划，审议批准公司的年度财务预算方案、决算方案，增加或者减少注册资本等作出决议。

（2）董事会。董事会是公司制交易所的常设机构，对股东大会负责。董事会一般行使以下职权：负责召集股东大会，并向股东大会报告工作；执行股东大会的决议；决定公司的经营计划和投资方案；聘任或者解聘公司经理；根据经理的提名，聘任或者解聘公司副经理、财务负责人等。

（3）经理。经理对董事会负责，由董事会聘任或者解聘。经理列席董事会会议。经理行使下列职权：主持公司的生产经营管理工作，组织实施董事会决议；组织实施公司年度经营计划和投资方案；拟订公司内部管理机构设置方案；拟订公司的基本管理制度；制定公司的具体规章；提请聘任或者解聘公司副经理、财务负责人；聘任或者解聘应由董事会聘任或者解聘以外的管理人员等。

（4）监事会。股份公司设置的监事会由股东代表和适当比例的公司职工代表组成。监事列席董事会会议。监事会行使以下职权：检查公司的财务；对董事、高级经理人员执行公司职务的行为进行监督，对违反法律、行政法规、公司章程或股东会决议的董事、高级管理人员提出罢免的建议；当董事、高级经理人员的行为损害公司利益时，要求董事、高级经理人员予以纠正；提议召开临时股东会会议，在董事会不履行《公司法》规定的召集和主持股东会会议职责时召集和主持股东会会议；向股东会会议提出提案；依照《公司法》有关规定，对董事、高级管理人员提起诉讼等。

同会员制期货交易所一样，公司制期货交易所也设有一些专业委员会，由于其作用和会员制的基本相同，这里不再赘述。

3. 会员制和公司制期货交易所的区别。作为交易所两种主要的组织形式，会员制交易所与公司制交易所的本质区别表现为交易所三权（所有权、经营权和交易权）分配与营利性两个方面。

其一，三权分配与营利性是区分会员制交易所和公司制交易所的根本标志。会员制交易所的基本特点是：第一，组织的所有权、控制权与其产品或服务的使用权相联系，交易所为会员利益而运作，只有交易所会员才能利用交易所交易系统进行交易。会员制交易所的全部财产归全体会员所有、占有、使用和处置，会员实行自我监管。第二，组织通常不以营利为目的。

公司制交易所最主要的特点是以营利为目标，追求交易所利润最大化。公司制交易所对场内交易承担担保责任，即对交易中任何一方的违约行为所产生的损失负责赔偿；公司制交易所重视营利，故注重扩大市场规模，提高经营效率；公司制交易所成本观念强，有利于提高市场效率，加大市场投资建设力度。公司制交易所的股东按持股数量参与分红和承担风险，而且股票可以上市交易；全部财产属于全体股东，与交易所会员缴纳的资格费分开；会员可以是交易所的股东，也可以不是交易所的股东，这是一种特殊形式的法人组织；交易所实行自收自支、自负盈亏、照章纳税。

其二，实际运行比较。会员制和公司制期货交易所不仅在设立时存在不同，在实际运行过程中也有明显的差别，主要表现为：

（1）设立的目的不同。会员制法人是以公共利益为目的；而公司制法人是以营利为目的，并将所获利润在股东之间进行分配。

（2）承担的法律责任不同。在会员制期货交易所内，各会员除依章规定分担经费和出资缴纳的款项外，会员不承担交易中的任何责任；而公司制的股东除缴纳股金外，还要对期货交易所承担有限责任。

（3）适用法律不尽相同。会员制法人一般适用于《民法》的有关规定；而公司制法人，首先适用《公司法》的规定，只有在《公司法》未作规定的情况下，才适用《民法》的一般规定。

（4）资金来源不同。会员制交易所的资金来源于会员缴纳的资格金等，其每年的开支均从当年的盈利和会员每年上缴的年会费中取得，盈余部分不作为红利分给会员；公司制交易所的资金来源于股东本人，只要交易所有盈利，就可将其作为红利在出资人中进行分配。

尽管会员制和公司制期货交易所存在上述差异，但它们都以法人组织形式设立，处于平等的地位，同时要接受证券期货管理组织的管理和监督。

二、期货结算机构

期货结算机构是期货市场的一个重要组成部分。1883 年，美国成立了结算协会，向芝加哥期货交易所的会员提供对冲工具。1925 年芝加哥期货交易所结算公司（BOTCC）成立，芝加哥期货交易所的所有交易都要进入结算公司结算，现代意义上的结算机构产生了。

（一）性质

结算机构作为结算保证金的收取、管理机构，承担风险控制责任，履行计算期货交易盈亏、担保交易履行、控制市场风险的职能。

（二）职能

1. 结算期货交易盈亏。期货交易的盈亏结算包括平仓盈亏结算和持仓盈亏结算。平仓盈亏结算是当日平仓的总值与原持仓合约总值的差额的结算。当日平仓合约的价格乘以数量与原待仓合约价格乘以数量相减，结果为正则为盈利，结果为负则为亏损，作为实际盈亏计入会员账户。

2. 担保交易履行。期货交易一旦成交，结算机构就承担起保证每笔交易按期履约的全部责任。交易双方并不发生直接关系，只和结算机构发生关系，结算机构成为所有合约卖方的买方、所有合约买方的卖方。对于交易者来说，由于对手违约的风险已经完全由结算机构承担，只要结算机构能够保证合约的履行，就可以完全不用了解对方的资信状况，也不需要知道对手是谁，这就是结算机构的替代作用。正是由于结算机构替代了原始对手，结算会员及其客户才可以随时冲销合约而不必征得原始对手的同意，使得期货交易独有的以对冲平仓方式免除合约履行义务的机制得以运行。这一作用对于期货交易来说至关重要，它大大降低了市场的信用成本，使得期货市场吸引了大量的交易者。

3. 控制市场风险。保证金制度是期货市场风险控制最根本、最重要的制度。结算机构作为结算保证金收取、管理的机构，承担起了控制市场风险的职责。所谓结算保证金，就是结算机构向结算会员收取的保证金。随着市场状况的不断变动，结算保证金金额会由于会员交易的盈亏出现增减，每日结算价格计算出来后，结算机构会向保证金不足最低限额要求的会员发出追加保证金的通知。结算会员收到通知后必须在次日交易所开市前将保证金交齐，否则不能参与次日的交易。在合约价格剧烈波动时，结算机构也可以随时向会员发出追加保证金的通知，要求会员在收到通知后一小时内补足保证金。通过对会员保证金的管理、控制，结算中心就把市场风险较为有效地控制在了可接受的范围内。

（三）组织方式

根据期货结算机构与期货交易所的关系，可将国际结算机构分为三种形式：

第一，作为某一交易所内部机构的结算机构，如美国芝加哥商业交易所的结算机构就是交易所的一个内部机构。它的优点在于结算部作为业务部门直接受控于交易所，便于交易所全面掌握市场参与者的资金情况，在风险控制中可以根据交易者的资金和头寸情况及时处理。这种方式设置的结算机构，它的风险承担能力有限。

第二，附属于某一交易所的相对独立的结算机构，如美国国际结算公司为纽约期货交易所提供结算服务。两者都是独立法人，交易所的结算业务全部由该结算公司负责。这种形式可保持交易和结算的相对独立性，有针对性地防止一些运作不规范的交易所在利益驱动下的违规行为。由于两家机构各为独立法人，利益冲突在所难免，所以这种形式有时在协调双方关系时会出现问题。

第三，由多家交易所和实力较强的金融机构出资组成一家独立的结算公司，多家交易所共用这一个结算公司。如英国的伦敦结算所（LCH）不仅为英国本土的数家期货交易所提供结算服务，还为大多数英联邦国家和地区以及欧洲许多国家的期货交易所提供结算服务。目前，我国期货交易所采用的是第一种形式。

（四）结算体系

1. 国际结算体系。结算是保障期货交易正常运行的重要环节，期货市场的结算体系采用分级、分层的管理体系。结算机构通常采用会员制，只有结算机构的会员才能直接得到结算机构提供的服务，因此，期货交易的结算大体上可以分为三个层次。第一个层次是由结算机构对结算会员进行结算，结算会员是交易所的交易会员中资金雄厚、信誉良好的期货公司或金融机构；第二个层次是结算会员与非结算会员之间的结算；第三个层次是非结算会员对客户的结算。在国外，如果期货结算中心相对或完全独立于期货交易所，期货交易所会员未必同时是结算机构会员，结算机构会员也未必就是交易所会员。

对结算所会员资格持有人或股东的资本要求因其业务种类及规模的不同而不同，对资本要求也不同，但较一致的要求是协助保证结算所的稳健运行。

2. 国内结算体系。我国目前的结算机构均是作为交易所的内部机构来设立的，但在具体结算制度上有两种类型。一种是分级结算，另一种则不作结算会员和非结算会员的区分。

中国金融期货交易所分级结算制度。目前我国四家期货交易所中，中国金融期货交易所采取分级结算制度，即期货交易所会员由结算会员和非结算会员组成，交易所对结算会员进行结算，结算会员对投资者或非结算会员进行结算。结算会员按照业务范围分为交易结算会员、全面结算会员和特别结算会员。交易结算会员只能为其受托客户办理结算、交割业务。全面结算会员既可以为其受托客户，也可以为与其签订结算协议的交易会员办理结算、交割业务。特别结算会员只能为与其签订结算协议的交易会员办理结算、交割业务。结算会员具备直接与中国金融期货交易所进行结算的资格，非结算会员不具备直接与中国金融期货交易所进行结算的资格。非结算会员通过结算会员进行结算，普通投资者可以通过非结算会员或结算会员进行结算。这一类型与国际上比较普遍的结算机构会员制相近。

与分级结算制度相对应，配套采取的是结算会员联保制度。结算会员通过缴纳结算担保金实行风险共担。结算担保金是指由结算会员依交易所规定缴存的，用于应对结算会员违约风险的共同担保资金。当市场出现重大风险时，所有结算会员都有义务共同承担市场风险，确保市场能够正常运行。我国期货交易所也有非分级结算制度。我国郑州商品交易所、大连商品交易所和上海期货交易所并没有采取分级结算制度，即交易所会员不作结算会员和非结算会员的区分；交易所的会员既是交易会员，也是结算会员。

三、期货中介机构

期货交易所对会员实行总数控制。只有成为交易所的会员，才能取得场内交易席位，在期货交易所进行交易。非会员则须通过期货公司代理交易。期货公司是指代理客户进行期货交易并收取交易佣金的中介机构。期货中介机构为期货投资者服务，它连接期货投资者和期货交易所及其结算组织机构，在期货市场中发挥着重要作用。

第一，期货中介机构克服了期货交易中实行的会员交易制度的局限性，吸引了更多交易者参与期货交易，使期货市场的规模得以发展。

第二，通过期货经纪机构的中介作用，期货交易所可以集中精力管理有限的交易所会员，而把广大投资者管理的职能转交给期货中介机构，使得期货交易所和期货中介机构双方能以财权为基础划分事权，双方各负其责。

第三，代理客户入市交易。期货中介机构代理客户办理买卖期货的各项手续，向客户介绍和揭示期货合约的内容、交易规则和可能出现的风险等，及时向客户报告指令执行情况或交易结果及盈亏情况。

第四，对客户进行期货交易知识的培训，向客户提供市场信息、市场分析，提供相关咨询服务，并在可能的情况下提出有利的交易机会。

第五，普及期货交易知识，传播期货交易信息，提供多种多样的期货交易服务。

（一）美国期货市场中介机构

就服务的范围和性质而言，美国期货市场中介机构包括期货佣金商（FCM）、介绍经纪商（IB）、场内经纪人（FB）、助理中介人（AP）、期货交易顾问（CTA）等。

1. 期货佣金商。期货佣金商（Futures Commision Merchant，FCM），是指接受客户委托，代理客户进行期货、期权交易，并收取交易佣金的中介组织。

FCM类似于我国的期货公司，可以独立开发客户和接受指令，可以向客户收取保证金，也可以为其他中介提供下单通道和结算指令。FCM必须维持法定的最低净资本要求，保存账簿和交易记录。

2. 介绍经纪商。介绍经纪商（Introducing Broker，IB）在国际上既可以是机构也可以是个人，但一般都以机构的形式存在。其主要业务是为期货佣金商开发客户或接受期货、期权指令，但不能接受客户的资金，且必须通过期货佣金商进行结算。IB又分为独立执业的IB（IIB）和由期货公司担保的IB（GIB）。前者必须维持最低的资本要求，并保存账簿和交易记录。后者则与期货佣金商签订担保协议，借以免除对 IB 的资本和记录的法定要求。

3. 场内经纪人。场内经纪人（Floor Broker，FB）是指在期货交易所内的特定交易场地为客户买卖期货的人。场内经纪人存在于公开喊价交易场所内，在采用电子化交易的交易场所内没有场内经纪人。

4. 助理中介人。助理中介人（Associated Person，AP），是指为期货经纪商、介绍经纪商、客户交易顾问和商品基金经理介绍客源的个人。

5. 期货交易顾问。期货交易顾问（Commodity Trading Advisor，CTA），是指为客户提供期货交易决策咨询或进行价格预测的期货服务商。

（二）国内期货市场中介机构

国内期货市场中介机构主要包括期货公司和介绍经纪商。其中，期货公司是一种重要的期货中介机构。

1. 期货公司。

（1）性质。期货公司是指依法设立的，接受客户委托、按照客户的指令，以自己的名义为客户进行期货交易并收取交易手续费的中介组织，其交易结果由客户承担。

（2）职能和作用。期货公司作为交易者与期货交易所之间的桥梁和纽带，归属于非银行金融服务行业。国际上，期货公司一般具有如下职能：根据客户指令代理买卖期货合约、办理结算和交割手续；从事期货交易自营业务；对客户账户进行管理，控制客户交易风险；为客户提供期货市场信息，进行期货交易咨询，充当客户的交易顾问等。目前，我国期货公司受现行法规约束，主要从事经纪业务，自营业务受到限制。

期货公司一般设置以下组织机构：财务部门、结算部门、信贷部门、交易部门、现货交割部门、客户服务部门、研发部门。

期货公司接受客户委托代理期货交易，拓展市场参与者范围，扩大市场的规模，节约交易成本，提高交易效率，增强期货市场竞争的充分性，有助于形成权威、有效的期货价格。期货公司有专门从事信息收集及行情分析的人员为客户提供咨询服务，有助于提高客户交易的决策效率和决策的准确性。期货公司拥有一套严密的风险控制制度，可以较为有效地控制客户的交易风险，实现期货交易风险在各环节的分散承担。

（3）期货居间人与期货公司的关系。期货市场存在一个特殊的群体——期货居间人。期货居间人，又称客户经理，是指独立于公司和客户之外，接受期货公司委托，独立承担基于居间法律关系所产生的民事责任的自然人或组织。需要注意的是，居间人与期货公司没有隶属关系。居间人不是期货公司所订立期货经纪合同的当事人。而且，期货公司的在职人员不得成为本公司和其他期货公司的居间人。

居间人是为投资者或期货公司介绍订约或提供订约机会的个人或法人，即根据居间合同的规定，为期货公司提供订立期货经纪合同的机会或中介服务。他们本身并不是期货公司的员工，只是凭借手中的客户资源以及信息渠道优势为期货公司和投资者"牵线搭桥"。居间人因从事居间活动付出劳务，有按合同约定向公司获取酬金的权利。

2. 介绍经纪商。目前，我国已经引入券商 IB 制度，即由券商担任期货公司的介绍经纪商提供中间介绍业务，这一制度有利于券商与期货公司开展合作。

证券公司受期货公司委托从事介绍业务，应当提供下列服务：第一，协助办理开户手续；第二，提供期货行情信息、交易设施；第三，中国证监会规定的其他服务。

证券公司不得代理客户进行期货交易、结算或者交割，不得代期货公司、客户收付期货保证金，不得利用证券资金账户为客户存取、划转期货保证金。

证券公司从事介绍业务，应当与期货公司签订书面委托协议。委托协议应当载明下列事项：介绍业务的范围；执行期货保证金安全存管制度的措施；介绍业务对接规则；客户投诉的接待处理方式；报酬支付及相关费用的分担方式；违约责任；中国证监会规定的其他事项。

根据2007年4月颁布实施的《证券公司为期货公司提供中间介绍业务试行办法》规定，券商申请介绍业务资格应符合"净资本不低于12亿元"的条件，同时申请该业务的券商必须全资拥有或者控股一家期货公司，或者与一家期货公司被同一机构控制。

四、期货投资者

期货投资者是市场的主要参与者，本部分首先介绍投资者的类型。期货市场是一个高风险的市场，某些机构投资者因为具有较强的资金实力、风险承受能力和专业投资能力，成为市场的重要力量。因此，在介绍投资者的分类后，本部分还简要介绍国际期货市场上的重要机构投资者。

（一）期货投资者的类型

根据期货投资者入市目的的不同，期货投资者可以分为三大类：套期保值者、期货投机者和期货套利者。

1. 套期保值者。套期保值者是指那些把期货市场当作转移价格风险的场所，利用期货合约作为将来在现货市场上买卖某种标的物（实物商品或者金融商品）的临时替代物，对其现在买进（或已拥有、将拥有）准备以后出售的某种标的物或对将来要买进的某种标的物价格进行保险的个人或企业。商品期货的套期保值者是生产商、加工商、经营商等；金融期货的套期保值者有金融市场的投资者（或债权人）、融资者（或债务人）、进出口商等。

2. 期货投机者。期货投机者是指那些试图预测商品价格的未来走势，甘愿利用自己的资金去冒险，不断买进卖出期货合约，以期从价格波动中获取收益的个人或企业。对于投机者来说，实际的合约标的物本身并不重要，重要的是标的物的价格走势与自己的预测是否一致。当他们预测标的物价格将要上涨，就择机买进期货合约，反之则卖出。按交易部位区分，可分为多头投机者和空头投机者。按交易量的大小区分，可分为大投机者与小投机者。按价格预测方法来区分，可分为基本分析派和技术分析派。按投机者每笔交易的持仓时间分，可分为一般交易者、当日交易者和"抢帽子"交易者。

3. 期货套利者。期货套利者与期货投机者相比，交易方式有所区别。期货投机者是指单向头寸的拥有者，他们做多，是认为行情看涨；做空，是认为行情看跌。如果判断正确，他们将获得较大的收益；如果判断失误，则将亏损严重。而期货套利交易者是指交易者针对市场上两个相同或相关资产暂时出现的不合理价差同时进行买低卖高的交易。一般的套利方式包括跨时期套利、期现套利、跨品种套利和跨市场套利。

（二）国际市场机构投资者

理论上讲，与自然人相对的法人投资者都可以称为机构投资者，其范围涵盖生产者、加工贸易商（对于商品期货而言）以及金融机构、养老基金、对冲基金、投资基金（对于金融期货而言）等多种类型。

国际期货市场的机构投资者是指以各种形式参与期货交易的机构投资者，包括套期保值者、投机者和套利者。从资金来源划分，可分为生产贸易商，证券公司、商业银行或投资银行，养老基金，养老保险等；从机构的投资领域划分，可分为共同基金、对冲基金等。

【专栏1-6】

量子基金

量子基金是全球著名的大规模对冲基金，美国金融家乔治·索罗斯旗下经营的五个对冲基金之一。量子基金是高风险基金，主要是在世界范围内投资于股票、债券、外汇和商品。量子美元基金在美国证券交易委员会登记注册，它主要采取私募方式筹集资金。据说，索罗斯为之取名"量子"，是源于索罗斯所赞赏的一位德国物理学家、量子力学的创始人海森堡提出"测不准原理"。索罗斯认为，就像微粒子的物理量子不可能具有确定数值一样，证券市场也经常处在一种不确定状态，很难去精确度量和估计。量子基金（Quantum Fund）和配额基金（Quota Fund）都属于对冲基金（Hedge Fund）。其中前者的杠杆操作倍数为8倍，后者可达20倍，意味着后者的报酬率会比前者高，但投资风险也比前者来得大，根据Micropal的资料，量子基金的风险波动值为6.54，而配额基金则高达14.08。

索罗斯是LCC索罗斯基金董事会的主席，民间投资管理处确认他作为量子基金集团的顾问。量子基金在量子集团内是最老和最大的基金，普遍认为在其28年历史中在全世界的任何投资基金中具有最好的业绩。

量子基金由双鹰基金演变而来。双鹰基金由索罗斯和吉姆·罗杰斯于1969年创立，资本额为400万美元，基金设立在纽约，但其出资人皆为非美国国籍的境外投资者，从而避开美国证券交易委员会的监管。1973年，双鹰基金改名为索罗斯基金，资本额约1 200万美元；1979年，索罗斯将公司更名为量子公司。至1997年末，量子基金已成为资产总值近60亿美元的巨型基金。1969年注入量子基金的1万美元在1996年底已增值至3亿美元，增长了3万倍。

量子基金成为国际金融界的焦点，是由于索罗斯凭借该基金在20世纪90年代所发动的几次大规模货币狙击战。这一时期，量子基金以其强大的财力和凶狠的作风，在国际货币市场上"兴风作浪"，对基础薄弱的货币发起攻击并屡屡得手。

量子基金虽然只有60亿美元的资产，但由于其在需要时可通过杠杆融资等手段取得相当于几百亿甚至上千亿资金的投资效应，因而成为国际金融市场上一个举足轻重的力量。同时，由于索罗斯的声望，量子基金的资金行踪和投注方向无不为规模庞大的国际游资所追随。这一时期发生的几起严重的货币危机事件（如英镑危机、墨西哥经济危机和东南亚金融风暴）中，索罗斯及其量子基金都负有直接责任。

【本章小结】

中国期货市场的建立与发展分为期货市场的理论探索与试点阶段（1987—1990年）、期货市场盲目发展阶段（1991—1993年）、清理整顿时期（1993—2000年）、规范发展时期（2001年至今）。

期货交易是一种与现货或实物交易完全不同的交易方式，用一句话来概括就是在期货交易所内买卖标准化期货合约的交易。这是投资者交纳一定数量的履约保证金，通过在期货商品交易所公开竞价买卖期货合约并在合约到期前进行对冲，或通过期货转现货进行实物交割来了结义务的一种交易方式。

期货交易与现货交易的区别主要包括交易目的不同、交易对象不同、交易方式不同、交易场所不同、结算方式不同、结算关系不同、履约方式不同、交割方式不同、信用风险不同、商品范围不同。

期货交易的基本特征包括合约标准化、杠杆机制、双向交易和对冲机制、当日无负债结算制度、交易集中化。

期货市场的功能包括规避风险功能和价格发现功能。

期货市场在宏观经济中的作用包括期货市场提供的转移价格风险的工具有助于稳定国民经济、期货市场信息为政府宏观经济政策提供参考依据、期货市场促进本国经济的国际化、有助于提高国际价格形成中的话语权、有助于市场经济体系的建立与完善、调节市场供求，减缓价格波动。

期货市场在微观经济中的作用体现在期货交易有助于企业锁定生产成本实现预期利润、期货交易的价格信号作用有助于企业组织安排现货生产、期货市场拓展了企业的现货销售和采购渠道、期货市场促使企业关注产品质量问题等方面。

期货市场由期货交易所、结算机构、中介与服务机构、投资者、期货监督管理机构等组成。

期货交易所是为期货交易提供场所、设施、相关服务和交易规则的机构。

期货交易所发挥重要职能包括提供交易场所、设施和服务、制定并实施业务规则、设计合约、安排合约上市、组织和监督期货交易、监控市场风险、发布市场信息。

期货交易所的组织形式一般可以分为会员制和公司制两种。

结算机构作为结算保证金的收取、管理机构，承担风险控制责任，履行计算期货交易盈亏、担保交易履行、控制市场风险的职能。

期货公司是指代理客户进行期货交易并收取交易佣金的中介机构。期货投资者是市场的主要参与者，根据期货投资者入市目的的不同，期货投资者可以分为三大类：套期保值者、投机者和套利者。

【复习思考题】

1. 期货交易所的性质的主要职能是什么？
2. 会员制交易所和公司制交易所有哪些不同？
3. 期货结算机构的功能有哪些？
4. 期货市场是怎样产生的？
5. 简述中国期货市场的发展历程。

【案例】

"327" 国债期货事件

背景与经过

1981年，为了弥补国家财政赤字和抑制通货膨胀，我国重新开始发行国债。国债期货市场的迅猛发展大大促进了国债二级市场的发展，国债现货市场摆脱了长期乏人问津的局面。国债期货推出后，对现货的价格带动明显，国债期货初步具备了价格发现功能，为我国国债发行规模、国债利率的确定和期限结构安排等提供了良好的决策依据，并显著降低了国债发行的成本支出。

所谓 "327" 国债期货，指的是在上海证券交易所上市交易的 "310327" 国债期货合约，其标的券种是1992年发行的三年期国库券（现券代号为 "923"），该券发行总量为246.79亿元，1995年6月到期兑付，利率是9.5%的票面利息加保值贴补率，但财政部是否对之实行保值贴补及保值贴补率的具体数值并不确定，这是当时影响327国债期货价格最为重要的因素。

1995年春节后，国债期货的交易气氛变得异常紧张，327国债期货合约的价格一直在147.80元和148.30元之间徘徊，未平仓合约数量持续上升，多空双方剑拔弩张，每天均有大量的买卖盘对垒，双方呈现胶着状态。由于财政部的保值贴补是一个可预期的事件，市场分歧并不大。然而，当时市场传闻财政部将对923券实行贴息，这一传闻成为当时市场分歧的焦点。空方主力以万国证券和辽国发（辽宁国发集团股份有限公司）为代表，而多方主力则以中经开（中国经济开发信托投资公司）为主。

1995年2月23日，327合约一开盘，万国证券在148.50元价位的压盘很快被攻破，多方在财政部公告利好的鼓舞下，十几分钟内就使327合约的价格上涨了3元多，下午更达到了151.98元的高位。与此同时，空方阵营土崩瓦解，万国证券同盟军辽国发临阵倒戈，翻空为多。这时，多方已胜券在握，而空方主力万国证券则陷入困境，按照其当时的持仓量和价位，一旦期货合约到期，履行交割义务，亏损将高达 60 多亿元。毫无疑问，这将使得万国证券面临破产命运。无奈之下，16 时 22 分，万国连续用几十万手的抛盘把 327 合约的价位从 151.30 元打到 148 元，最后以 700 多万手的巨大卖单把价位打压到 147.50 元收盘，最后 8 分钟内 327 合约暴跌 3.86 元，这意味着当日开仓的大部分多头爆仓。在最后 8 分钟内，万国共砸出 1 056 万手卖单，对应现券面值达 2 112 亿元，是 923 现券 247 亿元发行总量的 8.6 倍。

327 国债期货合约交易中的异常情况震惊了市场。事发当日晚上，上海证券交易所召集有关各方紧急磋商后宣布：确认空方主力恶意违规，23 日 16 时 22 分 13 秒之后的所有 327 品种的交易无效，该部分成交不计入当日结算价、成交量和持仓量的范围。经过这样的调整，当日国债期货成交额为 5 400 亿元，当日 327 品种的收盘价为违规前最后一笔交易价格 151.30 元。

案例分析

"327" 国债期货事件被著名经济学家戴园晨教授称为 "中国的巴林银行事件"，该事件的发生直接导致了我国的国债期货交易被暂停。国债期货是我国在金融衍生产品方面的第一次尝试，由于 "327 事件"，这次试点最终没有取得成功。"327 事件" 的爆发及国债期货试点的失败有着深刻的原因，主要体现在以下几个方面。

1. 国债现货规模不足以支撑当时的国债期货市场。从世界金融衍生产品发展的历史来看，发达的现货市场是金融衍生产品市场成功的基本保障。发达的现货市场，能够保证金融期货市场稳定运行，能够有效防止通过操纵现货市场从而在期货市场获利及期货市场 "逼空" 事件的发生。

2. 利率的浮动未市场化。国债期货本质上是一种利率期货，利率的变化是决定国债现货和国债期货价格最重要的因素。但是，在 "327 事件" 发生的时候，我国实行的是固定利率，利率市场化还未开始，利率的浮动比较僵化。因此，从利率市场化的角度来讲，国债期货先天不足。不仅如此，当时由于国内通货膨胀严重，财政部对三年期以上国债实行保值贴补，每月公布一次的保值贴补率成为国债价格变化最重要的因素，这使得我国当时的国债期货成为一种变相的通货膨胀期货。

3. 缺乏统一的法规和监管体系。20 世纪 90 年代初期，我国市场经济体制建设刚刚起步，市场化程度不高，尤其在金融市场，法制建设和监管方面缺乏经验。从法制条件看，我国当时的法律、法规还没有涉及对期货交易的规定，市场参与者的行为没有法律的规范，难以做到有法可依。从监管方面来看，我国国债期货推出之时尚未形成集中统一的监管体制，影响了监管效率。由于缺乏统一的法规和监管体系，各交易所在国债期货的交易规则和合约设计上缺乏统一性和科学性，不利于全国统一市场的形成。同时，投资者的法制观念淡薄，个别机构在违规操纵市场时肆无忌惮，丝毫不考虑严重的法律后果，这也是导致 "327 事件" 发生的重要原因。

4. 交易机制和风险管理制度不健全。在 20 世纪 90 年代我国进行国债期货试点的时候，各交易所缺乏发展金融期货的经验，交易机制尚不健全，风险管理制度也不够完善。

虽然"327"国债期货事件已经过去20多年，但时至今日，认真回顾这段历史，仍有很多值得借鉴的经验教训。尤其是当前我国推出了股指期货，对有志于参与股指期货的投资者来说，回顾我国金融期货实践的历史，了解金融期货的特性和风险，对于正确参与股指期货交易有着重要的意义。首先应充分认识期货投资风险。由于期货交易实行保证金制度，具有高杠杆性，在放大潜在收益的同时也放大潜在的亏损。在参与期货投资之前，投资者应该充分认识期货投资的风险，加强自身的风险管理意识，提高风险管理能力。其次期货投资跟股票投资有很大不同，最主要的一点就是期货实行保证金交易和当日无负债结算制度。在市场波动较为剧烈的时候，投资者一天之内就可能损失全部投入本金。因此，当看错方向时及时止损，以此保证大部分本金的安全。最后市场方向不明朗时应谨慎参与。

第二章

期货市场交易对象

【教学目标】

1. 了解期货合约的概念、特点、主要条款
2. 了解国际期货市场主要期货品种与合约
3. 理解中国期货市场主要期货品种与合约

【知识结构图】

```
                        期货合约的概念与特点
                期货合约
                        期货合约的主要条款

                                            商品期货
期货
市场            国际期货市场主要期货品种与合约   金融期货
交易
对象                                          其他期货品种

                                            大连商品交易所
                                            郑州商品交易所
                中国期货市场主要期货品种与合约
                                            上海期货交易所
                                            中国金融期货交易所与沪深300股指期货
```

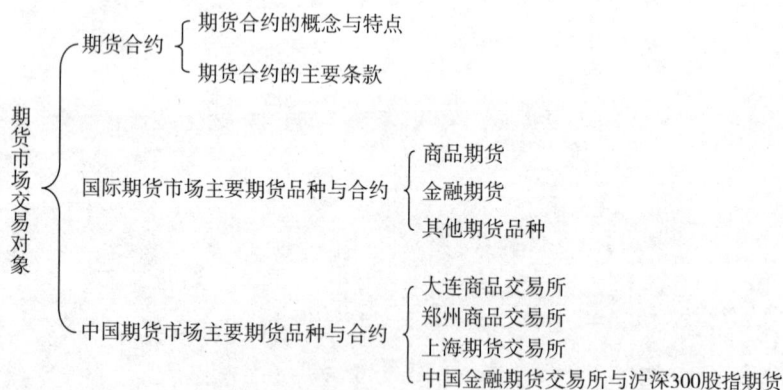

第一节　期货合约

期货合约是期货交易的对象，期货交易参与者通过在期货交易所买卖期货合约，转移价格风险，获取风险收益。期货合约的标准化便利了期货合约的连续买卖，使之具有很强的市场流动性，极大地简化了交易过程，降低了交易成本，提高了交易效率。

一、期货合约的概念与特点

（一）期货合约的概念

期货合约是期货交易的买卖对象或标的物，是由期货交易所统一制定的、规定在某一特定的时间和地点交割一定数量和质量标的物的标准化合约。根据合约标的物的不同，期货合约分为商品期货合约和金融期货合约两大类。商品期货合约的标的物包括农产品、工业品、能源等，金融期货合约的标的物包括外汇、利率、有价证券、股票指数等。

（二）期货合约的特点

1. 期货合约唯一的变量是价格，合约中有关商品品种、数量、质量、等级、交货时间、交货地点等条款都是标准化的，且具有法律效力。期货合约的标准化，可以避免交易双方因对合约内容的不同理解而可能产生的争议，防止合约期满交易双方因商品质量、数量、等级等方面的问题而引起的纠纷，确保期货交易顺利进行。因此期货合约的标准化是其区别于其他合约的一个十分重要的特征。

2. 期货合约是在期货交易所组织下成交的，具有法律效力，而价格又是在交易所通过公开竞价方式产生的，不允许私下交易。

3. 期货合约的履行由交易所担保，交易所是买方的卖方，卖方的买方。

4. 期货合约的标准化极大地简化了交易过程，提高了市场流动性，并使得期货合约可通过对冲平仓的方式了结履约责任，非常便利。

二、期货合约的主要条款

在期货市场的发展过程中，合约标准化起到了关键作用。所谓期货合约标准化，就是指期货交易所对期货合约上除价格外的其他内容条款规定统一的标准，一般来说，期货交易所为期货合约规定的标准化条款具体有以下内容。

（一）合约名称

合约名称注明了该合约的品种名称及其交易所名称。以大连商品交易所的大豆合约为例，合约名称为"大连商品交易所黄大豆1（2）号期货合约"。

（二）交易单位与合约价值

交易单位是指在期货交易所交易的每手期货合约代表的标的物的数量。合约价值是指每手期货合约代表的标的物的价值。一般来说，商品期货合约文本只列明其交易单位，而金融期货合约文本只列出其合约价值。如大连商品交易所豆粕期货合约的交易单位为"10吨/手"，而沪深300指数期货交易的合约价值为"300元×沪深300指数期货价格"。在进行期货交易时，只能以交易单位（合约价值）的整数倍进行买卖。

对于商品期货来说，确定期货合约交易单位的大小，主要应当考虑合约标的物的市场规模、交易者的资金规模、该商品的现货交易习惯等因素。一般来说，某种商品的市场规模较大，交易者的资金规模较大，则该合约的交易单位就可以设计得大一些，反之则小一些。

（三）报价单位

报价单位是指在公开竞价过程中对期货合约报价所使用的单位，即每计量单位的货币价格。例如，国内大豆、小麦、玉米、棉花、白砂糖等商品期货合约的报价单位以元（人民币）/吨表示；而在股指期货交易中，由于合约的交易单位是以一定的货币乘数与标的指数的乘积来表示，其中货币乘数是固定的，因此，股指期货交易中的报价单位为合约标的指数的点数。如沪深300股指期货合约的报价单位为沪深300指数的指数点。

（四）最小变动价位

最小变动价位是指在期货交易所的公开竞价过程中，对合约每计量单位报价的最小变动数值。在期货交易中，每次报价的最小变动数值必须是最小变动价位的整数倍。最小变动价位乘以交易单位，就是该合约价值的最小变动值。例如，郑州商品交易所棉花期货合约的最小变动价位为5元/吨，即每手（5吨）合约的最小变动值为25元。

商品期货合约最小变动价位的确定，通常取决于该合约标的物的种类、性质、市场价格波动情况和商业规范等。

一般而言，较小的最小变动价位有利于市场流动性的增加，但过小的最小变动价位将会增加交易成本；过大的最小变动价位会减少交易量，影响市场的活跃程度，不利于套利和套期保值的正常操作。

（五）每日价格最大波动幅度限制

每日价格最大波动幅度限制是指由期货交易所规定的、某种商品或者金融工具期货价格在每个交易日的交易价格最大允许涨跌幅度，也称每日涨跌停板限制，超过该涨跌幅度的报价将被视为无效，不能成交。一般用百分比或固定数量两种形式来表明。

期货交易所设置每日停板额限制的目的是保障期货交易者在期货市场出现价格狂涨或暴跌时，免受重大损失。

每日停板额是在某一期货合约上一交易日结算价格的基础上，增加或者减少每日价格最大波动幅度计算出来的。最大波动幅度大小的确定，主要取决于该种商品或金融工具市场价格波动的频繁程度和波幅的大小。一般地，某种期货商品的价格波动越频繁、剧烈，该期货商品的每日停板额限制就应设置得越大一些，反之则小一些。

（六）合约交割月份

合约交割月份是指某种期货合约到期交割的月份。

交易双方在期货合约到期时应按合约规定的商品数量和质量交付或接收货物，以履行期货合约。交货期一般按月份计。

交割月份的确定一般来说与该期货商品的生产、使用、消费、流通等特点有一定联系。例如，许多农产品期货的生产与消费具有很强的季节性，因而其交割月份的规定也具有季节性特点。

（七）交易时间

期货合约的交易时间是固定的。每个交易所对交易时间都有严格规定。一般每周营业5天，周六、周日及国家法定节假日休息。一般每个交易日分为两盘，即上午盘和下午盘。各交易品种的交易时间安排由交易所公告。

（八）最后交易日

最后交易日是指某种期货合约在合约交割月份中进行交易的最后一个交易日，过了这个期限的未平仓期货合约，必须按规定进行实物交割或现金交割。期货交易所根据不同期货合约的标的物的现货交易特点等因素确定其最后交易日。

（九）交割日期

交割日期是指合约标的物所有权进行转移，以实物交割或现金交割方式了结未平仓合约的时间。

（十）交割等级

交割等级是指由期货交易所统一规定的、准许在交易所上市交易的合约标的物的质量等级。在进行期货交易时，交易双方无须对标的物的质量等级进行协商，发生实物交割时按交易所期货合约规定的质量等级进行交割。

对于商品期货来说，期货交易所在制定合约标的物的质量等级时，常常采用国内或国际贸易中最通用和交易量较大的标准品的质量等级为标准交割等级。

但是，期货合约质量等级的标准化并不是绝对的，世界上大部分期货交易所都允许交割商品的质量等级与合约规定的标准质量等级有所差别。现实中，同种商品在生产以及流通过程中因产地、品种、纯度等不同会产生质量等级的差别，这时如果仍坚持按标准的质量等级进行实物交割，就可能使期货交易规模受到极大限制，甚至在标准等级商品的数量极少而无法满足正常交易时，还会产生卖方垄断，形成垄断价格。为此，期货交易所在规定各期货商品标准等级的同时，也规定了其期货商品的其他等级替代品。交货人用交易所认可的替代品进行实物交割时，收货人无权拒绝接受。用替代商品进行实物交割时，价格需要升贴水。而升贴水标准即可供交割的替代商品之间的等级差价，也是由交易所统一规定，并根据市场行情的变动情况及时调整的。

（十一）交割地点

交割地点是指由期货交易所统一规定的进行实物交割的指定交割仓库。

商品期货交易大多涉及大宗实物商品的买卖，因此，统一指定交割仓库可以保证卖方交付的商品符合期货合约规定的数量与质量等级，保证买方收到符合期货合约规定的商品。期货交易所在指定交割仓库时主要考虑的因素是：指定交割仓库所在地区的生产或消费集中程度，指定交割仓库的储存条件、运输条件和质检条件等。

金融期货交易不需要指定交割仓库，但交易所会指定交割银行。负责金融期货交割的指定银行，必须具有良好的金融资信、较强的进行大额资金结算的业务能力，以及先进、高效的结算手段和设备。

（十二）交易手续费

交易手续费是期货交易所按成交合约金额的一定比例或按成交合约手数收取的费用。不同期货交易所的交易手续费收取标准一般不同。交易手续费的高低对市场流动性有一定影响，交易手续费过高会增加期货市场的交易成本，扩大无套利区间，降低市场的交易量，不利于市场的活跃，但也可以起到抑制过度投机的作用。

（十三）交割方式

期货交易的交割方式分为实物交割和现金交割两种。商品期货、股票期货、外汇期货、中长期利率期货通常采取实物交割方式，股指期货和某些短期利率期货则采用现金交割方式。

（十四）交易代码

为便于交易，每一期货品种都有交易代码。例如，上海期货交易所白银的代码为AG；中国大连商品交易所黄大豆1号期货合约的代码为A，黄大豆2号期货合约的代码为B，豆粕期货合约的代码为M。

第二节　国际期货市场主要期货品种与合约

期货品种按其标的物的不同，主要可以分为商品期货、金融期货和其他期货品种。由于篇幅的限制，本节仅就国际期货市场上众多的期货品种和合约中主要期货品种和合约作简要介绍。

全球主要期货品种及其上市交易所参见表2-1。

表2-1　　　　　　　　　　全球主要期货品种及其上市交易所

类型		品种	主要上市交易所
商品期货	农产品	玉米、大豆、豆粕、豆油、木材	芝加哥商业交易所集团
		棉花、糖、咖啡、可可	纽约期货交易所
		天然橡胶期货	日本东京工业品交易所
		生猪、活牛、嫩鸡	芝加哥商业交易所集团
	有色金属	黄金、白银、钯	纽约商业交易所
		铜、铝、铅、锌、锡、镍	伦敦金属交易所
	能源	石油、天然气	纽约商业交易所、国际石油交易所
金融期货	外汇	英镑/美元、欧元/美元、加拿大元/美元、澳大利亚元/美元、日元/美元、瑞士法郎/美元、美元/欧元等	芝加哥商业交易所集团
	利率	3个月期欧洲美元期货、3个月期欧洲银行间欧元利率期货	芝加哥商业交易所集团、泛欧交易所
		美国5年、10年、30年期国库券期货	芝加哥商业交易所集团、欧洲期货交易所
	股票指数	S&P500指数、道琼斯欧洲Stoxx50指数、德国DAX指数、日经225指数、英国金融时报指数、法国CAC-40指数、韩国KOSP1200指数、中国香港恒生指数	芝加哥商业交易所集团、欧洲期货交易所、泛欧交易所、香港交易所、韩国证券交易所、大阪证券交易所、新加坡交易所

一、商品期货

商品期货是期货交易的起源种类。随着期货市场的发展，商品期货交易不断扩展，成为现代期货市场体系中重要的组成部分，其规避风险、发现价格的功能对于现代市场经济的运作发挥着越来越重要的作用。国际商品期货交易的品种随期货交易发展而不断变化，交易品种不断增加。从传统的农产品期货，发展到经济作物、畜产品、有色金属和能源等大宗初级产品期货。

（一）农产品期货

农产品是最早成为期货交易的商品，国际农产品期货市场最早产生于美国芝加哥，芝加哥期货交易所是全球最大的农产品期货交易所，主要交易玉米、大豆、小麦、豆粕和豆油等农产品期货合约。芝加哥商业交易所的生猪、活牛以及木材期货，纽约商业交易所的糖、棉花、咖啡、可可期货都是交易非常活跃的期货品种。芝加哥商业交易所集团因而成为世界最大的农产品交易中心。

【专栏 2-1】
芝加哥期货交易所

芝加哥期货交易所是当前世界上最具代表性的农产品交易所。19世纪初期，芝加哥是美国最大的谷物集散地，随着谷物交易的不断集中和远期交易方式的发展，1848年，由82位谷物交易商发起组建了芝加哥期货交易所。该交易所成立后，对交易规则不断加以完善，于1865年用标准的期货合约取代了远期合同，并实行了保证金制度。芝加哥期货交易所除了提供玉米、大豆、小麦等农产品期货交易外，还为中、长期美国政府债券、股票指数、市政债券指数、黄金和白银等商品提供期货交易市场，并提供农产品、金融及金属的期权交易。芝加哥期货交易所的玉米、大豆、小麦等品种的期货价格，不仅成为美国农业生产的重要参考价格，而且成为国际农产品贸易中的权威价格。

几十年来，世界农产品期货市场不断涌现，如东京谷物交易所、纽约棉花交易所、温尼伯格商品交易所等。随着现货生产和流通的扩大，不断有新的期货品种出现，从19世纪后期到20世纪初，随着新的交易所在芝加哥、纽约、堪萨斯等地出现，棉花、咖啡、可可等经济作物，黄油、鸡蛋、木材、天然橡胶等林产品期货也陆续上市，畜产品期货的产生时间要远远晚于粮食谷物期货，这主要同人们对期货品种特点的认识有关。目前，农产品期货仍然是全球商品期货市场的重要品种。

表 2-2   芝加哥期货交易所小麦期货合约

交易品种	小麦
交易单位	5 000 蒲式耳
报价单位	美分/蒲式耳
最小变动价位	0.25 美分/蒲式耳
每日价格最大波动限制	不高于或低于上一交易日结算价的 30 美分/蒲式耳（1 500 美元/合约）。交割月没有波幅限制（交割月前的两个交易日放开波幅限制）
合约交割月份	7 月、9 月、11 月、次年 3 月、次年 5 月
交易时间	公开喊价：星期一到星期五，芝加哥时间上午 9：30 ~ 下午 1：15
	电子交易：星期日到星期五，芝加哥时间下午 8：30 ~ 上午 6：00
最后交易日	交割月 15 日的前一交易日
最后交割日	交割月最后交易日之后的第七个工作日
交割等级	2 号软红麦、2 号硬红冬麦、2 号黑硬北春麦、2 号北春麦平价，替代品的升贴水由交易所制定
交易代码	公开喊价：W 电子交易：ZW

表 2-3   芝加哥商业交易所木材期货合约

交易品种	木材
报价单位	1 000 美元/板尺
交易单位	110 000 基圆直径英尺，厚度为两英寸，宽度为四英寸的非标准长度木材（8 ~ 20 英尺）
最小变动价位	常规 - 0.10 = 11.00 美元
限价	每千板尺 ± 前日结算价 10.00 美元
合约交割月份	1 月、3 月、5 月、7 月、9 月、11 月
交易时间	上午 9：00 ~ 下午 1：05
	截至最后交易日当天中午 12：05
最后交易日	合同月份 16 日之前最近的工作日
最终结算规则	结算价的最后决定由交易委员会作出。实物合同可以被交付使用
持仓限制	在任一合约月份，一个交易者不能持有多于 435 份的多头或空头合约，期权投机位置限制规则可以替代这一用于木材期货交易位置的规则
交割地点	指定交割仓库
交易代码	LB

（二）金属期货

金属期货是当今世界期货市场上比较成熟的期货品种之一。金属期货以有色金属期货为主，有色金属是指除黑色金属（铁、铬、锰）以外的所有金属，其中，金、银、铂、钯因其价值高被称为贵金属。金属的质量、等级和规格容易划分，交易量大，价格易波动，耐储藏，很适合作为期货交易品种，目前在国际期货市场上市交易的金属产品主要有金、银、铜、铝、铅、锌、镍、钯、铂，铜是其中的领头产品，它也是第一个被设立的金属期货交易品种，具有 100 多年的历史。目前，世界上的有色金属期货交易主要集中在伦敦金属交易所、纽约商业交易所和东京工业品交易所。尤其是伦敦金属交易所期货合约的交易价格被世界各地公认为是有色金属交易的定价标准。中国上海期货交易所的铜期货交易，近年来成长迅速。目前铜单品种成交量，已超过纽约商业交易所居全球第二位。

表 2－4　　　　　　　　　　伦敦金属交易所的阴极铜期货合约

交易品种	A 级电解铜
交易单位	25 吨
报价单位	美元/吨
最小变动价位	0.5 美元/吨
每日价格最大波动限制	无
合约交割月份	3 个月内为任何一个交易日。3 个月以上至 15 个月为每个月第三个星期三
交易时间	12：00 ~ 12：05；12：30 ~ 12：35（正式牌价） 15：30 ~ 15：35；16：15 ~ 16：20

（三）能源期货

能源期货始于 1978 年。能源期货包括原油、取暖油、燃料油、汽油、天然气等多个品种，其中原油期货合约最为活跃。20 世纪 70 年代初发生的石油危机给世界石油市场带来巨大冲击，石油价格剧烈波动，直接导致了石油期货的产生和发展。石油期货诞生以后，作为一种新型商品期货品种，其交易异常活跃，交易量一直呈快速增长之势。目前其交易量已经超过金属期货，成为全球最大的商品期货品种。

原油的生产主要集中在中东地区，沙特、科威特、伊朗、伊拉克等国都是主要的石油生产国。而美国、中国、日本和欧洲各国都是石油的主要消费国。多年来，国际市场上的石油价格波动一直比较剧烈，巨大的价格风险给许多进出口石油的国家带来损失，从而也推动了国际石油期货市场的发展壮大。目前，石油期货是全球最大的商品期货品种之一，美国纽约商业交易所、英国伦敦国际石油交易所是最主要的原油期货交易所。

表 2－5　　　　　　　　　　纽约商业交易所原油期货合约

交易品种	低硫轻原油
交易单位	1 000 桶
报价单位	美元/桶
最小变动价位	1 美分/桶（每张合约 10 美元）
每日价格最大波动限制	100 美分/桶（每张合约 1 000 美元）
合约交割月份	从当月起 18 个月
交易时间	9：45 ~ 15：10
最后交易日	交割月 15 日的前一交易日
交割等级	西得克萨斯中质油，含硫量 4%，IPI40°，硫重 5% 以下，API 比重介于 34 和 45 之间的低硫轻原油也可交割
交易代码	CL

二、金融期货

20 世纪 70 年代，期货市场有了突破性的发展，金融期货大量出现并逐渐占据了期货市场的主导地位。金融期货繁荣的主要原因在于国际金融市场的剧烈动荡，金融风险越来越受到人们的关注，许多具有创新意识的交易所纷纷尝试推出金融期货合约，以满足人们规避金融市场风险的需求。随着许多金融期货合约的相继成功，期货市场焕发生机，取得了突飞猛进的发展。金融期货品种主要有外汇期货、利率期货、股指期货和股票期货等。

基础性金融商品的价格主要以汇率、利率等形式表现。金融市场上纷繁复杂的各种金融商品，共同构成了金融风险的源泉。各类金融机构在创新金融工具的同时，也产生了规避金融风险的客观要求。20 世纪 70 年代初外汇市场上固定汇率制的崩溃，使金融风险空前增大，直接诱发了金融期货的产生。

目前，在世界各大金融期货市场，交易活跃的金融期货合约有数十种之多。根据各种合约标的物的不同性质，可将金融期货分为外汇期货、利率期货、股票指数期货和股票期货，其影响较大的合约有美国芝加哥期货交易所的美国长期国库券期货合约、东京国际金融期货交易所的 90 天期欧洲日元期货合约和香港期货交易所的恒生指数期货合约等。

金融期货问世至今不过只有短短二十余年的历史，远不如商品期货的历史悠久，但其发展速度却比商品期货快得多。目前，金融期货交易已成为金融市场的主要内容之一，在许多重要的金融市场上，金融期货交易量甚至超过了其基础金融产品的交易量。随着全球金融市场的发展，金融期货日益呈现国际化特征，世界主要金融期货市场的互动性增强，竞争也日趋激烈。

（一）外汇期货

外汇期货是指以汇率为标的物的期货合约。外汇期货是最早的金融期货品种，它是为了规避布雷顿森林体系解体以后巨大的汇率波动风险而产生的。1972 年 5 月。芝加哥商业交易所正式成立国际货币市场分部门（International Monetary Market，IMM），推出了外汇期货合约，揭开了期货市场创新发展的序幕。目前，芝加哥商业交易所是世界最大的外汇期货与期权市场，推出了 19 种不同货币衍生出来的 41 种期货合约和 31 种期权合约，主要品种可以分为三类：以美元为基础的货币组合外汇期货合约、交叉汇率外汇期货合约和外汇指数期货合约。在芝加哥商业交易所以美元为基础的货币组合期货合约中，主要货币组合的期货交易量往往最大，因为外汇风险回避的主要需求也集中于此。主要交易品种为澳大利亚元/美元、英镑/美元、加拿大元/美元、欧元/美元、日元/美元和瑞士法郎/美元等货币组合的期货与期权合约。交叉汇率期货合约反映了美元之外的一种货币组合另一种货币的价值，其推出是为了适应交易的全球化与交易所规模拓展、跨国经营的需要，其中不少都是近年来推出的新品种。在外汇期货品种中，外汇指数期货合约是新的成员。最早推出外汇指数期货的是纽约期货交易所，该交易所于 1985 年开始美元指数期货期权的交易。芝加哥商业交易所于 2003 年 3 月开始交易外汇指数期货合约。对投资于美元，且风险暴露于多种货币组合的金融机构来说，外汇指数期货与美元指数期货及期权合约提供了有效的套期保值工具。

从世界范围来看，外汇期货的主要市场在美国，以芝加哥商业交易所的外汇期货期权品种为最多、交易规模最大。

表 2-6　　　　　　　　　芝加哥商业交易所外汇期货合约的内容与规格

品种	合约单位	最小价位	每日限价
欧元（EU）	12.5 万欧元	每张合约 12.5 美元	200 点
英镑（BP）	6.25 万英镑	每张合约 12.5 美元	400 点
加拿大元（CD）	10 万加拿大元	每张合约 10 美元	100 点
日元（JY）	1 250 万日元	每张合约 12.5 美元	150 点
澳大利亚元（AD）	10 万澳大利亚元	每张合约 10 美元	150 点
瑞士法郎（SF）	12.5 万瑞士法郎	每张合约 12.5 美元	150 点

表 2-7　　　　　　　　芝加哥商业交易所国际金融市场外汇期货合约规格

交易品种	英镑
交易单位	62 500 英镑
最小变动价位	0.0002 英镑（每张合约 12.50 英镑）
每日价格最大波动限制	400 点
合约月份	1 月、3 月、4 月、6 月、7 月、9 月、10 月、12 月和现货月份
交易时间	7：20～14：00（芝加哥时间），到期合约最后交易日交易截止时间为上午 9：16，市场在假日或假日前将提前收盘，具体细节与交易所联系
最后交易日	从合约月份第三个星期三往回数的第二个工作日上午 9：16
交割日期	合约月份的第三个星期三
交割地点	由票据交换所指定的货币发行国银行

注：在国际金融市场（IMM）交易的另外几种外汇期货合约除交易单位、最小变动价位和每日价格最高波动限制不同外，在合约其他规格上大致相同。

【专栏 2-2】
布雷顿森林体系解体

布雷顿森林货币体系（Bretton Woods System）是指二战后以美元为中心的国际货币体系。即以外汇自由化、资本自由化和贸易自由化为主要内容的多边经济制度，构成资本主义集团的核心内容。布雷顿森林体系的建立，促进了二战后资本主义世界经济的恢复和发展。但美国经济学家 R·特里芬就指出，布雷顿森林体系存在着这样的内在缺陷：美元应大量发行以满足国际结算和储备需要，美元应减少发行以维持美元币值的稳定和坚挺，而美元发行在"信心"和"偿付力"之间的不可兼得即为"特里芬难题"。这一缺陷无疑昭示了布雷顿森林体系具有脆弱性。事实上，布雷顿森林体系形成之后，国际货币体系经常交叉出现"美元荒"和"美元过剩"，尤其是20世纪60—70年代美国财政赤字增加、国际收支恶化、黄金储备剧减，德国、法国等欧洲共同体国家宣布对美元实行联合浮动，欧洲共同体内部成员国之间实行固定汇率。这样，布雷顿森林体系的两个支撑——美元黄金挂钩和钉住汇率制度就不复存在，以及制度本身不可解脱的矛盾性，该体系于1971年被尼克松政府宣告结束。

（二）利率期货

利率期货是指以货币市场和资本市场的各种利率工具为标的物的期货合约，它可以用来回避利率波动所引起的风险。尽管利率期货的产生比外汇期货晚了三年多，但其发展速度却比外汇期货快得多。

世界上最先推出的利率期货是1975年由美国芝加哥商业交易所推出的美国国民抵押协会的抵押证期货。

利率期货的种类繁多，分类方法也有多种，按照合约标的的期限，利率期货可分为短期利率期货和长期利率期货两大类。短期利率期货是指期货合约标的的期限在一年以内的各种利率期货，包括各种期限的商业票据期货、国库券期货及欧洲美元定期存款期货等。目前，国际期货市场上交易最为活跃的两种短期利率期货是芝加哥商业交易所集团的3个月期欧洲美元期货和泛欧交易所的3个月期欧洲银行间欧元利率（EURIBOR）期货。

长期利率期货是指期货合约标的的期限在一年以上的各种利率期货，以资本市场的各类债务凭证为标的的利率期货均属长期利率期货，主要包括各种期限的中长期国库券期货。在长期利率期货中，最有代表性的是美国长期国库券期货和10年期美国中期国库券期货，因长期国库券信用等级高、流动性强、对利率变动的敏感度高，且交割简便，故成为市场的首选品种。

表2-8　　　　　　　　　　　　　　美国主要国债期货合约

	90天国库券 T‑Bill	中期国库券(10YR) T‑Note（TY）	长期国库券(15YR) T‑Bond（US）	市政债券 MB
交易单位	100万美元	10美元	10美元	1 000美元
交易所	芝加哥商业交易所（国际金融市场）	芝加哥期货交易所	芝加哥期货交易所	芝加哥期货交易所
报价	用100减贴现率，以点（1 000美元）和1/32点报价			
最小价位	1点＝25美元　1/32点＝31.25美元			
停板额	50点~100点　±3点或3 000美元			
交割月份	3月、6月、9月、12月			
最后交易日	交割月最后营业日回数第七个营业日		回数第八个营业日	
交割方式	联邦储备银行计算机过户财务系统			

表 2 – 9　　　　　　　　　　芝加哥期货交易所 5 年期国库券期货合约

交易单位	100 000 美元面值国库券（T – note）
最小变动价位	报价单位为 1/32 点，最小价格波动为 1/32 点的 1/2（每张合约 15.625 美元）
每日价格最大波动限制	不高于或低于上一交易日结算价格各 3 点（每张合约 3 000 美元）
合约月份	3 月、6 月、9 月、12 月
交易时间	7：20 ~ 14：00（芝加哥时间）
最后交易日	从交割月最后营业日往回数的第八个营业日
交割等级	任何最近拍卖的 5 年国库券。特别是原偿还期限不超过 5 年零 3 个月而且其剩余有效期限从交割月的第一天算起仍不少于 4 年零 3 个月的国库券最好
交割方式	联储电子过户簿记系统

（三）股票指数期货

　　股票指数期货指以股票指数为标的物的期货合约。股票价格指数反映的是一揽子股票组合的平均价格水平，其变动可以衡量股市行情。股票指数期货不涉及股票本身的交割，其价格根据指数计算，合约以现金清算形式进行交割。20 世纪 90 年代以来，随着各国证券市场的发展和股票价格波动的日益加剧，投资者规避股市风险的需求越来越强烈，各国交易所纷纷推出了股票指数期货，交易量迅速增长，很快成为金融期货市场最热门的品种。目前，在股票指数合约中，芝加哥商业交易所的 S&P500 指数合约交易最为活跃，是世界上交易量最大的股指期货合约。

　　股票指数合约是 1982 年由美国堪萨斯的商品交易委员会引进期货市场的。以后各国纷纷仿效，交易量也迅速增长。目前交易活跃的股票指数期货还有：美国芝加哥商业交易所的 Nasdaq – 100 指数期货、欧洲期货交易所的道琼斯欧洲 Stoxx50 指数期货和德国 DAX 指数期货、大阪证券交易所的日经 225 指数（NIKKEI 225）期货、伦敦国际金融期货交易所的英国金融时报指数（FTSE100）期货、法国期货交易所的法国证券商协会 40 股指（CAC – 40）期货、纽约期货交易所的纽约证券交易所综合股指（NYSE）期货、香港期货交易所的香港恒生指数（HSI）期货和韩国期货交易所的韩国 KOSPI200 股票指数期货等。

表 2 – 10　　　　　　　　　　　　S&P500 指数期货合约

交易单位	用 250 美元乘以 S&P500 股票价格指数
最小变动价位	0.50 个指数点
每日价格最大波动限制及交易中止	与证券市场挂牌的相关股票的交易中止相协调，有关此规定的细节，由芝加哥商业交易所研究部负责解释
开市限价	在交易刚开盘期间，最大价格波动额不得高于或低于上一交易日结算价 5 个指数点，假如期货合约价格在开市后 10 分钟时到此停板额，交易将暂停 2 分钟，然后按新的开盘价范围重新恢复交易
合约月份	3 月、6 月、9 月、12 月

续表

交易时间	8∶30～15∶15（芝加哥时间）
最后交易日	最终结算价格确定日的前一工作日
交割方式	按最终结算价以现金结算，此最终结算由合约月份的第三个星期五的S&P股票价格指数的构成股票市场开盘价所决定

（四）股票期货

股票期货是以单只股票或窄基股票指数作为标的物的期货合约。目前，全球绝大多数股票期货都是单只股票期货。股票期货产生较晚，于20世纪80年代后期才开始出现，之所以如此，主要与美国历史上一度禁止股票期货交易有关。1981年，美国商品期货交易委员会形成了《约翰逊—夏德协议》，该协议禁止股票期货交易（包括窄基股票指数期货和单只股票期货）。受其影响，西欧、日本等主流金融市场在2001年以前基本没有股票期货交易。从20世纪80年代末起，美国以外的其他国家和地区有不少交易所相继推出了股票期货合约，包括澳大利亚悉尼期货交易所、中国香港交易所（HKEx）、瑞典期货交易所（OM）、加拿大蒙特利尔交易所、南非期货交易所、葡萄牙衍生品交易所、西班牙金融衍生品交易所、芬兰赫尔辛基交易所、匈牙利布达佩斯股票交易所、墨西哥衍生品交易所、俄罗斯莫斯科银行间交易市场、新加坡交易所等。进入21世纪后，股票期货作为一个相对较新的产品越来越受到人们的关注。英国的伦敦国际金融期货期权交易所（LIFFE）于2001年1月29日首次推出以英国、欧洲大陆和美国的蓝筹股为标的物的股票期货交易，交易量增长迅速。在竞争的压力下，美国国会于2000年12月5日通过了《2000年美国商品期货现代化法案》，取消了对于股票期货交易的禁止性规定。2002年11月8日，美国最大的三家交易所CBOE、CBOT、CME组建了一个新的以交易股票期货为目的的交易所——One Chicago。目前，One Chicago交易的品种不仅包括180多种单只股票期货，还包括许多窄基股票指数期货、ETF期货。其标的股票不仅包括美国国内的一些蓝筹股，也涉及许多美国之外流通市值大的股票。

【专栏2-3】

宽基和窄基

美国证券期货监管机构把股票指数分为两类：窄基和宽基。第一，如果股票指数期货合约的标的满足以下两个条件之一，该指数被认为是宽基指数。条件A："含10只或更多只股票；单只成份股权重不超过30%；权重最大的5只股票累计权重不超过指数的60%；平均日交易额处于最后1/4的成份股累计的平均日交易额超过5 000万美元，如果指数至少有15只股票则超过3 000万美元。"条件B："含9只或更多只股票；单个成份股权重不超过30%；每个成份股均为大盘股（按照市值和平均日交易量都排入前500家的股票）。"第二，不满足上述两个条件的指数被认为是窄基指数。窄基指数和单只股票期货被定义为股票期货，接受美国商品期货交易委员会（CFTC）和美国证券交易委员会（SEC）的联合监管。

表 2-11　　　　　　　　香港交易所股票期货合约细则

合约乘数	相关股票的买卖单位
立约成价	根据《交易所规则》及透过 HKATS 电子交易系统厘定，并在结算所登记的港元价格
立约价值	立约价格乘以合约乘数
最低价格波幅	0.01 港元
合约月份	现月、下两个月及之后的两个季月（季月指 3 月、6 月、9 月及 12 月）
调整	如有派发股息、股票拆细、派送红股或供股，将会按照买卖股票期货合约的规则调整合约乘数及立约成价。若遇到实物分派、发售其他公司股份、派送权证或迁册等特别情况，行政总裁经咨询证监会后，有最终的权利决定作为适当调整所做的调整，将是最终并具约束性的调整
交易时间（香港时间）	每日有两节交易时段：10：00～12：30，14：30～16：00（现货市场的交易时间若有更改，期货市场的交易时间也须自动作出相应调整）
最后交易日的交易时间	同上
最后交易日	合约月最后一个营业日之前一个营业日
现金结算价值	最后结算价乘以合约乘数
最后结算日	最后交易日之后的第一个营业日
最后结算价	根据《交易所规则》012 条和 013 条规定，所代表普通股最后交易日在现货市场每 5 分钟所报的最高买入价与最低卖出价的中间价的平均值
结算方法	以现金结算合约差价
持仓限额	每一交易所参与者的公司户口，或每一客户户口，在任何一个合约月份以 5 000 张长仓或短仓合约为限
大量未平仓合约	每一交易所参与者的公司户口，或每一客户户口，在任何一个合约月份以 1 000 张长仓或短仓合约
交易费用及征费（每张合约单边计）	交易所费用：3.50 港元；证监会征费：0.20 港元；投资者赔偿征费：0.10 港元；以上合计 3.80 港元
佣金	商议

三、其他期货品种

随着期货市场的不断发展，期货品种也在不断创新，一些与传统的商品期货和金融期货有所不同的新的期货品种也应运而生。主要包括经济指数期货、信用指数期货、天气期货以及保险期货等。

（一）经济指数期货

在经济发达国家，由于经济已发展到一定的程度，各项经济发展指标体系健全，且其对经济生活影响越来越大。特别是在资本市场上，这些经济指标的变化影响着投资者的投资活动，成为其重要参考指标。由此，在股指期货运作成功的基础上，出现了一批以经济发展指标为上市合约的期货新品种，如商品期货指数期货、消费者指数期货。1986 年，纽约期货交易所根据商品期货研究局价格指数（CRB）开发出 CRB 期货合约，该期货合约使交易者无须购买一种或多种商品期货即可更加全面地把握商品期货市场。CRB 合约在随后的交易中曾经是一个非常成功的合约，带来了一个交易的全盛时期。后来由于各成分的权数固定不变并且各成分商品的权数相等，没有考虑到各成分商品的价格和市场价值的变化，久而久之它失去了与现货市场的相关性。之后，芝加哥商业交易所推出了 GOLDMAN–SACHS 商品指数（GSCI）合约，芝加哥期货交易所推出了道琼斯 AIG 商品指数（DJ–AIG）期货，纽约期货交易所推出了 S&P 商品指数（SPCI）期货。2005 年 9 月，芝加哥商业交易所又推出了以欧洲的基准消费者价格指数为标的的欧元区 HICP 期货。目前，芝加哥期货交易所是推出经济指数期货最多的期货交易所，其上市交易的合约有农业指数期货、全球商品指数期货、建筑用面板指数期货、通胀指数期货、船运价格指数期货等。

（二）信用指数期货

自 20 世纪 90 年代产生以来，信用衍生品，尤其是信用风险互换是 OTC 衍生品市场发展最快的产品。随着信用衍生品市场的发展，美国主要期货交易所也相继推出了信用指数期货。信用指数并非传统意义上的"指数"，实际上是与一连串公司信用相联系的衍生品。如 CBOT 的信用违约指数（CDI）期货合约的标的是 CDI，CDI 反映了美国柜台交易市场还有 5 年到期的信用互换合约的价格，是利率信用违约价差的算术加权平均。而 CBOT 的 CDR 流动性 50NAIG 指数期货的标的指数为 CDR 流动性 50 北美投资级指数，该指数采用北美信用违约互换市场最活跃的 50 个投资级公司的 5 年期信用违约互换价差报价的平均数。CME 于 2007 年推出的信用指数事件期货（CME Credit Index Event Contracts），其标的物是 CME 北美投资级公司高波动性指数系列 1，该指数包含 32 家在信用评级中达 BBB 级的北美投资级实体，以其发生的信用事件（指破产或无法偿还债务）为基础编制为指数。

信用指数期货合约的推出给投资者回避公司信用风险提供了有效工具。

（三）天气期货

由于天气风险对经济的影响是多方面的，能源、农业、保险业、旅游业、零售及建筑等行业的运营都受到天气的直接影响，比如能源企业面临着天气变化所造成的销售量大幅变动的风险；在农作物产区，种植季节的降雨量对作物产量的影响；年降雨量对电力企业发电成本的影响等。针对这些风险的管理工具在场外衍生市场都已经存在，随着天气衍生品合约在场外衍生市场的日益成熟和发展，期货交易所开始引入天气指数的期货和期权交易。1997 年，芝加哥商业交易所率先开始交易天气期货，包括制热日指数期货、制冷日指数期货、制冷季节指数期货和制热季节指数期货四种合约，目前已包括美国天气期货、欧洲天气期货和亚太天气期货。目前，全球有数个交易所提供天气期货合约，包括伦敦国际金融期货期权交易、芝加哥商品交易所和位于亚特兰大的洲际交易所

（Intercontinental Exchange）等。

（四）保险期货

20 世纪 80 年代以来，世界期货市场的发展进入了崭新的阶段。与此同时，保险业也在不断地寻求一种有效的风险管理手段，通过使用金融衍生工具来解决保险巨灾的风险，从而将现代期货交易机制引入保险期货市场。

早在 1985 年芝加哥贸易学院就推出了世界上第一种巨灾风险期货。这种期货产品是以国家保险服务局将全国各地有代表性的灾难风险保单汇集起来，通过分析其损失赔付率的波动情况从而定期发布的一种动态指数作为买卖的对象。保险公司可以根据自身承保的风险规模，通过将保费收入在这一期货产品买入卖出的操作，从而实现降低和回避因其所承保对象的非预期风险扩大而带来的亏损，达到套期保值的效果，投机者从保险风险中获利。1992 年芝加哥期货交易所推出保险期货品种，包括东部灾难保险、中西部灾难保险、全国灾难保险和西部灾难保险。

第三节　中国期货市场主要期货品种与合约

期货市场经过多年的发展，目前形成了以大连商品交易所、郑州商品交易所、上海期货交易所、中国金融期货交易所为主的四大交易场所，其交易品种日益丰富，品种向多元化方向发展，四大交易所因各自所形成的交易环境的不同，其交易品种也各有各的特点。

一、大连商品交易所

大连商品交易所（以下简称大商所）成立于 1993 年 2 月 28 日，并于同年 11 月 18 日正式开业，是经国务院批准并由中国证监会监督管理的四家期货交易所之一，也是中国东北地区唯一一家期货交易所。经中国证监会批准，目前上市交易的有玉米、玉米淀粉、黄大豆 1 号、黄大豆 2 号、豆粕、豆油、棕榈油、鸡蛋、纤维板、胶合板、线型低密度聚乙烯、聚氯乙烯、聚丙烯、焦炭、焦煤和铁矿石共计 16 个期货品种。

截至 2015 年末，大商所共有会员 168 家，指定交割库 216 个（按品种统计），2015 年期货成交量和成交额分别达 11.16 亿手和 41.94 万亿元（成交量、成交额均为单边统计）。根据美国期货业协会（FIA）公布的全球主要衍生品交易所成交量排名，2015 年大商所在全球排名第 8 位。以下为其主要交易的合约品种介绍。

（一）玉米淀粉期货合约

玉米淀粉是将玉米经粗细研磨分离出胚芽、纤维和蛋白质等副产品后得到的产品。玉米淀粉用途广泛，下游产品达 3 500 种，涉及淀粉糖、啤酒、医药、造纸等多种行业。上个世纪 90 年代后我国玉米淀粉产业进入快速发展阶段，过去十多年我国玉米淀粉产量年复合增长率接近 10% 左右。在中国大连商品交易所上市交易的玉米淀粉期货合约如表 2-12 所示。

表 2 – 12   大连商品交易所上市交易的玉米淀粉期货合约

交易品种	玉米淀粉
交易单位	10 吨/手
报价单位	元（人民币）/吨
最小变动价位	1 元/吨
涨跌停板幅度	上一交易日结算价的 4%
合约月份	1 月，3 月，5 月，7 月，9 月，11 月
交易时间	每周一至周五：上午 9：00～11：30，下午 13：30～15：00，以及交易所规定的其他时间
最后交易日	合约月份第 10 个交易日
最后交割日	最后交易日后第 3 个交易日
交割等级	大连商品交易所玉米淀粉交割质量标准
交割地点	大连商品交易所玉米淀粉指定交割仓库
最低交易保证金	合约价值的 5%
交割方式	实物交割
交易代码	CS
上市交易所	大连商品交易所

（二）鸡蛋期货合约

鸡蛋是最主要的禽蛋品种，约占我国禽蛋种类的 84%。我国的鸡蛋产量位居全球第一，鸡蛋市场以自给自足为主，很少出口。在中国大连商品交易所上市交易的鸡蛋期货合约如表 2 – 13 所示。

表 2 – 13   大连商品交易所上市交易的鸡蛋期货合约

交易品种	鲜鸡蛋
交易单位	5 吨/手
报价单位	元（人民币）/500 千克
最小变动价位	1 元/500 千克
涨跌停板幅度	上一交易日结算价的 4%
合约月份	1 月，2 月，3 月，4 月，5 月，6 月，9 月，10 月，11 月，12 月
交易时间	每周一至周五：上午 9：00～11：30，下午 13：30～15：00，以及交易所规定的其他时间
最后交易日	合约月份第 5 个交易日
最后交割日	最后交易日后第 3 个交易日
交割等级	大连商品交易所鸡蛋交割质量标准
交割地点	大连商品交易所鸡蛋指定交割仓库
最低交易保证金	合约价值的 5%
交割方式	实物交割
交易代码	JD
上市交易所	大连商品交易所

（三）胶合板期货合约

胶合板在建筑装饰、家具制造、车船制造以及包装等行业均有应用。我国自2003年胶合板产量超过美国后，一直是世界胶合板第一生产大国，其产量的年复合增长率在20%以上。在中国大连商品交易所上市交易的胶合板期货合约如表2－14所示。

表2－14　　　　　　大连商品交易所上市交易的胶合板期货合约

交易品种	细木工板
交易单位	500张/手
报价单位	元（人民币）/张
最小变动单位	0.05元/张
涨跌停板幅度	上一交易日结算价的4%
合约月份	1月，2月，3月，4月，5月，6月，7月，8月，9月，10月，11月，12月
交易时间	每周一至周五：上午9：00～11：30，下午13：30～15：00，以及交易所规定的其他时间
最后交易日	合约月份第10个交易日
最后交割日	最后交易日后第3个交易日
交割等级	大连商品交易所胶合板交割质量标准
交割地点	大连商品交易所胶合板指定交割仓库
最低交易保证金	合约价值的5%
交割方式	实物交割
交易代码	BB
上市交易所	大连商品交易所

（四）焦煤期货合约

在中国大连商品交易所上市交易的焦煤期货合约如表2－15所示。

表2－15　　　　　　大连商品交易所上市交易的焦煤期货合约

交易品种	焦煤
交易单位	60吨/手
报价单位	元（人民币）/吨
最小变动价位	1元/吨
涨跌停板幅度	上一交易日结算价的4%
合约月份	1月，2月，3月，4月，5月，6月，7月，8月，9月，10月，11月，12月
交易时间	每周一至周五：上午9：00～11：30，下午13：30～15：00，以及交易所规定的其他时间
最后交易日	合约月份第10个交易日
最后交割日	最后交易日后第3个交易日
交割等级	大连商品交易所焦煤交割质量标准
交割地点	大连商品交易所焦煤指定交割仓库
最低交易保证金	合约价值的5%
交割方式	实物交割
交易代码	JM
上市交易所	大连商品交易所

（五）大豆期货合约

在中国大连商品交易所上市交易的黄大豆 1 号期货合约如表 2 – 16 所示。

表 2 –16　　　　　　　　大连商品交易所黄大豆 1 号期货合约

交易品种	黄大豆 1 号
交易单位	10 吨/手
报价单位	元（人民币）/吨
最小变动价位	1 元/吨
涨跌停板幅度	上一交易日结算价的 4%
合约交割月份	1 月、3 月、5 月、7 月、9 月、11 月
交易时间	每周一至周五：上午 9：00 ~ 11：30，下午 13：30 ~ 15：00，以及交易所规定的其他时间
最后交易日	合约月份第 10 个交易日
最后交割日	最后交易日后第 3 个交易日
交割等级	大连商品交易所黄大豆 1 号交割质量标准（FA/DCE D001 – 2012）
交割地点	大连商品交易所指定交割仓库
交易保证金	合约价值的 5%
交易手续费	不超过 4 元/手
交割方式	实物交割
交易代码	A
上市交易所	大连商品交易所

（六）棕榈油期货合约

在中国大连商品交易所棕榈油期货合约见表 2 – 17。

表 2 –17　　　　　　　　大连商品交易所棕榈油期货合约

交易品种	棕榈油
交易单位	10 吨/手
报价单位	元（人民币）/吨
最小变动价位	2 元/吨
涨跌停板幅度	上一交易日结算价的 4%
合约月份	1 月、2 月、3 月、4 月、5 月、6 月、7 月、8 月、9 月、10 月、11 月、12 月
交易时间	每周一至周五：上午 9：00 ~ 11：30，下午 13：30 ~ 15：00，以及交易所规定的其他时间
最后交易日	合约月份第 10 个交易日
最后交割日	最后交易日后第 3 个交易日
交割等级	大连商品交易所棕榈油交割质量标准
交割地点	大连商品交易所棕榈油指定交割仓库
最低交易保证金	合约价值的 5%
交易手续费	不超过 6 元/手
交割方式	实物交割
交易代码	P
上市交易所	大连商品交易所

（七）聚氯乙烯期货合约

2009 年 5 月 25 日，聚氯乙烯期货合约在大连商品交易所正式挂牌交易，其合约如表 2 - 18 所示。

表 2 - 18　　　　　　　　　　大连商品交易所聚氯乙烯期货合约

交易品种	聚氯乙烯
交易单位	5 吨/手
报价单位	元（人民币）/吨
最小变动价位	5 元/吨
涨跌停板幅度	上一交易日结算价的 4%
合约月份	1 月，2 月，3 月，4 月，5 月，6 月，7 月，8 月，9 月，10 月，11 月，12 月
交易时间	每周一至周五：上午 9：00～11：30，下午 13：30～15：00，以及交易所规定的其他时间
最后交易日	合约月份第 10 个交易日
最后交割日	最后交易日后第 3 个交易日
交割等级	质量标准符合《悬浮法通用型聚氯乙烯树脂（GB/T 5761—2006）》规定的 SG5 型一等品和优等品
交割地点	大连商品交易所指定交割仓库
最低交易保证金	合约价值的 5%
交易手续费	不超过 6 元/手
交割方式	实物交割
交易代码	V
上市交易所	大连商品交易所

二、郑州商品交易所

郑州商品交易所（以下简称郑商所）是经国务院批准成立的我国首家期货市场试点单位。郑商所隶属中国证券监督管理委员会管理。截至 2014 年 6 月底，郑商所共有会员 202 家，分布在全国 27 个省（市）、自治区。其中期货公司会员 161 家，占会员总数的 80%；非期货公司会员 41 家，占会员总数的 20%。

郑商所目前上市交易期货品种有普通小麦、优质强筋小麦、早籼稻、晚籼稻、粳稻、棉花、油菜籽、菜籽油、菜籽粕、白糖、动力煤、甲醇、精对苯二甲酸（PTA）、玻璃、硅铁和锰硅。基本形成的综合性品种体系覆盖农业、能源、化工、建材和冶金等国民经济重要领域。以下介绍其主要期货交易合约。

（一）棉花期货合约

郑商所棉花期货合约规格如表 2 - 19 所示。

表 2 – 19　　　　　　　　　　郑州商品交易所棉花期货合约

交易品种	棉花
交易单位	5 吨/手（公定重量）
报价单位	元（人民币）/吨
最小变动价位	5 元/吨
每日价格最大波动限制	上一交易日结算价 ±4% 及《郑州商品交易所期货交易风险控制管理办法》相关规定
合约交割月份	1 月，3 月，5 月，7 月，9 月，11 月
交易时间	星期一至星期五（北京时间，法定节假日除外）：上午 9：00 ~ 11：30，下午 1：30 ~ 3：00
最后交易日	合约交割月份的第 10 个交易日
最后交割日	合约交割月份的第 12 个交易日
交割品级	基准交割品：符合 GB1103.1—2012《棉花 第1部分：锯齿加工细绒棉》规定的 3128B 级，且长度整齐度为 U3 档，断裂比强度为 S3 档，轧工质量为 P2 档的国产棉花。替代品详见交易所交割细则。替代品升贴水见交易所公告
交割地点	交易所指定棉花交割仓库
最低交易保证金	合约价值的 5%
交割方式	实物交割
交易代码	CF
上市交易所	郑州商品交易所

（二）小麦期货合约

在中国郑州商品交易所上市交易的优质强筋小麦期货合约如表 2 – 20 所示。

表 2 – 20　　　　　　　　　郑州商品交易所优质强筋小麦期货合约

交易品种	优质强筋小麦（简称"强麦"）
交易单位	20 吨/手
报价单位	元（人民币）/吨
最小变动价位	1 元/吨
每日价格波动限制	上一个交易日结算价 ±4% 及《郑州商品交易所期货交易风险控制管理办法》相关规定
最低交易保证金	合约价值的 5%
合约交割月份	1 月，3 月，5 月，7 月，9 月，11 月
交易时间	每周一至周五（北京时间，法定节假日除外）：上午 9：00 ~ 11：30，下午 1：30 ~ 3：00
最后交易日	合约交割月份的第 10 个交易日
最后交割日	合约交割月份的第 12 个交易日
交割品级	符合《中华人民共和国国家标准 小麦》（GB 1351—2008）的三等及以上小麦，且稳定时间、湿面筋等指标符合《郑州商品交易所期货交割细则》规定要求
交割地点	交易所指定交割仓库
交割方式	实物交割
交易代码	WH
上市交易所	郑州商品交易所

（三）粳稻期货合约

中国郑州商品交易所上市交易的优质粳稻期货合约见表2-21。

表2-21　　　　郑州商品交易所上市交易的优质粳稻期货合约

交易品种	粳稻谷（简称"粳稻"）
交易单位	20 吨/手
报价单位	元（人民币）/吨
最小变动价位	1元/吨
每日价格波动限制	上一交易日结算价 ±4% 及《郑州商品交易所期货交易风险控制管理办法》相关规定
最低交易保证金	合约价值的5%
合约交割月份	11月，次年1月，3月，5月，7月，9月
交易时间	每周一至周五（北京时间，法定节假日除外）：上午9：00～11：30，下午1：30～3：00，最后交易日上午9：00～11：30
最后交易日	合约交割月份的第10个交易日
最后交割日	合约交割月份的第12个交易日
交割品级	见《郑州商品交易所期货交割细则》
交割地点	交易所指定交割地点
交割方式	实物交割
交易代码	JR
上市交易所	郑州商品交易所

（四）白糖期货合约

中国郑州商品交易所白糖期货合约如表2-22所示。

表2-22　　　　郑州商品交易所白糖期货合约

交易品种	白砂糖
交易单位	10 吨/手
报价单位	元（人民币）/吨
最小变动价位	1元/吨
每日价格最大波动限制	不超过上一个交易日结算价 ±4%
合约交割月份	1月，3月，5月，7月，9月，11月
交易时间	每周一至周五（法定节假日除外）：上午9：00～11：30，下午1：30～3：00
最后交易日	合约交割月份的第10个交易日
最后交割日	合约交割月份的第12个交易日
交割品级	标准品：一级白糖（符合 GB317—2006）；替代品及升贴水见《郑州商品交易所期货交割细则》
交割地点	交易所指定仓库
最低交易保证金	合约价值的6%
交割方式	实物交割
交易代码	SR
上市交易所	郑州商品交易所

（五）菜籽油期货合约

中国郑州商品交易所菜籽油期货合约见表 2 - 23。

表 2 - 23 郑州商品交易所菜籽油期货合约

交易品种	菜籽油（简称"菜油"）
交易单位	10 吨/手
报价单位	元（人民币）/吨
最小变动价位	2 元/吨
每日价格波动限制	上一交易日结算价 ±4% 及《郑州商品交易所期货交易风险控制管理办法》相关规定
最低交易保证金	合约价值的 5%
合约交割月份	1 月，3 月，5 月，7 月，9 月，11 月
交易时间	每周一至周五（北京时间，法定节假日除外）：上午 9：00～11：30，下午 1：30～3：00
最后交易日	合约交割月份的第 10 个交易日
最后交割日	合约交割月份的第 12 个交易日
交割品级	基准交割品：符合《中华人民共和国国家标准 菜籽油》（GB1536—2004）四级质量指标的菜油；替代品及升贴水见《郑州商品交易所期货交割细则》
交割地点	交易所指定交割仓库
交割方式	实物交割
交易代码	OI
上市交易所	郑州商品交易所

（六）早籼稻期货合约

中国郑州商品交易所早籼稻期货合约如表 2 - 24 所示。

表 2 - 24 郑州商品交易所早籼稻期货合约

交易品种	早籼稻
交易单位	20 吨/手
报价单位	元（人民币）/吨
最小变动价位	1 元/吨
每日价格波动限制	上一交易日结算价 ±4% 及《郑州商品交易所期货交易风险控制管理办法》相关规定
最低交易保证金	合约价值的 5%
合约交割月份	1 月，3 月，5 月，7 月，9 月，11 月
交易时间	每周一至周五（北京时间，法定节假日除外）：上午 9：00～11：30，下午 1：30～3：00
最后交易日	合约交割月份的第 10 个交易日
最后交割日	合约交割月份的第 12 个交易日
交割品级	基准交割品：符合《中华人民共和国国家标准 稻谷》（GB1350—2009）三等及以上等级质量指标及《郑州商品交易所期货交割细则》规定的早籼稻谷；替代品及升贴水见《郑州商品交易所期货交割细则》
交割地点	交易所指定交割仓库
交割方式	实物交割
交易代码	RI
上市交易所	郑州商品交易所

（七）铁合金期货合约

中国郑州商品交易所铁合金期货合约如表 2 - 25 所示。

表 2 - 25　　　　　　郑州商品交易所铁合金期货合约

交易品种	硅铁
交易单位	5 吨/手
报价单位	元（人民币）/吨
最小变动价位	2 元/吨
每日价格波动限制	上一交易日结算价 ±4% 及《郑州商品交易所期货交易风险控制管理办法》相关规定
最低交易保证金	合约价值的 5%
合约交割月份	1—12 月
交易时间	每周一至周五（北京时间，法定节假日除外）： 上午 9：00～11：30，下午 1：30～3：00 最后交易上午 9：00～11：30 以及交易所规定的其他时间
最后交易日	合约交割月份的第 10 个交易日
最后交割日	合约交割月份的第 12 个交易日
交割品级	见《郑州商品交易所期货交割细则》
交割地点	交易所指定交割地点
交割方式	实物交割
交易代码	SF
上市交易所	郑州商品交易所

三、上海期货交易所

上海期货交易所目前上市交易的有黄金、白银、铜、铝、锌、铅、螺纹钢、线材、燃料油、天然橡胶、石油沥青、热轧卷板、镍、锡等 14 种期货合约，并推出了黄金、白银和有色金属的连续交易。上海期货交易所现有会员 200 多家（其中期货公司会员占近 77%），在全国各地开通远程交易终端 700 多个。

（一）天然橡胶期货合约

天然橡胶在国际期货市场已经成为一个成熟品种，主要集中在亚洲地区的交易所进行交易，如日本的东京商品交易所（TOCOM）和大阪商品交易所（OME）、中国的上海期货交易所、新加坡商品交易所（SICOM）、马来西亚的吉隆坡证券交易所（KLCE）以及泰国的农业期货交易所（AFET）等。中国上海期货交易所的天然橡胶期货合约如表 2 - 26 所示。

表 2 – 26   上海期货交易所的天然橡胶期货合约

交易品种	天然橡胶
交易单位	10 吨/手
报价单位	元（人民币）/吨
最小变动价位	5 元/吨
每日价格最大波动限制	不超过上一交易日结算价的 ±3%
合约交割月份	1 月、3 月、4 月、5 月、6 月、7 月、8 月、9 月、10 月、11 月
交易时间	上午 9：00 ~ 11：30，下午 1：30 ~ 3：00
最后交易日	合约交割月份的 15 日（遇法定假日顺延）
交割日期	最后交易日后连续 5 个工作日
交割品级	标准品：（1）国产天然橡胶（SCR WF），质量符合国标 GB/T8081—2008；（2）进口 3 号烟胶片（RSS3），质量符合《天然橡胶等级的品质与包装国际标准（绿皮书）》（1979 年版）
交割地点	交易所指定交割仓库
最低交易保证金	合约价值的 5%
交割方式	实物交割
交易代码	RU
上市交易所	上海期货交易所

（二）铜期货合约

自从 1877 年伦敦金属交易所成立以来，铜就是其最早进行交易的品种之一。目前国外从事铜期货交易的主要有伦敦金属交易所和纽约商品交易所。伦敦金属交易所铜的报价是行业内最具权威性的报价，其价格倾向于对贸易方面进行客观的反映，而纽约商品交易所的价格则更具投机性。中国自 1991 年推出铜的期货交易以来，铜的期货价格已经成为国内行业的权威报价，日益受到企业和投资者的重视。中国上海期货交易所铜期货合约如表 2 – 27 所示。

表 2 – 27   上海期货交易所铜期货合约

交易品种	阴极铜
交易单位	5 吨/手
报价单位	元（人民币）/吨
最小变动价位	10 元/吨
每日价格最大波动限制	不超过上一交易日结算价的 ±3%
合约交割月份	1—12 月
交易时间	上午 9：00 ~ 11：30，下午 1：30 ~ 3：00 和交易所规定的其他交易时间
最后交易日	合约交割月份的 15 日（遇法定假日顺延）
交割日期	最后交易日后连续 5 个工作日
交割品级	标准品：阴极铜，符合国标 GB/T467—2010 中 1 号标准铜（Cu – CATH – 2）规定，其中主成分铜加银含量不小于 99.95%； 替代品：阴极铜，符合国标 GB/T467—2010 中 A 级铜（Cu – CATH – 1）规定；或符合 BS EN 1978：1998 中 A 级铜（Cu – CATH – 1）规定

交割地点	交易所指定交割仓库
最低交易保证金	合约价值的 5%
交易手续费	不高于成交金额的万分之二（含风险准备金）
交割方式	实物交割
交易代码	CU
上市交易所	上海期货交易所

（三）锌期货合约

中国上海期货交易所锌期货合约如表 2－28 所示。

表 2－28　　　　　　　　上海期货交易所锌期货合约

交易品种	锌
交易单位	5 吨/手
报价单位	元（人民币）/吨
最小变动价位	5 元/吨
每日价格最大波动限制	不超过上一交易日结算价的 ±4%
合约交割月份	1—12 月
交易时间	上午 9：00～11：30，下午 1：30～3：00 和交易所规定的其他交易时间
最后交易日	合约交割月份的 15 日（遇法定假日顺延）
交割日期	最后交易日后连续 5 个工作日
交割品级	标准品：锌锭，符合国标 GB/T470—2008 ZN99.995 规定，其中锌含量不小于 99.995%； 替代品：锌锭，符合 BS EN 1179：2003 Z1 规定，其中锌含量不小于 99.995%
交割地点	交易所指定交割仓库
最低交易保证金	合约价值的 5%
交易手续费	不高于成交金额的万分之二（含风险准备金）
最小交割单位	25 吨
交割方式	实物交割
交易代码	ZN
上市交易所	上海期货交易所

（四）黄金期货合约

黄金不仅兼具商品、货币和金融的属性，还是资产的象征，黄金价格不仅受商品供求关系的影响，对经济、政治的变动也非常敏感。黄金市场是一个全球性市场，国内外价格联动非常紧密。黄金的主要资源国是南非、美国、俄罗斯、乌兹别克斯坦、澳大利亚、加拿大和巴西等。

纽约商业交易所是全球黄金期货交易最活跃的市场，它所形成的价格最有影响力。

2008 年 1 月 9 日，黄金期货合约在上海期货交易所挂牌交易，上海期货交易所黄金期货合约如表 2 - 29 所示。

表 2 - 29　　　　　　　　　　上海期货交易所黄金期货合约

交易品种	黄金
交易单位	1 000 克/手
报价单位	元（人民币）/克
最小变动价位	0.05 元/克
每日价格最大波动限制	不超过上一交易日结算价的 ±3%
合约交割月份	最近三个连续月份的合约以及最近 13 个月以内的双月合约
交易时间	上午 9：00～11：30，下午 1：30～3：00 和交易所规定的其他交易时间
最后交易日	合约交割月份的 15 日（遇法定假日顺延）
交割日期	最后交易日后连续 5 个工作日
交割品级	金含量不小于 99.95% 的国产金锭及经交易所认可的伦敦金银市场协会（LBMA）认定的合格供货商或精炼厂生产的标准金锭（具体质量规定见附件）
交割地点	交易所指定交割金库
最低交易保证金	合约价值的 4%
交割方式	实物交割
交易代码	AU
上市交易所	上海期货交易所

（五）线材期货合约

2009 年 3 月，线材期货在上海期货交易所正式上市。上海期货交易所线材标准合约如表 2 - 30 所示。

表 2 - 30　　　　　　　　　　上海期货交易所线材标准合约

交易品种	线材
交易单位	10 吨/手
报价单位	元（人民币）/吨
最小变动价位	1 元/吨
每日价格最大波动限制	不超过上一交易日结算价的 ±5%
合约交割月份	1—12 月
交易时间	上午 9：00～11：30，下午 1：30～3：00
最后交易日	合约交割月份的 15 日（遇法定假日顺延）
交割日期	最后交易日后连续 5 个工作日
交割品级	标准品：符合国标 GB1499.1—2008《钢筋混凝土用钢 第 1 部分：热轧光圆钢筋》HPB235 牌号的 Φ8mm 线材； 替代品：符合国标 GB1499.1—2008《钢筋混凝土用钢 第 1 部分：热轧光圆钢筋》HPB235 牌号的 Φ6.5mm 线材

续表

交割地点	交易所指定交割仓库
最低交易保证金	合约价值的7%
交易手续费	不高于成交金额的万分之二（含风险准备金）
最小交割单位	300 吨
交割方式	实物交割
交易代码	WR
上市交易所	上海期货交易所

（六）白银期货合约

中国、秘鲁、墨西哥、澳大利亚、玻利维亚、俄罗斯、智利、美国、波兰、哈萨克斯坦是世界最大的 10 个白银生产国。根据世界白银协会和中国有色金属工业协会统计数据，2010 年这 10 个国家矿产白银产量为 19 268 吨，占全球矿产白银总产量的 80% 以上。中国上海期货交易所白银标准合约如表 2－31 所示。

表 2－31　　　　　　　　　上海期货交易所白银标准合约

交易品种	白银
交易单位	15 千克/手
报价单位	元（人民币）/千克
最小变动价位	1 元/千克
每日价格最大波动限制	不超过上一交易日结算价的 ±3%
合约交割月份	1—12 月
交易时间	上午9：00～11：30，下午1：30～3：00 和交易所规定的其他交易时间
最后交易日	合约交割月份的 15 日（遇法定假日顺延）
交割日期	最后交易日后连续 5 个工作日
交割品级	标准品：符合国标 GB/T 4135—2002 IC－Ag99.99 规定，其中银含量不低于99.99%
交割地点	交易所指定交割仓库
最低交易保证金	合约价值的4%
交割方式	实物交割
交割单位	30 千克
交易代码	AG
上市交易所	上海期货交易所

（七）燃料油期货合约

中国已经成为全球第二大石油消费国和第二大进口国。燃料油期货合约自 2004 年 8 月 25 日起在上海期货交易所成功上市交易。中国上海期货交易所燃料油合约如表 2－32 所示。

表 2 – 32   上海期货交易所燃料油合约

交易品种	燃料油
交易单位	50 吨/手
报价单位	元（人民币）/吨
最小变动价位	1 元/吨
每日价格最大波动限制	上一交易日结算价的 ±5%
合约交割月份	1—12 月（春节月份除外）
交易时间	上午 9：00 ~ 11：30，下午 1：30 ~ 3：00
最后交易日	合约交割月份前一月份的最后一个交易日
交割日期	最后交易日后连续 5 个工作日
交割品级	180CST 燃料油（具体质量规定见附件）或质量优于该标准的其他燃料油
交割地点	交易所指定交割地点
最低交易保证金	合约价值的 8%
交割方式	实物交割
交易代码	FU
上市交易所	上海期货交易所

（八）镍期货合约

中国是全球最大的原生镍消费国，2013 年消费占全球的比例超过 50%，美国、日本、韩国和德国的原生镍消费量分别位居世界第二到第五位。中国上海期货交易所镍期货合约如表 2 – 33 所示。

表 2 – 33   上海期货交易所镍期货合约

交易品种	镍
交易单位	1 吨/手
报价单位	元（人民币）/吨
最小变动价位	10 元/吨
每日价格最大波动限制	不超过上一交易日结算价的 ±4%
合约交割月份	1—12 月
交易时间	上午 9：00 ~ 11：30，下午 1：30 ~ 3：00 和交易所规定的其他交易时间
最后交易日	合约交割月份的 15 日（遇法定假日顺延）
交割日期	最后交易日后连续 5 个工作日
交割品级	标准品：电解镍，符合国标 GB/T 6516—2010 Ni9996 规定，其中镍和钴的总含量不小于 99.96% 替代品：电解镍，符合国标 GB/T 6516—2010 Ni9999 规定，其中镍和钴的总含量不小于 99.99%；或符合 ASTM B39 – 79（2013）规定，其中镍的含量不小于 99.8%
交割地点	交易所指定交割仓库
最低交易保证金	合约价值的 5%

最小交割单位	6 吨
交割方式	实物交割
交易代码	NI
上市交易所	上海期货交易所

四、中国金融期货交易所与沪深 300 股指期货

（一）中国金融期货交易所

中国金融期货交易所于 2006 年 9 月 8 日在上海成立。中国金融期货交易所实行结算会员制度，会员分为结算会员和非结算会员，结算会员按照业务范围分为交易结算会员、全面结算会员和特别结算会员。截至 2011 年 1 月底，中国金融期货交易所拥有会员 137 家，其中全面结算会员 15 家、交易结算会员 61 家、交易会员 61 家。

2010 年 1 月 12 日，中国证监会批复同意中国金融期货交易所组织股票指数期货交易；2010 年 4 月 16 日，首份合约正式上市交易。至 2010 年末，全年成交合约 45 873 295 手，成交金额 410 699 亿元，已成为中国和全球最大的单个衍生产品合约之一。

（二）沪深 300 股指期货合约

经中国证监会批准，中国金融期货交易所首个股票指数期货合约为沪深 300 股指期货合约。其合约如表 2 - 34 所示。

表 2 - 34　　　　　　　　　　　沪深 300 股指期货合约

合约标的	沪深 300 指数
合约乘数	每点 300 元
报价单位	指数点
最小变动价位	0.2 点
合约月份	当月、下月及随后两个季月
交易时间	上午 9：30 ~ 11：30，下午 13：00 ~ 15：00
每日价格最大波动限制	上一个交易日结算价的 ±10%
最低交易保证金	合约价值的 12%
最后交易日交易时间	合约到期月份的第三个周五，遇到国家法定假日顺延
交割日期	同最后交易日
交割方式	现金交割
交易代码	IF
上市交易所	中国金融期货交易所

沪深 300 指数是由中证指数有限公司编制的流通市值加权型指数，该公司由上海证券交易所和深圳证券交易所共同出资设立。之所以选择沪深 300 指数作为中国金融期货交易所首个股票指数期货标的，主要考虑以下三个方面因素：

第一，沪深300指数市场覆盖率高，主要成份股权重比较分散，有利于防范指数操纵行为。截至2009年12月31日，沪深300指数的总市值覆盖率和流通市值覆盖率约为72%；前10大成份股累计权重约为25%，前20大成份股累计权重约为37%。

第二，沪深300指数成份股涵盖能源、原材料、工业、可选消费、主要消费、健康护理、金融、信息技术、电讯服务、公共事业10个行业，各行业公司流通市值覆盖率相对均衡，使得该指数能够较好地对抗行业的周期性波动。

第三，沪深300指数的编制吸收了国际市场成熟的指数编制理念，采用自由流通股本加权、分级靠档、样本调整缓冲区等先进技术，具有较强的市场代表性和较高的可投资性，有利于市场功能发挥和后续产品创新。

合约乘数定为每点价值300元人民币，也就是说，假设期货报价为3 000点，则每张合约名义金额为3 000×300＝900 000元人民币。

（三）股指期货投资者适当性制度

为保障投资者利益，确保股指期货顺利推出，中国证监会、中国期货业协会、中国金融期货交易所分别制定了相关法规和规则，符合规定的投资者方能办理股指期货开户和相关交易。这些制度将投资者分为个人投资者、一般法人投资者和特殊法人投资者，并分别对各类投资者从事股指期货交易所应具备的资产、资金、知识、经验、诚信等方面进行了规定。

（四）交易规则

根据《中国金融期货交易所交易规则》及其他细则，沪深300股指期货的主要交易规则包括：

1. 分类编码。交易编码是客户、从事自营业务的交易会员进行期货交易的专用代码。投资者可以根据不同投资目的，分别申请套期保值、套利和投机用途的客户号。

2. 保证金。保证金分为结算准备金和交易保证金。结算准备金是指未被合约占用的保证金；交易保证金是指已被合约占用的保证金。经交易所批准，会员可以用中国证监会认定的有价证券充抵保证金。沪深300股指期货合约的最低交易保证金为合约价值的12%。

3. 竞价交易。股指期货竞价交易采用集合竞价交易和连续竞价交易两种方式。集合竞价交易采用最大成交量原则确定成交价，即以此价格成交能够得到最大成交量。连续竞价交易按照价格优先、时间优先的原则撮合成交。以涨跌停板价格申报的指令，按照平仓优先、时间优先的原则撮合成交。

4. 结算价。当日结算价是指某一期货合约最后1小时成交价格按照成交量的加权平均价。股指期货交割结算价为最后交易目标的指数最后2小时的算术平均价。

5. 涨跌幅限制。股指期货合约的涨跌停板幅度为上一交易日结算价的正负10%。季月合约上市首日涨跌停板幅度为挂盘基准价的正负20%。上市首日有成交的，于下一交易日恢复到合约规定的涨跌停板幅度；上市首日无成交的，下一交易日继续执行前一交易日的涨跌停板幅度。股指期货合约最后交易日涨跌停板幅度为上一交易日结算价的正负20%。

6. 持仓限额和大户报告制度。进行投机交易的客户号某一合约单边持仓限额为 100 手；某一合约结算后单边总持仓量超过 10 万手的，结算会员下一交易日该合约单边持仓量不得超过该合约单边总持仓量的 25%；套利和套期保值者持仓限额另行规定。交易所实行大户持仓报告制度。交易所可以根据市场风险状况，公布持仓报告标准。

7. 若干重要风险控制手段。交易所有权根据市场情况采取提高交易保证金标准、限制开仓、限制出仓、限期平仓、强行平仓、暂停交易。调整涨跌停板幅度、强制减仓或者其他风险控制措施。

【本章小结】

期货合约是期货交易的买卖对象或标的物，是由期货交易所统一制定的、规定在某一特定的时间和地点交割一定数量和质量标的物的标准化合约。

根据合约标的物的不同，期货合约分为商品期货合约和金融期货合约两大类。商品期货合约的标的物包括农产品、工业品、能源等，金融期货合约的标的物包括外汇、利率、有价证券、股票指数等。

期货交易所为期货合约规定的标准化条款具体有以下内容：合约名称、交易单位与合约价值、报价单位、最小变动价位、每日价格最大波动限制、合约交割月份、交易时间、最后交易日、交割日期、交割等级、交割地点、交易手续费、交割方式、交易代码。

期货品种按其标的物的不同，主要可以分为商品期货、金融期货和其他期货品种。商品期货是由传统的农产品期货，发展到经济作物、畜产品、有色金属和能源等大宗初级产品期货。金融期货品种主要有外汇期货、利率期货、股指期货和股票期货等。其他期货品种包括经济指数期货、信用指数期货、天气期货以及互换期货等。

我国期货市场经过多年的发展，形成了以大连商品交易所、郑州商品交易所、上海期货交易所、中国金融期货交易所为主的四大交易场所。

沪深 300 指数是由中证指数有限公司编制的流通市值加权型指数，该公司由上海证券交易所和深圳证券交易所共同出资设立。主要交易规则包括分类编码、保证金、竞价交易、结算价、涨跌幅限制、持仓限额和大户报告制度、若干重要风险控制手段。

【复习思考题】

1. 商品期货和金融期货的主要区别是什么？
2. 期货合约的特点是什么？
3. 我国主要期货交易所有哪些？
4. 期货合约的标准化条款都包括什么内容？
5. 为什么选择沪深 300 指数作为中国期货交易所的股票指数期货标的？

【案例】

英国国民威斯敏斯特银行巨额亏损案

背景与经过

英国国民威斯敏斯特银行（National Westminster Bank）是由英格兰国民地方银行（National Provincial Bank）和威斯敏斯特银行（Westminster Bank）在 1968 年合并而成的。

1987 年 9 月，国民威斯敏斯特银行的下属公司——科蒂证券公司（发行商）认购 4.9% 的蓝箭票，同时，国民威斯敏斯特银行证券公司（交易商）也认购 4.6% 的蓝箭票。不久，后者将股票转让给前者，这时科蒂证券公司持有的蓝箭股票达到 9.5%，但科蒂证券公司在事后两个月并未公开声明，因而违反了英国《公司法》关于超过 5% 持股者必须公开声明并说明持股目的的规定，涉嫌非法持股，因此受到了司法审查，并且持续了 3 年之久，这一案件使国民威斯敏斯特银行公信力大大下降，公司经营由此陷入困境。

非法持有蓝箭股票的事件发生后，原国民威斯敏斯特银行的董事长、总裁引咎辞职，分别由亚历山大爵士和温勒斯接任，国民威斯敏斯特银行开始结构重组，实行转轨战略，计划成为全球十大投资银行之一。代表国民威斯敏斯特银行成功交易的是银行子公司——威斯敏斯特资产有限公司（NetWest Captial Markets，NWM），而 NWM 所有交易头寸的损益情况都将记录到银行总部的资产负债表上。

1987 年起，NWM 扩大期权交易种类，标的的资产从股票发展到货币（包括本币和外汇）、债券、贵金属；地理范围从欧洲扩大到东亚、北美和大洋洲。不仅如此，NWM 还向融资兼并、产权交易、证券研究、顾问咨询等领域发展，力图跻身于与美林、所罗门等齐名的全球十大投资银行之列。据英国证券评论家坎恩估计，从 1992 年开始，NWM 投入 20 亿英镑进行兼并扩张。NWM 在 26 个国家和地区设立分支机构，共雇佣 8 000 多人。尽管 NWM 的业务拓展取得了一定的成绩，但 NWM 的经营成本居高不下。直到 1992 年 NWM 才开始盈利，但利润率仅是银行零售业务利润率的 1/3～1/2。在期权亏损事件发生后，1997 年上半年 NWM 的营业利润仅有 3 800 万英镑（1996 年同期为 2.19 亿英镑），仅相当于国民威斯敏斯特银行零售业务的零头。

自非法持有蓝箭股票的事件发生后，国民威斯敏斯特银行开始战略转轨，以"名列全球十大投资银行之一"为目标。尽管 NWM 业绩不凡，属于英国四大投资银行之列，但与全球主要投资银行相比，仍然存在较大差距。英国的评论员坎恩曾多次批评国民威斯敏斯特银行的发展目标华而不实，带有理想主义色彩。

在宏大的发展目标下，国民威斯敏斯特银行在证券业务领域膨胀迅速，但组织管理和内部控制未有相应的显著改善，使得银行的管理处于松散状态。特别是在 NWM，总裁欧文以宗教教义为宗旨，立志在 NWM 创造"家庭式文化氛围"，过于信任下属主管和交易员，要求他们忠诚、自信，大胆地开拓业务，并且反对银行内部的交叉多重内审制度和对低级员工的定期品德审核。

1994 年 1 月至 1997 年 2 月，国民威斯敏斯特银行内外部的审计报告均有向银行高层揭示银行存在管理和控制问题。例如，财务部门严重依赖运营部门提供的估值数据，而估值数据来自交易员。财务部门在交易头寸的估值问题上缺乏详细而统一的义务规则。1996 年底之前，财务部门对交易组合的估值处理都没有进行校对处理，即使上市期权的价格检查仅需简单对比交易所提供的数据，财务部门也没有进行不定时检查，导致 1995 年 3 月至 1996 年 2 月上市期权账户出现假账也无法被察觉。

国民威斯敏斯特银行管理过于松懈和内部控制不严，为下属员工掩盖错误提供了机会，以至于在长达两年的时间里，帕普伊斯和道奇森可以操纵期权账户上的数据来掩盖亏损，给银行的发展带来祸患。事后的审计报告就建议国民威斯敏斯特银行应加强内部控制，如修改员工守则，加强高级职员和高级管理人员的管理，详细规定经理、总监和总裁的连带责任及处罚办法，定期对他们进行道德与行为准则的内部纪律审查等。

案例分析

从国民威斯敏斯特银行亏损的事件中，我们还可以看到无论帕普伊斯、道奇森进行场外利率期权交易，还是操纵账户估高账户中期权头寸价值，都涉及模型参数的判断和运用。由此可见，定价模型的参数选择对于金融衍生品的估值极为重要。

期权价值受到标的的资产价格、波幅、期权行权价格和剩余期限等因素的影响。当其他条件不变时，期权价值的变化意味着波幅发生变化，这个波幅称为引伸波幅。引伸波幅反映了市场对股票价格在期权存续期间实际波幅的预期。期权引伸波幅受到期权执行价格、期权存续期限的影响。

在国民威斯敏斯特银行亏损的案例中，帕普伊斯和道奇森在场外市场交易的期权包括互换期权（Swaptions）、利率期权等期权产品。所谓的互换期权是指以互换为标的的资产的期权，持有互换期权的投资者有权根据市况选择到期时是否进行互换。上限利率期权也是场外市场受欢迎的一种复杂金融衍生品。上限利率期权是指期权合约指定某种市场参考利率，同时确定该利率的上限水平。在规定的期限内，期权持有者在市场参考利率高于事先指定的利率上限水平时，获得期权售出者支付的市场利率高出利率上限水平的差额部分；在市场参考利率不超过市场指定的利率上限水平时，则可以放弃行权。利率上限期权通常与利率互换结合在一起运用。

根据当时市场分析家的观点，国民威斯敏斯特银行最开始的亏损，是由于帕普伊斯和道奇森对上述这些价外、期限较长的利率期权和互换期权赋予过低的引伸波幅，导致权证定价过低。在市场朝着国民威斯敏斯特银行不利的方向变动时，期权权利金的收入无法弥补履行期权义务遭受的损失。

第三章

期货市场交易制度与交易流程

【教学目标】

1. 理解我国期货市场基本交易制度
2. 理解国外期货市场重要交易制度
3. 了解我国期货市场交易流程

【知识结构图】

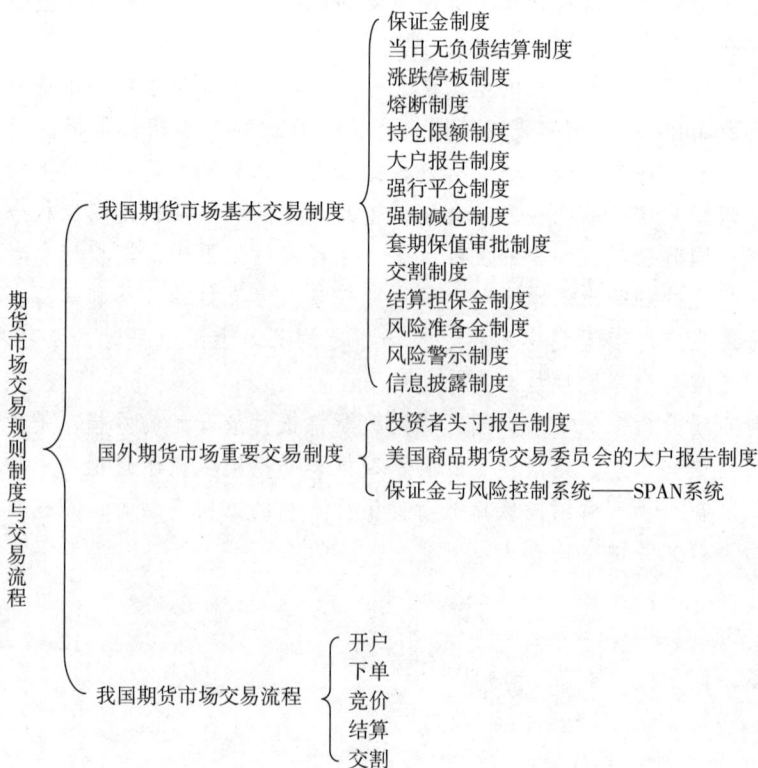

期货市场交易规则制度与交易流程

我国期货市场基本交易制度
- 保证金制度
- 当日无负债结算制度
- 涨跌停板制度
- 熔断制度
- 持仓限额制度
- 大户报告制度
- 强行平仓制度
- 强制减仓制度
- 套期保值审批制度
- 交割制度
- 结算担保金制度
- 风险准备金制度
- 风险警示制度
- 信息披露制度

国外期货市场重要交易制度
- 投资者头寸报告制度
- 美国商品期货交易委员会的大户报告制度
- 保证金与风险控制系统——SPAN系统

我国期货市场交易流程
- 开户
- 下单
- 竞价
- 结算
- 交割

第一节　我国期货市场基本交易制度

期货市场是一种高度组织化的市场，为了维护期货交易的"三公"原则与期货市场的高效运行，对期货市场实施有效的风险管理，期货交易所制定了相关制度与规则。本节重点介绍各种基本交易制度。

一、保证金制度

保证金制度是指在期货交易中，任何交易者必须按照其所买卖期货合约价值的一定比例（通常为5%～10%）缴纳资金，并在持仓期间使其维持在交易所规定的最低水平，作为履行期货合约的财力担保和结算资金。保证金分为结算准备金和交易保证金。

结算准备金是指会员为了交易结算，在交易所专用结算账户预先准备的资金，是未被合约占用的保证金。交易保证金是指会员在交易所专用结算账户中确保合约履行的资金，是已被合约占用的保证金。

对于一般客户来讲，必须通过期货公司才能进行交易，因此，交易所并不直接向客户收取保证金。保证金的收取是分级进行的，即期货交易所向会员收取的保证金和作为会员的期货公司向客户收取的保证金，分别称为会员保证金和客户保证金。《期货交易管理条例》中规定，期货交易应当严格执行保证金制度。期货交易所向会员、期货公司向客户收取的保证金，不得低于国务院期货监督管理机构、期货交易所规定的标准，并应当与自有资金分开，专户存放。期货交易所向会员收取的保证金，属于会员所有，除用于会员的交易结算外，严禁挪作他用。期货公司向客户收取的保证金，属于客户所有，除下列可划转的情形外，严禁挪作他用：（1）依据客户的要求支付可用资金；（2）为客户交存保证金，支付手续费、税款；（3）国务院期货监督管理机构规定的其他情形。

《期货交易所管理办法》规定，国务院期货监督管理机构应当建立、健全保证金安全存管监控制度，设立期货保证金安全存管监控机构、客户和期货交易所、期货公司及其他期货经营机构、非期货公司结算会员以及期货保证金存管银行，应当遵守国务院期货监督管理机构有关保证金安全存管监控的规定。期货保证金安全存管监控机构依照有关规定对保证金安全实施监控，进行每日稽核，发现问题应当立即报告国务院期货监督管理机构。

期货交易所应当建立保证金管理制度。保证金管理制度应当包括下列内容：（1）向会员收取保证金的标准和形式；（2）专用结算账户中会员结算准备金最低余额；（3）当会员结算准备金余额低于期货交易所规定最低余额时的处置方法。

会员结算准备金最低余额由会员以自有资金向期货交易所缴纳。

期货交易所可以接受以下有价证券充抵保证金：（1）经期货交易所认定的标准仓单；（2）可流通的国债；（3）中国证监会认定的其他有价证券。

【专栏 3-1】

我国证券冲抵保证金规定

我国以前规定有价证券充抵保证金的，充抵的期限不得超过该有价证券的有效期限。标准仓单充抵保证金的，期货交易所以充抵日前一交易日该标准仓单对应品种最近交割月份期货合约的结算价为基准计算价值。国债充抵保证金的，期货交易所以充抵日前一交易日该国债在上海证券交易所、深圳证券交易所较低的收盘价为基准计算价值。期货交易所可以根据市场情况对用于充抵保证金的有价证券的基准计算价值进行调整。有价证券充抵保证金的金额不得高于以下标准中的较低值：有价证券基准计算价值的80%；会员在期货交易所专用结算账户中的实有货币资金的4倍。

期货交易的相关亏损、费用、货款和税金等款项，应当以货币资金支付，不得以有价证券充抵的金额支付。客户以有价证券充抵保证金的，会员应当将收到的有价证券提交期货交易所。非结算会员的客户以有价证券充抵保证金的，非结算会员应将收到的有价证券提交结算会员，由结算会员提交期货交易所。客户以有价证券充抵保证金的，期货交易所应当将用于充抵的有价证券的种类和数量如实反映在该客户的交易编码下。

交易所调整交易保证金标准应予公告，并报中国证监会备案。交易所调整保证金的主要目的在于控制风险。

《上海期货交易所风险控制管理办法》（2008年1月9日起实施）规定，在某一期货合约的交易过程中，当出现下列情况时，交易所可以根据市场风险调整其交易保证金水平：（1）持仓量达到一定的水平时；（2）临近交割期时；（3）连续数个交易日的累计涨跌幅达到一定水平时；（4）连续出现涨跌停板时；（5）遇国家法定长假时；（6）交易所认为市场风险明显增大时；（7）交易所认为必要的其他情况。

一般来说，在出现如下情况时，交易所可以调整交易保证金比率：

第一，对期货合约上市运行的不同阶段规定不同的交易保证金比率。一般来说，距交割月份越近，交易者面临到期交割的可能性就越大，为了防止实物交割中可能出现的违约风险，促使不愿进行实物交割的交易者尽快平仓了结，交易保证金比率随着交割临近而提高。

第二，随着合约持仓量的增大，交易所将逐步提高该合约交易保证金比例。一般来说，随着合约持仓量增加，尤其是持仓合约所代表的期货商品的数量远远超过相关商品现货数量时，往往表现期货市场投机交易比较多，蕴含较大的风险。因此，随着合约持仓量的增大，交易所将逐步提高该合约的交易保证金比例，来控制市场风险。

第三，当某期货合约出现连续涨跌停板的情况，交易保证金比率相应提高。

第四，当某品种某月份合约按结算价计算的价格变化，连续若干个交易日的累积涨跌幅达到一定程度时，交易所有权根据市场情况，采取对部分或全部会员的单边或双边、同比例或不同比例提高交易保证金，限制部分会员或全部会员出金，暂停部分会员或全部会员开新仓，调整涨跌停板幅度，限期平仓，强行平仓等一种或多种措施，以控制风险。

第五，当某期货合约交易出现异常情况时，交易所可按规定的程序调整交易保证金的比例。

第六，对同时满足本办法有关调整交易保证金规定的合约，其交易保证金按照规定交易保证金数值中的较大数值收取。

二、当日无负债结算制度

当日无负债结算制度是指在每个交易日结束后，由期货结算机构对期货交易保证金账户当天的盈亏情况进行结算，并根据结算结果进行资金划转。当交易发生亏损，进而导致保证金账户资金不足时，则要求必须在结算机构规定的时间内向账户中追加保证金，以做到"当日无负债"。

期货交易的结算是由期货交易所统一组织进行的。期货交易所实行当日无负债结算制度，又称"逐日盯市"，是指每日交易结束后，交易所按当日结算价结算所有合约的盈亏、交易保证金及手续费、税金等费用，对应收应付的款项同时划转，相应增加或减少会员结算准备金的制度。

期货交易的结算是分级进行的，即期货交易所对其会员进行结算，会员或期货公司对其客户进行结算。期货交易所应在当日交易结算后，及时将结算结果通知会员；当日结算时，会员的交易保证金超过上一交易日结算时的交易保证金部分从会员结算准备金中扣划；当日结算时，会员的交易保证金低于上一交易日结算时的交易保证金划入会员的结算准备金。当会员的保证金不足时，应当及时追加保证金或者自行平仓。会员未在期货交易所规定的时间内追加保证金或者自行平仓的，期货交易所应当将该会员的合约强行平仓，强行平仓的有关费用和造成的损失由该会员承担。

三、涨跌停板制度

涨跌停板制度，又称每日价格最大波动限制制度，即指期货合约在一个交易日中的交易价格波动不得高于或者低于规定的涨跌幅度，超过该涨跌幅度的报价将被视为无效报价，不能成交。

涨跌停板制度的实施，能够有效减缓、抑制一些突发性事件和过度投机行为对期货价格的冲击造成的狂涨暴跌，减小交易当日的价格波动幅度，会员和客户的当日损失也被控制在相对较小的范围内。涨跌停板制度能够锁定会员和客户每一交易日所持有合约的最大盈亏，为保证金制度和当日结算无负债制度的实施创造了有利条件，因为向会员和客户收取的保证金数额只要大于在涨跌幅度内可能发生的亏损金额，就能够保证当日期货价格波动达到涨跌停板时不会出现透支情况。

涨跌停板一般是以合约上一交易日的结算价为基准确定的。也就是说，合约上一交易日的结算价加上允许的最大涨幅构成当日价格上涨的上限，称为涨停板；而该合约上一交易日的结算价减去允许的最大跌幅构成当日价格下跌的下限，称为跌停板。一般有百分比和固定数量两种表达形式。

具体计算公式如下：

$$涨停价格 = 上一交易日的结算价 \times （1 + 涨跌停板幅度）$$
$$跌停价格 = 上一交易日的结算价 \times （1 - 涨跌停板幅度）$$

当日结算制度只能将风险控制在一个交易日之内，如果在交易日之内期货价格发生剧烈波动，仍然可能会造成会员和客户的保证金账户大面积亏损甚至透支，期货交易所将难以担保合约的履行并控制风险。涨跌停板的实施，能够有效地减缓、抑制一些突发性事件和过度投机行为对期货价格的冲击而造成的狂涨暴跌，减缓每一交易日的价格波动，交易所、会员和客户的损失也被控制在相对较小的范围内。而且，由于这一制度能够锁定会员和客户每一交易日所持有合约的最大盈亏，这就为保证金制度的实施创造了有利条件。因为向会员和客户收取的保证金数额只要大于在涨跌幅度内可能发生的亏损金额，就能够保证当日期货价格波动达到涨停板或跌停板时，也不会出现透支情况。

交易所调整涨跌停板幅度应予公告，并报中国证监会备案。

四、熔断制度

所谓熔断制度，就是在股票指数期货交易中，当价格波幅触及所规定的点数时，交易随之停止一段时间；或交易可以继续进行，但价格波动幅度不能超过规定点数之外的一种交易制度。由于这种情况与保险丝在过量电流通过时会熔断而使得电器受到保护相似，故形象地称之为熔断制度。熔断制度的设立为股指期货交易提供了一个减震器的作用。

在国际上，熔断制度一般有两种表现形式，分别是"熔而断"与"熔而不断"。前者是指当价格触及熔断点后，在随后的一段时间内停止交易；后者是指当价格触及熔断点后，在随后的一段时间内仍可继续交易，但报价限制在熔断点之内。根据《中国金融期货交易所风险控制管理办法》（2007 年 6 月 27 日起实施）的规定，其采用的熔断机制是"熔而不断"的形式，且上涨和下跌的行情均适用。

上海证券交易所交易规则（2015 年修订）规定当沪深 300 指数出现下列情形的，可以对股票等相关品种的竞价交易按照下列规定予以暂停（以下简称指数熔断），并向市场公告：

（1）沪深 300 指数较前一交易日收盘首次上涨、下跌达到或超过 5% 的，指数熔断 15 分钟，熔断时间届满后恢复交易；11：30 前未完成的指数熔断，延续至 13：00 后的交易时段继续进行，直至届满。14：45 至 15：00 期间，沪深 300 指数较前一交易日首次上涨、下跌达到或超过 5% 的，指数熔断至当日 15：00，当日不再恢复交易。

（2）沪深 300 指数较前一交易日收盘上涨、下跌达到或超过 7% 的，指数熔断至 15：00，当日不再恢复交易。

开盘集合竞价出现上述情形的，于 9：30 开始实施指数熔断。指数熔断的具体实施时间以上交所公告为准。

上交所实施指数熔断的品种包括股票、基金、可转换公司债券、可交换公司债券以及上交所认定的其他证券品种，具体以上交所公告为准。

下列品种的基金不实施指数熔断：（1）黄金交易型开放式证券投资基金；（2）交易型货币市场基金；（3）债券交易型开放式指数基金。

相关具体的规定情况如下：

（1）上海证券交易所交易日为股指期货合约交割日的，当日指数熔断时间跨越11：30的，于当日13：00起恢复交易；当日13：00至15：00期间，上交所不实施指数熔断。本规则所称股指期货合约交割日，是指在中国金融期货交易所上市交易的上证50指数期货、沪深300指数期货、中证500指数期货以及上交所规定的其他股指期货合约的交割日。

指数熔断于15：00前结束的，熔断期间可以继续申报，也可以撤销申报。指数熔断持续至15：00结束的，熔断期间上交所交易主机仅接受撤销申报，不接受其他申报。

（2）指数熔断于15：00前结束的，上交所交易主机对已接受的申报进行集合竞价撮合成交，此后进入连续竞价交易阶段。指数熔断持续至15：00结束的，当日不再进行集中竞价撮合成交。指数熔断期间和熔断结束后的集合竞价期间不揭示虚拟参考价格、虚拟匹配量、虚拟未匹配量。

（3）证券复牌遇上交所实施指数熔断的，延续至指数熔断结束后复牌，但不属于指数熔断实施范围的证券品种除外。

（4）指数熔断至15：00的，相应证券品种当日不进行大宗交易。

【专栏 3 -2】

熔断机制的前生今世

熔断机制最早起源于美国，美国的芝加哥商业交易所曾在1982年对标普500指数期货合约实行过日交易价格为3%的价格限制。但这一规定在1983年被废除，直到1987年出现了股灾，才使人们重新考虑实施价格限制制度。

相关资料显示，1987年10月19日，纽约股票市场爆发了史上最大的一次崩盘事件，道琼斯工业指数一天之内重挫508.32点，跌幅达22.6%，由于没有熔断机制和涨跌幅限制，许多百万富翁一夜之间沦为贫民，这一天也被美国金融界称为"黑色星期一"。

在"黑色星期一"发生一周年后的1988年10月19日，美国商品期货交易委员会与证券交易委员会批准了纽约股票交易所和芝加哥商业交易所的熔断机制。根据美国的相关规定，当标普指数在短时间内下跌幅度达到7%时，美国所有证券市场交易均将暂停15分钟。

2015年6月，中国股市出现了一次"股灾"，股市仅用了两个月从5 178点一路下跌至2 850点，下跌幅度近达45%。为了抑制投资者可能产生的羊群效应，抑制追涨杀跌，降低股票市场的波动，使得投资者有充分的时间可以传播信息和反馈信息，使得信息的不对称性与价格的不确定性有所降低，从而防止价格的剧烈波动，中国证监会开始酝酿出台熔断机制。2015年12月4日，上交所、深交所、中金所正式发布指数熔断相关规定，熔断基准指数为沪深300指数，采用5%和7%两档阈值。于2016年1月1日起正式实施，但是没有达到预期效果，而熔断机制又有一定"磁吸效应"，即在接近熔断阈值时部分投资者提前交易，导致股指加速触碰熔断阈值，起了助跌的作用。权衡利弊，负面影响大于正面效应。因此，为维护市场稳定，证监会于2016年1月8日决定暂停熔断机制。

五、持仓限额制度

持仓限额制度是指交易所规定会员或客户可以持有的，按单边计算的某一合约投机头寸的最大数额。实行持仓限额制度的目的在于防范操纵市场价格的行为和防止期货市场风险过度集中于少数投资者。

持仓限额制度有以下规定：

1. 交易所根据不同的期货合约的具体情况或同一期货合约的不同的交易阶段分别确定限仓数额，并采取限制会员持仓和限制客户持仓相结合的办法，从而减少市场风险产生的可能性。交易所可以按照"一般月份""交割月前一个月份""交割月份"三个阶段依次对持仓数额进行限制。距离交割月越近，会员或客户的限仓量应该越小，对于进入交割月份的合约限仓数额更应从严控制。

2. 同一客户在不同期货公司会员处开有多个交易编码，各交易编码上所有持仓头寸的合计数，不得超出一个客户的限仓数额。

3. 会员或客户持仓达到或超过持仓限额的，不得同方向开仓交易。

4. 套期保值交易头寸实行审批制，其持仓不受限制。

六、大户报告制度

大户报告制度是指当交易所会员或客户某品种某合约持仓达到交易所规定的持仓报告标准时，会员或客户应向交易所报告。交易所可以根据市场风险状况公布持仓报告标准。大户报告制度与持仓限额制度紧密相关。通过实施大户报告制度，可以使交易所对持仓量较大的会员或客户进行重点监控，了解其持仓动向、意图，对于有效防范市场风险有积极作用。

中国三家商品期货交易所大户报告制度有以下规定：

1. 到交易所大户报告界限的会员和客户应主动在规定时间内向交易所提供相关资料，主要包括持仓情况、持仓保证金、可动用保证金、持仓意向、资金来源、预报和申请的交割数量等。达到交易所大户标准的客户所提供的资料需由其经纪会员进行初审，然后转交期货交易所。经纪会员应保证客户所提供资料的真实性。

2. 当会员或客户某品种持仓合约的投机头寸达到交易所对其规定的投机头寸持仓限

量80%以上（含本数）时，会员或客户应向交易所报告其资金情况、头寸情况等，客户须通过经纪会员报告。

3. 进行套期保值交易的会员或客户也应执行大户报告制度。

4. 交易所可以根据市场风险状况改变要求报告的持仓水平。

5. 交易所将不定期地对会员或客户提供的材料进行核查。

6. 会员和客户的持仓达到交易所报告界限的，会员和客户应主动于下一交易日15：00前向交易所报告。如需再次报告或补充报告，交易所将通知有关会员。

七、强行平仓制度

强行平仓是指按照有关规定对会员或客户的持仓实行平仓的一种强制措施，其目的是控制期货交易风险。强行平仓分为两种情况：一是交易所对会员持仓实行的强制平仓；二是期货公司对其客户持仓实行的强制平仓。

（一）强行平仓的情形

我国期货交易所规定，当会员、客户出现下列情形之一时，交易所有权对其持仓进行强行平仓：

1. 会员结算准备金余额小于零，并未能在规定时限内补足的；

2. 客户、从事自营业务的交易会员持仓量超出其限仓规定；

3. 因违规受到交易所强行平仓处罚的；

4. 根据交易所的紧急措施应予强行平仓的；

5. 其他应予强行平仓的。

（二）强行平仓的执行原则

强行平仓先由会员自己执行，时限除交易所特别规定外，一律在开市后第一节交易时间内。若时限内会员未执行完毕，则由交易所强制执行。因结算准备金小于零而被要求强行平仓的，在保证金补足前，禁止相关会员的开仓交易。

（三）强行平仓的价格通过市场交易形成

如因价格涨跌停板或其他原因而无法在当日完成全部强行平仓的，交易所可根据结算结果，对该会员作出相应的处理。由于价格涨跌停板限制或其他市场原因，致使有关持仓的强行平仓只能延时完成的，由此引发的亏损，仍由直接负责人承担；未能完成平仓的，该持仓持有者须继续对此承担持仓责任或交割义务。

（四）强行平仓的执行过程

1. 通知。交易所以"强行平仓通知书"（以下简称通知书）的形式向有关会员下达强行平仓要求。

2. 执行及确认。

（1）开市后，有关会员必须首先自行平仓，直至达到平仓要求，执行结果由交易所审核。

（2）超过会员自行强行平仓时限而未执行完毕的，剩余部分由交易所直接执行强行平仓。

（3）强行平仓执行完毕后，由交易所记录执行结果并存档。

（4）强行平仓结果发送。

（五）强行平仓的盈亏处理

由会员单位执行的强行平仓产生的盈利仍归直接责任人；由交易所执行的强制平仓产生的盈亏相抵后的盈利部分予以罚没。因强行平仓发生的亏损由直接责任人承担。直接责任人是客户的，强行平仓后发生的亏损，由客户的经纪会员先行承担，而后自行向该客户追索。

八、强制减仓制度

我国期货交易所实行强制减仓制度。强制减仓制度是交易所将当日以涨跌停板价申报的未成交平仓报单，以当日涨跌停板价与该合约净持仓盈利客户（包括非期货公司会员，下同）按持仓比例自动撮合成交。同一客户双向持仓的，其净持仓部分的平仓报单参与强制减仓计算，其余平仓报单与其反向持仓自动对冲平仓。其中，申报平仓数量的确定是指在某交易日收市后，已在交易所系统中以涨跌停板价格申报无法成交的且客户合约的单位净持仓亏损大于等于一定比例的所有持仓。在郑州商品交易所、大连商品交易所和上海期货交易所，强制减仓制度一般在某合约连续出现同方向单边市时采用。单边市也称为涨（跌）停板单边无连续报价，一般是指某一期货合约在某一交易日收盘前5分钟内出现只有停板价位的买入（卖出）申报，没有停板价位的卖出（买入）申报，或者一有卖出（买入）申报就成交但未打开停板价位的情况。强制减仓造成的经济损失由会员及其投资者承担。强制减仓制度设立的目的在于迅速、有效化解市场风险，防止会员大量违约。

【专栏 3-3】

沪深 300 股指期货的强制减仓制度

沪深 300 股指期货强制减仓制度是指在收市后，将已在交易系统中以涨跌停板价申报无法成交的，且投资者合约的单位净持仓亏损大于或等于当日结算价的 10% 的所有持仓，与该合约净持仓盈利大于零的投资者按持仓比例自动撮合成交。投资者不愿按上述方法平仓的，可在收市前撤单。强制减仓的价格为该合约当日的涨（跌）停板价。由上述减仓造成的经济损失由会员及其投资者承担。强制减仓当日结算时交易保证金恢复到正常水平，下一交易日该合约的涨跌停板幅度按合约规定执行。

九、套期保值审批制度

我国期货交易所对套期保值交易实行审批制度。申请套期保值交易的会员或客户，必须填写套期保值申请（审批）表，并向交易所提交相关证明材料。会员申请套期保值额度直接向交易所办理申报手续；客户申请套期保值额度向其开户的会员申报，会员对申报材料进行审核后向交易所办理申报手续。交易所批准的套期保值额度一般不超过会员或客户所提供的套期保值证明材料中所申报的数量。

大连商品交易所、郑州商品交易所和上海期货交易所规定，申请套期保值交易的客户和非期货公司会员必须具备与套期保值交易品种相关的生产经营资格；交易所对套期保值的申请，按主体资格是否符合，套期保值品种、交易部位、买卖数量、套期保值时间与其生产经营规模、历史经营状况、资金等情况是否相当进行审核，确定其套期保值额度；套期保值交易的持仓量在正常情况下不受交易所规定的持仓限量的限制。中国金融期货交易所规定，套期保值额度由交易所根据套期保值申请人的现货市场交易情况、资信状况和市场情况审批。《中国金融期货交易所套期保值管理办法》规定，客户申请套期保值额度的，应当向其开户的会员申报，会员对申报材料进行审核后向交易所办理申报手续。会员申请套期保值额度的，直接向交易所办理申报手续。申请套期保值额度的会员或者客户，应当填写套期保值额度申请（审批）表，并向交易所提交下列申请材料：

（1）自然人客户应当提交本人身份证复印件，会员或者法人客户应当提交营业执照副本复印件、组织机构代码证复印件以及近 2 年经审计的资产负债表、损益表、现金流量表；（2）近 6 个月的现货交易情况；（3）申请人的套期保值交易方案；（4）申请人历史套期保值交易情况说明；（5）会员对申请人材料真实性的核实声明；（6）交易所规定的其他材料。

十、交割制度

交割是指期货合约到期时，按照期货交易所的规则和程序，交易双方通过该合约所载标的物的所有权进行转移，或者按照规定结算价格进行现金差价结算，了结到期未平仓合约的制度。其中，前者为实物交割，后者为现金交割。实物交割在期货合约中所占的比例非常低。

期货合约规定在将来特定时间，以特定价格交割一定数量和质量等级的实物产品，是期货交易的最后一个环节。因此，实物交割是联系期货与现货的纽带，尽管期货市场的实物交割率仅占总成交量的很小比例，但对整体期货市场的正常运行起着十分重要的作用。《期货交易管理条例》规定，期货交易的交割，由期货交易所统一组织进行。交割仓库由期货交易所指定。期货交易所不得限制实物交割总量，并应当与交割仓库签订协议，明确双方的权利和义务。

十一、结算担保金制度

《期货交易管理条例》规定，实行会员分级结算制度的期货交易所应当建立结算担保金制度。中国金融期货交易所作为中国唯一一家实行会员分级结算制度的期货交易所，已经建立结算担保金制度。

结算担保金是指由结算会员依交易所的规定缴存的，用于应对结算会员违约风险的共同担保资金,分为基础担保金和变动担保金。基础担保金是指结算会员参与交易所结算交割业务必须缴纳的最低担保金数额;变动结算担保金是指结算会员结算担保金中高出基础结算担保金的部分,是随着结算会员业务量的变化而调整的结算担保金。结算担保金以会员自有资金向期货交易所缴纳,用于应对结算会员违约风险。结算担保金属于会员所有,期货交易所应当按照有关规定管理和使用,不得挪作他用。

结算担保金的联保机制的流程为:当一家期货公司发生穿仓行为时,就先动用该违约会员的结算担保金;如果该会员结算担保金不够,按照顺序,再动用其他结算会员缴纳的结算担保金;如果其他会员的结算担保金不够时,最后动用交易所风险准备金。期货交易所以结算担保金、期货交易所风险准备金代为承担责任后,由此取得对违约会员的相应追偿权。

结算担保金制度是国际上开展股指期货交易普遍采用的风险防范制度,用于增加应对市场风险的财务资源,建立化解风险的缓冲区,进一步强化市场整体抗风险能力。

十二、风险准备金制度

风险准备金制度是指期货交易所从自己收取的会员交易手续费中提取一定比例的资金,用于作为维护期货市场正常运行而提供财力担保和弥补因期货交易所不可预见风险带来的亏损所需要的备付资金的制度。

期货交易是一种高风险的交易活动,期货交易的规则并不能直接减少由于期货价格波动而产生的风险。为了建立和完善风险体系,保证市场正常运行,《期货交易管理条例》规定,期货交易所、期货公司、非期货公司结算会员应当按照国务院期货监督管理机构、财政部门的规定提取、管理和使用风险准备金,不得挪用。

风险准备金制度包括以下具体内容:

(1)交易所应当按照手续费收入20%的比例提取风险准备金。

(2)风险准备金必须单独核算,专户存储,除用于弥补风险损失外,不得挪作他用。风险准备金的动用必须经交易所理事会批准,报中国证监会备案后按规定的用途和程序进行。

(3)中国证监会可以根据期货交易所业务规模、发展计划以及潜在的风险决定风险准备金的规模。

(4)会员在期货交易中违约的,期货交易所先以该会员的保证金承担违约责任;保证金不足的,期货交易所应当以风险准备金和自有资金代为承担违约责任,并由此取得对该会员的追偿权。客户在期货交易中违约的,期货公司先以该客户的保证金承担违约责任;保证金不足的,期货公司应当以风险准备金和自有资金代为承担违约责任,并由此取得对该客户的追偿权。

【专栏 3 - 4】

风险准备金的追溯

其实我国风险准备金最早出现在清朝，我国山西票号就存在"身股制"。尤其是其中的"花红"制，就是对未来风险的一种预先防范措施。即从红利中预提一定数额的资金，作为弥补未来意外损失的风险基金。此笔款项是总号在每次账期决算后，依据纯利润的多少按预定的比例、对应各分号掌柜计提的一定金额的损失赔偿准备金，称"花红"。此款专项存储于企业，并支付一定利息，一旦出现事故，以此作为补偿。这样分号掌柜就有一定的资金基础可用于填补损失赔偿之需，以免票号受损。如果及至分号掌柜任期届满退休时未出现意外事故，则连本带息一并付给分号掌柜。而现在交易所风险准备金的设立，是为维护期货市场正常运转而提供财务担保和弥补因不可预见的风险带来的亏损，这两者有异曲同工之妙。

十三、风险警示制度

《期货交易所管理办法》规定，期货交易所实行风险警示制度。风险警示制度是指交易所认为必要的，可以分别或同时采取要求会员和客户报告情况、谈话提醒、书面警示、公开谴责、发布风险警示公告等措施中的一种或多种，以警示和化解风险的制度。

1. 出现下列情形之一的，交易所有权约见指定的会员高管人员或客户谈话提醒风险，或要求会员或客户报告情况：（1）期货价格出现异常；（2）会员或客户交易异常；（3）会员或客户持仓异常；（4）会员资金异常；（5）会员或客户涉嫌违规、违约；（6）交易所接到投诉涉及会员或客户；（7）会员涉及司法调查；（8）交易所认定的其他情况。

2. 发生下列情形之一的，期货交易所有权在指定的有关媒体上对有关会员和客户进行公开谴责：（1）不按交易所要求报告情况和谈话的；（2）故意隐瞒事实，瞒报、错报、漏报重要信息的；（3）故意销毁违规违约证明材料，不配合交易所调查的；（4）经查实存在欺诈客户行为的；（5）经查实参与分仓和操纵市场的；（6）交易所认定的其他违规行为。交易所对相关会员或客户进行公开谴责的同时，对其违规行为，按交易所违规处理办法处理。

3. 发生下列情形之一的，交易所有权发出风险警示公告，向全体会员和客户警示风险：（1）期货价格出现异常；（2）期货价格和现货价格出现较大差距；（3）会员或客户涉嫌违规、违约；（4）会员或客户交易存在较大风险；（5）交易所认定的其他情况。

十四、信息披露制度

信息披露制度，是指期货交易所按有关规定定期公布期货交易有关信息的制度。我国《期货交易管理条例》规定，期货交易所应当及时公布上市品种合约的成交量、成交价、持仓量、最高价与最低价、开盘价与收盘价和其他应当公布的及时行情，并应保证即时行情真实、准确。期货交易所不得发布价格预测信息。未经期货交易所许可，任何单位和个人不得发布期货交易即时行情。只有这样，期货交易的所有交易者才能在公平、公开、公正的基础上接收真实、准确的信息，并根据所获信息作出正确决策，从而防止不法交易者利用内幕信息获取不正当利益，损害其他交易者。

《期货交易所管理办法》规定，期货交易所应当以适当方式发布下列信息：（1）即时行情；（2）持仓量、成交量排名情况；（3）期货交易所交易规则及其实施细则规定的其他信息；（4）期货交易涉及商品实物交割的，期货交易所应当发布标准仓单数量和可用库容情况；（5）期货交易所应当编制交易情况周报表、月报表和年报表，并及时公布。

第二节 国外期货市场重要交易制度

一、投资者头寸报告制度

投资者头寸报告制度（COT 报告制度）是由美国商品期货交易委员会制定的风险管理制度，也是商品期货交易委员会对期货市场实施监管的重要措施之一。

COT 报告为投资者提供了截至每周四市场上 20 个或 20 个以上交易者所持有的未平仓合约数，这些交易者所持的头寸等于或超过了多国商品期货交易委员会规定的持仓标准。在美国，每周五下午 3：30 分（美国东部时间）是公布每周交易者净期货持仓量和交易者期货与期权持仓量的时间。

COT 报告包括长、短两种格式。在短报告中，分别公布具有报告价值的和不具有报告价值的未平仓合约数。对于具有报告价值的头寸，报告中还提供额外的信息，包括商业和非商业的持仓量、套利交易持仓量和与前一份报告相比持仓量的变动情况，各类交易者的未平仓合约数占总未平仓合约数的比例以及各类交易者的数量。在长报告中，除了短报告所列的信息外，还按照市场年度列出了不同年度合约的交易量和持仓量，并据此列出市场上最大的 4~8 个交易者所持头寸及市场的集中率。有关 COT 报告的最新数据和历史数据，读者可以在美国商品期货交易委员会的网站 http：//www.cftc.gov 上进行查阅。

【专栏 3-5】

COT 发展史

最初制定 COT 报告制度的目的是为公众提供一个了解期货市场运行状况的途径，现在 COT 报告制度已经成为交易者分析市场走向、监管部门分析市场运行状况、交易所和监管机构进行风险控制的重要信息来源。早期的 COT 报告是每月一次，在次月的 11 日或 12 日公布。随着 COT 报告制度的不断发展，报告公布的时间逐渐缩短，先是缩短为每半个月一次，从 2000 年开始缩短为目前的每周一次。同时，报告中包含的信息也越来越多，包括每一个期货品种的交易者数量、交易者持仓量、市场集中率和有关期权持仓量的数据。随着电子化交易系统的迅速发展，报告的获取方式也在发生着变化，从早期的订阅邮政信函到付费的电子接入方式，再发展到今天，投资者已经可以直接在美国商品期货交易委员会的网站上进行查阅。

二、美国商品期货交易委员会的大户报告制度

为了更有效地对期货市场实施监管，美国商品期货交易委员会采用了一套十分完善的信息搜集体系。根据《商品交易法案》的相关规定，美国商品期货交易委员会从交易所、结算会员、期货佣金商（FCM）、境外经纪商和交易者等各个来源搜集市场数据和持仓信息。对需要提供报告的公司和交易者，美国商品期货交易委员会通常会秘密地指定报告的数量，以确保其所提供信息的保密性。除非出现特殊情况，否则美国商品期货交易委员会禁止公开任何有关个人的所持头寸和交易记录的信息。为了更好地说明大户报告制度，以下将分别对与其相关的各类信息加以介绍。

（一）结算会员信息

交易所除了要向美国商品期货交易委员会提供关于交易量、开仓量、交割量、平仓量和价格等信息外，还需要提供对持仓量的统计数据及每个结算会员的交易情况。在每个交易日结束之后，交易所应向美国商品期货交易委员会提供每个结算会员的多头持仓量和空头持仓量、买入和卖出的合约数以及实际交割和平仓的合约数。上述信息应分项列出，期货合约按照不同月份的合约列出，期权合约则分别针对看涨和看跌期权按照不同的到期日和敲定价格列出。表 3－1 是芝加哥期货交易所玉米期货交易的结算会员信息中的一部分。

表 3－1　　　　　　　芝加哥期货交易所玉米期货交易的结算会员信息摘录

Chicago Board of Trade December 2001 Corn Future（in contracts）As of：08/15/01 芝加哥期货交易所 2001 年 12 月玉米期货合约（2001 年 8 月 15 日报告）								
Clearing Member 结算会员	Account 账户类型	Position 持仓量		Trades 交易量		Delivery Notices 交割通知		Versus Cash 平仓量	
		Long 多头	Short 空头	Bought 买入	Sold 卖出	Stopped 终止的	Iussued 发布的	Bought 买入	Sold 卖出
Firm A A 公司	House 经纪公司	85	0	10	0	0	0	0	0
	Customer 客户	2 450	1 810	475	785	0	0	0	0

续表

Clearing Member 结算会员	Account 账户类型	Position 持仓量		Trades 交易量		Delivery Notices 交割通知		Versus Cash 平仓量	
		Long 多头	Short 空头	Bought 买入	Sold 卖出	Stopped 终止的	Iussued 发布的	Bought 买入	Sold 卖出
Firm B B公司	House 经纪公司	0	1 990	40	0	0	0	15	0
	Customer 客户	0	0	0	0	0	0	0	0

美国商品期货交易委员会的工作人员将利用上述信息来识别某一个期货品种的交易中或多个交易所的多个期货品种的交易中大户的持仓情况，并对大户报告进行审计。不过，从结算会员信息中无法识别出对各类头寸享有利益的所有者的情况，因为某个结算会员的客户持仓量总计通常代表着一个或很多个交易者。如果某个交易者同时控制了好几个结算会员的客户持仓量中很大的一部分，那么从清算会员信息中通常无法发现该交易者已经控制了整个市场中的很大一部分合约。为了对这种情况实施有效的监控，美国商品期货交易委员会引入了市场监督机制中的核心内容——大户报告制度。

（二）大户信息

根据大户报告制度（LTRS），结算会员、期货佣金商（FCM）和境外经纪商每天应向美国商品期货交易委员会提供文字性的报告，说明那些在某一品种（或某些品种）合约的交易中持仓量达到或超过美国商品期货交易委员会相关规定的交易者所持的期货和期权头寸情况。在每个交易日收盘后，需要提供报告的公司，应就所持头寸达到或超过美国商品期货交易委员会相关规定的交易者的持仓情况提供详细的报告，包括该交易者在任意月份的期货合约和任意到期日的期权合约头寸。该公司应报告符合上述条件的交易者手中所持的所有以某种（或某些）资产为标的物的期货合约和期权合约的头寸。

【专栏3-6】

美国商品期货交易委员会

美国商品期货交易委员会（Commodity FuturesTrading Commission，CFTC）是美国的金融监管机构之一。在1974年由美国国会建立，最初任务是监管美国的商品期货和期权以及新型货币虚拟币市场。以后CFTC的任务范围逐渐更新和扩展，尤其是在得到Commodity Futures Modernization Act of 2000（CFMA）的授权后。

Commitments of Traders（COT Reports）是CFTC每周五发布的一份报告，提交者是来自芝加哥、纽约、堪萨斯城和明尼安纳波利斯的期货或期权交易所。

这份报告将市场内的交易者分为3类并分别记录和统计这3类交易者在当周周二收盘时的仓位分布，投资者从而可以对当周市场内各商品期货的供求状况有个大概了解。报告的主要作用在于为投资者提供较为及时的各个期货市场内交易情况的信息，增进期货交易市场的透明度。

（三）现货头寸信息

在很多合约的交易中，都对投机者的持仓量有明确的限制（如谷物产品合约、豆类产品合约和棉花合约等）。套期保值者在所持头寸超过持仓限制时，必须以文字形式每月向美国商品期货交易委员会提供报告。报告应表明交易者在现货市场所持的头寸，以便使美国商品期货交易委员会准确判断投资者是否拥有足够的现货头寸，以满足其手中的期货合约和期权合约中超过持仓限制部分的交割要求。在棉花期货交易中，交易商需要每周提供其现货头寸报告。

交易者持有需报告的期货或期权头寸时，必须保存相关的详细记录，不仅包括其在某一类期货交易中的持仓情况和交易行为，还包括交易者所拥有的与该期货品种相关的产品及副产品的现货库存及现货的采购和出售记录。一旦美国商品期货交易委员会提出报告要求，交易者必须提供关于上述信息的详细记录。

需要特别指出的是，美国商品期货交易委员会对于上述各类报告都已经规定了相应的报告格式，并有详细的填写要求。交易者可以从美国商品期货交易委员会的网站上下载后按照要求填写。总而言之，美国商品期货交易委员会之所以采取大户报告制度，就是为了能够及时地获得有关结算会员和大交易商的交易信息。这些信息是完善的市场监管体系中具有核心作用的组成部分。美国商品期货交易委员会可以根据每天的数据对美国期货市场实施动态的监督，从而确保期货市场的套期保值和价格发现功能得以真正实现。

三、保证金与风险控制系统——SPAN 系统

SPAN 系统的全称是标准组合风险分析系统（Standard Portfoio Analysis of Risk），由芝加哥商业交易所在 1988 年开发成功，可以精确地计算任意投资组合的总体市场风险，并在此基础上结合交易所的风险管理理念，计算出应收取的保证金。SPAN 系统的核心计算模块由交易所计算并以参数文件的形式每天免费提供给投资者，投资者只要在此基础上输入各自的头寸情况，就可以很快地在个人电脑上对自己的投资组合进行风险分析，并计算出自己所持头寸需要的保证金额度。

为了让 SPAN 系统适用于市场的各种情况，并精确计算任意投资组合的保证金，该系统分别测量了下列可能影响保证金额度的因素：（1）标的资产价格的变动；（2）标的资产的价格波动性的变动；（3）时间的流逝；（4）合约的交割风险；（5）不同到期月份合约之间价差的变动；（6）各标的资产之间价格相关性的变动。

在此基础之上，SPAN 系统通过标的资产的市场价格变动与其波动性变动之间的组合来求出某一具体投资组合在一段时间内（一般是一个交易日）所可能遭受的最大损失的期望值。交易所则在此期望值的基础上来确定应收取的保证金额度。SPAN 系统是第一个期货行业基于所有组合风险来计算履约保证金水平的专用系统，它已成为事实的行业标准，其运算机理已被美国所有交易所、结算所以及世界各地的相关机构所接受。目前，全球已经有近 50 个交易所或结算组织开始使用 SPAN 系统。

SPAN 系统的设计目的是为了鉴别投资组合背后的风险，用于确定履约保证金水平。

SPAN 系统的最高目标就是找出一个组合从某一天到第二天可能引起的"合理"的最大损失是多少，交易所和清算所的责任是用某种方法确定一个一天内的"合理"损失范围。在分析组合头寸的盈亏时，SPAN 系统采用期货价格变动与期货价格波动性变动组合的 16 个判据（风险数组）来分析计算（见表 3-2）。

表 3-2　　　　　　　　SPAN 系统期货价格变动与期货价格波动性变动组合判据

1	期货价格不变，期货价格波动率增大	9	期货价格下降 2/3 范围，期货价格波动率增大
2	期货价格不变，期货价格波动率减小	10	期货价格下降 2/3 范围，期货价格波动率减小
3	期货价格上升 1/3 范围，期货价格波动率增大	11	期货价格上升 3/3 范围，期货价格波动率增大
4	期货价格上升 1/3 范围，期货价格波动率减小	12	期货价格上升 3/3 范围，期货价格波动率减小
5	期货价格下降 1/3 范围，期货价格波动率增大	13	期货价格下降 3/3 范围，期货价格波动率增大
6	期货价格下降 1/3 范围，期货价格波动率减小	14	期货价格下降 3/3 范围，期货价格波动率减小
7	期货价格上升 2/3 范围，期货价格波动率增大	15	期货价格极端向上变化（涵盖 35% 的亏损）
8	期货价格上升 2/3 范围，期货价格波动率减小	16	期货价格极端向下变化（涵盖 35% 的亏损）

其中，期货价格波动范围、期货价格波动率及极端变化量由各交易所或清算所确定。期货价格极端变动量一般设定为相关期货合约初始保证金水平的两倍。

SPAN 系统不仅是一个保证金计算系统，同时也是一个基于投资组合风险价值评估的市场风险模拟与分析系统，可为包括期货、期权、现货、股票及其任意组合的金融产品进行风险评估。在风险评估基础上形成的保证金结果从风险管理角度而言更为有效，从而在风险可控的前提下提高了资本的使用效率。

第三节　我国期货市场交易流程

一般而言，客户进行期货交易可能涉及以下几个环节：开户、下单、竞价、结算和交割。在期货交易的实际操作中，大多数期货交易都是通过对冲平仓的方式了结履约责任的，进入交割环节的比重非常小，所以交割环节并不是交易流程中的必经环节。

一、开户

期货交易所实行会员制管理，能够直接进入期货交易所进行交易的只有期货交易所的会员，包括期货公司会员和非期货公司会员。所以，普通投资者在进入期货市场交易之前，应首先选择一个具备合法代理资格、信誉好、资金安全、运作规范和收费比较合理等条件的期货公司会员。

在我国，由中国期货市场监控中心有限责任公司（以下简称监控中心）负责客户开户管理的具体实施工作。期货市场为客户申请、注销各期货交易所交易编码，同时为客户修改与交易编码相关的客户资料。投资者应当统一通过监控中心办理开户。

投资者在经过对比、判断，选定期货公司之后，即可向该期货公司提出委托申请，开立账户。开立账户实质上是确立投资者（委托人）与期货公司（代理人）之间建立的一种法律关系。

一般来说，各期货公司会员为客户开设账户的程序基本相同，包括风险揭示、签署合同及缴纳保证金。

（一）风险揭示

客户委托期货公司从事期货交易的，必须事先在期货公司办理开户登记。期货公司在接受客户开户申请时，须向客户提供《期货交易风险说明书》。个人客户应在仔细阅读并理解后，在该《期货交易风险说明书》上签字；单位客户应在仔细阅读并充分理解之后，由单位法定代表人或授权他人在该《期货交易风险说明书》上签字并加盖单位公章。

《期货交易风险说明书》的格式和内容由中国证监会统一制定。期货公司不得为未签订书面期货经纪合同的客户开立账户。期货公司与客户签订期货经纪合同前，应当向客户说明合同条款的含义。

（二）签署合同

期货公司在接受客户开户申请时，客户与期货公司应签署期货经纪合同。具体包括：与期货公司签订"期货买卖委托协议书"，与期货经纪人签订"代理买卖委托书"。单位客户应由法人代表或授权他人在期货经纪合同上签字并盖章，个人客户应在该合同上签字。

期货交易所实行客户交易编码登记备案制，客户开户时应由期货公司按交易所统一的编码规则进行编号，一户一码，专码专用，不得混码交易。如期货公司需注销客户交易编码的，应当向交易所备案。

【专栏 3 - 7】

期货经纪合同书

期货经纪合同书对合同约定双方的权利和义务作出了明确的约定。由于合同书具有法律效应，受到法律保护，双方必须按照合同书的约定履行自己的权利和义务。期货经纪合同书包含了期货经纪业务中的最基本内容，通常是一种格式化文本。其中有些内容具有可选择性或有待商定的。但是，如果决定使用，那么还要签署银期实时转账协议书；还有，手续费的高低也有待双方协商后确定；最后，如果客户有一些格式化合同书之外的特殊要求，也可以通过双方协商确定。而所有这些，自然都必须在签署合同之前确定。

期货经纪合同书通常有下列内容：（1）委托；（2）保证金；（3）强行平仓；（4）通知事项；（5）指定事项；（6）指令的下达；（7）报告和确认；（8）现货月份平仓和实物交割；（9）保证金账户管理；（10）信息、培训和咨询；（11）费用；（12）免责条款；（13）合同生效和修改；（14）账户的清算；（15）纠纷处理；（16）其他事宜。

（三）缴纳保证金

客户在与期货公司签署期货经纪合同之后，应按规定缴纳开户保证金。期货公司向其客户收取的保证金金额，都要高于期货交易所规定的最低收取标准。期货公司应将客户所交纳的保证金存入期货经纪合同指定的客户账户中，供客户进行期货交易；期货公司除了按规定为客户向期货交易所缴存保证金并进行交易结算外，严禁挪作他用。

二、下单

客户在按规定足额缴纳开户保证金后，即可开始交易，进行委托下单。所谓下单，是指客户在每笔交易前向期货公司业务人员下达交易指令，交易指令的内容应包括交易的品种、交易方向、数量、合约月份、价格、日期及时间、期货交易所名称、客户名称、客户编码和账户，以及期货公司和客户签名等。期货交易指令的种类很多，且各类交易指令的作用也不相同。因此，客户应先熟悉和掌握有关的交易指令，然后选择不同的期货合约进行具体交易。

（一）常用交易指令

期货交易指令中价格要求至关重要，它直接关系到期货交易的盈亏。故通常按照价格指示的方式不同将期货交易指令分为不同类型，常用的交易指令有：

1. 市价指令（Market Order）。市价指令是指按当时市场价格即可成交的指令，这是最常用的一种指令。当客户认为目前的市场行情对自己有利时，可以下这种指令。期货公司场内交易员接到订单后，应立即以最有利的价格成交。这种指令的特点是成交速度快，一旦下达后不可变更或撤销。

市价指令的特点是：交易者能够迅速进入市场，建立交易头寸；或者能够迅速对冲，退出市场，了结交易头寸；由于期货价格的波动频率较快，而发出市价指令的交易者是以迅速成交为主要目标，因此成交价格与交易者的期望价格可能有差异。

2. 限价指令（Limit Order）。限价指令是指执行时必须按限定价格或更好的价格成交的指令。下达限价指令时，客户必须指明具体的价位。若交易期间碰不到这个价格，则不能成交。它的优点是可避免因市场价格波动过大而导致的风险，按照客户的预期价格成交；缺点是成交速度相对较慢，有时甚至无法成交。

限价指令又可分为买入限价指令和卖出限价指令。买入限价指令是指当市场价格达到或低于某一价位时才执行买入期货合约的指令；卖出限价指令是指当市场价格达到或高于某一价位时才执行卖出期货合约的指令。

3. 止损指令（Stop Order）。止损指令是指当市场价格达到客户预先设定的触发价格时即变为市价指令予以执行的一种指令。客户利用止损指令，既可以有效地锁定利润，又可以将可能的损失降至最低限度，还可以以相对较小的风险建立新的头寸。

止损指令是交易者为了避免在交易中发生更大的损失或保护已经得到的盈利而经常使用的一个指令。它的特点是买高卖低，逆市触价转为市价指令执行。即下达止损指令的买入价位高于目前正在交易的期货合约价格；卖出价位则低于目前正在交易的期货合约价格。这种买高卖低的操作反映了交易者对期货市场价格走势的分析和交易策略。

止损指令的重要作用是保护盈利，限制损失。一般情况下，多头交易者利用空头止损指令保护盈利，限制损失。

4. 止损限价指令（Stop – Limit Order）。止损限价指令是指当市场价格达到客户预先设定的触发价格时即变为限价指令予以执行的一种指令。

这一指令要求场内交易员在市场触及指令价位后，以等于或低于指令价位买进，等于或高于指令价位卖出。所以止损限价指令是止损指令和限价指令的结合，在市场价位变化急剧时，止损指令的成交价差距可能很大。因此在止损指令上添加限价指令，使其成交价控制在一定范围内，既有止损指令买高卖低、逆市触价执行的特点，又有触价即转为限价指令而非市价指令的好处。但这一指令在急剧变化的市场中有时不能保证被执行。

5. 限时指令（Line Limit Order）。限时指令是指要求在某一时间段内执行的指令。如果在该时间段内指令未被执行，则自动取消。限时指令又可分为两种：当日有效指令和开放性指令。当日有效指令必须在某一交易日内按照既定价格执行，在许多期货交易所，如果不另行说明，所有的指令都被视作当日有效指令。开放性或撤销前一直有效指令则与此不同，它可以在合约到期前或客户取消这一指令前任何一个交易日内执行。目前，中国期货交易所的指令均为当日有效。

6. 阶梯价格指令（Stairs Price Order）。阶梯价格指令是指按指定的价格间隔，逐步购买或出售指定数量期货合约的指令。买入时采取阶梯式递减价位的方式，而卖出时采取阶梯式递增价位的方式。此种指令可以起到平均买价或卖价的作用，适合稳健型投资者采用。

7. 双向指令（Two – Way Order）。双向指令是指客户向经纪人下达两个指令，一个指令执行后，另一个指令则自动撤销。

8. 套利指令（Spread Order）。套利指令是组合指令的一种。它是期货投机套利交易中经常使用的一种指令，是指同时买入和卖出两种期货合约的指令。根据套利交易的需要，套利指令又可分为三种：跨月套利指令、跨市套利指令和跨商品套利指令。跨月套利指令用于同时买进和卖出某一交易所的相同种类但交割月份不同的期货合约，该指令一般附有对价差的限制条件。跨市套利指令是同时买进和卖出不同交易所的相同商品期货，以谋取商品的地区差价。跨商品套利指令是指交易员同时买进和卖出彼此相关的不同商品期货，以便在价格趋势发生变化时可以用一种商品期货交易的盈亏去弥补或冲销另一种商品期货交易的亏盈。由于这类指令风险较小，因此，佣金费用较低。

9. 取消指令（Cancellation Order）。取消指令是指客户要求将某一指令取消的指令。通过执行该指令，将客户以前下达的指令完全取消，并且没有新的指令取代原指令。当原指令已经成交时，取消指令无法执行。

中国期货交易所规定交易指令当日有效，在指令成交前，客户可提出变更和撤销指令。

期货公司对其代理客户的所有指令，必须通过交易所集中撮合交易，不得私下对冲，不得向客户作获利保证或者与客户分享收益。

（二）下单方式

主要下单方式有如下几种：

1. 书面下单。

2. 电话下单。

3. 网上下单。

三、竞价

（一）竞价方式

期货合约价格的形成方式主要有公开喊价和计算机撮合成交两种方式。其中，公开喊价属于传统的竞价方式。21 世纪以来，随着信息技术的发展，越来越多的交易所采用了计算机撮合成交方式，而原来采用公开喊价方式的交易所也逐步引入了电子交易系统。

1. 公开喊价方式。公开喊价方式又可分为两种形式：连续竞价制（动盘）和一节一价制（静盘）。

（1）连续竞价制（动盘）。场内经纪人和自营交易者围聚在期货交易所交易大厅各自相关的商品期货合约交易圈内，面对面以公开叫价的方式来表达各自买入和卖出期货合约的要求，寻找可能的交易对手，并进行公开的讨价还价。由于交易大厅内讨价还价的喊声震大，常使报价声难以听清，所以场内交易者一般要辅之以手势来表达买入或卖出期货合约的数量和价格；为减少误听所引起的差错，表达买卖数量和价格的喊声还要在买卖双方之间进行反馈；由于价格变化一般是连续的和递进的，所以通常场内交易者的喊价只需包括价格的一部分即可。一旦买卖双方的数量和价格相等时，即可达成交易。交易达成后，期货交易所场内记录员和买卖双方便把成交情况填写在交易记录卡上，以备结算和通知客户所用。这种公开喊价对活跃场内气氛，维护公开、公平、公正的定价原则十分有利。连续竞价制在欧美期货市场较为流行。

（2）一节一价制（静盘）。它是指把每个交易日分为若干节，每节只有一个价格的制度。每节交易先由期货交易所工作人员喊出一个临时价格，场内交易者用手势来表示在这个价格水平上愿意买入或卖出的期货合约数量，如果买入和卖出的期货合约数量不一致，则由工作人员进一步提高或降低临时价格，如果场内交易者认为调整后的临时价格不适合客户或自己的要求时，即可调整原来的买卖意愿。直到最后买卖期货合约的数量达到一致时，才拍板确定买卖期货合约成交价格。由于一节一价制是在每一节交易中每张合约形成一个价格，所以没有连续不断的竞价。这种竞价方式在日本的期货交易所中较为普遍。

2. 计算机撮合成交方式。计算机撮合成交是根据公开喊价的原理设计而成的一种计算机自动化交易方式，是指期货交易所的计算机交易系统对交易双方的交易指令进行配对的过程。这种交易方式相对公开喊价方式来说，具有准确、连续等特点，但有时会出现交易系统故障等造成的风险。目前，中国期货交易所均采用这种竞价方式。

计算机交易系统的运行，一般是将买卖申报单以价格优先、时间优先的原则进行排序。当买入价大于、等于卖出价时则自动撮合成交，撮合成交价等于买入价（bp）、卖出价（sp）和前一成交价（cp）三者中居中的一个价格。即：

当 bp≥sp≥cp，则：最新成交价 = sp

当 bp≥cp≥sp，则：最新成交价 = cp

当 cp≥bp≥sp，则：最新成交价 = bp

开盘价由集合竞价产生。

开盘价集合竞价在某品种某月份合约每一交易日开始前 5 分钟内进行，其中前 4 分钟为期货合约买、卖价格指令申报时间，后一分钟为集合竞价撮合时间，开市时产生开盘价。

交易系统自动控制集合竞价申报的开始和结束，并在计算机终端上显示。

集合竞价采用最大成交量原则，即以此价格成交能够得到最大成交量。高于集合竞价产生的价格买入申报全部成交；低于集合竞价产生的价格的卖出申报全部成交；等于集合竞价产生的价格的买入或卖出申报，根据买入申报量和卖出申报量的多少，按少的一方的申报量成交。

集合竞价产生价格的方法是：

第一，交易系统分别对所有有效的买入申报按申报价由高到低的顺序排序，申报价相同的按照进入系统的时间先后排列；所有有效的卖出申报按申报价由低到高的顺序排序，申报价相同的按照进入系统的时间先后排列。

第二，交易系统依次逐步将排在前面的买入申报和卖出申报配对成交，直至不能成交为止。如最后一笔成交是全部成交的，取最后一笔成交的买入申报价和卖出申报价的算术平均价为集合竞价产生的价格，该价格按各期货合约的最小变动价位取整；如最后一笔成交是部分成交的，则以部分成交的申报价为集合竞价产生的价格。

开盘集合竞价中的未成交申报单自动参与开市后竞价交易。

（二）成交回报与确认

当计算机显示指令成交后，客户可以立即在期货公司的下单系统获得成交回报。对于书面下单和电话下单的客户，期货公司应按约定方式即时予以回报。

客户对交易结算单记载事项有异议的，应当在下一交易日开市前向期货公司提出书面异议；客户对交易结算单记载事项无异议的，应当在交易结算单上签字确认或者按照期货经纪合同约定的方式确认。客户既未对交易结算单记载事项确认，也未提出异议的，视为对交易结算单的确认。对于客户有异议的，期货公司应当根据原始指令记录和交易记录予以核实。

四、结算

（一）结算的概念与结算程序

结算是指根据期货交易所公布的结算价格对交易双方的交易盈亏状况进行的资金清

算和划转。

在我国郑州商品交易所、大连商品交易所和上海期货交易所，交易所只对会员进行结算，期货公司会员对客户进行结算。中国金融期货交易所实行会员分级结算制度，交易所对结算会员结算，结算会员对其受托的客户、交易会员结算，交易会员对其受托的客户结算。

期货交易的结算由期货交易所统一组织进行。期货交易所应当在当日及时将结算结果通知会员。期货公司根据期货交易所的结算结果对客户进行结算，并应当将结算结果按照与客户约定的方式及时通知客户。

《期货交易管理条例》中规定，期货交易所可以实行会员分级结算制度。实行会员分级结算制度的期货交易所会员由结算会员和非结算会员组成。实行会员分级结算制度的期货交易所，应当向结算会员收取结算担保金。期货交易所只对结算会员结算，向结算会员收取和追收保证金，以结算担保金、风险准备金、自有资金代为承担违约责任，以及采取其他相关措施；对非结算会员的结算、收取和追收保证金、代为承担违约责任，以及采取其他相关措施，由结算会员执行。

下面以郑州商品交易所、大连商品交易所和上海期货交易所的结算制度为例，对具体的结算程序进行介绍。

1. 交易所对会员的结算。

（1）每一交易日交易结束后，交易所对每一会员的盈亏、交易手续费、交易保证金等款项进行结算。结算完成后，交易所采用发放结算单据或电子传输等方式向会员提供当日结算数据，包括会员当日平仓盈亏表、会员当日成交合约表、会员当日持仓表和会员资金结算表，期货经纪会员以此作为对客户结算的依据。

（2）会员每天应及时获取交易所提供的结算数据，做好核对工作，并将之妥善保存。该数据应至少保存两年，但对有关期货交易有争议的，应当保存至该争议消除时为止。

（3）会员如对结算结果有异议，应在第二天开市前 30 分钟以书面形式通知交易所。遇特殊情况，会员可在第二天开市后两小时内以书面形式通知交易所。如在规定时间内会员没有对结算数据提出异议，则视作会员已认可结算数据的准确性。

（4）交易所在交易结算完成后，将会员资金的划转数据传递给有关结算银行。结算银行应及时将划账结果反馈给交易所。

（5）会员资金按当日盈亏进行划转，当日盈利划入会员结算准备金，当日亏损从会员结算准备金中扣划。当日结算时的交易保证金超过昨日结算时的交易保证金部分从会员结算准备金中扣划。当日结算时的交易保证金低于昨日结算时的交易保证金部分划入会员结算准备金。手续费、税金等各项费用从会员的结算准备金中直接扣划。

（6）每日结算完毕后，会员的结算准备金低于最低余额时，该结算结果即视为交易所向会员发出的追加保证金通知。会员必须在下一交易日开市前补足至交易所规定的结算准备金最低余额。

2. 期货公司对客户的结算。

（1）期货公司对客户的结算与交易所的方法一样，即每一交易日交易结束后对每一客户的盈亏、交易手续费、交易保证金等款项进行结算。经纪会员向客户收取的交易保证金不得低于交易所向会员收取的交易保证金。

（2）期货公司在每日结算后向客户发出交易结算单。交易结算单一般载明下列事项：账号及户名、成交日期、成交品种、合约月份、成交数量及价格、买入或者卖出、开仓或者平仓、当日结算价、保证金占用额和保证金余额、交易手续费及其他费用、税款等需要载明的事项。

（3）当每日结算后客户保证金低于期货交易所规定的交易保证金水平时，期货公司按照期货经纪合同约定的方式通知客户追加保证金。

（二）结算公式与应用相关概念

（1）平仓。平仓是指期货交易者买入或卖出与其所持期货合约的品种、数量及交割月份相同但交易方向相反的期货合约，了结期货交易的行为。平仓的前提是交易者必须已经在期货市场开仓（也称为建仓），即在期货市场上新买入或卖出期货合约。平仓的交易方向与开仓相反。

（2）当日结算价。郑州商品交易所、大连商品交易所和上海期货交易所规定，当日结算价是指某一期货合约当日成交价格按照成交量的加权平均价；当日无成交价格的，以上一交易日的结算价作为当日结算价。

（3）持仓量。持仓量是指期货交易者所持有的未平仓合约的数量。

【专栏3-8】
结算价的计算方法

中国金融期货交易所规定，当日结算价是指某一期货合约最后一小时成交价格按照成交量的加权平均价；合约最后一小时无成交的，以前一小时成交价格按照成交量的加权平均价作为当日结算价；该时段仍无成交的，则再往前推一小时，依此类推；合约当日最后一笔成交距开盘时间不足一小时的，则取全天成交量的加权平均价作为当日结算价；合约当日无成交的，当日结算价计算公式为：当日结算价＝该合约上一交易日结算价＋基准合约当日结算价－基准合约上一交易日结算价，其中，基准合约为当日有成交的离交割月最近的合约。合约为新上市合约的，取其挂盘基准价为上一交易日结算价。基准合约为当日交割合约的，取其交割结算价为基准合约当日结算价。根据本公式计算出的当日结算价超出合约涨跌停板价格的，取涨跌停板价格作为当日结算价。采用上述方法仍无法确定当日结算价或者计算出的结算价明显不合理的，交易所有权决定当日结算价。

每个期货合约均以当日结算价作为计算当日盈亏的依据。

（1）结算准备金余额的计算公式。

当日结算准备金余额＝上一交易日结算准备金余额＋上一交易日交易保证金－当日交易保证金＋当日盈亏＋入金－出金－手续费（等）

（2）当日盈亏的计算公式。在结算准备金余额的计算公式中，当日盈亏是核心内容，它包括两部分：一部分是对所持有的合约在当日平仓所产生的盈亏，称为平仓盈亏；另一部分是一直持有合约到当日交易结束所产生的盈亏，称为持仓盈亏。对平仓盈亏来说，又可以分为对以前交易日开仓的合约进行平仓所产生的盈亏（称为平历史仓盈亏）和当天开仓当天平仓所产生的盈亏（平当日仓盈亏）。对持仓盈亏来说，也分为两种情况，一种是以前交易日开仓的合约一直持有到当天交易结束所产生的历史持仓盈亏；另一种是当天开仓一直持有到当天交易结束产生的当日开仓盈亏。具体计算公式如下：

$$当日盈亏＝平仓盈亏＋持仓盈亏$$

①平仓盈亏＝平历史仓盈亏＋平当日仓盈亏

平历史仓盈亏＝$\sum$［（卖出平仓价－上一交易日结算价）×卖出平仓量］

$\qquad$ ＋$\sum$［（上一交易日结算价－买入平仓价）×买入平仓量］

平当日仓盈亏＝$\sum$［（当日卖出平仓价－当日买入开仓价）×卖出平仓量］

$\qquad$ ＋$\sum$［（当日卖出开仓价－当日买入平仓价）×买入平仓量］

②持仓盈亏＝历史持仓盈亏＋当日开仓持仓盈亏

历史持仓盈亏＝（当日结算价－上一日结算价）×持仓量

当日开仓持仓盈亏＝$\sum$［（卖出开仓价－当日结算价）×卖出开仓量］

$\qquad$ ＋$\sum$［（当日结算价－买入开仓价）×买入开仓量］

将上述公式综合起来，可构成当日盈亏的总公式：

当日盈亏＝$\sum$［（卖出成交价－当日结算价）×卖出量］＋$\sum$［（当日结算价－买入成交价）×买入量］＋（上一交易日结算价－当日结算价）×（上一交易日卖出持仓量－上一交易日买入持仓量）

（3）当日交易保证金计算公式。

当日交易保证金＝当日结算价×当日交易结束后的持仓总量×交易保证金比例

【例3-1】 某新客户存入保证金100 000元，在4月1日开仓买入大豆期货合约40手（每手10吨），成交价为4 000元/吨，同一天该客户平仓卖出20手大豆合约，成交价为4 030元/吨，当日结算价为4 040元/吨，交易保证金比例为5%，则客户的当日盈亏（不含手续费、税金等费用）情况为：

1. 按分项公式计算：

平仓盈亏＝（4 030－4 000）×20×10＝6 000（元）

持仓盈亏＝（4 040－4 000）×（40－20）×10＝8 000（元）

当日盈亏＝6 000＋8 000＝14 000（元）

2. 按总公式计算：

当日盈亏 $= (4\,030 - 4\,040) \times 20 \times 10 + (4\,040 - 4\,000) \times 40 \times 10$
$= 14\,000$（元）

3. 当日结算准备金余额 $= 100\,000 - 4\,040 \times 20 \times 10 \times 5\% + 14\,000$
$= 73\,600$（元）

【例3-2】 4月2日，该客户再买入8手大豆合约，成交价为4 030元/吨，当日结算价为4 060元/吨，则其账户情况为：

1. 按分项公式计算：

当日开仓持仓盈亏 $= (4\,060 - 4\,030) \times 8 \times 10 = 2\,400$（元）

历史持仓盈亏 $= (4\,060 - 4\,040) \times 20 \times 10 = 4\,000$（元）

当日盈亏 $= 2\,400 + 4\,000 = 6\,400$（元）

2. 按总公式计算：

当日盈亏 $= (4\,060 - 4\,030) \times 8 \times 10 + (4\,040 - 4\,060) \times (20 - 40) \times 10$
$= 6\,400$（元）

3. 当日结算准备金余额 $= 73\,600 + 4\,040 \times 20 \times 10 \times 5\% - 4\,060 \times 28 \times 10 \times 5\% + 6\,400$
$= 63\,560$（元）

【例3-3】 4月3日，该客户将28手大豆合约全部平仓，成交价为4 070元/吨，当日结算价为4 050元/吨，则其账户情况为：

1. 按分项公式计算：

平仓盈亏 $= (4\,070 - 4\,060) \times 28 \times 10 = 2\,800$（元）

2. 按总公式计算：

当日盈亏 $= (4\,070 - 4\,050) \times 28 \times 10 + (4\,060 - 4\,050) \times (0 - 28) \times 10$
$= 2\,800$（元）

3. 当日结算准备金余额 $= 63\,560 + 4\,060 \times 28 \times 10 \times 5\% + 2\,800 = 123\,200$（元）

五、交割

交割是指期货合约到期时，按照期货交易所的规则和程序，交易双方通过该合约所载标的物所有权的转移，或者按照结算价进行现金差价结算，了结到期未平仓合约的过程。其中，以标的物所有权转移方式进行的交割为实物交割；按结算价进行现金差价结算的交割方式为现金交割。一般来说，商品期货以实物交割为主；股票指数期货、短期利率期货多采用现金交割方式。

（一）期货交易的实物交割

在期货交易中，所交易的期货合约是在未来某个远期交割一定数量和质量等级实物商品的标准化合约。对于所有的期货合约交易来说，只能以两种方式进行平仓。一种是在交割期到来前作相反的交易来履行期货合约的责任，这称为对冲平仓；另一种是在期货合约到期后进行实物商品的买卖，称为交割平仓。如果期货合约到期时，交易者并未通过"对冲"对自己拥有的期货合约进行平仓，就必须做好实物交割的准备。

1. 实物交割的概念与作用。实物交割是指期货合约到期时，交易双方根据交易所的规则和程序，通过该期货合约所载商品所有权的转移，了结到期未平仓合约的过程。商品期货交易一般采用实物交割制度。虽然最终用于实物交割的期货合约的比例非常小，但正是这极少量的实物交割将期货市场与现货市场联系起来，使期货价格最终与现货价格趋于一致，为期货市场功能的发挥提供了重要的前提条件。

【专栏 3 – 9】

实物交割方式

目前，中国期货交易所对到期合约实物交割分为两种：一种是集中交割，一种是滚动交割。集中交割是指所有到期合约在交割月份最后交易日过后一次性集中交割的交割方式。滚动交割是指在合约进入交割月以后，在交割月第一个交易日至交割月最后交易日前一交易日进行交割的交割方式。滚动交割使交易者在交割时间上更加灵活，可以减少储存时间，降低交割成本。

上海期货交易所采用集中交割方式进行实物交割；郑州商品交易所采用滚动交割方式进行实物交割；而大连商品交易所对大豆系列和玉米合约主要采用滚动交割方式进行实物交割，对棕榈油、聚乙烯合约则采用集中交割方式进行实物交割。

2. 实物交割结算价。

实物交割结算价是指在实物交割时商品交付所依据的基准价格。不同的交易所以及不同的交割方式所采用的交割结算价也不尽相同。中国期货合约的交割结算价通常为该合约交割配对日的结算价或为该期货合约最后交易日的结算价。上海期货交易所采用集中交割方式，其交割结算价为期货合约最后交易日结算价，但黄金期货的交割结算价为该合约最后 5 个有成交交易日的成交价格按照交易量的加权平均价。大连商品交易所滚动交割的交割结算价为配对日结算价；交割商品计价以交割结算价为基础，再加上不同等级商品质量升贴水，以及异地交割仓库与基准交割仓库的升贴水。

交易所会员进行实物交割，还应按规定向交易所交纳交割手续费。

3. 标准仓单的生成、流通和注销。在实物交割的具体实施中，买卖双方并不是直接进行实物商品的交收，而是交收代表商品所有权的标准仓单，因此，标准仓单在实物交割中扮演十分重要的角色。

（1）标准仓单的概念。标准仓单是指由交易所统一制定的，交易所指定交割仓库在完成入库验收、确认合格后签发给货主的实物提货凭证。标准仓单经交易所注册后生效。标准仓单的持有形式为标准仓单持有凭证。

标准仓单持有凭证是交易所开具的代表标准仓单所有权的有效凭证，是在交易所办理标准仓单交割、交易、转让、质押、注销的凭证，受法律保护。标准仓单数量因交割、交易转让、质押、注销等业务发生变化时，交易所收回原标准仓单持有凭证，签发新的标准仓单持有凭证。会员持有的标准仓单持有凭证必须由专人保管，不得涂改、伪造。如有遗失，会员须及时到交易所办理挂失手续。标准仓单可用于交割、转让、提货、质押等。

（2）标准仓单的生成。标准仓单生成包括交割预报、商品入库、验收、指定交割仓库签发及交易所注册等环节。

会员或客户向指定交割仓库发货前，必须由会员到交易所办理交割预报，由交易所统一安排指定的交割仓库。未办理交割预报入库的商品不能生成标准仓单。

指定的交割仓库凭交割预报表安排货位、接收商品，并按交易所有关规定对入库商品的种类、质量、包装等进行检验。入库商品检验合格后，指定交割仓库填写储存商品检验证（附指定交割仓库商品检验报告）报交易所。

标准仓单注册申请表上需注明会员号、客户码、交割品种、交割月份、申请数量，须加盖指定交割仓库公章和法定代表人章、仓库经办人签章、客户签章，同时注明开具日期及指定交割仓库仓储费用止付日。交易所对检验合格的货物进行检查，确认无误后予以登记注册。

货物卖方所在会员单位凭指定交割仓库开出的证明到交易所领取标准仓单注册申请表和标准仓单持有凭证。标准仓单自交易所注册之日起生效。

（3）标准仓单的流通过程。标准仓单的流通是指标准仓单用于在交易所履行到期合约的实物交割、标准仓单交易及标准仓单在交易所外转让。

标准仓单进行实物交割的，其流转程序如下：①卖方投资者将标准仓单授权给卖方经纪会员以办理实物交割；②卖方经纪会员背书后交至交易所；③交易所盖章后交买方经纪会员；④买方经纪会员背书后交给买方投资者；⑤买方非经纪会员、买方客户背书后至仓库办理有关手续；⑥仓库或其代理人盖章后，买方非经纪会员、买方客户方可提货或转让。

标准仓单转让是指会员自行协商买卖标准仓单的行为。标准仓单转让必须通过会员在交易所办理过户手续，同时结清有关费用。交易所向买方签发新的标准仓单持有凭证，原标准仓单持有凭证同时作废。未通过交易所办理过户手续而转让的标准仓单，发生的一切后果由标准仓单持有人负责。

【知识链接】

标准仓单的注销。标准仓单的注销是指标准仓单合法持有人提货或者申请将其标准仓单转化为一般现货提单，由指定交割仓库办理标准仓单退出流通的过程。标准仓单持有人注销标准仓单，需通过会员提交标准仓单注销申请及相应的标准仓单持有凭证。交易所根据会员申请及指定交割仓库的具体情况安排提货仓库，开具提货通知单，并注销相应的标准仓单，结算有关费用。

4. 实物交割的流程。各期货合约最后交易日的未平仓合约必须进行交割。实物交割要求以会员名义进行。客户的实物交割必须由会员代理，并以会员名义在交易所进行。实物交割必不可少的环节包括：

第一，交易所对交割月份持仓合约进行交割配对。在交割配对前，上海期货交易所还要求买方向交易所申报交割意向，郑州商品交易所则是买、卖方都可提出交割申请。交割配对按照交易所有关规定中设定的原则进行。

第二，买卖双方通过交易所进行标准仓单与货款的交换。买方通过其会员期货公司、交易所将货款交给卖方，而卖方则通过其会员期货公司、交易所将标准仓单交付给买方。

第三，增值税发票流转。交割卖方给对应的买方开具增值税发票，客户开具的增值税发票由双方会员转交、领取并协助核实，交易所负责监督。

5. 交割违约的处理。

（1）交割违约的认定。期货合约的买卖双方有下列行为之一的，构成交割违约：①在规定的交割期限内卖方未交付有效标准仓单的；②在规定的交割期限内买方未解付货款或解付不足的。

（2）交割违约的处理。交易所会员不得因其投资者违约而不履行合约交割责任，对不履行交割责任的，交易所有权强制执行。交易所可采用征购和竞卖的方式处理违约事宜，违约会员应负责承担由此引起的损失和费用。交易所对违约会员还可处以支付违约金、赔偿金等处罚。

发生交割违约后，交易所于违约发生当日结算后通知违约方和相对应的守约方。构成交割违约的，由违约方按交易所有关规定支付违约部分合约价值一定比例的赔偿金，同时，按以下办法处理：

卖方违约的，买方可作如下的一种选择：

①终止交割。交易所退还买方货款。

②继续交割。交易所发布标准仓单征购公告，并组织征购。征购成功，交易所支付给买方标准仓单；征购失败，卖方支付给买方违约部分合约价值一定比例的赔偿金，交易所退还买方交割货款后终止交割。卖方承担因征购产生的一切经济损失和费用。

买方违约的，卖方可作如下的一种选择：

①终止交割。交易所退还卖方标准仓单。

②继续交割。交易所发布标准仓单竞卖公告，并组织竞卖。竞卖成功，交易所支付给卖方交割货款；竞卖失败，买方支付给卖方违约部分合约价值一定比例的赔偿金，交易所退还卖方标准仓单后终止交割。买方承担因竞卖产生的一切经济损失和费用。

6. 期转现交易。期货转现货（简称期转现）是后来出现的实物交割式套期保值的一种延伸，现货贸易商利用期货市场进行非标准仓单的期转现，一方面实现套期保值的目的，另一方面避免了违约的可能。

（1）期转现交易的概念。期转现是指持有方向相反的同一品种同一月份合约的会员（客户）协商一致并向交易所提出申请，获得交易所批准后，分别将各自持有的合约按双方商定的期货价格（该价格一般应在交易所规定的价格波动范围内）由交易所代为平仓，同时，按双方协议价格与期货合约标的物数量相当、品种相同、方向相同的仓单进行交换的行为。

期转现是国际期货市场中长期实行的交易方式，在商品期货、金融期货中都有着广泛应用。中国大连商品交易所、上海期货交易所和郑州商品交易所也已经推出了期转现交易。

（2）期转现交易的优越性。期转现交易的优越性主要体现在以下几个方面：

①加工企业和生产经营企业利用期转现可以节约期货交割成本，如搬运、整理和包装等交割费用，灵活商定交货品级、地点和方式，提高资金的利用效率。

②加工企业可以根据需要分批分期地购回原料，减轻资金压力，减少库存量，生产经营企业也可以提前回收资金。

③期转现使买卖双方在确定期货平仓价格的同时，确定了相应的现货买卖价格，可以同时锁定期货市场与现货市场的风险，达到和套期保值一样的避险效果，而且比"平仓后购销现货"更便捷。

④期转现比远期合同交易和期货交易更有利，远期合同交易有违约问题和被迫履约问题，期货交易存在交割品级、交割时间和地点的选择等缺乏灵活性的问题，而且成本较高。期转现能够有效地解决上述问题。

（3）期转现交易流程

①寻找交易对手。拟进行期转现的一方，可自行寻找期转现对手，或通过交易所发布期转现意向。

②交易双方商定价格。找到对手方后，双方首先商定平仓价和现货交收价格。

③向交易所提出申请。买卖双方到交易所申请办理期转现手续，填写交易所统一印制的期转现申请单；用非标准仓单交割的，需提供相关的现货买卖协议等证明文件。

④交易所核准。交易所接到期转现申请和现货买卖协议等资料后进行审核，符合条件的，予以批准，并在批准当日将买卖双方期货头寸平仓。不符合条件的，通知买卖双方会员，会员要及时通知客户。

⑤办理手续。如果用标准仓单期转现，批准日的下一日，买卖双方到交易所办理仓单过户和货款划转，并缴纳规定手续费。如果用非标准仓单进行期转现，买卖双方按照现货买卖协议自行进行现货交收。

⑥纳税。用标准仓单期转现的，买卖双方在规定时间到税务部门办理纳税手续。

买卖双方各自负担标准仓单期转现中仓单转让环节的手续费。

（4）期转现应注意的问题。用标准仓单期转现，要考虑仓单提前交收所节省的利息和存储等费用；用标准仓单以外的货物期转现，要考虑节省的交割费用、仓储费和利息，以及货物的品级差价。买卖双方要先看现货，确定交收货物和期货交割标准品级之间的价差。商定平仓价和交货价的差额一定要小于节省的上述费用总和，这样期转现对双方都有利。

商定平仓价和商定交货价之差要接近期货结算价和现货价之差，否则买卖中的一方进行期转现不如平仓后买卖现货有利。例如，以现货价作为双方商定交货价，当双方商定平仓价远大于期货结算价时，卖方期转现不如平仓后卖现货有利；当平仓价远小于期货结算价时，买方期转现不如平仓后买现货有利。至于商定平仓价格和商定交货价格之差具体为多大，由双方商谈确定。

如果交收货物的品级高于期货交割品级，买方应再给卖方补一个现货品级差价，即在上述商定交货价中加上现货品级差价；如果交收货物的品级低于期货交割品级，卖方应给买方补一个现货品级差价，即在上述商定交货价中减去现货品级差价。

（二）期转现交易举例

【例3-4】 在优质强筋小麦期货市场上，甲为买方，开仓价格为1 900元/吨；乙为卖方，开仓价格为2 100元/吨。小麦搬运、储存、利息等交割成本为60元/吨，双方商定的平仓价为2 040元/吨，商定的交收小麦价格比平仓价低40元/吨，即2 000元/吨。期转现后，甲实际购入小麦价格1 860元/吨＝2 000元/吨－（2 040元/吨－1 900元/吨）；乙实际销售小麦价格2 060元/吨＝2000元/吨＋（2 100元/吨－2 040元/吨）。如果双方不进行期转现而在期货合约到期时实物交割，则甲实际购入小麦价格为1 900元/吨，乙实际销售小麦价格为2 100元/吨。

从上例可知，期转现节约费用总和为60元/吨。由于商定平仓价格比商定交货价格高40元/吨，所以甲实际购小麦价格比平仓价格低40元/吨，乙实际销售小麦价格也比平仓价格少40元/吨，但节约了交割和利息等费用60元/吨。因此，与实物交割相比，通过期转现交易，甲节约40元/吨，乙节约20元/吨，期转现对双方都有利。

【本章小结】

我国期货市场基本交易制度包括保证金制度、当日无负债结算制度、涨跌停板制度、熔断制度、持仓限额制度、大户报告制度、强行平仓制度、强制减仓制度、套期保值审批制度、交割制度、结算担保金制度、风险准备金制度、风险警示制度、信息披露制度等基本制度。

国外期货市场重要交易制度包括投资者头寸报告制度、美国商品期货交易委员会的大户报告制度、保证金与风险控制系统——SPAN系统。

客户进行期货交易可能涉及开户与下单、竞价、结算和交割四个环节。在期货交易的实际操作中，大多数期货交易都是通过对冲平仓的方式了结履约责任的，进入交割环节的比重非常小。

【复习思考题】

1. 什么是保证金制度？
2. 当日无负债结算制度和结算担保金制度的主要内容是什么？
3. 什么是熔断制度和涨跌停板制度？

4. 什么是套期保值额度审批制度？

5. 什么是持仓限额制度、强行平仓制度和强制减仓制度？

【案例】

中盛粮油大豆期货事件

背景与经过

中盛粮油工业控股有限公司是一家专业从事粮油产品生产、加工、仓储、销售及贸易的大型公司。公司的基本业务是，先向国际供货商采购大豆油，再转售或利用集团生产设施加工为各类精炼大豆油产品，以供内地市场销售。原材料大豆油价格视国际市场因素而定，而终端产品精炼大豆油价格则视内地售价而定。

从公司的基本业务可知，公司在经营方面主要面临两个风险：一是作为原材料的国际大豆油价格；二是内地大豆油的销售价格。这两个价格对公司的整体业绩具有重大影响，为了规避价格波动风险，需要对产品进行套期保值。

当时，我国的大豆油期货还没有上市，因此中盛粮油一直都是通过国外 CBOT 大豆油期货市场进行套期保值。来自国家粮油信息中心的数据显示，2005 年国内大豆成品油与国际大豆油走势明显背离。国内成品大豆油从 2005 年 2 月的每吨 5 800 元下跌到了 6 月的每吨 5 000 元左右；而国际市场上，美国农业部连续 6 次下调大豆产量预测，导致大豆和大豆油价格节节攀升。国内成品大豆油价格和国际大豆油价格背离，使得中盛粮油在 CBOT 上的套期保值失败。

2005 年 7 月 14 日，中盛粮油发布公告称，2 月底以来内地成品大豆油价格下跌，而 CBOT 大豆油期货价格却在第二季度持续走强。中盛粮油及其附属公司为了在内地销售的大豆油进行套期保值，上半年业绩因而预亏。

此前，中盛粮油一直依赖此类对冲交易，回避国内产品价格波动风险。然而，在 2005 年 2 月底到 4 月期间，CBOT 大豆油期货一路走强，而内地大豆油现货价格却出现下跌。这一背离使得中盛粮油在 CBOT 的套期保值不但失去作用，而且在期货和现货市场都出现亏损。中盛粮油发布盈利预警后，其股价暴跌 46.67%，以 0.56 港元报收。公司市值也由 8.4 亿港元减至 4.48 亿港元，缩水近一半。

案例分析

利用期货进行套期保值的原理，简单来说就是以期货市场上的盈利（或亏损）来弥补现货市场上的亏损（或盈利），从而锁定风险。套期保值者之所以可以利用期货合约进行套期保值，主要在于期货和现货的走势是趋于一致的。

按照中盛粮油 2005 年年中报的说法，中盛粮油主要是在国际市场上采购大豆毛油作为原材料，因此为了抑制原材料的价格上涨风险，应该买入大豆油期货进行对冲，而其在 CBOT 期货市场上却是沽空大豆油期货，刚好是背道而驰，这样不仅没有锁定风险，反而加大了风险。而如果中盛粮油是为了防止产品价格下降而对国内销售的成品油进行套期保值，则应该首先考虑国内成品油价格和 CBOT 大豆油期货价格之间的相关关系如何。

根据公司之前的套期保值没有出现问题，可以判断我国成品大豆油价格和美国大豆油价格之间呈正相关关系。因此，中盛粮油在 CBOT 大豆油期货市场上做空大豆油期货。这样一来，如果国内成品大豆油价格下降，中盛粮油在现货市场出现亏损，但在 CBOT 期货市场获得盈利，两者相互抵消，便可以达到套期保值的目的。但是关键在于，国内大豆油价格和美国的大豆油期货价格之间的相关性强弱值得商榷。地域不同，自然商品的供给和需求方面也会出现很多差异，尤其是在一些突发性事件发生时，这种差异会更加明显。这也致使中盛粮油出现现货和期货市场上双双亏损的情况，套期保值因此宣告失败。

当时，我国大豆油期货还没有上市，国内的很多油类加工企业都面临着原材料价格和产品价格大幅波动的风险，能够到国外进行套期保值的企业更是少之又少；即使可以去海外市场套保，也存在像中盛粮油这样面临现货和海外期货相关性不够强所导致的风险外露问题。因此可以说，中盛粮油事件的发生，既有内部的原因，也有外部的原因。

而随着我国市场化进程的推进，国内期市交易无论在品种数目、资金流量还是市场参与程度上都有了很大的进步。各个交易所也会在自身核心品种的研究和创新方面不断努力，推出适应市场需求的产品，使国内的相关企业能够有效规避原材料价格波动和产成品价格波动所带来的风险。当然，一个真正成熟的期货市场也离不开投资者的进步。这就要求投资者不仅要具备扎实的专业知识基础，还要具有较好的风险防范意识，进行理性投资。

所以我们首先应加强对专业知识的掌握。其次，无论投资者参与期货市场的目的如何，风险控制都应该摆在首位。我国企业在参与期货市场时，应提倡以套期保值为目的，防范过度投机行为。最后，伴随着我国期货市场的大力发展，企业应该不断提高自身的风险意识和技术水平，将期货市场的应用提升到较高层次，学会利用期货市场产生的价格信号把握行业景气的时机，同时又能够适时地利用期货市场规避风险，以真正做到同时增强市场竞争力与最小化市场风险。

第四章

期货市场投资基本分析

【教学目标】

1. 理解需求理论、供给理论、蛛网理论
2. 理解影响因素分析
3. 了解基本面分析常用方法
4. 了解基本面分析的步骤

【知识结构图】

```
                                    ┌─ 需求理论
                        供需理论分析 ┤   供给理论
                                    │   供求关系的综合分析
                                    └─ 蛛网理论

                                    ┌─ 影响因素的结构分析
期货市场投资基本分析  影响因素分析  ┤   影响因素的内容分析
                                    └─ 影响因素的量化分析

                                    ┌─ 平衡表法
                        基本面分析常用方法 ┤  经济计量模型法
                                    │   季节性分析法
                                    └─ 分类排序法

                                    ┌─ 搜集和处理数据
                        基本面分析的步骤 ┤  建立和完善模型
                                    └─ 检验和修正模型
```

第一节　供需理论分析

与股票基本面分析不同，期货市场基本面分析方法更关注的是影响期货价格变化的宏观面因素、产业因素和行业因素等。本节将从商品期货基本面分析入手，介绍和解读期货市场基本面分析方法。基本面分析是从供求关系出发对商品价格进行分析的方法。经济学理论中对供求关系与价格的联系作出了系统性的归纳，其基本原理已成为期货基本面分析的基础理论，其基本理论在期货基本面分析中得到大量应用。

一、需求理论

（一）需求曲线

一般地，人们购买一种商品的数量与它的价格有关。在其他条件不变的情况下，价格越高，人们愿意购买的数量就越少；而市场价格越低，人们购买的数量就越多。如果将上述关系在图形上表示出来，就可以得到一条向下倾斜的曲线，该曲线称为需求曲线（Demand Curve）。

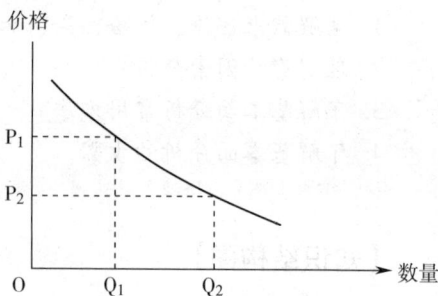

从图 4－1 中可以看出，较高的价格 P_1 对应着较低的需求量 Q_1；较低的价格 P_2 对应着较高的需求量 Q_2。

图 4－1　需求曲线图

价格上升导致需求量趋于下降的原因主要有两个：一是不同商品之间存在着替代效应。当一种商品的价格上升时，人们会用其他类似的商品来替代它。比如，牛肉价格上升时，人们会减少牛肉的消费量而增加猪肉或鸡肉的消费量。二是存在收入效应。当价格上升时，人们会发现自己可购买的数量减少了，就会自然地减少支出。上述两点，对于生产商来说是类似的。当原材料价格上涨时，生产商会发现生产成本增加了，如果产品价格不能同步上升，抵消成本上升的一个有效措施便是降低原材料的消耗，或者寻找更便宜的替代材料。比如，当天然橡胶价格上涨时，轮胎生产商会减少天然橡胶的使用量，并尽可能以价格更低的合成橡胶来替代。

（二）需求的价格弹性

需求的价格弹性（Pice Elasticity of Demand）是指需求量变动的百分比除以价格变动的百分比。当某一商品需求量变动的百分比大于价格变动的百分比时，需求弹性就会大于 1，这时我们就称之为"需求富有弹性"，比值越大，则弹性越大；反之，当某一商品需求量变动的百分比小于价格变动的百分比时，需求弹性就会小于 1，这时我们就称之为"需求缺乏弹性"，比值越小，则弹性越小。图 4－2 和图 4－3 分别表示了"富有弹性"和"缺乏弹性"的需求曲线。

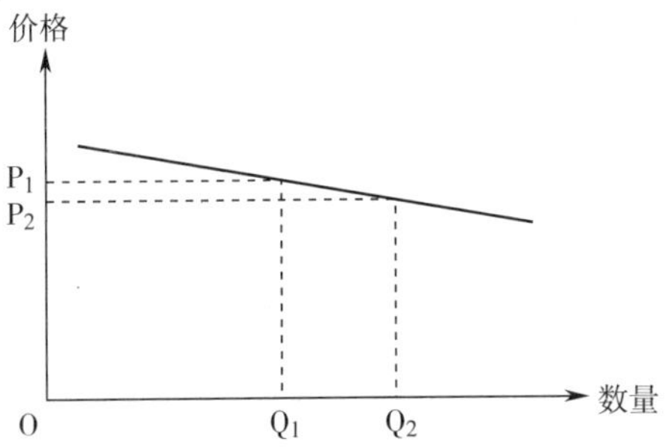

图 4 - 2 富有弹性的需求曲线

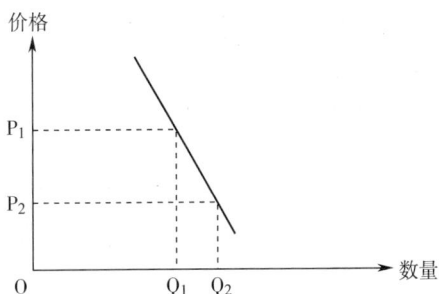

图 4 - 3 缺乏弹性的需求曲线

需求弹性实际上反映的是需求量变动对价格变动的敏感程度，不同的商品具有不同的弹性。弹性的大小与下列因素有关：

1. 替代品的丰裕程度。替代品越多，越容易获得，需求弹性就越大；反之则越小。比如，食品、燃料、鞋子及药品的价格上涨后，人们很难找到适当的替代品，因而其需求的价格弹性就相对较小；而一国发生疯牛病导致该国所产的牛肉价格上涨后，人们可以用其他国家所产的牛肉代替，或用羊肉、鸡肉代替，因此，该国所产牛肉需求的价格弹性就较高。

2. 支出比例。购买某商品所需支出的比例越大，则需求弹性越大。比如，对消费者而言，汽车的需求弹性远大于食盐，虽然这两种产品都没有明显的替代品。不难想象，当食盐价格上涨30%时，需求量的变化不会很大，这与食盐价格比较低，占家庭开支很小有关。开支越小，节约的动力就越小。但如果汽车价格上涨30%，则汽车的需求量会下降较多。对生产商来说，支出比例对弹性大小的影响同样是起作用的。某种原材料在其生产成本中所占比重越大，生产商节约的意识就会越强烈，需求弹性就越大。

弹性大小与考察时间长短有很大关系。消费量的增减往往意味着消费模式或生产模式的调整或改变，而消费模式和生产模式的调整或改变是需要时间的。比如，在橡胶制品中，天然橡胶和合成橡胶之间的使用比例是可以调整的；又如，铝金属与铜金属之间也有一定的可替代关系。然而，这种调整需要付出一定的成本及时间周期。因此，一些具有较大价格弹性的产品，短期内可能体现不出来，只有在较长的时期内才会逐渐体现出来。

（三）需求的变动

价格变动会影响需求量，然而影响需求量的不止是价格这一种因素。除了价格会影响需求量之外，还有其他许多因素。比如，随着人口的自然增长，即使价格没有变动，需求量也会自然增长；又如，人们收入增加、消费者偏好改变、通货膨胀、消费者对价格变动的预期等也会引起需求量变动；最后，即使该商品价格没有变动，但与其相关的替代品价格上涨后，也会导致一部分需求转移到该商品上来。

当需求量因为其他因素而增加时，将导致原来的需求曲线发生了变化，其变化特征为对应的原来需求曲线中的任何特定价格的需求量都增加了，在图形中表现出来的形式是整个需求曲线发生了移动。图 4 - 4 是需求曲线因为需求增加而右移的示意图。反之，如果价格之外的因素引起需求量减少，则新的需求曲线应该左移。

通常将价格变化引起的需求数量变化称为需求量变化，而将价格之外的因素导致的需求数量变化称为需求的变化。在图形上，需求量变化是在一条需求曲线上移动，而需求的变化是需求曲线的左右移动。

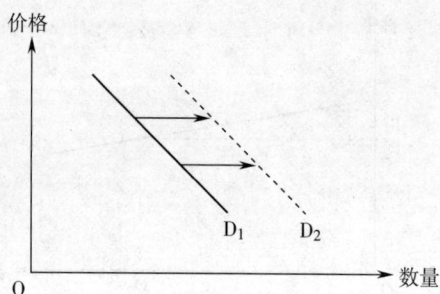

图 4 - 4　需求增加，需求曲线右移

二、供给理论

（一）供给曲线

生产者供给商品的目的是为了获得利润，利润的大小既与生产成本有关，也与商品的市场价格有关。在生产方式与生产成本既定的情况下，市场价格越高，意味着利润越大，价格越低则利润越小，当价格低于一定水平时，生产商很可能会处于亏损的境地。显然，价格越高，生产商向市场供给商品的积极性就越高，供给的数量也就越多；价格越低，生产的积极性就越小，当发生亏损时，生产商一般都会采取减产的方式，减少向市场的供给量。

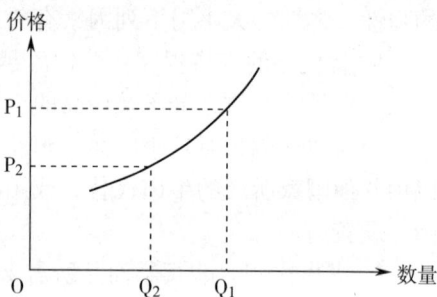

图 4 - 5　供给曲线

将供给量与价格联系在一起所得到的曲线称为供给曲线（Supply Curve）。图 4 - 5 是供给曲线的示意图，从图中可以看出，较高的价格 P_1 对应着较高的供给量 Q_1；较低的价格 P_2 对应着较低的供给量 Q_2。显然，供给曲线具有向上倾斜的特性。

（二）供给的价格弹性

供给的价格弹性（Price Elasticity of Supply）是指供给量变动的百分比除以价格变动的百分比。当某一商品供给量变动的百分比大于价格变动的百分比时，供给弹性就会大于 1，这时我们就称之为"供给富有弹性"，比值越大，则弹性越大；反之，供给量变动的百分比小于价格变动的百分比时，供给弹性就会小于 1，这时我们就称之为"供给缺乏弹性"，比值越小，则弹性越小。图 4 - 6 和图 4 - 7 分别表示了"富有弹性"和"缺乏弹性"的供给曲线。

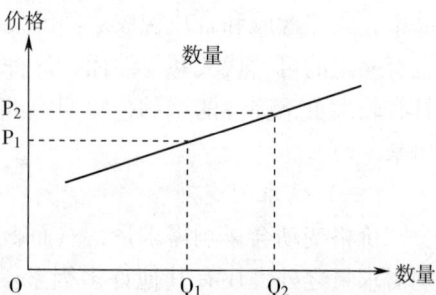

图 4 - 6　富有弹性的供给曲线

供给弹性实际上反映的是供给量变动对价格变动的敏感程度，不同的商品具有不同的弹性，影响供给弹性大小的主要因素是增加生产的困难程度。如果所有的投入品很容易在现行市场价格下购得，则价格的微小上升就会导致产出大幅上升，这就表明供给弹性相对较大；反之，如果生产能力受到严格限制，例如黄金矿开采，即使价格急剧上升，产量也只能增加少许，供给就缺乏弹性。

供给弹性的大小与考察时间的长短也有关系。某些商品，在价格上升的短时期内，企业也许无法增加其劳动、物资及资本投入，供给就缺乏弹性。但随着时间推移，企业可以逐步增加投入而扩大生产能力，供给弹性就会逐步增大。

1. 农产品供给曲线。农产品的供给通常以作物年度作为度量时间。比如，我国玉米的收获期是每年的 10 月初至 11 月末之间，玉米的作物年度为每年的 10 月 1 日至来年的 9 月 30 日；我国大豆的收获期是每年的 9 月至 11 月，大豆的作物年度为每年的 9 月 1 日至来年的 8 月 31 日；豆粕与豆油的作物年度为每年的 10 月 1 日至来年的 9 月 30 日。当收获期结束后，当期的产量就已确定，当期的最大供给量等于当期产量与上期期末库存量之和。在图 4-8 中，假定 Q_1 为当期产量，Q_1-Q_2 为上期期末库存量，则 Q_2 为当期最大供给量。在价格很低时，由于农场主（农民）的惜售心理，供给量并不大，随着价格的上升，供给量逐渐上升，这时该作物还是有一定的供给弹性的。当供给量超过 Q_1 时，表明供给量已经超过当期产量，并且已经在消耗上期的库存，这将导致当期库存低于上期库存。如果价格继续上升，供给量逼近最大供给量，这时供给的价格弹性几乎为零，意味着价格即使再涨也无法刺激出更多的供给量。

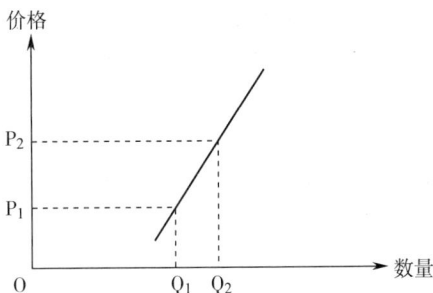
图 4-7　缺乏弹性的供给曲线

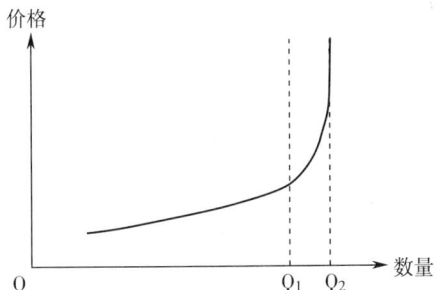
图 4-8　农产品供给曲线

当农产品价格太低时，有些农场主（农民）会产生一定的惜售心理，但如果考虑农产品储存所需要的储存费及数量与质量的损耗，储存的成本并不小。更重要的是有些农产品没有办法储存或长期储存后根本不具备经济性。比如，有些农产品如蛋类和马铃薯（美国的一些期货交易所曾经交易过这类产品）是容易腐烂变质的，无法长期储存。又如，对活牛与活猪（美国目前还有这类产品的期货交易）来说，一旦达到销售重量之后，除了短暂的延迟外，不论价格如何，生产者都不得不将其送到市场上去销售。对于这类难以储存的商品而言，其供给量在收获期内几乎是固定的，换言之，供给量不会因价格低而少，也不会因价格高而多。其供给弹性几乎为零，其供给曲线将退化为一条与纵轴平行的直线，如图 4-9 所示。

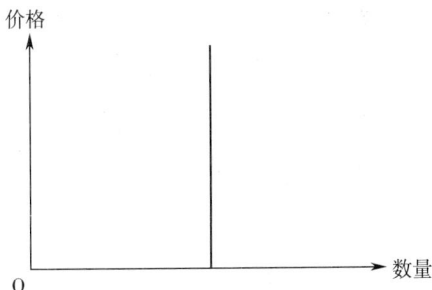
图 4-9　固定供给曲线

2. 工业品供给曲线。期货交易中的工业品主要有金属和能源两大类。工业品的特点是采用连续化生产方式,没有明显的年度界限,但同样有正常的库存。库存变化既是供给量大小的重要标志,也是需求量大小的重要指标。同一种工业产品,在不同的阶段其供给弹性大小也不一样。一般而言,当生产能力利用不充分,即闲置能力较大时,供给弹性比较大;反之,当生产能力充分利用,闲置能力较小时,供给弹性就较小。这时,由于短期内扩大供给的能力有限,价格的上涨幅度会非常惊人。例如,2003 年国际铜价和原油价格走出了一波牛市行情,2004 年在 2003 年的基础上又表现出惊人涨幅,之所以如此,是因为当时生产能力负荷较高,供给量很难大幅增加。

(三)供给的变动

价格变动会影响供给量,但是影响供给量的不止是商品价格这一种因素。比如,商品价格没有变动,但生产成本大幅降低,生产商的利润有了相应增长,就会刺激生产商生产更多数量的商品。又如,政府的经济政策或行业政策也会对供给量产生影响,比较典型的是各国对农业都制定了特殊的支持政策。再有,一国的政治情况、国际关系及战争也都会对供给量产生影响,如产油国突发的政治动乱和战争有可能打断石油的正常供给,减少全球石油供给量。最后,一些其他原因也会影响商品的供给量,如气候条件、市场结构、通货膨胀、生产商对未来价格的预期等。

当供给量因为价格之外的因素增加(减少)时,意味着原来的供给曲线发生了变化,其变化特征为对应的原来供给曲线中的任何特定价格的供给量都增加(减少)了。在图形中表现出来的形式是整个供给曲线发生了移动。图 4-10 是供给曲线因为供给增加而右移的示意图。反之,如果价格之外的因素引起供给量减少,则供给曲线左移。

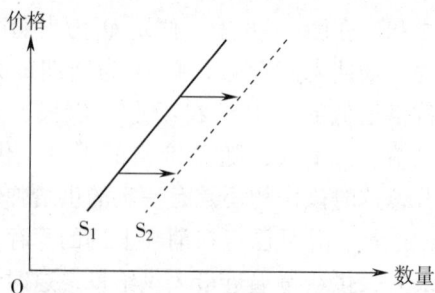

图 4-10　供给增加,供给曲线右移

通常将价格变化引起的供给数量变化称为供给量变化,而将价格之外的因素导致的供给数量变化称为供给的变化。在图形上,供给量变化是在一条供给曲线上的移动,而供给的变化是供给曲线的左右移动。

三、供求关系的综合分析

(一)供给与需求的均衡

均衡是经济学的基本概念,供给与需求的均衡是与均衡价格联系在一起的。市场供给力量与需求力量正好相等时所形成的价格便是均衡价格。换言之,在均衡价格上,买者所愿意购买的数量正好等于卖者所愿意出售的数量。之所以称为均衡,是因为当供求力量平衡时,只要其他条件保持不变,价格就不会上下波动。

图 4-11 是均衡价格及供需均衡的示意图。在图 4-11 中 D 代表给定的需求曲线,S 代表给定的供给曲线。如果初始价格为 P_1,则由于定价过高,供给方愿意提供的数量达到 Q_2,而需求方的需求量只有 Q_1,供给量远大于需求量,出现商品供给过剩现象,

过剩量等于 $Q_2 - Q_1$。供给过剩将导致供方之间竞价，促使价格向下。价格向下会刺激需求量适度上升。但只要供大于求的状况继续存在，价格下降的压力也就会继续存在。反之，如果初始价格为 P_2，由于价格过低，将出现供给小于需求即供给短缺现象。供给短缺将导致需求方之间的竞价，促使价格向上，价格向上会刺激供给量适度上升。但只要短缺的状况继续存在，价格上升的压力也会一直存在。

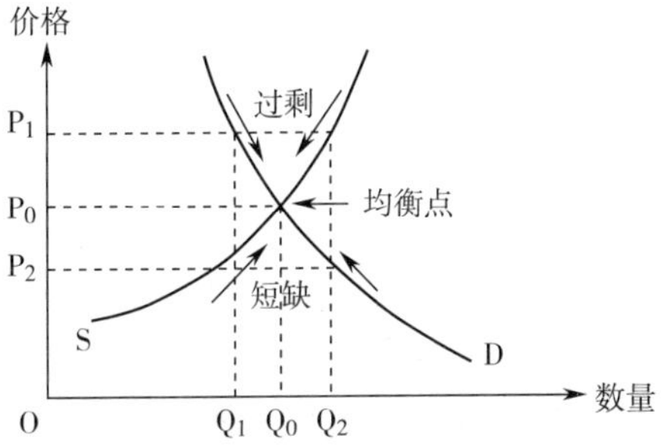

图 4 - 11　均衡价格形成示意图

显然，只有在供给曲线与需求曲线交叉点上形成的价格 P_0 才是稳定的，因为在这个价格上，供给方愿意提供的供给量与需求方的需求量恰好相等，均为 Q_0。与均衡数量 Q_0 对应的价格 P_0，便称为均衡价格。在均衡价格水平上，市场上不存在过剩或短缺。

在期货市场中，人们经常可以见到诸如"由于基本面上缺乏新的消息刺激，价格横向盘整已达一个多月，交易量也因此逐渐萎缩。未来的期货价格究竟是向上突破还是向下突破，还得视基本面情况的变化而定。投资者尚需耐心等待"之类的描述。价格盘整，实际上反映了价格正处于一种均衡状态。当然，均衡状态不可能一直持续下去，因为影响供求关系的因素有很多，一旦这些因素中的一项或几项发生变化，引起了供求关系变化，均衡状态就会被打破。这时，市场就会通过价格变动寻找新的均衡状态。而这些影响因素的变化实际上就是基本面情况的变化。

（二）供需单方面变动对均衡的影响

在图形上，供给或需求的变化反映出来就是供给曲线或需求曲线的移动。显然，当供给曲线或需求曲线移动时，原来的均衡点就无法保持了，新的均衡点形成的过程就是价格变动的过程。

1. 需求不变，供给发生变化。以农产品供给预期的变动为例。农产品实际年供给量在收获期过后才能够确定下来，而在此之前，预期供给会因播种面积、气候等因素的变化而变化，期货价格则会对此作出快速反应。在图 4 - 12 中，D 表示既定的需求曲线。S_0 是原来的预期供给曲线，即预期供给量为 Q_0，这时的均衡价格为 P_0。如果有关的统计报告指出，由于播种面积预计比上期数大大增加，并且气候条件也非常有利于作物生长，新的预测供给数量将增加为 Q_2，这意味着预期的供给曲线从原来

图 4 - 12　供给变化导致均衡价格发生变化

的 S_0 向右移动至 S_2。由图可见，原来的均衡价格 P_0 被新的均衡价格 P_2 所代替，期货价格将呈现出下跌状态。

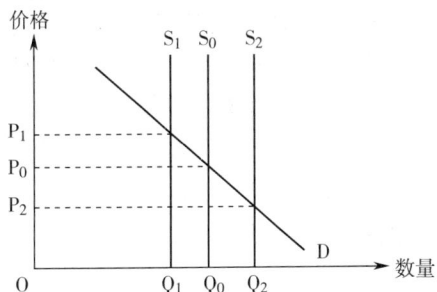

反之，如果一场气候灾难突然降临，并且受灾面积非常庞大，预计供给量将从原来预计的 Q_2 调低为 Q_1，则意味着预期的供给曲线又从 S_2 向左大幅度移动至 S_1。从图4 - 12

中可见，这时，原来的均衡价格 P_2 又被新的均衡价格 P_1 所代替，期货价格将呈现出上涨状态。

2. 供给不变，需求发生变化。以猪肉需求变动为例。猪肉的供给量在一定时期内是固定的，其供给曲线是一条与纵轴平行的直线，这个时期的价格主要由需求决定。在图 4-13 中 S 表示既定的供给曲线，D_0 表示原来的需求曲线，对应的均衡价格为 P_0。如果一场禽流感致使人们大量地以猪肉代替禽肉，则猪肉的需求量将有很大的增加。原来的需求曲线 D_0 被新的需求曲线 D_1 所代替。由于供给量固定，需求的增长将在价格上体现出来，原来的均衡价格 P_0 将被新的均衡价格 P_1 所代替，价格呈现出上涨态势。反之，如果替代产品禽肉、鱼肉因为丰收而价格下跌，导致部分猪肉的需求量

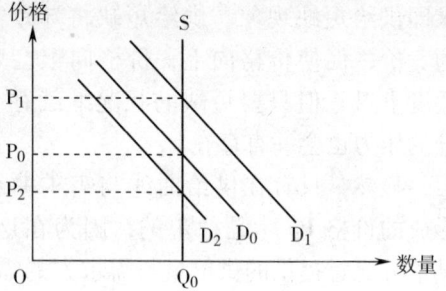

图 4-13　需求变化导致均衡价格发生变化

转移至这些产品，需求曲线将向左移动至 D_2 的位置。从图 4-13 可见，这时原来的均衡价格 P_1 又将被新的均衡价格 P_2 所代替，价格呈现出下跌态势。

（三）供需同时变动对均衡的影响

需求与供给同时变动的情况相对复杂一些，在图形分析中至少涉及两条需求曲线和两条供给曲线。如按照变动方向分析，可以归结为同时增长、同时减少、一增一减以及一减一增四种情况。

1. 需求与供给同时增长。需求与供给同时增长是绝大多数商品的共同现象。随着时间的推移以及人口的增长，需求自然会逐步增长，而需求增长也会刺激供给的增长。从长远来看，绝大多数基本商品都有着供需同时增长的趋势。伴随着供需同时增长的情况，均衡数量会同时增长。然而，均衡价格是上涨还是下跌却无法判断，必须比较两者的增长孰快孰慢。如果需求的增长超过供给

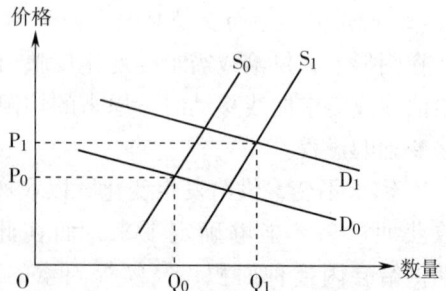

图 4-14　需求增长快于供给增长对均衡的影响

的增长，形成供不应求的局面，对应的均衡价格就上涨。图 4-14 是需求增长快于供给增长的示意图，从图 4-14 中可见，原来的均衡价格是 P_0，是需求曲线 D_0 和供给曲线 S_0 的交点所对应的价格。需求增长使需求曲线移至 D_1，供给增长使供给曲线移至 S_1，新的均衡价格上移至 P_1。现实中，有些商品的牛市并非是在供给减少的背景下发生的，而是由于需求增长远大于供给增长。比如，2003 年至 2006 年铜和石油的价格都有很大的涨幅，但实际上这些产品的供给都较以往增加了不少，关键是需求有了大幅提升。相反的情况是，如果供给的增长快于需求的增长，则很容易形成价格下跌局面。

值得注意的是，如果需求和供给同时增加的速度比较匹配，就有可能发生价格没有变动或变动不大的情况。尽管价格没有变动或变动不大，与原来的均衡价格还是有着不

同的含义,这是新的数量级上的均衡。

需求和供给同时减少的情况可以比照同时增加的情况进行反向分析。

2. 需求和供给反向变动。反向变动有两种情况:一种是需求增长,供给减少;另一种是需求减少,供给增长。下面首先对第一种情况进行分析。需求增长是利多因素,供给减少也是利多因素,两者结合均衡价格势必上涨。但是均衡数量会如何变化则无法确定,需根据两者一增一减的对比而定。

在图 4 – 15 中,原需求曲线 D_0 和原供给曲线 S_0 的交点产生均衡价格 P_0,需求增长使需求曲线移至 D_1,供给减少使供给曲线移至 S_1,新的均衡价格上移至 P_1。但均衡数量反而从原来的 Q_0 减少为 Q_1。需求增长的情况下实际的消费量反而减少,主要原因是供给瓶颈导致供给减少太多。这种情况往往是形成大牛市的基础。比如,农产品的需求随着人口增长而增长,但某年因遭遇较大的自然灾害使得供给大幅减少。

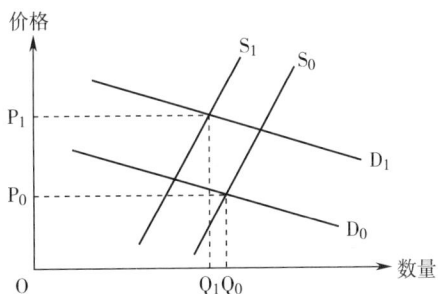

图 4 – 15 需求增长供给减少对均衡的影响

需求减少、供给增长的情况也有发生。在商品期货较长的牛市末期,由于价格高企刺激了供应商,一段时期后,增加的供给能力已经形成。这时,如果需求因遭遇整体经济衰退而大幅减少,需求减少、供给增长的局面就会形成。这种格局往往也是牛市的终结。比如,2008 年形成的金融危机对全球经济造成了很大的负面冲击,许多国家陷入了低增长甚至负增长的境地。全球范围内,大宗商品如金属铜、天然橡胶、原油等的需求都有较大减少。而在此之前,恰好处于牛市阶段,这些产品的供给能力都有了较大的增长。在这双重利空下,商品的牛市就此结束。

3. 各种不同情况的汇总。需求与供给同时变动的四种情况汇总在表 4 – 1 中。

表 4 – 1   需求与供给同时变动对均衡价格及均衡数量的影响

需求		供给		综合	
变动方向	影响价格	变动方向	影响价格	均衡数量	均衡价格
增长	上升	减少	上升	不定	上升
增长	上升	增长	下降	上升	不定
减少	下降	减少	上升	减少	不定
减少	下降	增长	下降	不定	下降

四、蛛网理论

蛛网理论是一种动态均衡分析,其运用弹性原理解释某些生产周期较长的商品在失去均衡时发生的不同波动情况。蛛网理论在推演时有三个假设条件:(1)从生产到产出需要一定时间,而且在这段时间内生产规模无法改变;(2)本期产量决定本期价格;

（3）本期价格决定下期产量。

（一）收敛型蛛网

收敛型蛛网的假设条件是供给弹性小于需求弹性，意味着价格变动对供给量的影响小于对需求量的影响。当市场由于受到干扰偏离原有的均衡状态以后，实际价格和实际产量会围绕均衡水平上下波动，但波动幅度越来越小，最后回到原来的均衡点，这种情况称为收敛型蛛网（见图4-16）。

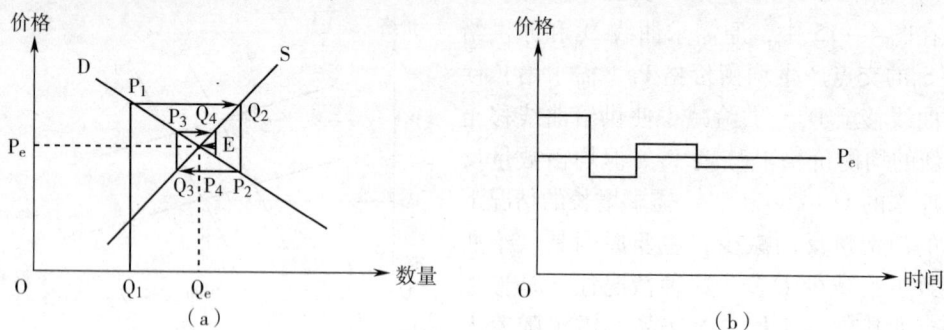

图4-16 收敛型蛛网模型

假如，第一阶段由于外在原因商品减产，实际产量为 Q_1，小于均衡产量 Q_e，于是价格由 P_e 上升到 P_1。第二阶段，由于商品价格较高，生产者把产量增加到 Q_2，大于均衡产量 Q_e，价格跌到 P_2，低于均衡价格 P_e。第三阶段，由于价格过低，生产者减产至 Q_3，小于均衡产量 Q_e，价格上升为 P_3，高于均衡价格 P_e。第四阶段，由于价格提高，产量上升为 Q_4，高于均衡产量 Q_e，价格又下降为 P_4，低于均衡价格 P_e。如此循环下去，如图4-16所示，实际产量和实际价格的波动幅度越来越小，最后恢复到均衡点 E。由此可见，图中的均衡点 E 所代表的均衡状态是稳定的。也就是说，由于外在的原因，当价格和产量偏离均衡数值 P_e 和 Q_e 后，经济制度中存在着自发的因素，能使价格和产量自动地恢复均衡状态。

为更鲜明地反映收敛型蛛网的价格波动，把图4-16（a）中价格变动的情况，以时间为自变量画在坐标图上，如图4-16（b）所示。价格波动越来越小，逐渐趋近于均衡价格。

（二）发散型蛛网

发散型蛛网的假设条件是供给价格弹性大于需求价格弹性。当市场受外力干扰偏离均衡状态时，由于市场价格对下期供给量变动有巨大影响，导致实际价格和实际产量上下波动的幅度会越来越大，远离均衡点，使均衡无法恢复，这种情形称为发散型蛛网（见图4-17）。

假如，第一阶段由于外在原因减产，实际产量 Q_1 小于均衡产量 Q_e，于是价格由 P_e 上升为 P_1。第二阶段，由于商品价格较高，生产者把产量增加到 Q_2，大于均衡产量 Q_e，于是价格下跌到 P_2，低于均衡价格 P_e。第三阶段，由于价格过低，生产者减少产量为 Q_3，小于均衡产量 Q_e，于是价格上升为 P_3，高于均衡价格 P_e。第四阶段，由于价格提

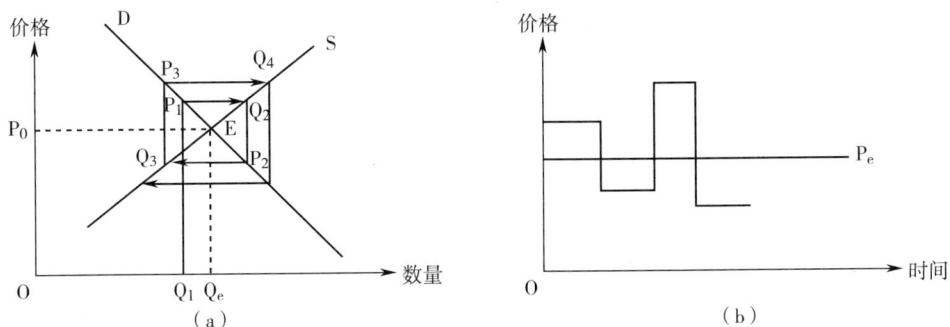

图4-17　发散型蛛网模式

高，产量上升为 Q_4，高于均衡产量 Q_e，价格又开始下降。如此循环，如图 4-17 所示，只要生产者继续按照滞后的供给曲线进行决策，实际产量和价格波动幅度将越来越大，偏离均衡点 E 越来越远。

为了更鲜明地反映发散型蛛网的价格波动状况，把价格波动轨迹连结起来画在以价格为纵坐标，时间为横坐标的图形中，如图 4-17（b）所示。价格波动越来越大，且离均衡价格越来越远，是一种不稳定状态。

（三）封闭型蛛网

封闭型蛛网的假设条件是供给弹性等于需求弹性。在这种情况下，实际产量和实际价格始终按同一幅度围绕均衡点上下波动，既不进一步偏离均衡点，也不逐步趋向均衡点，却永远达不到均衡，这种情况称为封闭型蛛网（见图 4-18）。

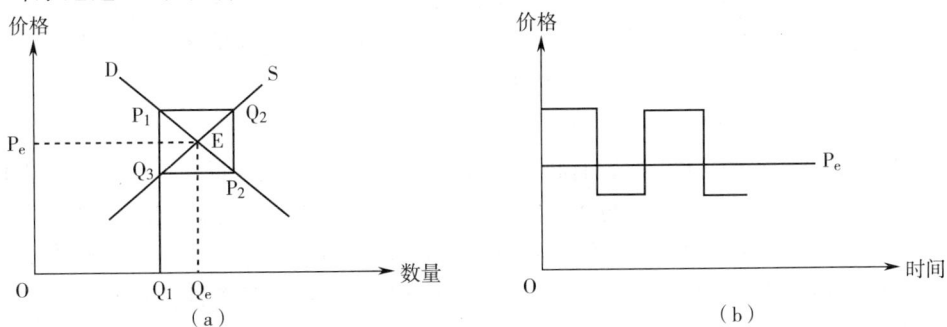

图4-18　封闭型蛛网模型

假如，第一阶段由于外在原因，实际产量为 Q_1，低于均衡产量，这时价格上升至 P_1，高于均衡价格 P_e。第二阶段，由于商品价格上升，生产者又减少产量为 Q_1，价格又上升为 P_1。如此循环，如图 4-18 所示，价格和产量始终按同一幅度围绕均衡点上下波动，既不进一步偏离均衡点，也不逐步趋于均衡点。由于实际产量 Q_1 的不同，形成大小不同的蛛网，因此称为封闭型蛛网。

现实生活中，蛛网模型可能是以上三幅图的混合，有时候浮动幅度比上一年缩小，有时候又比上一年扩大。由于现实世界处在不断的变化中，达到理想中的均衡点可以说是一件非常困难的事情。

蛛网理论主要适用于解释农产品的供求状况及其价格的基本走势。农产品生产具有很强的周期性。农业生产者在确定播种规模时，很大程度上会受到当期价格的影响，而生产规模确定之后又很难更改。因此，在现实中很容易出现发散型蛛网波动的状态。

第二节　影响因素分析

上节的需求和供给分析是现代经济学中的一般理论，也是期货价格基本面分析的基础。因为期货市场具有不同于现货市场的特殊性，所以在一般的供求分析的基础上，还有一些其他因素，也会间接影响供给和需求，进而影响商品价格的变化。在期货市场中，基本面分析法是利用供求关系的变化来预测未来市场价格走势的变化，以决定买卖策略。因此，分析影响商品供求的各种因素及其相互间的关系，是基本面分析的基础。我们在分析供求与市场价格关系的基础上，还需要进一步分析影响商品价格的其他因素。因而，从这个逻辑关系出发，基本面分析势必涉及许多因素的分析。分析影响供求关系的因素可以从结构和内容两个层面进行。

一、影响因素的结构分析

任何一种商品都不是孤立的。从商品的纵向来看，任何商品都是该商品产业链中的一个环节。该商品生产中所需要使用的主要原材料是该商品的上游产业，需要使用该商品的便是下游产业。从横向方面而论，绝大多数商品都存在一定的可替代性产品，这些替代性产品实际上是竞争性产品。一般而言，商品涉及的产业链越多，每一个环节存在的可替代性产品就越多，影响因素的结构也就越复杂。

因此，影响商品价格的因素是众多繁杂的，有直接因素，有间接因素；有主要因素，有次要因素；有正在发生的，有将要发生的；等等。但总体而言，按照其对市场价格的影响幅度、时间长短，可以分为由弱到强持续性显著因素、由强到弱持续性显著因素、非持续性因素及非显著性因素。显著性因素是指对商品供求关系有直接影响作用的，如播种面积的增加、国家收储政策、生产企业罢工等；非显著性因素是指对商品供求关系不构成直接影响的因素，如市场资金因素、利率外汇政策等；持续性因素是指对商品供求关系有着持续影响的因素，例如黄大豆市场的转基因政策，在 2002 年对国内大豆市场的供求关系产生持续影响，持续性因素一般是影响市场的长期因素，分为由强到弱和由弱到强两种；非持续性因素则往往是由一些突发事件造成的，随着事件的消失，该因素对市场的作用也会消失。

这么多性质各异的影响因素，要考虑周全是不经济的，也是不可能的。所以，有必要对影响因素间的关系进行简化，这种简化的过程就是影响因素的结构分析。即搞清楚该商品所处的产业链，明白该商品在产业链中的地位，以及搞清楚有哪些可替代性产品与其形成竞争关系。

影响因素结构分析的目的是"抓大放小"，减少零散信息的干扰，抽取影响价格的主导因素。运用产业链关系对商品影响因素进行梳理，明晰各因素之间千丝万缕的联系：供求关系是核心是主干，宏观经济环境、资金流向、心理因素、相关产品等是枝干，直接或间接地作用于供需关系。

用图形表示影响因素的结构具有直观性强、容易理解等优点。下面，以大豆产品为例进行说明。

作为农产品之一的大豆，投入的最大资源是土地。很自然的，其他农产品就与大豆形成竞争性关系。如果大豆价格过低，导致种植大豆的比较收益低于其他农产品，农场主（农民）们就会压缩大豆种植面积，同时增加其他农作物的土地面积。反之，当大豆种植的比较收益高于其他农产品时，种植者就会压缩其他作物面积以增加大豆种植面积。

大豆的使用用途主要有两种，即豆油和豆粕。豆油和豆粕的出产是同时进行的，既可以说豆油是豆粕的副产品，也可以说豆粕是豆油的副产品。通常的比例是每单位大豆可以出产20%左右的豆油和80%左右的豆粕，但豆油的单位价格远高于豆粕的单位价格。

豆油是人们的食用油之一，与豆油共同列为人们食用油的还有棕榈油、菜籽油、葵花籽油、棉籽油和橄榄油等。很显然，食用油需求增长，对上述各种食用油来说都是利多因素；反之，则是利空因素。但在这些食用油之间，又会形成替代性或竞争性关系。比如，当油菜籽大丰收后，由于价格便宜，很可能会挤占一部分豆油市场；反之，如果其他食用油作物歉收，则大豆油的需求就会增长。

豆粕的主要用途是动物饲养用饲料，同样，与豆粕共同列为饲料的还有玉米、燕麦、大麦、鱼粉等。很显然，饲养业兴旺发达，需要投入的饲料需求增长，对上述各种饲料来说都是利多因素；反之则是利空因素。而饲养业是否兴旺，与人们对肉类需求多少有关。在这些饲料之间，具有替代性或竞争性关系。比如，当玉米大丰收后，由于价格便宜，很可能会挤占一部分的豆粕需求；反之，如果其他饲料歉收，则豆粕的需求就会增长。

因此，不能说食用油行业与动物饲养业毫无关系，尽管一个提供植物油，一个提供肉类产品。然而两者仍旧具有一定的独立性，而豆油和豆粕又是结伴而生的。如果饲料业对豆粕需求增长，食用油行业对大豆油的需求则下降，那么，一方面大豆加工者为了得到豆粕而压榨大豆，另一方面，在满足豆粕需求的同时加剧了豆油的过剩。加工者就会平衡大豆、豆油和豆粕三者之间的价格关系，在考虑了加工费后，只要有利润，还是会愿意生产的。

上述这些描述，事实上只是全部相关产品关系中的一部分，因为大豆的实际使用途径还不止豆油和豆粕两种。但即使从这些主要项目关系的介绍中也不难看出，基本面分析在分析一个品种时，实际上要关注的远不止这个品种自身，还必须关注产业链中与其相关（即可替代性产品）的供求关系及价格。这些相关产品中，上游相关产品会影响本产品的供给，而下游相关产品则会影响本产品的需求（见图4-19）。

影响因素结构分析，主要包括以下几个方面的工作。

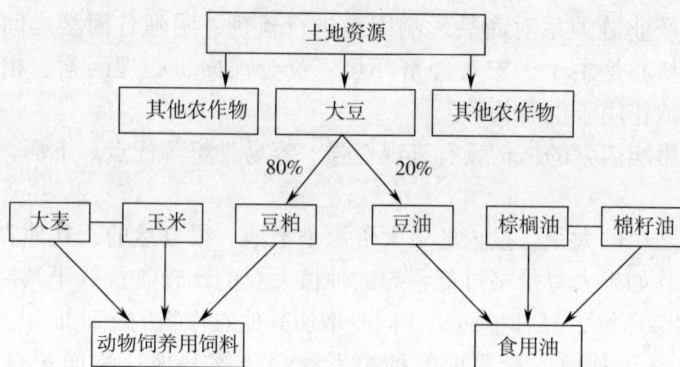

图 4-19　大豆产品影响因素结构示意图

1. 搜集市场信息并进行加工整理，选取与所分析的期货商品有关的、真实的最新消息。

2. 依循产业链对这些信息进行分类，并绘制各因素对商品价格影响的路径，梳理出价格传导的逻辑关系，找出值得重点关注的、最根本最实质的关键因素。

3. 准确评估关键因素，对因素进行纵向和横向的比较分析，纵向比较是与同类因素的历史表现对比，横向比较是与市场中其他因素比较。

4. 不断修正关键因素对市场影响程度的估计，剔除已经对市场失去作用的因素，增加新的关键因素，并且进行趋势跟踪。

二、影响因素的内容分析

影响因素的内容分析是指分析影响供求关系的具体因素。由于每个产品都有各自的具体情况，因而对具体商品而言，必须结合具体情况进行分析。下面罗列出来的仅仅是各种不同产品的共同性影响因素。

（一）库存的影响

供求关系是影响商品价格的根本原因，而库存是供求关系的重要显性指标。

对一些重要商品，无论是国家，还是生产、流通、消费企业，都会有一定的库存量。其中，国家库存表现为政府储备，政府储备不会因一般的价格变动而轻易投放市场，只有当市场供给出现严重短缺时，才有可能动用。动用之后，还会在适当的时候进行回补。

从一国的供求数量来看，期末库存与供求之间的关系式为

期末库存 = 期初库存 + 当期产量 + 当期进口量 – 当期出口量 – 当期消费

其中，期初库存、当期产量、当期进口量这三项为当期可供应量；而当期出口量和当期消费为当期需求量。如果当期可供应量大于当期需求量，则期末库存势必增加，反之，则期末库存势必减少。

如果进出口渠道通畅，当国内供不应求时可以通过进口来弥补，这时实际进口价会成为影响国内价格的重要因素；当国内供大于求时可以通过出口来疏导，这时实际出口

价也会成为影响国内价格的重要因素。

期末库存减少，意味着当期需求大于供应，但不能下结论说价格一定会涨，因为还得看这个期末库存是否正常。比如，农产品以一年为周期，如果以月度作为观察期，则在收获季节之后库存肯定逐月减少。又如，某品种在以前积压太多，即使目前库存有所降低，但仍旧大大高于正常库存，价格就难以上涨。

如果从全球范围内观察，则期末库存与供求之间的关系式为

$$期末库存 = 期初库存 + 当期产量 - 当期消费$$

其中，期初库存、当期产量为当期可供应量；而当期消费为当期需求量。如果当期可供应量大于当期需求量，则期末库存势必增加，反之，则期末库存势必减少。

由于库存既是供求关系的重要表现，也是影响供求关系的重要因素，因此，各种商品的基本面分析，都会非常重视库存变化并将其纳入预测模型中。

值得注意的是，在预测模型中的库存指标因素，往往设计为库存与消费量的比率，而非库存的绝对数值大小。之所以如此，是因为长远来看基本商品的规模都在增长。如果将现在的正常库存规模与十年前的正常库存规模相比，显然扩大了许多。所以，考虑库存消费量比率是比较科学的。

（二）替代品的影响

一般而言，替代品与被替代品之间具有竞争关系。如果替代品的供求关系发生重大变化，就会打破被替代品原有的平衡，导致价格出现较大的波动。从图 4-19 中可以看到，与豆粕并列作为饲料的品种有许多，除了图中列出的大麦、玉米之外，肉骨粉、鱼粉也是常用饲料。这些商品的供给数量如果出现较大的变动，会引起豆粕、大豆价格的明显变化。

【专栏 4-1】

疯牛病引起的替代品影响

2003 年 12 月 23 日，美国农业部宣布华盛顿州梅普尔顿一家农场发现美国有史以来首例疯牛病。24 日开始，芝加哥期货交易所（CBOT）的大豆、豆粕价格接连两天暴涨。国内大连商品交易所的大豆、豆粕价格也随之上涨。有报道说，"日前该国已经开始禁止对包括牛在内的反刍类牲畜使用肉骨粉作为饲料。目前美国每年使用的肉骨粉高达 300 多万吨，因此肉骨粉被禁止使用之后，作为其替代品的豆粕年需求量预计将增加 200 多万吨，即增加 7% 的用量。"所以在疯牛病出现后，由于一些国家的政府会出台禁止给牛喂肉骨粉饲料的政策，以至于只要一出现疯牛病报告的新闻，就会导致豆粕、大豆价格出现上涨的反应。这就是疯牛病的替代品影响。

（三）季节性因素和自然因素的影响

1. 季节性因素的影响。有些商品的供应或需求具有季节性特点，如农产品的供应都是每年同一时期集中上市，而需求却是分散的。又如，活猪的屠宰、销售以及小猪生产

期也有季节性特点。还有，燃油在冬季的需求量明显超过其他季节。

供需的季节性特点会引发价格的季节性波动，这一点在农产品上表现得特别明显。比如，有人经过统计比较，发现国内大豆市场的特点为：每年从3、4月份开始，南美新豆上市，进口量增加，致使现货价格跌到谷底，随着5、6月份消费旺季的来临，价格从谷底缓慢回升，至7、8月份大豆青黄不接时，价格达到年内顶峰，10月份后由于北半球的新豆上市，价格再次回落至谷底，1、2月份随年关消费高潮的来临，价格略有反弹，并于年关后重回3、4月份的谷底。如此循环往复。

由于职业投资者和现货商都熟悉季节性的影响，这种特点一般在不同合约月份上会得到提前反映，比如，5月合约对3月合约升水，而11月合约对9月合约贴水。但从全年走势来讲，期货价格的低点通常会在收获季节出现。有些交易者在判断后市时，会将这一特点作为参考依据。当然，在应用之前，首先需要对历史数据作定量的统计分析，从中发掘更多有意义的信息。

需要注意的是，在参考商品走势的季节性规律时，其他因素也是不容忽视的，因为某些偶然性因素的出现或许会打破或淡化一贯的季节性特征。当供应的变化与消费的季节性变化产生相反作用，如在需求旺季时期进口量大幅增加，导致供应充裕，那么商品的季节性上涨就会减弱。相反，如果供应的变化与消费的季节性变化产生共振，则会强化相关商品的季节性特征。如在消费旺季因为生产装置的故障导致供应大幅减少，则会强化季节性上涨。

2. 自然因素的影响。自然条件因素主要是气候条件、地理变化和自然灾害等。具体来讲，包括地震、洪水、干旱、严寒、虫灾、台风等方面的因素。

农产品价格最容易受自然因素的影响，当自然条件不利时，农作物的产量就会受到影响，从而使供给趋紧，刺激期货价格上涨；反之，如气候适宜，会使农作物增产，市场供给增加，促使期货价格下跌。例如，巴西是全球第二大咖啡种植国，1994年7月，巴西遭受严重霜冻，消息一传出，国际咖啡期货价格连续几个交易日出现涨停板。又如，受天气预报影响，市场预期美国大豆及玉米主产区将出现的霜冻天气可能对产量造成影响，2009年9月15日芝加哥期货交易所（CBOT）的农产品期货全线大涨，其中玉米期货价格涨幅高达8.81%，大豆期货上涨5.6%。

气候因素已经成为农产品期货炒作的一个重要因素。由于各种农产品在播种期、成长期或收割期对气候的要求不一样，因而，在这些时期，主产区的气候情况及其变化就会引起交易者的十分关注，一有风吹草动，就会引起价格波动。

自然因素的重大变化对工业品和能源化工产品也会产生相当大的影响，比如，当生产、运输和仓储因地震、雨雪等恶劣条件而造成较大损失或阻碍时，期货价格就可能会上涨。

（四）宏观经济形势及经济政策的影响

宏观经济形势的影响主要体现在经济的周期性方面，由于政府对整体经济制定的宏观政策具有"反周期性"特点，调控政策的出台会对经济走势产生一定程度的影响，从而影响一些商品原有的供需关系，使价格发生变化。

对具体商品而言，政府所制定的特殊政策所带来的影响更为直接。比如，政府对某一品种的税收政策或进出口关税进行调整，将直接打破原有的价格平衡。具体的案例有：1996年，美国国会批准新的《1996年联邦农业完善与改革法》，使1997年美国农场主播种大豆的面积猛增10%，从而导致大豆的国际市场价格大幅走低。2002年，中国大豆期货市场呈现戏剧性走势，期价在中美关于"转基因问题"处理态度的变化中不断变化。

在一些大宗商品上，一些主要生产国和消费国会互相协调行业政策，比如通过订立贸易协定甚至成立国际性行业组织来维护自身利益。这些组织出台的政策措施，通常也会对期货市场商品价格产生一定的影响。例如，石油输出国组织（OPEC）经常协商各成员国原油最高日产量，以防止因供应量过大而造成油价下跌。

反映宏观经济形势的指标有很多，政府调控经济的政策手段也有多种，其影响效果有较大差别。

（五）政治因素及突发事件的影响

政治因素主要指国际国内政治局势、国际性政治事件的爆发或国际关系格局的变化。例如一国国内的政变、内战、罢工、大选、劳资纠纷等，国际方面的战争、冲突、经济制裁、政坛重要人物逝世或遇刺等，都可能导致期货价格的剧烈波动。

1999年11月上旬，中美贸易代表团在北京举行关于中国加入世界贸易组织的谈判，消息一出，大连大豆期货价格连续一周大幅下跌，大豆2000年5月合约价格从2 240元/吨下跌至2 060元/吨。因为交易者都认为，一旦谈判成功，美国向中国出口大豆的障碍就消除了。

2001年9月11日，美国发生震惊全球的恐怖袭击事件，商品期货价格普遍下跌，能源价格在一个月内下跌幅度高达40%左右。

2008年12月27日，以色列对加沙地带发起空袭，国际油价29日（周一）从低位大幅反弹，连涨6个交易日，涨幅达31%。

政治因素对期货市场具有很强的制约性，其影响往往是巨大的，所产生的后果通常也是十分严重的，有时可能直接决定某种商品期货在一定时期的价格走势。在分析政治因素对期货价格影响时，应注意不同的商品所受影响程度是不同的。比如，在国际局势紧张时，战略性物资价格受影响的程度就比其他商品受影响程度大一些。

（六）投机对价格的影响

买涨不买跌是人们的一种普遍心理。当市场价格上涨时，赚钱效应会使更多人愿意买进，并且有些人还愿意进行实物投机，即买进货物后囤积起来。尽管这些购买者并非是货物的真正需求者，但至少暂时加大了需求，加剧了供不应求的局面。当市场价格下跌时，又会发生相反情况，甚至连实际使用者也会降低储备量，这又加剧了供大于求的局面。

在期货交易中，这一现象不仅存在，有时甚至会表现得更突出。当市场处于牛市时，人气向好，一些微不足道的利好消息都会刺激投机者的看好心理，引起价格上涨；当市场处于熊市时，人心思空，即使有利好消息也会被忽视，而一些微不足道的利空消息则会被放大，以至于价格继续下跌。

与中小投机者相比，大投机商引发期价涨跌的能量更大，这也是交易者为什么特别关注大户持仓数量及方向的原因。例如，美国商品交易委员会（CFTC）每周五定期公布商业性和非商业性的持仓报告，这份报告被分析人士和交易者广泛重视，希望能够从中了解主力资金的动向。

大投机商如果过度投机，很可能导致期货价格非理性涨跌，这种涨跌，用其他合理的因素是无法解释的。

【专栏 4-2】

亨特兄弟投机白银

20 世纪 70 年代初期，白银价格处在 2 美元/盎司。由于白银是电子工业和光学工业的重要原料，邦克·亨特和赫伯特·亨特兄弟俩认为如果能够悄悄地垄断这个市场，会是一件有利可图的事情。从 1973 年 12 月的 2.90 美元/盎司开始，白银价格启动、攀升。此时亨特兄弟已经持有 3 500 万盎司白银的合约。不到两个月，价格涨到 6.70 美元。他们感到高额利润已经到手，不费吹灰之力。此后的四年间，亨特兄弟静静地吃进白银，比以往还积极。偶尔他们也涉足其他商品。到 1979 年，亨特兄弟通过不同公司，并同沙特阿拉伯的皇室以及大经纪商大陆、阳光，拥有和控制着数亿盎司的白银。当他们就要采取大动作时，白银价格正停留在 6 美元/盎司附近。他们开始发难，一路买进，不停对市场施加压力。他们把银价推上 19 美元/盎司，把资本变成 3 倍以上。1980 年 2、3 月间，他们陆续借贷 13 亿美元——据说是这 60 天中全美借贷发生额的 9%。这些钱全部投入白银市场，把价格推上 49 美元/盎司。

剧烈的价格波动通常会令经营市场的人们忧心忡忡。纽约商业交易所召集会议，讨论采取什么措施使市场恢复稳定。交易所决定提高保证金要求。理事会鉴于形势严峻，所以开始时缓慢推行，但最终把保证金提高到 6 000 美元。后来索性出台"只许平仓"的规则。新合约不能成交，交易池中的交易只能平去已持有的旧头寸。这些措施有效地刹住了白银的上涨势头，也有效地遏制了亨特兄弟。银价开始滑落。

价格下跌时，索还贷款的要求降临在亨特兄弟面前。他们借贷买银，再用白银抵押来贷更多款项。现在他们抵押品的价值日益缩水，银行要求更多的抵押品。3 月 25 日，纽约投资商 Bache 向亨特兄弟追索 1.35 亿美元，但是他们无力偿还。于是 Bache 公司指示卖出亨特兄弟抵押的白银以满足自己的要求。亨特兄弟持有数千张合约的多头头寸。单为清偿债务，他们就要抛出 850 万盎司白银，外加原油、汽油等财产，总价值接近 4 亿美元。面对灾难，亨特兄弟决定找个硬靠山。他们去华盛顿求晤政府官员，试图争取财政部贷款给他们，来帮助他们渡过难关。向财政部借钱度日，这种事情通常行不通，除非以互惠作交换。亨特兄弟拿出王牌，说：我们手里还有 6 300 万盎司白银，如果一下子抛出，市场就会彻底崩溃；还有，这里是美国主要银行的名单，如果得不到财政部的帮助来偿还贷款，他们也要"沉船"。

　　美国联邦政府最终破天荒地拨出 10 亿美元的长期贷款来拯救亨特家族免于沉沦。亨特兄弟操纵白银市场的梦想破灭了，但他们的经历无论对个人、对行业、对国家，还是对投资者都具有警示作用。

三、影响因素的量化分析

　　影响期货价格的因素很多，各种影响因素对价格的影响程度究竟有多大，如果不作定量分析，仅凭个人经验及主观判断是很难回答的，甚至会发生错误判断。

　　（一）量化分析的必要性

　　量化分析是将定性思维与定量规律进行量化应用的过程，量化分析较主观分析有诸多优点，最突出的有：（1）可以比较全面地用具体数值表达各种因素的影响力度。量化分析以客观市场状态作为分析研究的依据，避免了人性主观判断上的失误和缺陷。（2）量化分析不仅可以确定单一因素的影响力度，还可以揭示多因素之间的关系，这对于包含大量信息冲击而又瞬息万变的金融市场是非常重要的。（3）量化分析在表现形式上更直观，在深度挖掘上更全面、更精确、更可靠，且更有说服力。（4）量化分析为建立预测模型打好了基础，明确应纳入分析框架体系的各因素、明确应选取的数据来源和范围，是建立模型的基础工作。

　　在经济生活中，除了政治及突发事件等难以量化外，大量的经济因素如利率、汇率、库存等都是可计量的，这就为我们对影响因素进行量化分析提供了现实条件。

　　（二）量化分析的方法及注意的问题

　　在特定时点会有许多因素影响特定商品的价格，且各种因素对价格的影响程度有所不同。在研究中只有明确了各因素对价格影响的分量，才能把握主导因素，识别大势。量化分析有很多方法，比如变量间相关性分析方法、因果关系检验方法、协整检验方法等。

　　在量化分析中，存在一些容易引起模型偏离准确性的地方，必须予以注意，而样本数据的质量是量化结果准确与否的一个重要因素。

　　首先，确保数据准确性。由于数据来源、统计口径等的差异，采集的数据可能存在偏差，对于分析者来说，要确保数据的真实性和准确性。

　　其次，指标形式选择。由于基本面分析涉及的时间周期较长，从长期来看，价格有自然向上的趋势。如果没有剔除数据中很明显的长期趋势，所产生的向上或向下趋势信号是不明确的。因此，为了消除某些数据随时间发展产生的自然增长趋势，如 GDP、CPI 等，选取变量时通常采用相对指标而不是绝对量指标。

　　如判断 CPI 和黄金价格的关系，采用 CPI 的绝对数值和相对比率所产生的结果是截然不同的。图 4 – 20 采用的是 CPI 的绝对数值，其近似地表现为一条向上的直线，与黄金价格似乎不存在有规律的关联性。而图 4 – 21 采用的是 CPI 同比指数，其表现为波动性明显的曲线，趋势上与黄金价格存在明显的正向关联性。

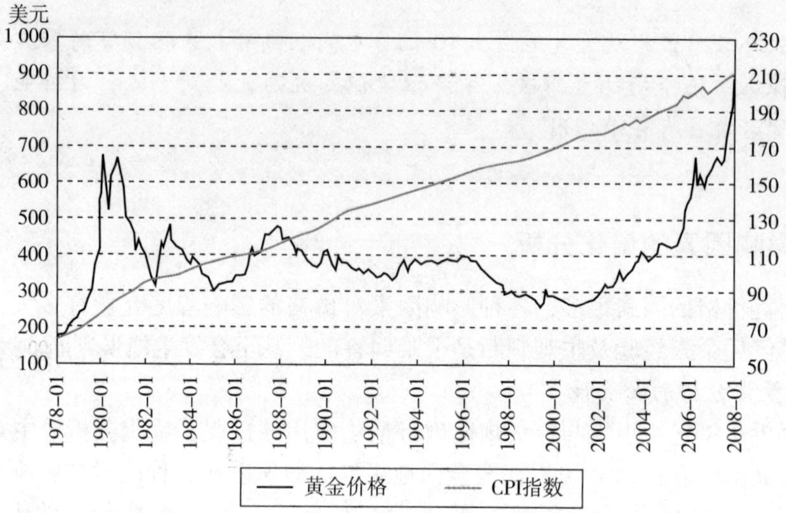

图 4-20　CPI 绝对指标与黄金价格走势对比

图 4-21　CPI 同比指数与黄金价格走势对比图

最后，样本数据的一致性。量化分析中，样本数据的时间频率、时间跨度以及样本容量必须保持一致，如上例中，各指标均为月度数据，样本容量均为 360 个。

第三节　基本面分析常用方法

经济学理论对基本面分析提供了理论概括和理论基础，但依然无法满足具体期货品种的分析要求。对期货品种进行基本面分析，不仅需要了解品种具体的供求关系以及供求关系是如何影响价格的，还需要掌握如何对这些关系进行分析的方法。某种程度上讲，基本面分析并没有固定的模式，分析者可以根据自己的实际情况确定分析模式，如经验法、平衡表法、图表法、经济计量模型法、季节性分析法、分类排序法、指数模型法等。分析者如果能够掌握多种分析方法、相互验证，对提高分析预测的准确性是大有裨益的。

下面介绍实践中一些常用的基本面分析方法。

一、平衡表法

一些重要的大宗商品，都有专业的统计研究机构。这些机构既有官方的，也有非官方的。前者如美国农业部，定期免费公布各种农产品的数据报告，后者如设在英国的国际天然橡胶研究组织，定期向会员提供全球橡胶统计研究报告。在这些研究机构的各种统计报告中，平衡表（Balance Table）备受市场关注。因为在其中列出了大量的供给与需求方面的重要数据，比如上期结转库存，当期生产量、进口量、消耗量、出口量、当期结转库存（对于不易储存的商品，库存的参考意义不是很大），除此之外，还列出了前期的对照值及未来期的预测值。一些分析人士非常强调平衡表的功能，他们重视供给与需求中各种成分的变动，藉以预测价格变动的可能方向。表 4 - 2 是美国农业部公布的美国国内大豆供需平衡表。从表 4 - 2 中可以看到，基本上有关大豆供求基本面的信息在供求平衡表中都有所反映。

表 4 - 2　　　　　　　2010 年美国农业部 2 月美国大豆供需平衡表　　　　单位：百万蒲式耳

项目	2004/2005 年度	2005/2006 年度	2006/2007 年度	2007/2008 年度	2008/2009 年度		2009/2010 年度		
	—	—	—	2 月	1 月	2 月	1 月	2 月	变动
期初库存	3.06	6.96	12.23	15.62	5.58	5.58	3.76	3.76	0.00
产量	85.01	83.37	87.00	72.86	80.75	80.75	91.47	91.47	0.00
进口量	0.15	0.09	0.25	0.27	0.36	0.36	0.22	0.22	0.00
总供给量	88.22	90.42	99.48	88.75	86.69	86.69	95.45	95.45	0.00
压榨量	46.16	47.32	49.20	49.08	45.23	45.23	46.54	46.81	0.27
内需总量	51.40	52.16	53.47	51.63	48.00	48.00	51.36	51.64	0.28
出口	29.86	25.58	30.39	31.54	34.93	34.93	37.42	38.10	0.68
总需求	81.26	78.19	83.86	83.17	82.93	82.93	88.78	89.74	0.96
结转库存	6.96	12.23	15.62	5.58	3.76	3.76	6.67	5.71	- 0.96
库存消费比（%）	8.57	15.64	18.63	6.71	4.53	4.53	7.51	6.36	- 1.15

尽管平衡表是一项非常有用的参考资料，清楚列示了各种关键的数据。但是，平衡表作为一项分析工具仍有其一定的局限性，它本身没有办法回答期货价格是否合理的问题。价格水平与基本面状况是否对应，还需借鉴其他的分析方法。

二、经济计量模型法

经济计量模型法包含回归分析法，回归分析法是经济计量模型法中的一种。回归分析法使用单一方程模型，即只用一个方程来描述某个经济变量与其影响因素之间的关系，模型中解释变量和被解释变量之间的因果关系是单向的。然而，在实践中，有些影响因素众多，且相互间关系比较复杂的品种，一个简单的单因素或多因素回归分析模型也许无法很好地预测价格，就需要采用联立方程计量经济模型。

（一）简单线性回归分析法

回归分析法（Regression Analysis）进一步拓展了平衡表法，它在自变量和因变量相关关系的基础上，建立成交量之间的回归方程，并进行预测。通过回归分析，图表中的因果关系都可以转化为明确的数学方程式。

相对于平衡表法，回归分析法有以下几个优点：首先，回归分析法在分析多因素模型时，更加简单和方便；其次，运用回归模型，只要采用的模型和数据相同，通过标准的统计方法可以计算出唯一的结果，但在图和表的形式中，数据之间关系的解释往往因人而异，不同分析者画出的拟合曲线很可能也是不一样的，如果用回归分析，不同的分析者根据这些数据可获得相同的拟合曲线；最后，回归分析可以准确地计量各个因素之间的相关程度与回归拟合程度的高低，提高预测方程式的效果。

因此，回归分析是一种具体的、实用价值较高的分析工具，在基本面分析中运用最广泛，也是最基础的分析方法。

回归分析法有多种类型，依据相关关系中自变量个数不同分类，可分为一元回归分析法和多元回归分析法。在一元回归分析中，自变量只有一个，而在多元回归分析中，自变量有两个或者两个以上。依据自变量和因变量之间的相关关系不同，可分为线性回归分析法和非线性回归分析法。

一元线性回归分析法和多元线性回归分析法是研究分析中最常用的，也是最基础的分析方法。

一元线性回归分析法，是根据自变量和因变量的相关关系，建立线性回归方程进行分析的方法。由于市场现象一般是受多种因素的影响，而并非仅仅受一个因素的影响。所以应用一元线性回归分析法，必须对影响市场现象的多种因素作全面分析。只有当诸多的影响因素中，确实存在一个对因变量影响作用明显高于其他因素的变量，才适合将它作为自变量，应用一元线性回归分析法进行分析。

在实际经济问题中，一个变量仅受单个因素影响的情况极少，通常是受到多个变量的影响，如家庭消费支出，除了受家庭可支配收入的影响外，还受诸如物价水平、金融机构存款利息等多种因素的影响，表现在线性回归模型中就有多个解释变量。这样的模型被称为多元线性回归模型。在现实中，多元线性回归分析比一元线性回归分析的使用更为广泛。

（二）联立方程计量模型分析法

联立方程计量经济模型分析法较回归分析法更为复杂。回归分析法使用单一方程模型，然而，在实践中，有些影响因素众多且相互间关系比较复杂的品种，一个简单的单因素或多因素回归分析模型也许无法很好地预测价格。比如，在汇率预测中，有许多因素在影响汇率，但汇率变动也会反过来影响其中一些因素。在这种情况下，一个回归分析方程式无法概括与表达这些因素之间的复杂关系。要准确反映它们的关系，就需要将多个方程有机地组合起来才能合理地进行描述，而且，有些方程还可能是非线性的。这种由一组联立方程式表达的模型就是联立方程计量经济模型。在运用联立方程计量经济模型预测时，必须运用更复杂的数学方法求解整组方程式。

比如，为反映农产品市场局部均衡变化情况，我们可以设立如下模型：

$$Q_d = a_0 + a_1P + a_2Y + \varepsilon_1$$
$$Q_s = a_0 + b_1P + b_2R + \varepsilon_2$$
$$Q_d = Q_s$$

其中，Q_d，Q_s分别为某农产品的市场需求量和供给量，P为该农产品的价格，Y为消费者收入，R为影响农产品市场的天气条件指数。模型中第一个方程为需求函数，第二个方程为供给函数，第三个方程为平衡方程。由于商品价格的波动、市场均衡价格的形成是由供需双方共同决定的，只有用多个方程，同时从商品需求、供给和平衡三个方面考虑，才能准确反映农产品供需和价格之间相互依存、相互制约的关系以及农产品市场的均衡变化情况。

从理论上说，联立方程计量经济模型比单一方程式更精密，结构也更完善，带来的预测效果可能更精确些。但这是在大大增加预测模型复杂度的代价上获得的，模型复杂之后，不仅计算难度大大增加，对数据的要求也进一步提升了。对大多数品种而言，获得符合要求的数据的难度很有可能大于建模本身。因而，有些专家认为，就实用性来说，联立方程计量经济模型并不是十分必要的分析工具。他们认为，由于商品价格本身具有随机波动特性，期货价格预测的主要任务是区间预测，精确预测既不可能也没必要。从这个意义上说，联立方程计量经济模型相对于多元回归模型的精确性并不十分显著，所以不值得为此刻意增加模型的复杂度。因此他们主张，在建模时那些起次要作用的影响因素可以忽略，放弃这种精密的统计模型并不会造成太大的损失。

当然，是否采用更复杂的分析模型与使用者的条件有关，比如，对一些较大的专业机构投资者，如商品基金，为了提高预测精度，争取更大的获胜把握，愿意投入更多的人力物力。因而，这种复杂的计量经济模型被大的机构投资者采用的比例远高于一般的投资者。

三、季节性分析法

季节性分析法（Analogous Season Method）比较适合于农产品分析，但这并不意味着在其他品种中不能应用，在其他一些期货品种中，有时也会出现季节性特点。农产品之所以更适合应用季节性分析法，是由其供给本身具有天然的季节性特点所决定的。

（一）季节性分析法的类型

一些商品的价格由于季节的变动会产生规律性的变化，如在供应淡季或者消费旺季时价格高企，而在供应旺季或者消费淡季时价格低落。这一现象就是大宗商品的季节性波动规律。季节性分析则是绘制出这一价格运行走势图，为展望市场运行和把握交易机会提供方法。

识别某个期货品种价格季节性走势的常用方法是计算季节性指数，即利用统计方法计算出预测目标的季节性指数，以测定季节波动的规律性。季节性图表法和相对关联法是其中两种最基本的计算方法。

1. 季节性图表法。在研究价格季节性变动时，可以计算出相应的价格变动指标，并绘制成图表来发现商品的季节性变动模式。图表中包括的指标主要有上涨年数百分率、平均最大涨幅与平均最大跌幅差值、平均百分率变动等，以此来识别何时上涨概率较大，何时下跌概率较大；何时涨势较强，何时涨势较弱。

季节性图表法的最大优点是实现了各个指标的相互验证，既直观地反映了特定研究周期的涨跌概率，又从绝对量和相对幅度两方面对涨跌进行了度量，降低了因某个指标产生偏差的可能性。因此，季节性图表法对季节性变动的观察较为全面，准确性相对较高。

该方法的具体步骤如下：

（1）确定研究时段，选取商品的期货价格数据，一般采用主力合约组成的连续合约价格数据。

（2）确定研究周期，研究者可以根据研究商品的特点确定周期的时间跨度，可以是周月或季度等。

（3）计算相关指标，如每个周期时段在研究时段上涨和下跌的年数及百分比，最高价格和期初价格差值及其平均值、最低价格和期初价格差值及其平均值，平均最大涨幅、平均最大跌幅，期初百分率、期末百分率，平均百分率及变动。

（4）根据上述各个指标判断研究时段的价格季节性变动模式。

为了更好地理解，这里以纽约商业交易所（NYMEX）原油期货价格为例对其季节性变动进行统计分析，表4-3汇总了各季节性指标。

表4-3 　　　　　　　　　　NYMEX原油期货价格季节性统计分析表

日期	年数		上涨年数（%）	月度收益率（%）	平均最大（美元/桶）			平均百分率（%）		
	上涨	下跌			涨幅	跌幅	差值	期初	期末	变动
1月	13	10	56.52	0.60	1.96	2.62	-0.66	49	52	3
2月	12	11	52.17	0.37	2.11	1.92	0.22	54	55	1
3月	16	7	69.57	4.66	3.11	1.52	1.59	31	61	30
4月	14	9	60.87	2.06	2.55	1.51	1.04	42	64	22
5月	11	12	47.83	2.28	2.77	1.33	1.44	45	49	4
6月	13	10	56.52	1.34	2.21	1.8	0.41	51	56	5
7月	17	6	73.91	2.13	1.84	2.08	-0.24	46	63	17

（1987年1月至2009年12月）

续表

日期	年数		上涨年数（%）	月度收益率（%）	平均最大（美元/桶）			平均百分率（%）		
	上涨	下跌			涨幅	跌幅	差值	期初	期末	变动
8 月	12	11	52.17	2.04	2.03	2.01	0.02	49	52	3
9 月	13	10	56.52	3.21	2.72	2.39	0.33	43	66	23
10 月	8	15	34.78	−3.46	2.18	3.44	−1.26	58	38	−20
11 月	8	15	34.78	−3.36	1.7	2.54	−0.84	62	37	−25
12 月	12	11	52.17	−0.23	1.54	2.6	−1.06	55	60	5

（1987 年 1 月至 2009 年 12 月）

表 4-3 中各列所代表的含义如下。

第 1 列：日期，也就是研究周期，这里选择月度。分析者可根据所研究商品的特点及研究目的确定周期的时间跨度。

第 2、3、4 列：上涨年数与下跌年数及上涨年数百分比，指研究的商品在第 1 列所示时间周期内有多少年份上涨、多少年份下跌。这里选取的统计时间是 1987 年 1 月到 2009 年 12 月。如数据第 2 行，表示过去 23 年中 NYMEX 原油期货价格在 2 月有 12 年是上涨的，有 11 年是下跌的，上涨年数占总年数的比率为 52.17%。上涨年数百分比的意义很直观，百分比越大（越小），期价在该段时间内上涨（下跌）倾向性的可能性越大。该指标的缺陷是没有考虑涨跌的幅度。

第 5 列：月度收益率。该指标的含义为：本月底结算价与上月底结算价之差/上月底结算价，表明商品在该段时间内的收益率。

第 6、7、8 列：平均最大涨幅、平均最大跌幅及两者之差。最大涨幅为期间最高价与期初价的差值，最大跌幅为期间最低价与期初价的差值。平均最大涨幅、平均最大跌幅则是所有年数的平均值。如数据第 3 行，表示在过去 23 年中 NYMEX 原油期货 3 月的平均最大涨幅为 3.11 美元/桶，平均最大跌幅为 1.52 美元/桶，两者之差为 1.59 美元/桶。该指标考虑了涨跌的幅度，实际上是对前面指标的补充说明。但仍有不足之处，即如果某年期货价格由于特殊原因在这期间涨（跌）幅过大，则有可能拉高（低）平均值，从而导致指数计算失真。

第 9、10、11 列：平均百分率变动量。期初百分率的含义为：期初价格与该期最低价之差/该期高低价之差；期末百分率的含义为：期末价格与该期最低价之差/该期高低价之差。平均百分率变动量是所有年数计算值的平均。该指标的优点是以相对幅度的比率对涨跌幅进行了度量，避免了绝对量可能使平均数产生较大偏差的可能，是判断季节性波动最理想的指标。

根据表 4-3，将上涨年数（月度涨跌概率）与月度收益率绘制成图，以得到更直观的观察（见图 4-22）。

从表 4-3 和图 4-22 可以看出，一年中原油价格上涨概率超过 50% 的有 9 个月，分布在上半年和下半年，上涨概率最高的是 7 月，达到 73.91%，但其平均最大跌幅反

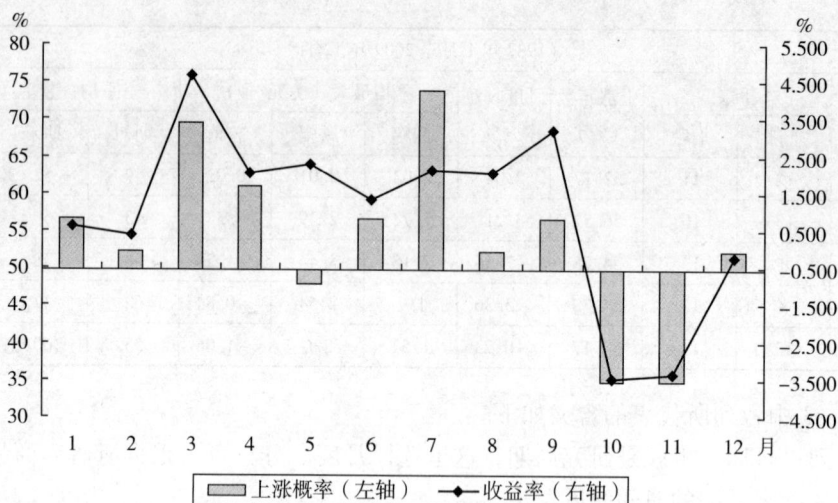

图 4 – 22　原油价格月度涨跌概率及月度均值收益率

而比平均最大涨幅高了 0.24 美元/桶，且百分率变动量也仅为 17%，相对涨幅一般。这是因为 2008 年上半年国际油价暴涨，在 7 月 3 日达到最高点，4 日开始大幅回落，整个 7 月最大跌幅高达 18.78 美元/桶，拉低了平均涨幅。如果剔除 2008 年数据，7 月平均最大涨幅则比平均最大跌幅高出 0.09 美元/桶。

　　上涨概率仅次于 7 月的是 3 月，上涨概率达到 69.57%，平均最大涨幅比平均最大跌幅高出 1.55 美元/桶，百分率变动量为 30%，表明相对涨幅较高。无论是平均最大涨跌幅差值还是平均百分率变动，3 月的数值是全年 12 个月中最大的，由此表明，3 月是一年当中最具上涨动能的。

　　上涨概率低于 50% 的有 3 个月，分别是 5 月、10 月和 11 月。其中下跌概率最高的是 10 月和 11 月，下跌概率为 65.22%。对于 10 月而言，23 年中有 15 年是下跌的，平均最大跌幅比平均最大涨幅高出 1.26 美元/桶，百分率变动量为 –20%，表明相对跌幅较大。11 月平均最大跌幅比平均最大涨幅高出 0.84 美元/桶，百分率变动量为 –25%。无论是下跌概率，还是平均最大涨跌幅差值或平均百分率变动，10 月和 11 月份均是居前的，表明一年中这两个月下跌动能最大。

　　另外，从图 4 – 22 中的月度收益率均值来看，原油价格一年中有四个阶段性上涨高峰，分别是 3 月、7 月、9 月和 12 月，其中 3 月的收益率最大，达到 4.66%。10 月收益率达到年度最低，为 –3.467%。

　　原油价格的季节性波动，主要是由于原油消费和飓风影响具有季节性。每年的冬季和夏季是用油高峰，库存倾向于减少，而春秋季度用油相对较少，这个时候原油库存通常处于增加的周期之中。一般 10 月原油库存见底，然后逐渐升高，直至次年第一季度出现季节性高点。飓风是影响原油价格的另一个重要因素，每年 8—10 月是飓风的多发期，美国主要石油生产和加工都集中在墨西哥湾，而此地恰好是飓风频发地带之一。如果石油设施遭到飓风袭击，将直接导致产能下降。

图 4 – 22 还反映了原油价格的另外一个特点，即月度收益率在 10 月出现明显的降低。这是因为在汽油和取暖油两个用油高峰之间存在需求的空档期，夏季需求对原油价格的利好已经在 9 月前得到了充分甚至过度的消化，前期的炒作已经令原油价格处于高位，这时反而对原油价格形成了抑制作用，9—10 月期间原油价格更倾向于下跌。10 月之后，随着对前期下跌的修正以及冬季取暖油需求由预期到实现，原油月度收益率逐渐上涨，但总体来看仍然显著低于前三个季度。

2. 相对关联法。分析季节性指数的另一方法就是相对关联法，基本步骤如下：

（1）选取商品期货价格指数，一般采用主力合约组成的连续合约价格数据；

（2）把研究时段每个年度第一个月的价格定为基准价格，即为 100%；

（3）把每年中每个月的平均价格（月度平均价格是用该月各天的价格之和除以交易天数）与上一个月的月度平均价相比，分别得到每个月的百分比；

（4）综合研究时段的月度百分比数据，求解该时段相同月份的月度百分比的平均值；

（5）根据第（4）步算出的结果，画出一条月度百分比曲线；

（6）根据该曲线判断商品价格的季节变动模式。

在计算季节性指数的过程中，应检查历史数据中的异常年份。除非运用了某种调整方法修正其过度影响，否则最好剔除这样的年份。图 4 – 23 是 NYMEX 原油期货的季节性指数，样本数据与前面计算季节性图表法相同，仍然为 NYMEX 原油期货 1987 年 1 月至 2009 年 12 月的日结算价。

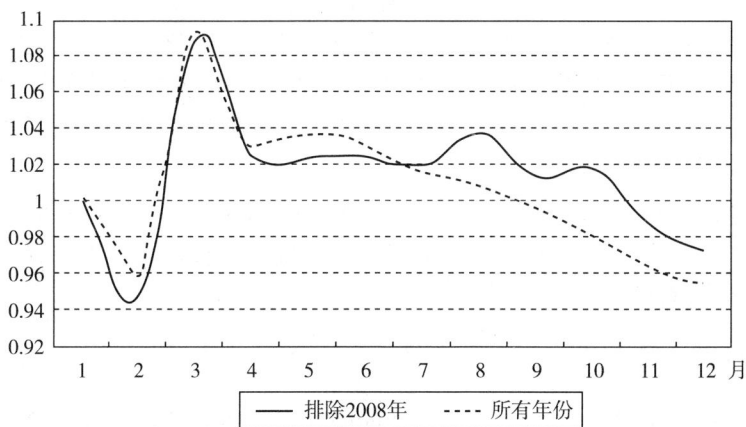

图 4 – 23　NYMEX 原油期货季节指数

图 4 – 23 中有虚实两条线，实线代表排除 2008 年数据绘制的原油期货价格季节性指数，可以发现原油期货价格在 3 月达到相对高点，第二季度表现为平稳的区间震荡，7—8 月出现次高点，9 月进入回调，10—11 月下跌幅度较大。这一结论与前面根据上涨年数百分率、月度收益率、平均最大涨跌幅变动及平均百分率变动得到的结果基本吻合，图形表现与图 4 – 22 也颇为相似。而虚线表示的是包括所有年份数据绘制的原油期

货价格季节性指数，其表现与上述两种情况截然不同：3 月达到年内高点，5 月开始一路下行。这一走势与原油的基本面特征也是背离的。之所以会产生这一偏差，主要原因是 2008 年是一个异常年份，这年全球经济环境突变，油价波动异常剧烈，造成季节性指数计算失真。

因此，剔除异常数据计算季节性指数可以更接近事实，尤其是对于缺少其他指标验证的相对关联法，放弃异常值尤为重要。

（二）季节性分析在交易中的作用

季节性分析法的目的是根据过去基本面条件类似季节的价格形态，推测当前季节的价格行为，指导入市时机的选择。显然，这种分析方法隐含的前提是：基本面类似的季节，它们的价格行为将有类似的形态。更进一步可以说，其前提是认为"历史可以重复"。而这正是技术分析的假设前提，因而，人们也把季节性分析法称之为"基本面的技术分析"。当然，季节性分析法本质上还是属于基本面分析方法。

比如，对农产品而言，每年在相同的时间进行播种；在生长期，差不多会受到各种相同类型的灾害影响，尽管不同年份受灾难的程度不同，但人们还是能从长期的积累中对其进行分类，比如分为大灾、中灾、小灾、无灾等；收成差不多也在相同时间进行，但收成情况也可以分几种类型；收成之后的使用情况同样可以按照库存数量的变化情况进行划分。在每年某一段固定时期内，影响农产品期货价格的各种基本面因素常常是相同的。尽管在相同时间内不同类型会导致市场不同的反应，但只要时间足够长，人们还是能从历史中总结归纳出市场对不同情况如何反应的共同模式。

举例来说，如果当季的情况是生产量增加，使用量下降，期末库存/消费量比率上升，分析者可以寻找过去具有类似条件的所有季节进行对比分析。通过观察这些类似季节中的重要价格转折（如收成期的低价、收成后的高价、冬天的低价与作物危机时期的高价），并分别计算每一季节中价格转折点之间的价格摆动时间与相对幅度。然后根据这些计算来推测当季的价格行为。

当交易者按照基本面分析作出判断，认为现在的期价偏高，是否就可以立即入市做空？这时可以参考一下季节性特征，如果正处于季节性上涨阶段，或许应该先观望，等待一个更好的入场时机。

四、分类排序法

前面所讲述的几种方法的应用有一个共同的前提，那就是必须有足够多的数据。如果数据不足，不仅将严重影响预测效果，有时甚至将会使模型无法建立起来。比如，对回归分析法而言，如果运用的资料太少就不具有统计上的意义。而在期货交易的某些品种中，经常会碰到有效数据时间不长或数据不全面的情况。在定量分析方法无法应用时，分类排序法就是一个值得利用的替代方法。

分类排序法的基本程序如下：

（1）确定影响价格的几个最主要的基本面因素或指标。

（2）将每一个因素或指标的状态按照利多、利空的程度划分为几个等级，比如以强烈利多、利多、中性、利空、强烈利空划分。然后赋予不同的状态以不同的数值，比如，2 对应强烈利多，1 对应利多，0、－1、－2 分别对应中性、利空、强烈利空。

（3）对每一个因素或指标的状态进行评估，得出对应的数值。

（4）将所有指标所得到的数值相加求和，并根据加总数值评估该品种未来行情可能是上涨、下跌还是盘整。

需要指出的是，采用分类排序法，只适用于判断价格的未来趋势，并不能预测价格的绝对水平或价格的变动幅度；此外，由于基本面指标的状态判断及赋值大小，与分析师个人的判断有关，所以这种分析方法所得到的结论与分析师个人的主观判断有较大的关系。

【例】股指走势的预测

1. 背景介绍。股指分析中，从宏观经济、政策走向、流动性等方面作出研判，虽然逻辑性较强，但问题是影响宏观经济的因素复杂多变，且往往与股指走向并非同步；而技术分析指标的基础大多限于价格、成交量等交易数据，往往存在指标钝化、假突破等现象，使得基于技术分析的操作更加接近概率性事件。另外，股指分析中有些指标是难以确切量化的，如市场情绪、股市与债市的关系等。

因此，当需要分析的指标较多，且部分难以有准确量化数据或可得数据有限时，回归分析或计量经济模型研究方法就不好运用。在这种情况下，分类排序法就会是一种比较实用的方法。

2. 影响因素选择。考虑到指标选取兼顾逻辑性、领先性、稳定性以及层次性，我们选取了宏观经济走向及政策、资金面、市场估值、市场情绪、国际市场环境五个方面的指标，并且结合了短期、中期和长期指标。反映经济走向的指标选取中国经济先行指数、股市与债市的关系；反映资金面的指标选择大盘资金流动、10 年期 A＋级企业债与国债的利差、货币供应量 M1；反映市场估值的指标选择行业估值分布、股市风险溢价；反映市场情绪的指标选取周期指数相对稳定指数的表现、权证隐含波动率、月度换手率、成交量偏差率；反映国际市场环境的指标选取 VIX 指数 OECD 经济先行指标。

3. 各因素评估赋值。我们针对各个指标对股指的影响进行了量化评价，－2 代表强烈的负面影响，－1 代表偏空，0 代表中性，＋1 代表偏多，＋2 代表强烈的正面影响。另外，我们还针对各指标的历史准确性、领先程度等对其做了星级评估，具体见表 4－4。

表 4－4　　　　　　　　　　　　　当前指标体系反映的市场趋势

	指标状态	影响评价	历史准确性	指标性质
短期指标				
指标相对表现	处于正常范围，没有提示买入/卖出	0	★★★★★	先行/反向
大盘资金流动	再次转为净流出，短期或不乐观	－1	★★★★	同步/正向
权证隐含波动率	再次走高	－1	★★★	先行/反向
企业债利差	继续走高	－1	★★★	同步/反向
VIX 指数	小幅下跌	0	★★★	同步/反向

	指标状态	影响评价	历史准确性	指标性质
短期指标读数			−3	
中期指标				
货币供应量 M$_1$	继续走高，但拐点可能即将出现	0	★★★★	先行/正向
行业估值分布	基本合理	0	★★★	同步/反向
月度换手率	有所下降	−1	★★★	先行/正向
中国经济先行指数	稳步走高，处于历史区间的较高水平	+1	★★★	同步/正向
OECD 经济先行指标	继续走高	0	N/A	
中期指标读数			0	
长期指标				
成交量偏差率	快速回落，但仍处于 0 上方	+1	★★★★	先行/正向
股市风险溢价	下方空间有限	0	★★★	同步/反向
股市与债市的关系	债市继续回稳	0	N/A	N/A
长期指标读数			+1	

注：短期指 1~3 周，中期指 1~3 月，长期指 1~3 季度。

4. 综合得分及结论。短期指标和长期指标分别选取了五个因素，综合得分在 −10 至 +10 之间。如果总得分 −10 至 −6 之间，则可以认为是空头市场；在 −5 至 −2 之间，则可以认为是偏空市场；在 −1 至 +1 之间，则可以认为是中性市场；在 +2 至 +5 之间，则可以认为是偏多市场；在 +6 至 +10 之间，则可以认为是多头市场。

长期指标选取了三个因素，综合得分在 −6 至 +6 之间。如果总得分在 −6 至 −3 之间，则可以认为是空头市场；在 −2 至 −1 之间，则可以认为是偏空市场；读数为 0 可以认为是中性市场；在 +1 至 +2 之间，则可以认为是偏多市场；在 +3 至 +6 之间，则可以认为是多头市场。

根据综合得分，反映股指走势的短期指标总得分为 −3，应判断为偏空市场；中期指标读数为 0，应判断为中性市场；长期指标读数为 +1，为偏多市场。

第四节　基本面分析的步骤

一、搜集和处理数据

搜集和处理相关统计数据是进行基本面分析的基础。基本面分析所需要的数据，大多来自期货市场之外，不仅获取困难，而且存在无法全面掌握的问题。同时，基本面的相应变化，可能导致历史数据失去意义，必须挖掘新的有效数据。因此，针对基本面情况，在熟悉期货品种背景的基础上，搜集和处理相关数据尤其重要。

（一）熟悉品种背景

从事基本面分析，熟悉品种背景是第一步。熟悉品种背景的过程其实是学习的过程，这一过程从阅读大量的相关背景资料及文献开始。这些背景资料和文献，既可以在相关的书籍中获取，也可以在交易所的品种介绍汇编中找到，上述资料的优点是介绍比较系统，缺点在于缺乏动态跟踪且分析深度有限，对影响因素的分析往往比较简单。针对这一缺陷，分析者可以通过其他资料进行弥补，如相关研究机构的研究报告、专业资讯公司的资讯信息。通过认真搜集积累，研究者可以比较深入系统地了解与分析品种有关的背景知识，从而达到下列目的：对市场关注的各种影响因素有比较直观的认识；了解市场对这些因素变动的反应模式；了解如何获得这些因素的变动数据等。

（二）搜集统计数据

熟悉品种背景之后，更进一步的要求是搜集数据。数据是基本面分析最基本的元素，对基本面分析来说，如果离开了数据，一切都无从谈起。

基本面分析所需的数据，我们可以从特定的政府部门、非营利研究机构和营利研究机构等组织获取。作为全球最大的农产品生产国和出口国，美国农业部发布的信息是期货市场最受关注的，包括供给、需求、价格、趋势和发展等最新情况的数据。

对于很多市场来说，除了一般性的资料以外，还需要查询专业的资料来源。譬如，虽然美国农业部提供许多糖的重要数据，但德国的统计分析机构 F. O. Licht 是市场公认的主要糖资料供应机构；关于天然橡胶与合成橡胶的统计，全球公认的权威数据则来自位于新加坡的国际橡胶研究组织。

值得注意的是，目前各大机构，包括中国国家统计局、美国农业部、国际能源机构等，都形成了信息发布公示制度。这一制度一方面有利于分析人士及时掌握数据，另一方面为期货市场形成预期效应创造了条件。每逢重大数据公布之前，期货市场总是暗潮汹涌，对数据利空利多的揣测展开拉锯。

（三）数据及处理数据

如果对来源不同的统计数据进行比较，有时会发现矛盾之处。不同的统计组织，其原始数据来源有差别，导致这种情况的原因在于统计口径或统计方法的不同。另外，即使运用先进的统计手段和方法，也仍有可能出错。譬如，2003—2004 年，大豆价格暴涨之后又暴跌，国内油脂加工商损失惨重，引发了市场的激烈辩论，辩论的主题就是"美国农业部报告误导中国投资者"，实际上就是质疑美国农业部以前发布报告的准确性。因此，对于分析者来说，仅仅知道有哪些数据还不行，还必须清楚地了解这些统计数据的含义及由来。

由于基本面分析涉及的时间周期较长，价格有自然上涨趋势，因此在涉及分析商品的长期价格时，应该剔除通货膨胀对价格的影响。在预测价格时，我们可以将所有的当时价格除以生产者物价指数（PPI）。这样做的可取之处就是屏蔽了物价水平的影响之后，更容易看出商品本身供求关系对商品价格的影响，有助于提高对商品价格评估的合理性。譬如，2000 年 11 月美国生产者物价指数数值为 140，2008 年 11 月达到 172.10，这意味着 8 年间生产者物价水平上升了 22.93%。假如某商品的供求关系当时是稳定的，而 2008 年 11 月前后的供求情况与当时也差不多，即使价格上涨了 22.93%，从物价水平来讲也是合理的。

当然，是否需要对商品价格进行调整与采用什么样的分析模式及分析目的有关。譬如，在一些分析模式中，已经将价格水平（通货膨胀或通货紧缩）作为影响因素之一纳入，就无须再对历史价格进行调整。再如，在预测某期期货品种的季节性高点和低点时，尽管可能会涉及长达几十年的数据，但也未必需要对价格数据进行调整，因为这里关注的是价格的相对变动幅度，而不是绝对水平的比价。

【专栏 4 - 3】

生产者物价指数

生产价格指数（Producer Price Index，PPI）是衡量工业企业产品出厂价格变动趋势和变动程度的指数，是反映某一时期生产领域价格变动情况的重要经济指标，也是制定有关经济政策和国民经济核算的重要依据。

生产者物价指数是用来衡量生产者在生产过程中所需采购品的物价状况，因而这项指数包括了原料、半成品和最终产品等（美国约采用 3 000 种东西）三个生产阶段的物价资讯。过去衡量大宗物资批发价格状况的称为批发物价指数或趸售物价指数（Whole sale Price Index，WPI），它是消费者物价指数（CPI，以消费者的立场衡量财货及劳务的价格）之先声。

将食物及能源去除后的，称为"核心 PPI"（Core PPI）指数，用以正确判断物价的真正走势——这是由于食物及能源价格一向受到季节及供需的影响，波动剧烈。

从理论上来说，生产过程中所面临的物价波动将反映至最终产品的价格上，因此观察 PPI 的变动情形将有助于预测未来物价的变化状况，因此这项指标受到市场重视。

生产者物价指数是测算价格变化的指标，该价格是制造商和批发商在生产的不同阶段为商品支付的价格。这里任何一点的通货膨胀都可能最终被传递到零售业。毕竟，如果销售商不得不为商品支付更多，那么他们更乐于把更高的成本转嫁给消费者。

生产者物价指数并不仅仅是一个指数，它是一组指数，是生产的三个渐进过程的每一个阶段的价格指数：原材料、中间品和产成品。占据所有的头条并对金融市场最有影响的是最后一个，即产成品的 PPI。它代表着这些商品被运到批发商和零售商之前的最终状态。在生产最后状态的价格常常由原材料和中间品过程中遇到的价格压力来决定。这就是观察这所有的三个过程都很重要的原因。

二、建立和完善模型

基本面分析所需的数据经过有效整理后，就可以运用相应模型来分析预测价格水平和变化趋势。模型是否能够达到解释和预测价格变化的目的，在很大程度上取决于模型是否有效构建了核心变量和价格之间的逻辑关系。

（一）建立模型的目的

从逻辑上讲，由于价格变化是在各种因素的影响下发生的。如果能够将各种因素影响价格的机制及影响搞清楚并用数量关系表达出来，就可以在预知这些因素变动的前提下，预测价格的变动。显然，要达到这个目的，首要任务就是确立各种因素与价格之间的变动关系。建立模型实际上就是要解决这个问题，希望通过模型来预测未来价格。

在现实世界中，影响价格的因素有很多，有些因素是可以量化的，有些因素是无法量化的。期望将所有因素都包含在一个模型中是不现实的，这是因为有些无法量化的因素无法纳入模型，而且不同因素对价格影响的大小不同。如果模型中将这些影响轻微的因素也全部纳入，则势必导致模型臃肿复杂。因此，有必要简化这些关系，剔除这些次要因素，而将主要因素纳入模型。

（二）解释模型和预测模型

模型反映了影响因素与价格之间的关系。假如 x、y、z 为三个不同的影响因素，P 为价格，$P = f(x、y、z)$ 是反映各影响因素与价格之间关系的函数。显然，这就是一个模型。从影响因素与价格之间的时间角度看，模型可以分为两类：解释模型和预测模型，两者具有本质上的区别。

解释模型试图说明历史价格对历史供求力量的响应。在解释模型中，影响因素和价格的时间几乎是同步发生的。譬如，我们观察到某商品某年的价格大涨，并且分析得出影响价格上涨的一系列因素。如果对这些变动的变动值代入模型中完全符合，这就是一个典型的解释模型，因为其很好地解释了自变量的变动如何引起因变量的变动。

一个能够解释价格的模型不一定是一个能够进行有效预测的模型。因为如果不能提前知道影响因素将如何变化以及往哪一个方向变化，仍旧无法预测价格。譬如，交易者在进行铜期货交易的某个阶段，观察到美元指数的变动是影响铜价变动的最重要因素。如果能够正确地预测美元指数的涨跌，则自然就可以比较正确地预测铜价涨跌。但是，要正确预测美元指数涨跌又谈何容易。因此，只有当解释模型中的因素预测相对较容易时，利用解释模型来进行价格预测才具备一定的可行性。

另外，实际建立的模型有可能是混合模型，即其中的一部分自变量与价格之间具有同步关系，而另一部分自变量与价格之间具有提前关系。

（三）建立模型的过程及注意事项

建立模型是一个循序渐进的过程，也是不断探索的过程。如要建立"大豆价格预测模型"，首先是将大豆价格与大豆产量联系起来考虑。这实际上就是一个模型，但比较粗糙和简单。然后考察这个简单模型的有效性。当考察到其中有不少异常情况时，进一步寻求产生这种异常情况的可能原因。最后对前后两个模型进行对比分析，看看新模型是否优于原来的模型，如果新模型的解释能力还不如原来的模型，那就意味着这种改进是无效的，需要另外考虑其他途径；如果新模型的解释能力明显优于原来的模型，那就意味着这种改进是有效的。

在上述过程中有两个值得注意的地方。第一，对建立模型者而言，即使模型不能解释过去某段时间内的价格变化，也是有积极意义的。因为它意味着模型可能有考虑不周的地方，譬如可能遗漏了比较重要的影响因素，这将有助于建模者提高模型质量。然而，在某些情况下，过去所发生的不寻常价格变化仅仅是受孤立事件的影响所致。在这种情况下，如果将其纳入模型中，就会破坏模型的有效性，将这些异常数据剔除可能反而是更好的处理方式。当然，在剔除数据之前，必须确认异常现象的确是孤立事件而不是基本影响因素所致。

第二个值得注意的地方是，必须分清实际数据与在此之前的估计值之间的差别。譬如，在查找历史数据时，发现某一农作物年度的实际产量很高，与其对应的价格应该偏低，但实际上当年的价格偏高。通过查询此前的预测报告发现，当时的产量估计值不高。由于真实的实际产量必须在收获期结束后一段时间才被市场确知，此前交易者的交易依据只能是当时的估计值。因此，实际上与当时的价格相匹配的是预估值，而非实际值。这说明在模型中如果采用过去的估计值而不用实际数据，拟合效果可能更好。因此，在模型构建与验证时，观察预期的统计数据是否可以改善模型效果是值得的。

三、检验和修正模型

建立后的模型是否能够有效解释或预测价格，需要通过引入具体的变量数值进行检验，在此基础上，对模型作进一步的调整和优化。

（一）模型的检验

在应用模型进行预测时，首先要做的是输入自变量的具体数值。混合模型中具有提前量性质的自变量数值比较容易确定，但对同步性质的自变量数值，必须根据现有的资料进行估计。譬如，对农产品价格预测来说，下一年的产量显然是重要因素，在无法提前得知确切数量之前，只能根据种植意愿、历史收成与气候条件等资料进行预测。由于这种推测会有一定的误差，因此给这些变量设置一个合理的数值区间是比较合理的做法。

在模型中代入相应的数值后，可以得出相应的预测价格，如果输入的自变量数值本身具有一定的区间，则所得预测结果也将是区间形式。如果在模型构造中已经将历史价格用价格水平调整过，则应该对预测价格再进行反向调整，将其换算成预测期的价格。

（二）模型的修正

在模型检验中产生一定的预测误差很正常，有些模型即使在应用初期预测效果很好，但随着时间的推移，预测效果会减弱。这就需要应用者仔细甄别出错的原因。在模型应用的过程中，导致预测误差的原因很多。归结起来，大致有以下四方面的原因：

第一，输入数据的准确度不能满足要求。预测模型要求自变量数据具有提前量，但实际中运用的模型往往是混合模型，即模型既有提前性质的自变量数据也有同步发生的自变量数据。对于那些同步发生的自变量数据，必须进行估计，估计的准确度自然会影响预测的准确度。即使对于那些具有提前量性质的自变量数据，也有个数据准确度问题。譬如，关于我国国产大豆的数量，由于国内统计组织、统计方法上都存在着较大的差别，即使在收割完毕后，有关部门的统计数据也不是那么准确，因此就经常可以见到存在数量之争的分析报告，其中一个争论的焦点就是究竟有多少没有作为统计对象的"黑地"。

第二，预测误差也可能是来自模型中函数形式的选择。变量之间的关系，有可能是线性的，也有可能是非线性的。如果将非线性关系简化为线性关系处理，误差也会因此产生。

第三，市场发生重大变化，原先认为不重要的因素突然起作用了，而这一因素在原来的模型中并没有纳入。譬如，某市场过去的长期走势原来可以由一组变量给予充分解释，据此建立的预测模型也一直很有效，但后来突然出现了一个模型中没有考虑的新因素，该因素严重影响了价格，导致原来的模型再也无法准确预测。譬如，在通货膨胀较严重期间，储存保值心理被触发后，加大了对各种商品的需求，那些易于储存的商品更是炙手可热。在这期间，不同市场之间呈现出高度而异常的互动关系，很多市场的价格都远超过基本面所反映的应用价值。对于任何特定市场所进行的基本面分析，如果没有考虑整体多头范围对价格的潜在影响，预测价格必定会被严重低估。反之，当发生比较严重的通货紧缩时，实质利率偏高对于存货心理的抑制作用被放大，如果在模型中没有考虑这种潜在影响，任何市场的预测价格都必然会被高估。

第四，恶性投机与操纵也是容易被遗漏的因素。尽管这些因素一旦发生作用对期货价格的影响极大，但还是难以被纳入模型中。即使勉强纳入，也难以估计。譬如，1979—1980 年在美国白银期货市场上发生的操纵事件，尽管从基本面上判断，价格早已远远偏离基本面，但这不仅在事前无法预期，即使在事中也无法给出正确的评估。

针对上述种种情况，有必要对模型进行调整，改进模型预测效果，尤其是当新的重要因素出现后，更应如此。

【本章小结】

基本面分析是从供求关系出发对商品价格进行分析的方法。以经济学研究中的需求理论、供给理论、蛛网理论为依托进行基本面分析。

基本面分析必涉及许多因素的分析，分析影响供求关系的因素可以从结构和内容两个层面进行。

各种影响因素对价格的影响程度究竟有多大，需作定量分析，量化分析是将定性思维与定量规律进行量化应用的过程，量化分析较主观分析有诸多优点。

基本面分析的方法包括经验法、平衡表法、图表法、经济计量模型法、季节性分析法、分类排序法、指数模型法等。从某种程度上讲，基本面分析并没有固定的模式，分析者可以根据自己的实际情况确定分析模式，如果能够掌握多种分析方法，相互验证，对提高分析预测的准确性是大有裨益的。

基本面分析的步骤：搜集和处理数据、建立和完善模型、检验和修正模型。

【复习思考题】

1. 什么是需求的价格弹性？
2. 决定需求价格弹性的因素有哪些？
3. 替代品对期货价格有何影响？
4. 如何识别季节性走势规律？
5. 基本分析有哪些基本步骤？

【案例】

株洲冶炼厂锌期货事件

背景与经过

我国是世界上主要的产锌国之一，同时也是世界上锌的消费和出口大国。株洲冶炼厂（株洲冶炼集团的前身）是我国最大的铅锌生产和出口基地之一，在日常生产和经营方面均堪称国内有色金属行业的佼佼者。

1995 年，株洲冶炼厂下属进口公司利用进出口的便利，开始在境外从事锌期货投资业务，最初以套期保值为名义操作，获得了一定的收益。

1997 年 3 月，世界金融期货市场价格上扬，锌市走俏，株洲冶炼厂进口公司见有利可图，开始在 1 250 美元/吨的价位上向外抛售期货合约。此时，株洲冶炼厂每吨锌的成本为 1 100 美元，如果做套期保值，在以后按期交割现货，每吨可获利 150 美元，同时还可以避免市场价格下跌造成的损失。但是，随着后来锌价上扬到 1 300 美元/吨，株洲冶炼厂进口公司由套期保值开始转为卖空，然而，由于交易对手逼仓，锌价并没有如期下跌，而是一路攀升至 1 674 美元/吨。

按伦敦金属期货交易所规定，买卖双方需缴纳合约金额一定比例的保证金，株洲冶炼厂进口公司支付保证金的资金大都来源于银行贷款。在 1997 年 3—7 月间，株洲冶炼厂进口公司无法支付保证金，多次被强行平仓。虽然国家出面从其他锌厂调集了部分锌进行交割试图减少损失，但是终因抛售量过大，株洲冶炼厂为了履约只好高价买入合约平仓，形成约 1.758 亿美元（约 14.6 亿元人民币）的巨额亏损，整个企业因此元气大伤。

案例分析

株洲冶炼厂在伦敦金属期货市场上进行操作的目的是套期保值。在这起案例中株洲冶炼厂由于是进行锌的销售，为了防止将来锌价下跌所以进行了空头套期保值。对于空头套期保值者来说，即使是进行完全套期保值，所卖空的期货合约也只能等于投资者所持有的现货或者将来会持有的现货的数量。一旦超过了这个数额，就需要承担额外的头寸风险，套期保值就变成了投机。株洲冶炼厂进口公司的期货经办人员在进行套期保值的过程中，最高卖出的期货合约超过了当时株洲冶炼厂的锌年总产量，致使株洲冶炼厂承担了非常大的期货空头风险。

国外金融机构的逼空是导致这次事件的重要因素。如果没有国际基金的逼空，株洲冶炼厂需要面临的将只是空头风险。这次国际基金对株洲冶炼厂的逼仓可以说是"多逼空"的经典案例。"多逼空"是如何造成的呢？实际上，期货合约是由交易所推出的标准化合约。合约中除价格外的其他有关条款均由交易所统一规定。期货合约的标准化大大便利了期货合约的订立和转让，使期货合约具有极强的流动性和吸引力。在一些小品种的期货交易中，当操纵市场者预期可供交割的现货商品不足时，即凭借资金优势在期货市场建立足够的多头持仓以拉高期货价格，同时大量收购和囤积可用于交割的实物，于是现货市场的价格同时升高。这样当期货合约临近交割时，迫使空头会员和客户要么以高价买回期货合约认赔平仓出局，要么以高价买入现货进行实物交割，甚至因无法交出实物而受到违约罚款，这样多头头寸持有者即可以从中牟取暴利。

当然从这个案例中我们也得到了启示和发展的方向。第一是套期保值应严格控制头寸数量。套期保值的意义在于锁定风险。为达到锁定风险的目的，套期保值者买入或卖出的期货合约，其数量应该与需要保值的资产一致，否则企业将面临新的方向性风险。第二是企业应提高风险意识。一方面要提高自身的风险管理能力，建立切实可行的风险控制制度并严格实施，另一方面，企业在参与外盘期货交易的过程中要注意保护自己，不给国际对手以可乘之机。最后由于我国缺乏发达的衍生产品市场和参与境外衍生产品交易经验，导致我国企业屡屡遭到国际基金的围猎，损失惨重，株洲冶炼厂期货事件就是一个典型的国际基金逼空国内企业的案例。为了尽量避免这种事件发生，国内企业应该培养专业人才，努力提高自己参与境外衍生产品市场的能力。不过从根本上而言，应该大力发展国内的衍生品市场，尤其是商品期货和金融期货市场，确立我国期货市场在世界期货市场中应有的地位。

第五章

期货市场投资技术分析

【教学目标】

1. 了解技术分析的概念和优缺点
2. 理解技术分析的三大假设
3. 理解技术分析的主要理论和其他理论
4. 理解主要技术分析指标的定义、优缺点及其应用
5. 了解国内交易所持仓分析
6. 了解美国 CFTC 持仓分析

【知识结构图】

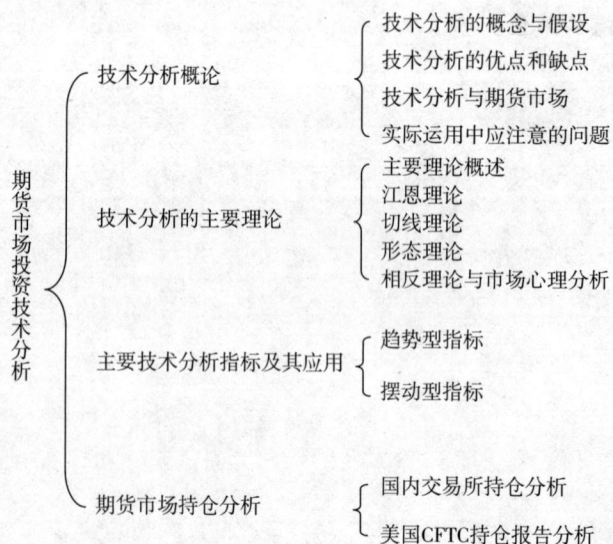

第一节　技术分析概论

期货市场技术分析的诸多内容来源于股票市场，股票市场和期货市场的技术分析在很多方面是相通的。由于期货市场在做空机制、期货合约到期日因素、持仓量指标等方面的特殊性，期货市场技术分析有别于股票市场技术分析。在应用层面，利用期货市场技术分析方法的有效性高于股票市场。

一、技术分析的概念与假设

（一）技术分析的概念

技术分析法是通过对市场行为本身的分析来预测市场价格的变化方向，即主要是将期货市场往日有关价、量、时、空的日常交易资料，按照时间序列绘制成图形或图表，然后针对这些图形或图表进行分析研究，预测期货价格走势。

技术分析方法的本质是一种经验模型，它解释变化原因的依据是经验模型内部建立起来的逻辑关系。当我们按时间顺序将价格进行排列时会发现某种相对比较稳定的模式。例如，形态分析中，上升三角形完成后，一般会向上突破，而且这种模式在许多期货价格运动中频频出现。于是，技术分析者就会判断这种模式今后也许还会继续出现，当它们再度出现时，就会根据已总结的模式去判断未来价格的变化趋势。不仅价格本身是经验模型，而且我们通过成交量、时间、空间分析，也可以发现许多经验模型，并加以应用。

技术分析的任务就是从波动模式中提炼出价格波动的经验模型。进行技术分析时，我们一般将经验模型内部的逻辑关系作为推理的基础，从价、量、时、空等角度寻找波动的理由，揭示其中的因果规律，对市场趋势进行研判，并对未来价格波动作出分析。

（二）技术分析的三大假设

技术分析有三个基本假设：市场行为涵盖一切信息；价格以趋势方式演变；历史会重演。

1. "市场行为涵盖一切信息"构成了技术分析的基础。技术分析者认为，能够影响某个期货品种价格的任何因素——基础的、政治的、心理的或任何其他方面的——实际上都反映在其价格之中。既然影响市场价格的所有因素最终必定要通过市场价格反映出来，那么，研究价格就够了。实际上，技术分析师只不过是通过研究价格图表及大量的辅助技术指标，让市场自己揭示它最可能的走势，而并不是凭分析师的精明"征服"市场。

2. "价格以趋势方式演变"。"趋势"概念是技术分析的核心。研究价格图表的全部意义，就是要在一个趋势发生的早期，及时准确地把它揭示出来，从而达到顺势交易的目的。事实上，技术分析在本质上就是顺应趋势，即以判定和追随既成趋势为目的。依据"价格以趋势方式演变"推断，对于一个既成的趋势来说，市场价格下一步常常是沿着现存趋势方向继续演变，而掉头反向的可能性相对较小。一旦既有市场趋势发生转变，新的市场趋势就会形成。

3. "历史会重演"。技术分析与人类心理学有着千丝万缕的联系。比如价格形态，它们通过一些特定的价格图表表现出来，而这些图形表示了人们对某市场看好或看淡的心理。既然它们在过去很有效，就不妨认为它们在未来同样有效，因为它们是以人类心理为根据的，而人类共性的心理和行为特征往往会在相似的博弈状态和市场条件下产生相似的博弈结果。

（三）对三大假设的辩证认识

三大假设不仅构成了技术分析的理论基础和实践灵魂，也是一切运用技术分析方法的市场人士所普遍认同和相信的。第一条肯定了研究市场行为就意味着全面考虑了影响价格的所有因素，第二条和第三条使得我们找到的规律能够应用于期货市场的实际操作中。但是，我们在运用技术分析方法时，需要对其三大假设有辩证认识。

首先，"市场行为涵盖一切信息"。技术分析者认为价格变化必定反映供求关系，也就是说，投资者不用关心价格涨落的原因，只需顺势而为就行了，因为市场行为或价格变化已经包含了各种信息。但是，信息在传播过程中有损失是必然的，如果以已经发生的市场行为来解释价格变化的原因或作为实际操作的依据，那么，很大的可能性是追随错误，并导致失败。

其次，"价格以趋势方式演变"。发现趋势并且跟进趋势被认为是最佳的投资策略。但是，对于一波行情而言，趋势有许多不同形态：有所谓的长期趋势、短期趋势，更多的时候市场没有明显的趋势，尤其在高效率的市场中，价格的变动是随机的，无规律可循。

再次，"历史会重演"也存在一个相反的命题——历史不会简单重复。如果我们严格信守历史的重复，在投资活动中，在所谓的"顶部""底部"进行经验性操作，那么，一旦某次历史出现"改变"，则投资者将面临失败。尤其是在期货交易中，即便历史无数次重演带来了丰厚的利润，但只要一次改变就足以致命。所以，我们面对上述悖论时，辩证思考可以使我们避开重大损失。

二、技术分析的优点和缺点

（一）技术分析的优点

技术分析相对于基本分析有以下几大优点：（1）具有可操作性。影响市场的任何因素归根结底都要通过价格反映在图表走势中，所以我们只需研究图表的走势就基本上可以把握住市场的脉搏，而基本分析在这方面相对逊色。（2）具有高度灵活性。技术分析方法在任何投机领域都是相同的，只要正确掌握其使用方法，就可以随心所欲地同时跟踪多个市场。而基本分析由于收集信息的复杂性往往顾此失彼，因而大多数使用基本分析的分析师只能专注某一品种或某一领域。（3）适用于任何时间尺度。技术分析可以灵活运用于不同的时间尺度之下，无论是中长期走势分析还是当天内的价格变化，技术分析都可以轻而易举地解决，而基本分析在研究价格中长期走势中使用较多。（4）给出明确的买卖信号。技术分析的最大优点就是在交易过程中能够通过技术分析找到入市点，而基本分析无论多么完美，在实际的交易过程中也只能让位于技术分析。

技术分析主要研究市场行为，基本分析则集中考察导致价格涨落和持平的供求关系。虽然两派对判断价格的方法、理念和依据有着很大的区别，但其本质都是为了预测价格的变化方向，使价格能够反映市场未来的供求关系。两派之间的争论主要集中在方法论方面，基本分析派研究的是市场未来运动的前因，而技术派则研究价格已经反映出来的过去结果，以此为依据推断未来的走势。

（二）技术分析的缺点

技术分析的缺点主要有：（1）发出的买卖信号通常都具有时滞性，对未来价格走势的判断只能走一步看一步。（2）每个分析指标或方法都有局限性，"陷阱"随时都有可能出现，并且技术分析的有效性并不稳定。虽然具体技术分析方法的表述和使用都比较清晰、明确，而且理解也不难，但依此交易未必能取得很好的效果。单纯依据传统使用方法，错误概率依然很高，因为在同一位置市场投资者经常达成共识，这种共识一旦被利用，造成指标"钝化"或者失灵，而导致绝大多数投资者亏损。（3）技术分析发出的信号尽管是客观的，但不同的技术分析者也会对同一信号、指标作出不同的解释和预测，并且各种不同的技术指标经常发出相互矛盾的信号。

一般来说，选择技术分析相对基本面分析有更多的便利，也更容易掌握和运用。但是，技术面存在优势，也有自身的不足，需要扬长避短、灵活运用。

三、技术分析与期货市场

（一）技术分析在期货市场上的应用特点

任何一个品种，如果其价格完全由供求关系的交互作用决定，其价格趋势呈现出与其他市场类似的图形，比如说上升和下降，积累和扩散，巩固、持续和反转等，无论是期货市场还是其他市场，交易者的心理和行为都是类似的。因而，在理论上，应该可以将技术分析的原理运用到任何一种活跃的期货品种分析中。

但是，期货价格又具有自身的一些特点，使得技术分析在具体应用上存在差异。首先，由于期货市场实行保证金交易机制，价格的波动使得投资者的权益波动更大，短期走势的重要性强于股票等现货市场，所以技术分析在期货价格分析中有更加重要的地位。其次，每个期货合约都有一定的期限，因此要分析价格的长期走势需对主力合约进行连续处理或者编制指数。最后，与股票市场不同，期货市场上的持仓量是经常变动的，理论上持仓量可以无限大。而对任何一种股票，流通在外的份额数通常是已知的。

总体上看，在正常市场条件下，以最简洁、最富逻辑性的方式来反映趋势变化的图表形态，在期货市场是很适用的，比如头肩形、圆顶和圆底形、移动平均线、基本趋势线等。而另外一些图表形态类型，在期货中出现的较少，而且对随后运动方向和程度的预测的可靠性相对较低，比如喇叭形、钻石形等。另外，支撑和阻力线在期货市场中的强度要稍小些，缺口的技术意义也相对较小，强度不及股票市场。

技术分析要求投资者在技术指标没有发出信号时尽量不要交易，虽然仍会有很多错误，但是根据技术指标设置止损，可以保证每次交易单位头寸所承受的亏损幅度较小，同时有效规避了随机波动给投资者带来的不必要的心理波动和不容易控制的亏损幅度。此外，技术分析可以帮助投资者树立顺势交易的思维，这有利于投资者选择阻力最小的方向进行交易，这对于容易受价格波动以及情绪影响的投资者来说是比较关键的，可以部分控制投资者人性的弱点。

（二）期货长期图表的制作和研读

在研究市场的中长期趋势时，需要借助长期图表才能对市场趋势有更大范围的透视。而期货合约在到期前，通常仅有约不到一年半的交易时间，并且最活跃期一般在半年左右，因为在即将到期的期货合约和随后的期货合约衔接点会出现价格缺口，从而造成数据失真，所以要构造期货连续长期图。通常，构建期货连续长期图有四种方式：现货月连续、主力合约连续、固定换月连续以及价格指数等。图 5 - 1 是 2004 年 9 月到 2008 年 7 月玉米主力合约的价格指数和收益图。

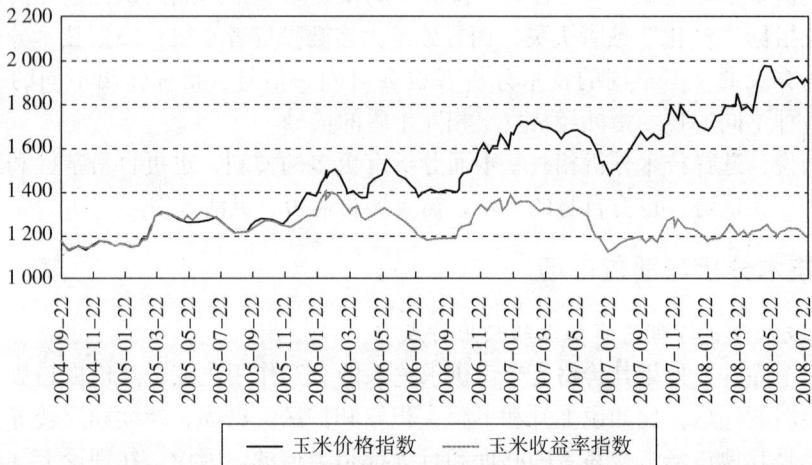

图 5 - 1　玉米主力合约的价格指数和收益率指数

为了保证连续性，最简单的方法是始终采用最近到期合约的价格数据。为了过滤最近到期合约的一些诸如逼仓等非正常因素，期货交易者也经常使用距离交易时间较远的第二或第三个合约的数据构造期货连续图。一般可以用 C_1、C_2、C_3、C_4……来表示采用距当前合约的第几个合约而构造的期货连续图。此外，还有把几种月份合约的价格加以平均，构造某种价格指数，广泛运用的就是期货软件上的期货价格指数，如玉米指数、燃油指数、沪铜指数等。如某期货行情软件上的各商品期货指数是以每个商品各合约的持仓量为权重，对各商品的所有合约价格进行加权平均，采用基准对比的方法进行指数连续编制。图 5 - 2 是沪铜指数周线图。

长期图表与短期图表对市场的分析预测和出入市时机选择是有区别的。长期图表在确认主要趋势和价格目标时大有裨益，不过具体出入市时机选择必须采用更为灵敏的日线图或日内分时图来进行。那么技术分析是否可以应用于任何时间尺度之下的图表呢？

沪铜指数（SHME 2100）周线

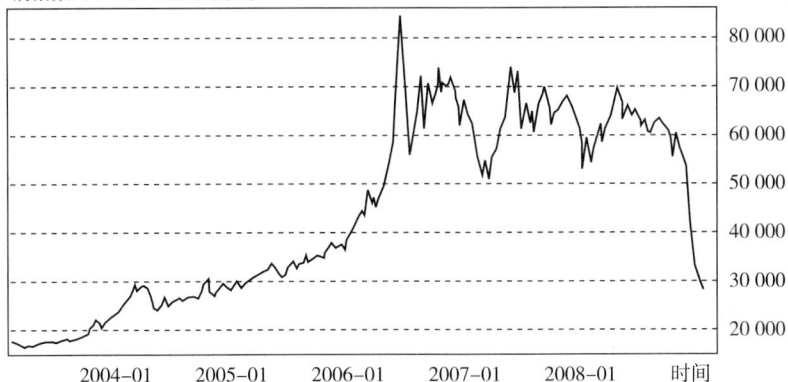

图 5 - 2　沪铜指数周线图

长期的实践表明，长期性的预测并非只能由基本面分析完成，技术分析的各项原则，包括趋势分析、支撑与阻力水平、价格形态、回撤比例等，都能够相当完美地适用于长期市场分析。长期图表的研读方法与日线图是一致的。

四、实际运用中应注意的问题

在价、量的历史资料基础上进行的统计分析、绘制图表是技术分析的主要手段。技术分析可以帮助制订交易计划，但交易计划的严格执行更为重要；技术分析要综合研判，弄清楚当前的市场状态，选用合适的技术分析指标；技术分析的中心思想是机会提示和风险管理，保护资金安全是第一任务；复杂的技术分析工具并不就是优越的，简明适用就好。具体地，在应用时应该注意以下问题：

1. 技术分析应该与基本面分析结合起来。对于各期货品种来讲，制约期货价格的根本因素是其供求关系，而基本面分析恰恰是从分析供求关系入手的，技术分析试图以历史预知未来，而历史通常不是简单重演的，当下的环境比以往可能发生了彻底的变化，因此，技术分析应该与基本面分析结合起来使用。

2. 注意多种技术分析方法的综合研判，切忌片面地使用某一种技术分析。投资者应全面考虑各种技术分析方法对未来的预测，综合这些方法得到的结果，最终得出一个合理的多空双方力量对比的描述。实践证明，单独使用一种技术分析方法有相当大的局限性和盲目性。如果应用多种技术分析方法后得到同一结论，那么依据这一结论出错的机会就很小，而仅靠一种方法得到的结论出错的机会就大。为了减少失误，应尽量多掌握一些技术分析方法。

3. 将现有技术分析方法与具体品种结合起来。同一种技术分析方法应用于不同品种价格分析中，由于各个品种本身的基本面变化特征引起的各种形态并不相同，所以，有必要分析同种方法应用到不同品种中去的特征，并加以扩展应用。并且，随着时间的推移，有些分析方法或指标可能失效，这就要求投资者掌握各种分析方法的精髓，适时调整参数。

第二节 技术分析的主要理论

一、主要理论概述

(一) 道氏理论

技术分析在很大程度上开始于道氏理论。1882 年，查尔斯·道和他的合伙人爱德华·琼斯联手创立了道琼斯公司。19 世纪末，道氏在华尔街日报上发表了一系列文章介绍了他对股票市场行为的研究心得。1903 年纳尔逊在所著的《股市投机常识》一书中，首次使用了"道氏理论"。后来，《华尔街日报》的助手和传人威廉·彼得·汉密尔顿对道氏理论进行了整理归纳，并发表在 1922 年出版的《股票市场晴雨表》一书中。

道氏理论是辨别价格运行主要趋势的最古老、最普遍的方法，许多技术分析的基本思想都来源于道氏理论。这套理论的目标是判定市场中主要趋势的变化。道氏理论所考虑的是趋势的方向，不预测趋势所涵盖的期间和幅度。其主要原理包括：

1. 平均价格涵盖一切因素。所有可能影响供求关系的因素都可由平均价格来表现。道氏理论认为收盘价是最重要的价格，并利用收盘价计算平均价格指数。

2. 市场波动具有三种趋势。道氏理论把趋势分成主要趋势、次要趋势和短暂趋势。其最关心的是主要趋势，通常持续一年以上，有时甚至几年，看起来像大潮；次要趋势像波浪，是对主要趋势的调整，一般持续 3 周到 3 个月；短暂趋势持续时间不超过 3 周，像波纹，波动幅度更小。

3. 主要趋势可分为三个阶段。以上涨趋势为例，第一阶段是建仓，有远见的投资者知道尽管现在市场萧条，但形势即将扭转，因而就在此时买入；第二阶段是上涨阶段，更多的投资者开始参与市场；最后，随着公众蜂拥而上，市场高峰出现，第三阶段来临，所有信息都令人乐观，价格惊人地上扬并不断刷新。

4. 各种平均价格必须相互验证。除非两个平均指数都同样发出看涨或看跌的信号，否则就不可能发生大规模的上升或下跌。如果两个平均价格的表现相互背离，那么就认为原先的趋势依然有效。

5. 趋势必须得到交易量的验证。辨认主要趋势中的三阶段走势时，通常需要与交易量进行相互印证，交易量应在主要趋势的方向上放大。

6. 只有发生了确凿无疑的反转信号之后，才能判断一个既定的趋势已经终结，但是确定趋势的反转并不容易。

道氏理论主要目标是捕捉市场的基本趋势，一旦基本趋势确立，道氏理论假设这种趋势会一路持续，直到趋势遇到外来因素破坏而改变为止，但是道氏理论不能推论不同性质趋势的升幅或者跌幅。多年来，道氏理论在辨别主要牛市和熊市上是成功的。不过，即使如此，它也难逃求全之苛。最常见的批评可能是嫌信号来得太迟。通常道氏理论的买入信号发生在上升趋势的第二阶段，即当市场向上穿越了从底部弹起的第一峰值的时候。一般来说，在信号发生之前，我们大约错过了新趋势全部价格变化的 20% ~ 25%。道氏理论从来不是企图抢在趋势前头预期趋势，而是力求在趋势发生后及时揭示大牛市或大熊市的降临，以便捕捉大趋势中发生大部分重要运动的中腹部分。

（二）K 线理论

K 线图源于日本，被当时日本米市的商人用来记录米市的行情与价格波动，后因其细腻独到的标画方式而被引入到期货市场及股票市场。

K 线形态是对市场参与者心理过程的刻画，生动地展示了交易者行为随着行情发展而逐渐演变的过程。人类在相似的环境下作出相似的反应，这一事实构成了 K 线形态分析的理论基础。K 线形态既可以是特定的单根蜡烛线，也可以是若干根特定蜡烛线的组合。绝大多数 K 线形态都是用来判定市场转折点的，也有少数几种形态是用来判定趋势持续的，分别被称为反转形态和持续形态。

在分析 K 线图形态时，除了注意其基本形态外，还应注意以下几点：

第一，要注意上影线及下影线的长度关系。当上影线极长而下影线极短时，表明市场上卖方力量较强，对买方予以压制；当下影线极长而上影线极短时，表明市场上卖方受到买方的顽强抗击。

第二，要注意实体部分和上下影线相对长短的比例关系，以此来分析买卖双方的力量。

第三，还要注意 K 线图所处的价位区域。对于同一 K 线形态，当出现在不同的地方时，它们的意义与解释不同，甚至完全相反。比如，K 线实体上下都带长影线，如果出现在上升行情末期，则一般意味着天价的形成；如果出现在下跌行情末期，则一般意味着地价的出现。

又如上下影线的阳线锤子和阴线锤子，如出现在高价位时，一般预示后市转跌，若出现在低价位时，一般预示后市看涨。所以，进行 K 线图分析，就要观察阴线或阳线各部分之间的长度比例关系和阴阳线的组合情况，以此来判断买卖双方实力的消长，来判别价格走势。

【专栏 5 - 1】

K 线图起源史

K 线图这种图表源于日本德川幕府时代，被当时日本米市的商人用来记录米市的行情与价格波动，后因其细腻独到的标画方式而被引入到股市及期货市场。当前，这种图表分析法在我国乃至整个东南亚地区均尤为流行。由于用这种方法绘制出来的图表形状颇似一根根蜡烛，加上这些蜡烛有黑白之分，因而也叫阴阳线图表。通过 K 线图，我们能够把每日或某一周期的市况表现完全记录下来，股价经过一段时间的盘档后，在图上即形成一种特殊区域或形态，不同的形态显示出不同意义。我们可以从这些形态的变化中摸索出一些有规律的东西出来。K 线图形态可分为反转形态、整理形态及缺口和趋向线等。

那么，为什么叫"K线"呢？实际上，在日本的"K"并不是写成"K"字，而是写做"罫"（日本音读 kei），K线是"罫线"的读音，K线图称为"罫线"，西方以英文第一个字母"K"直译为"K"线，由此发展而来。

（三）波浪理论

1. 波浪理论的原理。波浪理论具有三个重要方面——形态、比例和时间。所谓形态是指波浪的形态或构造，而比例分析是通过测算各个波浪之间的相互关系，来确定回撤点和价格目标。各波浪之间在时间上也相互关联，可以利用这种关系来验证波浪形态和比例。

波浪理论以周期为基础，并把大的运动周期分成时间长短不同的各种周期，每个周期无论时间长短，都是以一种模式进行，即都由上升（或下降）的 5 个过程和下降（或上升）的 3 个过程组成。因此，波浪理论认为市场的发展遵循着五浪上升、三浪下降的基本形态，从而形成包含八浪的完整周期。前面五浪所组成的波浪是市场价格运行的主要方向，而后面三浪所组成的波浪是市场价格运行的次要方向。

2. 波浪理论在应用中要注意的问题。波浪理论在股市和商品期货市场上运用时有明显的区别，比如股市上，往往是 3 浪延长，而在商品市场往往是 5 浪延长；股市上 4 浪不可以与 1 浪有重叠，在期货市场上这一点却要打点折扣。另外，同一商品不同合约间的数浪也有区别，由于合约间的时间问题和交割的原因，可能处于不同的波浪阶段，其趋势有可能出现不同，但也有一定的联系，在数浪时，既要相互参考又要有所区别。为了正确把握该品种的趋势，最好对其指数进行波浪分析，不要对该品种的连续合约进行分析。最重要的是，群体心理是波浪理论的重要依据之一，其在交投活跃的市场效果好于交投清淡的市场。

关于波浪理论，还需要补充一点，那便是 4 浪在之后的熊市中所起到的显著的支撑作用。当 5 浪结构的上升阶段完成后，熊市就开始了。通常，这一轮熊市不会跌过前面的第 4 浪（即在此之前的牛市中形成的第 4 浪）。这是惯例，虽然有例外，但是通常看来，第 4 浪的底还是兜得住这个熊市的。在我们测算价格下跌的最远目标时，这点信息的确非常有用。

【专栏 5-2】

菲波纳奇数字

波浪理论的数学基础是菲波纳奇在 13 世纪发现的一组数列，一般称为菲波纳奇数字。菲波纳奇数字还是黄金分割、黄金矩形、对数螺线的数学基础。波浪理论中，基本的波浪结构都是按照菲波纳奇数列组织起来的。一个完整的周期包含 8 浪，其中 5 浪上升，3 浪下降——这些都是菲波纳奇数字。再往以下两个层次细分，分别得到

34 浪和 144 浪——它们也是菲波纳奇数字。然而，菲波纳奇数字在波浪理论中的应用，并不只在数浪这一点上，在各浪之间还有个比例的关系问题。下面列举了一些最常用的菲波纳奇比数：

（1）3 个主浪中只有一个浪延长，另外两者的时间和幅度相等。如果 5 浪延长，那么 1 浪和 3 浪大致相等，如果 3 浪延长，那么 1 浪和 5 浪趋于一致。

（2）把 1 浪乘以 1.618，然后加到 2 浪的底点上，可以得出 3 浪的最小目标。

（3）把 1 浪乘以 3.236 =（2 × 1.618），然后分别加到 1 浪的顶点和底点上，大致就是 5 浪的最大和最小目标。

（4）如果 1 浪和 3 浪大致相等，我们就预期 5 浪延长。其价格目标的估算方法是，先量出从 1 浪底点到 3 浪顶点的距离，再乘以 1.618，最后，把结果加到 4 浪的底点上。

通过百分比回撤，我们可以估算出价格目标。在回撤分析中最常用的百分比数是61.8%（通常近似为 62%）、38% 和 50%。市场通常按照一定的可预知的百分比例回撤——最熟悉的是 33%、50% 以及 67%。菲波纳奇数列对上述数字稍有调整。在强劲的趋势下，最小回撤在 38% 上下。而在脆弱的趋势下，最大回撤百分比通常为 62%。我们熟知的 50% 回撤，其实也是一个菲波纳奇比数。三分之二回撤、三分之一回撤也一样，标志着价格的重要支撑或阻挡位。

另外，菲波纳奇时间关系是存在的，只不过预测这方面关系是较为困难的。菲波纳奇时间目标是通过向未来数数，计算显著的顶和底的位置。在日线图上，分析者从重要的转折点出发，向后数数到第 5 个、第 8 个、第 13 个、第 21 个、第 34 个、第 55 个或者第 89 个交易日，预期未来的顶或底就出现在这些"菲波纳奇日"上。

（四）量价关系理论

量价关系理论是运用成交量、持仓量与价格的变动关系分析预测期货市场价格走势的一种方法。成交量是指某一时间内买进或卖出的期货合约数量，通常是指每一交易日成交的合约量。持仓量是指到某日收市为止，所有未平仓了结的合约的总数。

1. 交易量。交易量是重要的人气指标，上升趋势中，交易量大表明市场人气足，对上涨的强度和迫切性更高，反之，上涨的压力就小得多。如果价格上升趋势中交易量上升，或者价格回跌时交易量减少或收缩，均说明市场处于技术性强势。在下降趋势中，当价格下跌时交易量上升，或者价格反弹时交易量下降，均说明市场处于技术性弱势。

交易量的另一个重要作用是用来验证价格形态。价格形态中，交易量是重要的验证指标。如头肩顶成立的预兆之一就是，在头部形成过程中，当价格冲到新高点时交易量较小，而在随后跌向颈线时交易量却较大。在双重顶和三重顶时，在价格上冲到每个后继的峰时，交易量都较小，而在随后的回落中，交易量却较大。在持续形态形成过程中，如三角形，与之伴随的交易量逐渐下降。一般地，所有价格形态在完结时，只要这个突破信号是成立的，那么它就应当伴有较大的交易量。

在对价格和交易量的关系研究中，实际上是使用了两种不同的工具来估计同一个对象的市场力量。就价格本身而言，要等到价格趋势实际反转时才能体现出来，因此，交易量是领先于价格的，从交易量的变化可以判断买方或卖方力量的消长。值得注意的是，在出现涨跌停板时，尽管交易量通常极小，却是市场趋势非常强烈的表现。

2. 持仓量。持仓量是期货相对于证券市场的特有概念。持仓量同样反映了市场人气，持仓量增加，表明资金在流入市场，减少则表明资金在流失。持仓量与价格的关系主要体现在：在上升趋势中，持仓量增加是看涨信号，持仓量减少则是看跌信号；在下降趋势中要区别对待，下降趋势之初的持仓量增加是看跌信号，下降趋势之末的持仓量增加则是抗跌信号，下降趋势过程中的持仓量和成交量同减表明市场持续看淡、资金流出。

值得注意的是，持仓量具有非常明显的季节性倾向，因此对持仓量必须做季节性修正。仅当持仓量的增加超过了其季节性的增长之后，这个变化才具有重要意义。如果价格正在上升趋势中，同时总持仓量又高出季节性平均水平（如5年平均），那么就意味着新资金已流入市场，买盘强劲，牛市已现。如果价格上扬而持仓量下滑至季节性平均水平以下，那么这种走高就有可能是由于空头止损平仓而造成的，资金正在流出市场，这是一种弱势情况，反弹将宣告失败。

另外，除了以上倾向性外，还有其他一些市场环境，持仓量也能给出一些指引：

（1）当主要的市场趋势接近尾声时，持仓量已经随着价格趋势的整个过程增加到了一定高度，那么，一旦持仓量不再继续增加甚至开始减少，就是趋势即将发生变化的迹象，如图5-3中连豆指数在2003年下半年以及2008年上半年的情况。

图5-3 连豆指数持仓量走势图与价格变化

（2）如果在市场顶部，持仓量处在高水平，而价格下跌又突如其来，那么这是一个看跌信号。这种情况就意味着，在上升趋势接近尾声时建立多头头寸的交易者均处于损失之中。这将迫使他们卖出斩仓，所以使价格遭到压力。这种情况将一直维持到持仓量减少到足够大幅度之后。

（3）如果在市场横向调整期间持仓量逐渐增加，那么一旦发生向上或向下的价格突破，随后而来的价格运动将会加剧。

（4）在价格形态完成时的持仓量增加可视为对可靠趋势信号的补充印证。例如，如果出现在随成交量放出的持仓量增加基础上，对头肩底的颈线的突破就更加可信。值得注意的是，由于跟随在趋势初始信号后的推动力常常是由陷入市场错误一方的交易者产生的，因此有时持仓量会在新趋势开始时略有减少。这种持仓量的初始性减少可能使人误入歧途，因此不必对持仓量在极短时期内的变化过分关注，需要结合成交量和价格区间综合判断。

持仓量和成交量是能够辅助确认图表中其他技术信号的次级技术指标，不宜单独基于成交量或者持仓量的数字而作出交易决策，可以将它们与其他技术信号结合使用来加以确认。

二、江恩理论

江恩理论是由20世纪最著名的投资大师威廉·江恩（Willian. D·Gann）大师结合自己在股票和期货市场上的骄人成绩和宝贵经验提出的，是通过对数学、几何学、宗教、天文学的综合运用建立的独特分析方法和测市理论，包括江恩时间法则、江恩价格法则和江恩线等。

（一）江恩时间法则

江恩把时间作为进行交易的最重要的因素。江恩的时间间隔不只有数日、数周，也可以是数月、数年。江恩交易年，首先可以一分为二，即6个月或26周；也可以分为1/8和1/16。在江恩年中，还有一些重要的时间间隔。如一周有7天，而7乘以7等于49，故江恩将49视为很有意义的数字。一些重要的顶或底的间隔在49~52天。中级趋势的转变时间间隔为42~45天（45天是一年的1/8）。

（二）江恩回调法则

回调是指价格在主运动趋势中的暂时的反转运动。一般来说，50%、63%、100%作为回调位置，对价格运动趋势构成强大的支持或阻力。

江恩认为，不论价格上升或下降，最重要的价位是在50%的位置，在这个位置经常会发生价格的回调，如果在这个价位没有发生回调，那么，在63%的价位上就会出现回调。在江恩价位中，50%、63%、100%最为重要，它们分别与几何角度45度、63度和90度相对应，这些价位通常用来决定建立50%回调带。

（三）江恩循环周期理论

1. 江恩循环理论。江恩认为较重要的循环周期有：

（1）短期循环：1小时、2小时、4小时、18小时、24小时、3周、7周、13周、15周、3个月、7个月；

（2）中期循环：1年、2年、3年、5年、7年、10年、13年、15年；

（3）长期循环：20年、30年、45年、49年、60年、82或84年、90年、100年。

30年循环周期是江恩分析的重要基础，因为30年共有360个月，这恰好是360度圆周循环，按江恩的价格带理论对其进行1/8、2/8、3/8、…、7/8等分，正好可以得到江恩长期、中期和短期循环。

10年循环周期也是江恩分析的重要基础，江恩认为，10年周期可以再现市场的循环。例如，一个新的历史低点将出现在一个历史高点的10年之后；反之，一个新的历史高点将出现在一个历史低点的10年之后。同时，江恩指出，任何一个长期的升势或跌势都不可能不作调整地持续3年以上，其间必然有3~6个月的调整。因此，10年循环的升势过程实际上是前6年中每3年出现一个顶部，最后4年出现最后一个顶部。

上述长短不同的循环周期之间存在着某种数量上的联系，如倍数关系或平方关系。江恩将这些关系用按一定规律展开的圆形、正方形、六角形等显示出来，这些图形推述都包含了江恩理论中的时间法则、价格法则、几何角、回调带等概念，图形化地探索市场价格的运行规律。

2. 周期理论的运用。通常，周期分析者认为，波谷比波峰可靠，所以周期长度的度量都是从波谷到波谷进行的，原因大概是绝大多数周期的变异出现在波峰上，也就是说波峰的形成比较复杂，因而认为波谷更可靠些。从实际应用结果来看，在牛市中周期分析远比在熊市中表现优异，这与周期理论研究倾向于关注底部有关。同时，牛市中波谷比波峰形成或驻留的时间相对较短，而波峰因常出现强势整理的态势，较为复杂，所以较难把握，适宜以波谷法度量；在熊市中则相反，因为市态较弱，市场常以整理形态取代反弹，所以波峰比波谷形成时间要短，易于发现，适宜以波峰法度量。

周期理论中包括四个重要的基本原理：叠加原理、谐波原理、同步原理、比例原理，以及两个通则原理：变通原理、基准原理。

叠加原理是指所有的价格变化均为一切有效周期简单相加的结果。也就是假定我们能够从价格变化中分解出每个周期成分，那么，只要把每个周期简单地向后拖延，然后再合成起来，结果就应当是未来的价格走势了。谐波原理是指相邻的周期长度之间通常存在倍数关系，一般为2倍或者1/2倍的关系。同步原理是指一种强烈的倾向性，即不同长度的周期常常在同一时刻达到谷底。根据同步原理，不同市场但长度相近的周期往往也是同时进退的。比例原理描述的是，在周期长度与波幅之间具备一定的比例关系，周期越长，那么其波幅也应当成比例地较大。

变通原理是指上述四个原理只是说明了市场具有强烈的倾向性，而不是严格不变的规则。基准原理认为，尽管各种市场之间均存在一定的差异，并且在应用上述周期原理的时候也都容许我们有所变通，但是仍然存在一系列基准的谐波周期，适用于所有市场。这种基准的谐波模型是研究任何市场的起点。

（四）江恩共振

江恩认为，市场的波动率或内在周期性因素来自市场时间与价位的倍数关系。当市场的内在波动频率与外来市场推动力量的频率产生倍数关系时，市场便会出现共振关系，令市场产生向上或向下的巨大作用。如下情况可能引发共振现象。

1. 当长期投资者、中期投资者、短期投资者在同一时间点，进行方向相同的买入或卖出操作时，将产生向上或向下的共振。

2. 当时间周期中的长周期、中周期、短周期交汇到同一个时间点且方向相同时，将产生向上或向下共振的时间点。

3. 当长期移动平均线、中期移动平均线、短期移动平均线交汇到同一价位点且方向相同时，将产生向上或向下共振的价位点。

4. 当K线系统、均线系统、KDJ指标、MACD指标、布林通道指标等多种技术指标均发出买入或卖出信号时，将产生技术分析指标的共振点。

5. 当金融政策、财政政策、经济政策等多种政策方向一致时，将产生政策面的共振点。

6. 当基本面和技术面方向一致时，将产生极大的共振点。

共振并不是随时都可以发生，而是有条件的，当这些条件满足时，可以产生共振；当条件不满足时，共振就不会发生；当部分条件满足时，也会产生共振，但作用较小；共振的条件满足得越多，共振的威力就越大。在许多时候，已经具备了许多条件，但是共振并没有发生，如果没有关键条件，共振将无法产生，在这一点上江恩特别强调自然的力量，认为市场的外来因素是从大自然循环及地球季节变化的时间循环而来。共振是一种合力，是发生在同一时间多种力量向同一方向推动的力量。

【专栏 5 - 3】

传奇投资者江恩

江恩于1878年6月6日出生于美国得克萨斯州的路芙根市（Lufkin Texas），父母是爱尔兰裔移民。在其投资生涯中，成功率高达80%～90%，他用小钱赚取了巨大的财富，在其53年的投资生涯总共从市场上取得过3.5亿美元的纯利。1902年，江恩在24岁时，第一次入市买卖棉花期货。1906年，江恩到俄克拉何马当经纪人，既为自己炒，亦管理客户。在1908年，江恩30岁时，他移居纽约，成立了自己的经纪业务所。同年8月8日，他发展了他最重要的市场趋势预测方法，名为"控制时间因素"。经过多次准确预测后，江恩声名大噪。据江恩一位朋友基利的回述："1909年夏季，江恩预测9月小麦期权将会见1.20美元。可是，到9月30日芝加哥时间12时，该期权仍然在1.08美元之下徘徊，江恩的预测眼看落空。江恩说：如果今日收市时不见1.20美元，将表示我整套分析方法都有错误。不管现在是什么价，小麦一定要见1.20美元。结果，在收市前一小时，小麦冲上1.20美元，震动整个市场，该合约不偏不倚，正好在1.20美元收市。"

江恩的事业高峰期，他共聘用25人，为他制作各种分析图表及进行各类市场走势研究，并成立两家走势研究公司：江恩科学服务公司及江恩研究公司，出版多种投资通讯。在他每年出版的全年走势预测中，他清楚地绘制在什么时间见什么价位的预测走势图，准确性甚高。

三、切线理论

切线理论指股票投资"顺势而为"是非常重要的，这种"势"就是趋势。简单地说，趋势就是价格运动的方向。技术分析的三大假设中的第二条明确说明价格的变化是有趋势的，价格将沿着这个趋势继续运动，这一点就说明趋势这个概念在技术分析中占有很重要的地位，是投资者应该注意的核心问题。

（一）趋势的确认

1. 用最高点和最低点确认趋势。标准的上升趋势是由一系列较高的高点和较高的低点构成的。例如图 5-4 中白糖在 2007 年 12 月到 2008 年 3 月这段时期，每个相对高点都高于前面的高点，且每个相对低点也都高于前面的低点。从这种意义上来说，在未跌至前一个低点之前，这是一个完整的上升趋势，违反了这一条的情形被看作是趋势可能结束的警告。图 5-4 中白糖 2008 年 3 月跌破 2 月的相对低点，预示着价格会随之发生下跌。应该特别强调，价格的回落或回涨只应看作一种迹象，而不是长期价格趋势出现反转的指标。同理，下跌趋势是指一系列较低的低点和较低的高点，下跌趋势在前一个高点被突破之前是完整的。趋势通道是由趋势线和平行于趋势线的直线构成的平行通道，平行于趋势线的直线称为折返线。上涨的行情中，折返线是衔接波峰的线，在下跌行情中，折返线是衔接谷底的线。

以下规则经常被应用于趋势线和通道：

（1）上升趋势线由依次上升的波动低点连成，下降趋势线由递降的波动高点连成。

（2）趋势线必须有第三个点来测试，才能确认这条趋势线有效，同时被测试的次数越多，趋势线越重要。

（3）无论是在上升或下跌趋势轨道中，当价格触及上方的趋势线时，就是卖出的时机；当价格触及下方的支撑线时，就是买进的时机。上升趋势线是价格回落的支撑线，当上升趋势线被跌破时，形成多单离场信号。下降趋势线是价格反弹的阻力位，一旦下降趋势线被突破，形成空单离场信号。

（4）只有趋势线被突破一定幅度才能认为趋势线被有效破坏，否则可能只是一些毛刺，并没有根本性扭转上升趋势，至多是需要对趋势线进行一定幅度的修正。这种有效突破幅度的设定需要根据品种的活跃程度以及品种自身属性有所区别，但一般处于 1% ~3% 的水平（见图 5-4）。

（5）向上突破下降趋势线时必须有成交量配合，而向下跌穿上升趋势线时无须量的配合，但确认有效后成交量方会增大。

（6）如果突破以缺口形式突破趋势线，则突破将是强劲有力的。

（7）在上升或下降趋势的末期，价格会出现加速上升或加速下跌的现象，所以，市场反转时的顶点或底部，一般均远离趋势线。

（8）我们可以依据不同周期的趋势线，组合分析价格走势和指导交易，使交易具备更多的灵活性和可控性。

（9）一条过于陡峭的趋势线通常不具有实质意义，总体来说斜率 45 度左右的趋势

白糖0901（CZCE 1841）日线

2007-12-03　　2008-02-01　　2008-04-01　　2008-06-01　　2008-08-01　　2008-09-25　时间

图5-4　由连续的较高的高点和较高的低点形成的上升趋势

线最有意义。

　　趋势线比较简明、直观和实用，但是趋势线根据事后经验来画，它的可靠性容易被高估，而且随着趋势发展需要重画趋势线的情况也相当普遍。另外，做趋势线是一个高度人为的过程，对于同样一幅图表，不同的人会作出不同的趋势线。

　　2. 内部趋势线。常规趋势线的画法特征是包含极高点和极低点，这样就会产生争议，极高点和极低点代表了市场由于感情用事而出现反常，这些点不一定代表着市场中占主导地位的趋势，内部趋势线不顾及这种非得在极端的价格偏离的基础上作趋势线的暗含要求。一个内部趋势线最大可能地接近主要相对高点或相对低点，不能考虑任何可能的极点（见图5-5）。粗略地说，内部趋势线可以看作是相对高点和相对低点的最佳配置线。

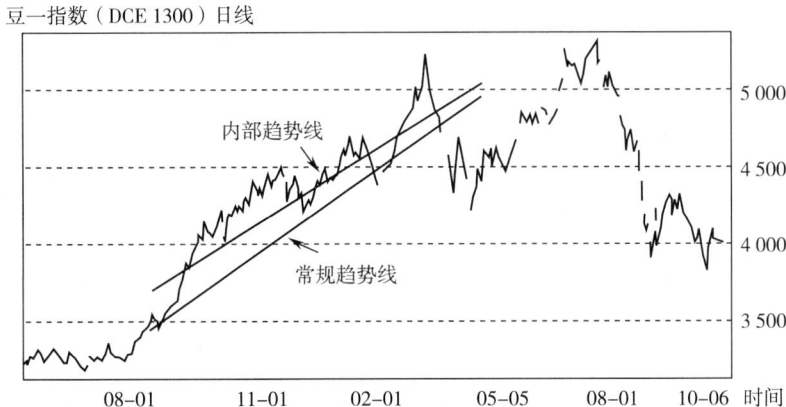

豆一指数（DCE 1300）日线

内部趋势线

常规趋势线

08-01　　11-01　　02-01　　05-05　　08-01　　10-06　时间

图5-5　内部趋势线与常规趋势线

　　内部趋势线的一个缺点是难以避免任意性，甚至可能比常规趋势线更为严重。实际上，在一幅图中常常会作出多条似乎很有可信度的内部趋势线。然而，一般来说，内部趋势线在界定潜在的支撑和阻力区方面的作用远大于常规趋势线。

3. 移动平均线。移动平均线提供了一种非常简单的使价格序列平滑并且使趋势更易于辨认的方法：根据移动平均值相对前一交易日的变动方向来确认。例如，如果当日值高于前日值，一个移动平均线将会被认为正在上升，如果当日值低于前日值则为下降。既然移动平均线是过去价格的平均，移动平均线的转向点将总是比原始价格序列相应的转向点滞后，这一特征在图 5 - 6 中也显而易见。

沪铝0812（SHME 2212）日线 MA5:15417.00 MA10:15687.50 MA20:16440.75 MA30:17020.00 MA60:18185.17

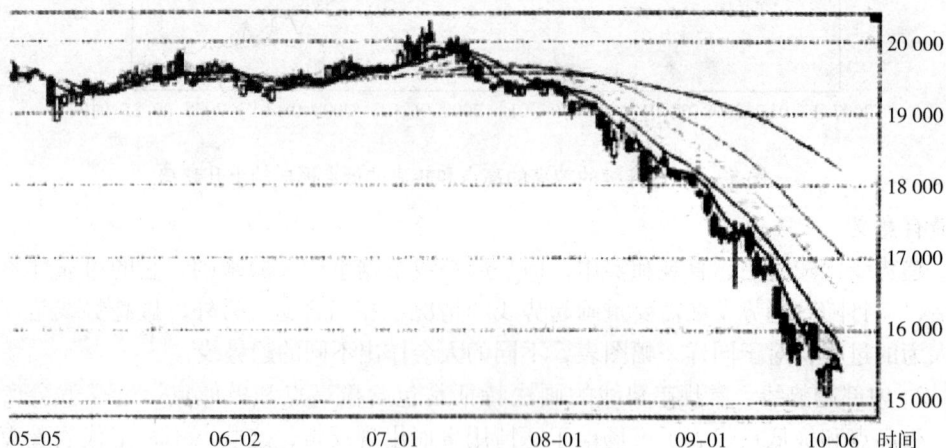

图 5 - 6　沪铝 0812 处于向下排列的移动平均线（5 日、10 日、20 日、30 日）

在单边趋势市场上，移动平均线可以提供一种非常简单而有效的辨别趋势的方法。比如，在移动平均线向上反转至少 10 个最小变动单位的那点显示出买入信号，向下反转 10 个最小变动单位的那点显示出卖出信号（目的是避免趋势信号在移动平均线接近于零时来回重复的改变），这种简便的技巧产生了有用的交易信号。问题在于虽然移动平均线在单边趋势市场上很有效，但在横向波动的市场上，移动平均线易于产生许多虚假信号。

（二）趋势线的突破

一般来说，收盘价格越过趋势线要比仅仅只有日内价格穿越趋势线更有分量。但有时只有一个收盘价的穿越也还不足以说明问题。为了辨别趋势线的有效突破，技术分析者设计了不少时间和价格过滤器，比如收盘价破趋势线的幅度达 3% 并且时间在 2 ~ 3 天以上往往会被认为有效突破。一旦上升或下降趋势线被突破，它们的作用将相互调换——支撑变为压力、压力变为支撑。

3% 原则仅仅是有效突破的一个例子。有些图表分析者针对不同市场，选用了各种最小价格波动允许值。如果过滤器设置得太小，那么减少拉锯影响的效果则不佳。如果选得太大，那么在有效信号出现之前，就错过了较大的机会。因此，必须结合考虑所追随市场的趋势发展程度，灵活选择最适合的过滤器，具体市场具体分析。

还有另外一种选择，就是时间过滤器。最为常见的是两天原则，换句话说，为了对趋势线构成有效突破，市场必须连续两天收市在该直线的另一侧。于是，要突破下降趋势线，价格就必须连续两天收市在该直线的上方。需要补充的是，3%原则和两天原则不仅适用于考查重要趋势线的突破，也同样可以应用于鉴别市场对重要支撑和阻挡水平的突破。

另外，趋势线的斜率也很重要——当斜率为45度时最有意义。该斜率反映的是上升或下降的速率正好从价格和时间两方面完美的平衡。如斜率过于陡峭，说明上升或下降过快，一般难以持久，如果突破了趋势线，就意味着趋势的斜率可能要调整到45度，而不是趋势的逆转；如过于平缓，说明该趋势虚弱而不可靠并会演变成"无趋势"。有时要对趋势线进行调整，以适应趋势变缓或变快。

四、形态理论

价格形态有两种最主要的分类：反转形态和持续形态。反转形态意味着趋势正在发生重要反转，相反地，持续形态显示市场很可能仅仅是暂时作一段时间的休整，之后当前趋势仍将继续发展。关键是必须在形态形成的过程中尽早判别出其所属类型。

反转形态主要有头肩形、三重顶（底）、双重顶（底）、V形顶（底）以及圆形（盆形）顶（底）等形态。持续形态则主要包括三角形、旗形、楔形以及矩形等，这类形态通常反映出现行趋势正处于休整状态，而不是趋势的反转，因此，通常被归纳为中等的或次要的形态，算不上主要形态。

交易量在所有价格形态中，都起到重要的验证作用。在形势不明时（许多情况下都是这样的），研究一下与价格数据伴生的交易量形态，是判断当前价格形态是否可靠的决定性办法。

绝大多数价格形态各有其具体的测算技术，可以确定出最小价格目标。虽然这些目标不仅是对下一步市场运动的大致估算，但仍有助于交易商确定其报偿——风险比。

（一）反转突破形态

所有反转形态几乎都包含了以下几个基本要素：（1）在市场上事先确有趋势存在，是所有反转形态存在的前提；（2）现行趋势即将反转的第一个信号，经常是重要的趋势线被突破；（3）形态的规模越大，则随之而来的市场动作越大；（4）顶部形态所经历的时间通常短于底部形态，但其波动性较强；（5）底部形态的价格范围通常较小，但其酝酿时间较长；（6）交易量在验证向上突破信号的可靠性方面，更具参考价值。

1. 头肩形态。头肩顶和头肩底是实际价格形态中出现最多的形态，是最著名和最可靠的反转突破形态。对于头肩顶来讲，当颈线被向下突破之后，价格向下跌落的幅度等于头和颈线之间的垂直距离，也就是价格至少下跌了这个幅度后才有可能获得较好的支撑。同样，对于头肩底来讲，价格向上突破颈线之后，其上涨的幅度等于底部与颈线之间的垂直距离，此时，价格上升才有可能遇到像样的压力。

在头肩顶中，价格向下突破颈线后有一个回升的过程，当价格回升至颈线附近后受到其压力又继续掉头向下运行，从而形成反扑。在头肩底中则刚好与之相反。对于反扑，应该注意两方面问题：第一，在头肩顶中，反扑为多方提供了最后一次出逃的机会。在头肩底中，反扑为空方提供了补买机会。第二，反扑不是这两个形态的必然组成部分，所以，不能指望一定要等到反扑出现后才采取行动，而应该在颈线被突破后坚决采取行动。

对于头肩顶来说，头是第一卖出点，但大部分投资者认为先前的上升趋势仍然持续，故而不太可能把握住这一卖出点；右肩是第二卖出点，这一点是整个头肩顶形态的较佳卖出点，此时价格上升左肩位置，由于买方动能不足而回落，头肩形态基本成形，因此投资者在此位置要主动卖出；颈线被突破是第三卖出点，这一点是头肩顶最重要的卖出点，当颈线被突破后，头肩顶宣告成立，价格运动趋势逆转无疑，投资者应坚决卖出；价格突破后反弹至颈线附近时是第四卖出点，这一点也是头肩顶最后一个卖出点，但正如前面提到的，这一点有时不会出现。值得注意的是，对于头肩顶来讲，左肩、头和右肩所对应的成交量依次减少。而对于头肩底来讲，其左肩、底和右肩所对应的成交量没有明显的规律，但是都存在低位放量抗跌迹象，尤其是向上突破颈线时需要大成交量的配合。

2. 双重顶（底）与三重顶（底）。双重顶和双重底即 M 头和 W 底，这种形态在实际中出现得非常频繁，仅次于头肩形，而且容易辨识。当 M 头被向下突破颈线之后，价格向下跌落的幅度等于头和颈线之间的垂直距离，也就是价格至少下跌了这个幅度后才有可能获得像样的支撑。同样，对于 W 底来讲，价格突破颈线之后，其上涨的幅度等于底部与颈线之间的垂直距离，此时，价格上升才有可能遇到像样的压力。对于双头来说，有三个卖出点：第一，右边的头部；第二，颈线被向下突破的位置；第三，价格反弹至颈线附近受阻的位置（这一卖出点有可能不出现）。

从成交量的变化来看，在形成双重顶的第一个峰的过程中，会出现较大的交易量，随之则呈现小量拉回，接着当价格再度上涨到几乎与第一个波峰相同的高度，交易量随之放大，但是却小于第一个波峰的量。其次，两峰之间的持续时间很重要，持续时间越长、形态的高度越大，即将来临的反转潜力越大。一般地，最有效力的双重顶双峰至少应该持续一个月。需要注意的是，双重底形态是个中期到长期的反转形态，两个底部之间最好相距至少 4 周，有的甚至可能达到两三个月之久。底部的形成一般比头部的形成需要更长的时间。另外，在判别突破成立与否时，一般会要求收盘价超过前一个阻挡峰值，而不仅仅是日内的突破。我们也可以选择双日穿越原则，也就是价格必须连续两天收市在第一峰之上。虽然这种过滤未必是绝对可靠，但至少有助于减少经常发生的错误信号。

三重顶（底）形态是头肩形态一种小小的变体，它是由三个一样高或一样低的顶和底组成（见图 5－7）。在三重顶中，交易量往往随着相继的峰而递减，而在向下突破时则相应增加。三重顶只有在连接两个中间低点的支撑线——颈线被向下突破后，才得以完成。三重底是三重顶的镜像，不过对于向上突破来说，交易量因素更重要。

3. 圆弧形态。圆弧形态比其他形态都要少见得多，是指将价格在一段时间的顶部高点用折线连起来，得到一条类似于圆弧的弧线，盖在价格之上，此为圆弧顶；将每个局部的低点连在一起也能得到一条弧线，托在价格之下，此为圆弧底。这种形态代表着趋

美元指数（外汇汇率D8151）日线

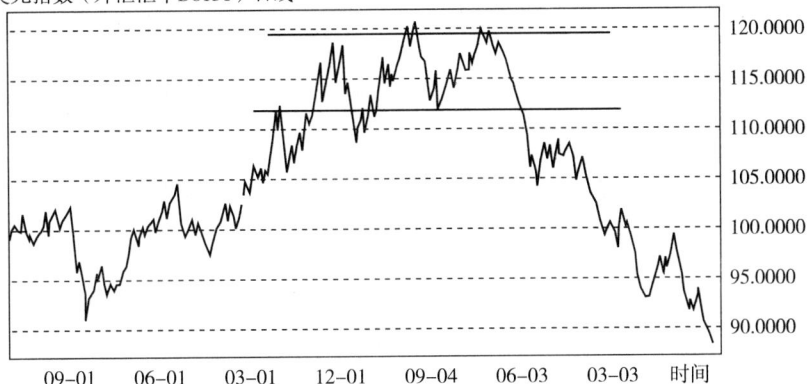

图 5 - 7　美元指数的三重顶形态

势很平缓、逐渐的变化。同时，交易量也倾向于形成相应的盆状形态。在圆弧顶部和底部，交易量均随着市场的逐步转向而收缩，随后，与形态方向一致的价格运动占据主动时，交易量又相应地逐步增加。对于圆弧顶（底）来说，当价格向下（上）突破颈线时是第一卖出（买入）点，当价格反扑受到颈线压制（支撑）后是第二卖出（买入）点。

圆弧形态出现的频率较少，也不具备精确的测算规则，但是，一旦出现则是绝好的机会。总的来说，其未来的涨跌幅度与圆弧形态形成的时间成正比，即形成圆弧形态的时间越长，其未来的涨跌幅度就越大，反之越小。此外，人们通常以圆弧弦高作为其未来涨跌的第一个目标量幅。

4. V 形形态。V 形形态是最难把握的一种形态，前面讨论的都是逐渐变化的反转形态，而 V 形代表着剧烈的市场反转，趋势往往出乎意料地突然转向。

V 形底出现之前，常常会在下跌之后形成一个中继平台，加速下跌又使得下跌趋势十分明显。形成 V 形反转的主要条件是陡峭的趋势，转折点往往在恐慌交易中出现，同时伴随着巨大的交易量，持仓量也会变得较大。出现 V 形反转后，价格通常在极短的时间内回撤到原先趋势的某个比例位置。

（二）持续整理形态

1. 三角形整理形态。三角形整理形态主要分为三种——对称三角形、上升三角形和下降三角形。对称三角形，具有两条逐渐聚拢的趋势线，大多发生在一个大趋势进行的途中，表示原有的趋势暂时处于休整阶段，随后还会随着原来的趋势继续行进。对称三角形持续的时间不应太长，持续时间太久了，保持原有趋势的能力就会下降。突破的位置一般应在三角形的横向宽度的 1/2 到 3/4 位置。

上升三角形比起对称三角形来，表达更强烈的上升意愿，通常以三角形的向上突破作为这个持续过程终止的标志。如价格原有的趋势是向上的，则很显然，遇到上升三角形后，几乎可以肯定今后是向上突破。下降三角形同上升三角形正好反向，是看跌的形态。它的基本内容同上升三角形可以说完全相似，只是方向相反。

2. 矩形。矩形又叫箱形，也是一种典型的整理形态，价格在两条横着的水平直线之间上下波动，作横向延伸的运动。矩形为冲突均衡整理形态，是多空双方实力相当的斗争结果，多空双方的力量在箱体范围间完全达到均衡状态，这期间谁也占不了上风。随着时间的推移，双方的热情逐步减弱，成交量减少，市场趋于平淡。如果原来的趋势是上升，那么经过一段时间整理，会继续原来的趋势，多方会占优势并采取主动，使市场价格突破矩形的上界；如果原来是下降趋势，则空方会采取行动，突破矩形的下界。

与别的大部分形态不同，矩形为投资者提供了一些短线操作的机会。如果在矩形形成的早期能够预计到价格将进行矩形调整，那么，就可以在矩形的下界线附近买入，在矩形的上界线附近抛出，来回做几次短线的进出。如果矩形的上下界线相距较远，短线的收益也是相当可观的。

3. 旗形和楔形。旗形和楔形也是最为常见的持续整理形态。在一段上升或下跌行情的中途出现的次数较多。这两个形态是一个趋势的中途休整过程，本身有明确的趋势，并与价格波动原来的趋势方向相反，休整之后，还保持原来的价格趋势。

旗形形态一般在急速上升或下跌之后出现，成交量则在形成形态期间不断地显著减少。在形态形成中，若价格形态形成旗形而其成交量为不规则或并非渐次减少的情况时，下一步将是很快的反转，而不是整理，即一段上涨行情后出现的旗形往下突破而一段下跌行情后出现的旗形则是向上升破。换言之，高成交量的旗形形态市况可能出现逆转，而不是整理形态。因此，成交量的变化在旗形走势中是十分重要的，它是观察和判断形态真伪的唯一方法。在形成楔形的过程中，成交量是逐渐减少的。楔形形成之前和突破之后，成交量都很大。

综上所述，形态理论是比较早就得到应用的方法，相对比较成熟，尽管如此，也有正确使用的问题。一方面，站在不同的角度，对同一形态可能产生不同的解释；另一方面，进行实际操作时，形态理论要求形态完全明朗才能行动，从某种意义上讲，有错过机会的可能。

另外，我们还应该注意相互验证与相互背离原则在价格形态分析中的应用。所谓相互验证，是指我们应该把所有技术信号和指数加以比较参照，从而保证它们中的大部分相互验证，指向共同的方向。相互背离同相互验证恰恰相反，是指各类技术指标之间不能相互验证的情况。

五、相反理论与市场心理分析法

（一）相反理论

相反理论是关于市场极端状态的一种极为流行的研究方法。相反理论认为，当绝大多数人看法一致，他们一般是错误的一方。那么，我们的正确的选择应当是，首先确定大多数人的行为，然后反其道而行之。

相反理论的基本要点是投资买卖决定全部基于市场大众的行为，它认为，资本市场中当所有人都看好时，意味着牛市即将到顶，当人人看淡时，熊市已经见底。只要投资者和市场大众意见相反，就存在盈利机会。相反理论的主要思想包括：

1. 并非只是大部分人看好相反理论者就要看淡，或大众看淡时他们便要看好。相反理论会考虑这些看好看淡比例的趋势，这是一个动态的概念。

2. 相反理论并不是说大众一定是错的。市场大众通常都在主要趋势上看得对。大部分人看好，价格也会因这些看好情绪变成实质购买力而上升，这个现象有可能维持很久，直至所有人看好情绪趋于一致时，将发生质的变化——供求失衡。

3. 相反理论从实际市场研究中，发现赚大钱的人只占5%，95%都是输家。要做赢家只有与市场大众思想路线相悖，切不可同流。

4. 相反理论的论据如下：在市场行情将转势，由牛市转入熊市前一刻，每一个人都看好，都会觉得价位会再上升，市场大众都有这个共识的时候，大家会尽量买入，直到想买入的人都已经买入，而后来资金却无以为继，牛市就会在所有人看好声中完结。相反，在熊市转入牛市时，所有看淡的人都想卖出，直到他们全部出货，市场已经再无看淡的人采取行动，市场就会在所有人都出完货时见到了底部。

5. 在牛市最疯狂时，媒体如报纸、电视、杂志等都尽量宣传市场的看好情绪，人人热情高涨时，就是市场暴跌的先兆。相反，市场已经没有人去理会，新闻全部都是坏消息时，就是市场黎明的前一刻最黑暗的时候，曙光就在前面。

相反理论给投资者以下启示：一是要深思熟虑，不要被他人所影响，要自己去判断；二是要向传统智慧挑战，市场大众所想所做未必是对的，即使投资专家所说，也要用怀疑态度去看待处理；三是凡事物发展，并不一定像表面一样，要高瞻远瞩；四是要控制个人情绪，恐惧和贪婪都将成事不足、败事有余；五是当事实在眼前和希望不相符时，要勇于承认错误。

【专栏 5-4】

好友指数与市场情绪指标

我们凭什么知道大家的看法是看好还是看淡呢？单凭直觉印象或者想象并不足够。运用相反理论时，真正的数据通常有两个：一是好友指数（Bullish Consensus），另一个叫作市场情绪指标（Market Sentiment Index）。两个指标都是一些大经纪行、专业投资机构的期货或股票部门收集的资料。资料来源为各大经纪行，基金，专业投资通讯录，甚至报纸杂志的评论，计算出看好和看淡情绪的比例。就以好友指数为例，指数由零开始，即所有人都绝对看淡；直到100%为止，即人人看好，包括基金、大经纪行、投资机构、报纸杂志的报道。如果好友指数在50%左右，则表示看好看淡情绪参半。指数通常会在30～80之间升沉。如果一面倒地看好看淡，显示牛市或熊市已经走到尽头，行将转角。

汉弗莱.B·尼尔是逆向思考方法的创造者，他在1954年出版的《逆向思考的艺术》中提出了他的理论，创立了《市场风向标通讯服务》，并在其中引入了"看涨意见一致数字"。他对商品市场的各种咨询材料每周进行一次统计，以确定在专业人士中看涨或看跌的程度。这项调查的目的在于，把市场情绪通过一系列的数字表示出来，以便于分析研究和预测。该方法的理论前提是，绝大多数期货商在很大程度上都受到市场咨询机构的影响。因此，通过跟踪各种专业性咨询材料的观点，估计交易者大众所采取的态度。

国外还有一家信息服务公司也提供关于市场情绪的指标，称为"市场看好意见一致程度指数"，刊登在《全国商品期货周刊》上，每周五出版。在该指数中，以75%作为超买标志，25%作为超卖标志。如果数字大于75%，认为市场处于超买价格，意味着可能即将出现顶部过程；如果数字低于25%，认为市场处于超卖价格，意味着可能即将出现底部过程。

（二）市场心理分析法

市场心理分析法是一种从"市场心理到价格"的分析思路，是指在市场方向即将逆转或维持原方向的临界点时，通过推测市场主导势力控制者的心理价格定位，以此为基础，分析主导资金的流向从而判断未来市场走向的方法。在期货市场运用心理分析法意义重大，因为期货市场是一个人对人的市场，它的参与者是人以及受人控制的投资机构，而资本流向都是通过参与者的心理预期反映出来的，所以市场方向是受人的心理因素控制的。

运用心理分析法指导交易的原理在于：价格波动始于公众心理价格的不统一，始于基本平衡态的打破。在市场混乱时建仓，价格会在一个新的公众心理"共识"的影响下受到追捧或打压，直到出现一个公众心理可以接受的大众价格。在这个价格上，多空双方的势力再一次基本均衡，市场又开始基本维持盘整态势，一个上涨（下跌）行情由此结束，一次操作完成。投资者所要把握的就是公众心理达成新"共识"时的市场方向。

股票技术分析的立足点是历史可以重演，而相反理论也在2006年这一轮牛市的起点得到应验，比如：在上证综指2 245点至998点的下跌中，各类投资者始终对中期反弹充满希望，但持续的调整把大家的棱角磨平了。998点以后，投资者对中期反弹或反转已经不抱希望，但股市却和大家开了个大玩笑，A股市场的长期拐点悄然来临，又一次验证了相反理论的有效性。再如：2006年下半年，无论是机构还是中小散户，大多数都畏惧1 800点的压力，但沪综指向上突破1 750点后，一路逼空至3 000点大关前。

第三节　主要技术分析指标及其应用

一、趋势型指标

（一）移动平均线

移动平均线的优点主要体现在：（1）运用移动平均线可以观察价格总的走势，不考虑价格的偶然变动，这样可选择出入市的时机。（2）移动平均线能发出出入市的信号，将风险水平降低。无论移动平均线怎样变化，反映买或卖信号的规则一样。（3）移动平均线分析比较简单，使投资者能清楚了解当前价格动向。

移动平均线的缺点：（1）移动平均线变动缓慢，不易把握价格趋势的高峰与低谷。（2）在价格波幅不大的牛皮市期间，平均线折中于价格之中，出现上下交错型的出入市信号，使分析者无法定论。（3）平均线的参数没有一定标准和规定，常根据市场的不同发展阶段、分析者思维而各有不同，投资者在设定计算移动平均线的周期时，必须先清楚地了解自己的投资期限。

为了避免平均线的局限性，更有效地掌握买卖的时机，充分发挥移动平均线的功能，一般将不同期间参数的平均线予以组合运用，组内移动平均线的相交与同时上升排列或下跌排列均为趋势确认的信号。

（二）平滑异同移动平均线

平滑异同移动平均线（MACD）指标是运用快速（短期）和慢速（长期）移动平均线及其聚合与分离的征兆，加以双重平滑运算。而根据移动平均线原理发展出来的MACD，一则去除了移动平均线频繁发出假信号的缺陷，二则保留了移动平均线的效果，因此，MACD指标具有均线趋势性、稳重性、安定性等特点，是用来研判买卖时机，预测价格涨跌的技术分析指标。

MACD指标的一般研判标准主要是围绕快速和慢速两条均线及红、绿柱线状况和它们的形态展开。一般分析方法主要包括DIF和DEA值及其位置、DIF和DEA的交叉情况、柱状的收缩情况、MACD图形的形态这四个大的方面分析。MACD图形的形态法则主要有：

1. M头和W底等形态。MACD指标的研判还可以从MACD图形的形态来帮助研判行情。当MACD的红柱或绿柱构成的图形呈现双重顶（底）（即M头和W底）、三重顶底等形态时，也可以按照形态理论的研判方法来加以分析研判。

2. 顶背离和底背离。MACD指标的背离就是指MACD指标的图形的走势和价格K线图的走势方向正好相反。MACD指标的背离有顶背离和底背离两种。

当价格K线图上的价格走势一峰比一峰高，而MACD指标图形上由红柱构成的图形的走势是一峰比一峰低，这叫顶背离现象。顶背离现象一般是价格在高位即将反转转势的信号，表明价格短期内可能下跌，是看跌的信号。底背离一般出现在价格的低位区。当价格还在下跌，而MACD指标图形上由绿柱构成的图形的走势是一底比一底高，这叫底背离现象。底背离现象一般是预示价格在低位可能反转向上的信号，是短期看涨的信号（见图5-8）。

在实践中，MACD指标的背离一般出现在强势行情中比较可靠。价格在高价位时，通常只要出现一次背离的形态即可确认为价格即将反转。而价格在低位时，一般要反复出现几次背离后才能确认。因此，MACD指标的顶背离研判的准确性要高于底背离。

MACD的优点是利用了二次移动平均来消除价格变动当中的偶然因素，因此，对于价格运动趋势的把握是比较成功的。当然，MACD也有不足，当市场没有明显趋势而进入盘整时，其经常会发出错误的信号，另外，对未来行情的上升和下降的深度也不能提出有帮助的建议。

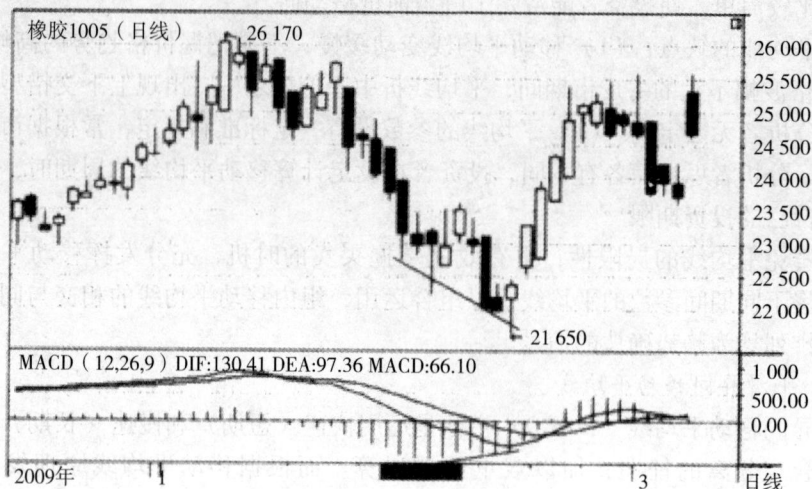

图 5 - 8　橡胶 1005 合约的底背离

（三）布林通道

BOLL 指标是美国股市分析家约翰·布林根据统计学中的标准差原理设计出来的一种非常简单实用的技术分析指标。一般而言，价格的运动总是围绕某一价值中枢（如均线、成本线等）在一定的范围内变动，布林通道指标正是在上述条件的基础上，引进了"价格通道"的概念，其认为价格通道的宽窄随着价格波动幅度的大小而变化，而且价格通道又具有变异性，它会随着价格的变化而自动调整。参考布林通道进行买卖，不仅能指示支撑、压力位，显示超买、超卖区域，进而指示运行趋势，还能有效规避主力惯用的技术陷阱，即诱多或诱空。

一般来说，布林通道线是由上、中、下三条轨道线组成。日 BOLL 指标的计算公式为：

$$中轨线 = N 日的移动平均线$$
$$上轨线 = 中轨线 + 两倍的标准差$$
$$下轨线 = 中轨线 - 两倍的标准差$$

上下轨位于通道的最外面，分别是该趋势的压力线与支撑线，中轨线为价格的平均线。多数情况下，价格总是在由上下轨道组成的带状区间中运行，且随价格的变化而自动调整轨道的位置。而带状的宽度可以看出价格变动的幅度，愈宽表示价格的变动愈大。

1. BOLL 指标中的上、中、下轨线的意义。

（1）BOLL 指标中的上、中、下轨线所形成的价格通道的移动范围是不确定的；通道的上下限随着价格的上下波动而变化。在正常情况下，价格应始终处于价格通道内运行。如果价格脱离通道运行，则意味着行情处于极端的状态下。

（2）在 BOLL 指标中，价格通道的上下轨是显示价格安全运行的最高价位和最低价位。上轨线、中轨线和下轨线都可以对价格的运行起到支撑作用，而上轨线和中轨线有时则会对价格的运行起到压力作用。

（3）一般而言，当价格在布林通道的中轨线上方运行时，表明市场处于强势；当价格在布林通道的中轨线下方运行时，表明市场处于弱势。

2. K 线和布林通道上、中、下轨之间的关系。

图 5 - 9 以沪锌 1006 合约为例说明 K 线和布林通道的应用，图中序号分别与以下分析对应。

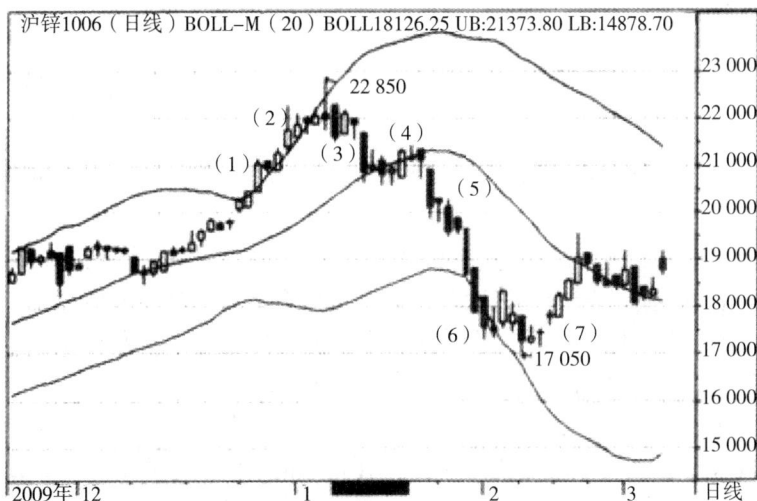

图 5 - 9　K 线和布林通道在沪锌 1006 合约上的应用

（1）当 K 线从布林通道的中轨线以下向上突破布林通道中轨线时，预示着价格的强势特征开始出现，价格将上涨，投资者应以中长线买入为主。当 K 线从布林通道的中轨线以上向上突破布林通道上轨时，预示着价格的强势特征已经确立，价格将可能短线大涨，投资者应以持有待涨或短线买入为主。

（2）当 K 线向上突破布林通道上轨以后，其运动方向继续向上时，如果布林通道的上、中、下轨线的运动方向也同时向上，则预示着市场的强势特征依旧，价格短期内还将上涨，投资者应坚决持有待涨，直到 K 线的运动方向开始有掉头向下的迹象时才密切注意行情是否转势。

（3）当 K 线在布林通道上方向上运动了一段时间后，如果 K 线的运动方向开始掉头向下，投资者应格外小心，一旦 K 线掉头向下并突破布林通道上轨时，预示着价格短期的强势行情可能结束，价格短期内将大跌，投资者应及时短线离场观望。特别是对于那些短线涨幅很大的品种。

（4）当 K 线从布林通道的上方向下突破布林通道上轨后，如果布林通道的上、中、下轨线的运动方向也开始同时向下，预示着价格的短期强势行情即将结束，价格的短期走势不容乐观，投资者应以逢高减仓为主。

（5）当 K 线从布林通道中轨上方向下突破布林通道的中轨时，预示着价格前期的强势行情已经结束，价格的中期下跌趋势已经形成，投资者应中线及时卖出。如果布林通道的上、中、下线也同时向下则更能确认。

（6）当 K 线向下跌破布林通道的下轨并继续向下时，预示着价格处于极度弱势行情，投资者应坚决以持币观望为主，尽量不抢反弹。

（7）当 K 线在布林通道下轨运行了一段时间后，如果 K 线的运动方向有掉头向上的迹象时，表明价格短期内将止跌企稳，投资者可以少量逢低建仓。当 K 线从布林通道下轨下方向上突破布林通道下轨时，预示着价格的短期行情可能回暖，投资者可以适量买进，做短线反弹行情。

（四）DMI 指标

DMI 中文名称直译为方向移动指数，也有趋势指标、趋向指标和动向指标等不同叫法。

1. DMI 的计算。DMI 的计算过程比较复杂，包括 ±DI、DX、ADX 和 ADXR 等 4 个组成指标：

（1）+DI 和 −DI。DI 是 Directional Indicator 的缩写，称为方向线，+DI 表示上升方向线，−DI 表示下降方向线。尽管名称上有正负之分，但具体取值都是正数，没有负数，取值永远在 0 至 100 之间。通过比较上升方向的变动和下降方向的变动在全部变动中所占的比例衡量该方向上多空双方力量的绝对强度，这是 DMI 构造的基本思想。

（2）DX（Directional Movement Index），称为动向值，也叫比例数，取值范围是 0 至 100。从直观上讲，如果 +DI = −DI，则说明向上和向下的力量相等，那么价格将没有趋势，波动也没有方向，而这时 DX = 0。从另一个极端看，如果 ±DI 中有一个是 0，比如说 +DX 为 0，那么向下的力量完全战胜向上的力量，而这时 DX = 100。由此可知，DX 越大，价格越具有趋势和波动的方向；而 DX 越小，价格就没有明确的趋势和波动方向。DX 表明的是多空双方差异的相对水平。

（3）ADX（Average Directional Movement Index），称为平均方向指标。ADX 是 DX 的移动平均。之所以选择 ADX 而不选择 DX，是为了避免某一天的偶然取值使其大幅度变动。

2. DMI 的应用法则。

（1）±DI 的应用法则。利用 +DI 和 −DI 这两条曲线可以很容易判断出行情的发展趋势并以此为依据确立自己的买入和卖出价位。

±DI 表示上升动力和下降动力绝对数字的大小；所以当 +DI 上升、−DI 下降时，就说明目前多方力量强大。如果 +DI 从低位向上，而 −DI 从高位向下，当 +DI 上穿 −DI 时，为多方最终占优势的局面，是买入信号。与上述方向相反，当 −DI 上升、+DI 下降时，则说明目前市场是空方力量渐渐增强，而多方力量渐渐减弱。如果 −DI 从低向上，而 +DI 从高向下，当 −DI 上穿 +DI 时，是空方最终占优的标志，是卖出信号。

（2）DX 和 ADX 的应用法则。DX 和 ADX 的应用法则是相同的，以下只叙述 ADX 的应用法则。在多头市场中，价格会不断地上涨，从而导致 +DI 的上升和 −DI 的下降，ADX 也会上升。而在空头市场中，价格不断地下降，+DI 会下降，−DI 会上升，最终 ADX 还是上升。这就是说，无论是在空头市场还是在多头市场，ADX 的曲线总是呈现上升的趋势。也就是说，ADX 只能帮助投资者判断是否有趋势存在，也即价格目前是否按照某一方向移动，而不能帮助投资者弄清楚价格具体是向上移动还是向下移动。

①ADX 曲线持续上升到高位，说明目前价格波动有一个明确固定的方向，可能是上升也可能是下降，如图 5 - 10 中（1）处，与沪深 300 指数在 2009 年 8 月的下跌相对应，ADX 快速上升。当然，ADX 达到什么数字算是高位，要根据参数的选择和品种而定。

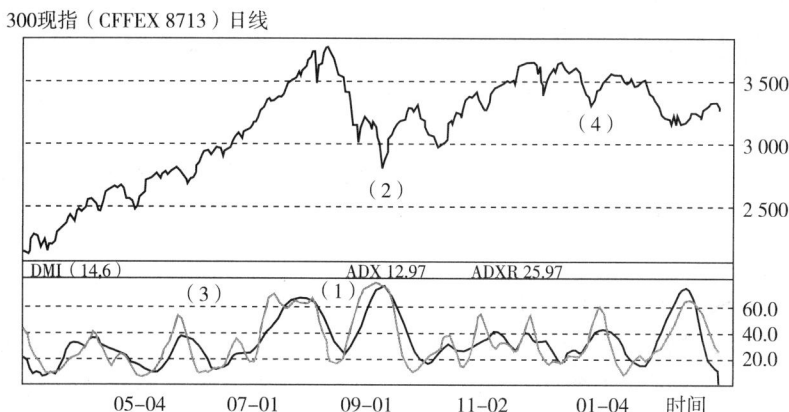

300现指（CFFEX 8713）日线

图 5 - 10　ADX 在沪深 300 指数中的应用

②当 ADX 上升到很高的高位并转折向下时，说明原来的趋势可能遇到了麻烦，不能再像原来那样沿原方向畅快地运动了，甚至可能是这一轮趋势反转的开始，如图 5 - 10 中（2）处，价格此后转折。

③价格不断出现新高或新低，ADX 同时也不断出现新高，而价格这种创新高和创新低的行为还将保持一段时间，不会立即停下来，这就是 ADX 的助涨和助跌作用，如图 5 - 10 中（3）处，ADX 一路走高，沪深 300 指数也同时创出新高，且滞后于 ADX 见顶。

④ADX 进入低位时（具体低到什么数字才算低，要根据具体的情况而定），说明 +DI 和 -DI 已经接近，多空双方的力量对比基本相当，谁也不占大的优势。此时，价格进入盘整阶段，没有明确的运动方向，如图 5 - 10 中（4）处。ADX 一旦进入低位就失去了它的作用。ADX 的价值体现在 ADX 处在高位时的表现，当处于低位时，对投资者的意义不大。

几乎所有技术分析指标都是通过某种方式来发现多空双方力量对比的变化，进而预测未来的行情，DMI 也不例外。DMI 包括的几个技术指标都可以单独运用于价格的预测。但是，DMI 最好同其他技术指标结合使用，这可使推测的结果更加准确。

与 DMI 结合使用得最多的技术指标是 RSI。RSI 和 DMI 都是描述多空双方力量对比的技术指标，DMI 是从最高价和最低价的角度，RSI 则是从收盘价的角度。在大多数情况下，DMI 与 RSI 的波动方向是一致的，是同步的。如果 DMI 和 RSI 所显示的多空双方力量发生了矛盾，这时的行情可能会有大的动作。

（五）三重交叉法

最常用的三重交叉法系统，要数4—9—18天移动平均线的组合。这个概念最先出自艾伦1972年的著作《怎样从商品市场发财》以及1974年的著作《怎样利用4天、9天、18天移动平均线的组合从商品市场获取更多利润》。在上升趋势中，合理的排列应该是，4天平均线高于9天平均线，而后者又高于18天平均线；在下降趋势中，4天平均线最低，9天平均线次之，18天平均线居上。

在下降趋势中，当4天平均线同时向上穿越了9天和18天平均线后，则构成买入的预警信号。随后，一旦9天平均线也向上越过了18天平均线，则该预警就得到了验证，说明上述买入信号成立。当上升趋势反转为下降趋势时，首先是最敏感的4天平均线向下跌破9天平均线和18天平均线，形成卖出的预警信号。随后，如果9天平均线也向下跌破了18天平均线，则卖出信号得到确认。

（六）四周规则

根据四周规则建立的系统很简单：

（1）只要价格涨过前四个日历周内的最高价，则平回空头头寸，开立多头头寸。

（2）只要价格跌过前四个日历周内的最低价，则平回多头头寸，开立空头头寸。

如上所述，本系统属于连续工作性质（连续在市），即系统始终持有头寸，或者是多头，或者是空头。连续在市系统具有一个基本的缺陷：当市场进入了无趋势状态时，它仍处在市场中，难免出现"拉锯现象"。也可以对四周规则进行修正，使之不连续在市。办法是采用较短的时间跨度，比如一周或两周，作为平仓的信号。换言之，必须出现"四周突破"，才能建立头寸，但只要朝相反方向的一周或两周的信号出现，就平回该头寸。之后，交易商将居于市场外，直至到下一个四周突破信号出现再入市。

二、摆动型指标

摆动型指标必须附属于基本的趋势分析，从这个意义上说，它只是一种第二位的指标。在三种情况下摆动型指标最有用，这三种情况对绝大多数摆动型指标来说都是共同的：（1）当摆动型指标的值达到上边界或下边界的极限值时，表示市场趋势走得太远，可能开始趋于弱化；（2）摆动型指标处于极限位置，并且摆动型指标与价格变化之间出现了相互背离现象时，通常构成重要的预警信号；（3）如果摆动型指标顺着市场趋势的方向穿越零线，可能是重要的买卖信号。

（一）威廉指标

威廉指标（WMS％R）是由Larry Williams 1973年首创的，最初用于期货市场。威廉指标主要是通过分析一段时间内价格最高价、最低价和收盘价之间的关系，来判断市场的超买超卖现象，预测价格中短期的走势。它主要是利用振荡点来反映市场的超买超卖行为，分析多空双方力量的对比，从而提出有效的信号来研判市场中短期行为的走势。

WMS％R指标的一般研判标准主要是围绕WMS％R的数值大小、WMS％R曲线形状等方面展开的。与其他技术分析指标一样，WMS％R指标的背离也分为顶背离和底背离两种。顶背离一般是价格将高位反转的信号，是比较强烈的卖出信号。底背离一般是价格将低位反转的信号，是比较强烈的买入信号。

WMS%R指标作为一个短线指标，能够较为准确地发现短期内超买和超卖的信号，从而为投资者短期操作行为提供了有效的指导，但是该指标在参考数值选择上也没有固定的标准，这无疑会给实际操作带来麻烦，同时应该注意到的是，盘整过程中WMS%R的准确性较高，而在上升或下降趋势当中，却不能只以WMS%R超买超卖信号为依据来判断行情即将反转。

（二）KDJ指标

KDJ指标是由George Lane首创的，最早也是用于期货市场。它主要是利用价格波动的真实波幅来反映价格走势的强弱和超买超卖现象，在价格尚未上升或下降之前发出买卖信号的一种技术工具。它在设计过程中主要是研究最高价、最低价和收盘价之间的关系，同时也融合了动量观念、强弱指标和移动平均线的一些优点，能够比较迅速、快捷、直观地研判行情。

随机指标KDJ最早是以KD指标的形式出现，而KD指标是在威廉指标的基础上发展起来的。不过威廉指标只判断超买超卖的现象，在KDJ指标中则融合了移动平均线速度上的观念，形成比较准确的买卖信号依据。在实践中，K线与D线配合J线组成KDJ指标来使用。由于KDJ线本质上是一个随机波动的观念，故其对于掌握中短期行情走势比较准确。

随机指标KDJ主要是通过K、D和J这三条曲线所构成的图形关系来分析市场上的超买超卖、形态分析、走势背离及K线、D线和J线相互交叉突破等现象，从而预测价格中、短期及长期趋势。图5-11以豆粕1009为例说明了KDJ曲线的应用。

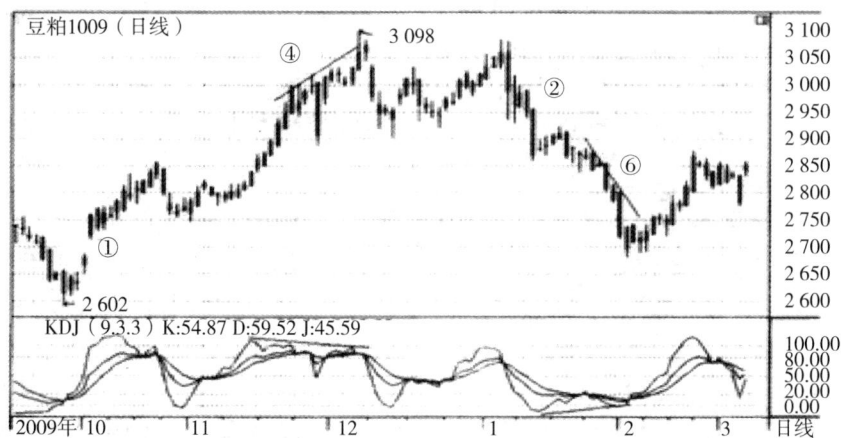

图5-11　KDJ曲线在豆粕1009上的应用

1. 当KDJ曲线与价格曲线从低位（KDJ值均在50以下）同步上升，表明价格中长期趋势向好、短期内价格有望继续上涨趋势，投资者应继续持有多单或逢低买入（见图5-11中①处）。

2. 当 KDJ 曲线与价格曲线从高位（KDJ 值均在 50 以上）同步下降，表明短期内价格将继续下跌趋势，投资者应继续持币观望或逢高卖出（见图 5 - 11 中②处）。

3. 当 KDJ 曲线从高位回落，经过一段时间强势盘整后再度向上并创出新高，而价格曲线也在高位强势盘整后再度上升创出新高，表明价格的上涨动力依然较强，投资者可继续持有待涨。

4. 当 KDJ 曲线从高位回落，经过一段时间盘整后再度向上，但到了前期高点附近时却掉头向下、未能创出新高时，而价格曲线还在缓慢上升并创出新高，KDJ 曲线和价格曲线在高位形成了相反的走势，这可能就意味着价格上涨的动力开始减弱，KDJ 指标出现了顶背离现象，一旦价格向下，应果断及时地离场（见图 5 - 11 中④处）。

5. 当 KDJ 曲线在长期弱势下跌过程中，经过一段时间弱势反弹后再度向下并创出新低，而价格曲线也在弱势盘整后再度向下创出新低，表明价格的下跌动能依然较强，投资者可继续持币观望。

6. 当 KDJ 曲线从低位向上反弹到一定高位、再度向下回落，但回调到前期低点附近时止跌企稳、未能创出新低时，而价格曲线还在缓慢下降并创出新低，KDJ 曲线和价格曲线在低位形成相反的走势，这可能就意味着价格下跌的动能开始衰弱，KDJ 指标出现了底背离现象。此时投资者也应密切关注价格动向，一旦价格向上就可以短线买入，等待反弹的出现（见图 5 - 11 中⑥处）。

KDJ 指标作为最常用的短线指标之一，能够敏锐地抓住价格上升和下跌的信号，对于短线操作的指导意义大。但是 KDJ 指标也存在着明显的不足，主要有以下几个方面：第一，KDJ 指标发出的买入和卖出信号过于频繁，投资者需要结合其他分析方法来确认信号的有效性；第二，KDJ 指标在顶部和底部会产生钝化的现象，也就是说当价格处于顶部或底部时，KDJ 指标发出的信号可靠性差；第三，当价格进入整理区域时，KDJ 指标也会显得无所作为。

（三）相对强弱指标

相对强弱指标 RSI 以一特定时期内价格的变动情况推测价格未来的变动方向，并根据价格涨跌幅度显示市场的强弱。

RSI 的研判标准主要是围绕 RSI 的取值、长期 RSI 和短期 RSI 的交叉状况及 RSI 的曲线形状等展开的。一般分析方法主要包括 RSI 取值的范围大小、RSI 数值的超卖超买情况、长短期 RSI 线的位置及交叉、RSI 曲线形状、RSI 与价格的背离等方面，此处不再赘述。

RSI 指标通过计算一段时期内价格上升动能占总动能的比重来研判多空双方的力量对比，是最为常用的指标之一。但是，RSI 指标也存在着不足，投资者应该正确地认识并客观对待，如 RSI 在第一次进入应该采取行动的区域而形成单峰或是单谷的时候发出的信号不太可靠，需要结合其他技术分析方法加以确认。

（四）乖离率

乖离率（BIAS）是描述价格与价格的移动平均线的相距的远近程度。BIAS 指的是相对距离。

1. BIAS 的计算公式及参数。

N 日乖离率 =（当日收盘价 – N 日移动平均价）/N 日移动平均价

其中，分子为价格（收盘价）与移动平均价的绝对距离，可正可负，除以分母后，就是相对距离。BIAS 的公式中含有参数的项只有一个，即 MA。这样加 A 的参数就是 BIAS 的参数，也就是天数。参数大小的选择首先影响 MA，其次影响 BIAS。一般来说，参数选得越大，则允许价格远离 MA 的程度就越大。

2. BIAS 的应用法则。BIAS 的应用法则主要是从三个方面考虑：

（1）从 BIAS 的取值大小方面考虑。找到一个正数或负数作为上下分界线，正数的绝对值一般可以设置的比负数的绝对值大一些。只要 BIAS 一超过这个正数，就应该考虑卖出，只要 BIAS 低于这个负数，就应该考虑买入。这条分界线与三个因素有关：BIAS选择的参数的大小、选择的品种合约、所处的时期。一般来说，参数越大，采取行动的分界线就越大。市场越活跃，选择的分界线也越大。

（2）从 BIAS 的曲线形状方面考虑，切线理论在 BIAS 上也能得到应用。BIAS 形成从上到下的两个或多个下降的峰，而此时市场价格还在继续上升，则这是抛出的信号。BIAS 形成从下到上的两个或多个上升的谷，而此时市场价格还在继续下跌，则这是买入的信号。

（3）从两条 BIAS 线结合方面考虑。当短期 BIAS 在高位下穿长期 BIAS 时，是卖出信号；在低位，短期 BIAS 上穿长期 BIAS 时是买入信号。

3. 应用 BIAS 应注意的问题。

（1）应该在实践中寻找适合自己风格的分界线的具体位置。

（2）在 BIAS 迅速地达到第一峰或第一谷时，是最容易出现操作错误的时候，应当特别小心。

（3）BIAS 的应用应该同 MA 的使用结合起来，这样效果可能更好。当然，同更多的技术指标结合起来也会极大地降低 BIAS 的错误。具体方法如下：①BIAS 从下向上穿过 0 线，或 BIAS 从上向下穿过 0 线可能也是采取行动的信号。上穿为买入信号，下穿为卖出信号。因为此时，价格也在同方向上穿过了 MA。②BIAS 是正值，价格在 MA 之上，如果价格回落到 MA 之下，但随即又反弹到了 MA 之上，同时 BIAS 也是呈现相同的走势，则这是买进信号。对于下降的卖出信号也可类似处理。③BIAS 是正值，并在向 0 回落，如果接近 0 时，反弹向上，则这是买入信号。BIAS 是负值亦可照此处理。

图 5 – 12 以 PVC1005 为例说明了以上三种情况在实际中的应用，图中序号与以上分析序号对应。

BIAS 指标的实质是测算价格偏离均线即市场平均成本的程度，从而计算出在一定时期内市场的平均盈利程度和平均亏损程度，以发现短期的买入和卖出信号，其有效性不容置疑。但不同的市场和不同的投资者对于盈利的期望大小和亏损的承受能力是不同的，因而导致了 BIAS 没有一个公允的判断标准，这就给投资者在使用这个指标时造成了一定的困难。

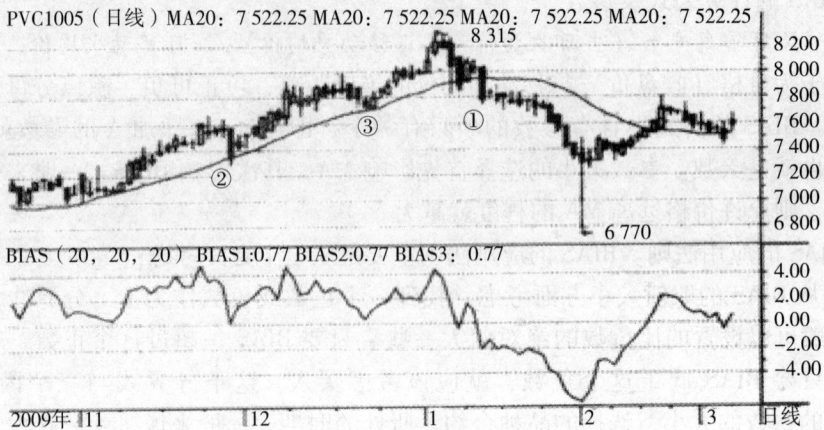

图 5 - 12　BIAS 与 MA 在 PVC1005 合约中的综合应用

第四节　期货市场持仓分析

大部分金融市场技术分析者同时跟踪三组数据，即价格、交易量和成交量。交易量分析适合用于所有市场，持仓量分析主要应用于期货市场。在上述三个因素中，价格显然是最重要的因素。交易量和持仓量是次要的，主要作为验证性指标使用。而在这两者之间，交易量又更重要些，持仓量居末位。在基本面比较确定的情况下，对价格短期走势的判断，除技术分析外，持仓量以及持仓结构的变化更能简洁明了地反映各市场参与方的基本观点。

持仓量研究涵盖两大方向，其一是研究价格、持仓量和成交量三者之间关系，这种研究方法是传统经典的研究方法，有助于从整体上判断市场中的买卖意向，另一个方向是研究各会员多空持仓变化，这是基于市场本身的规律性产生的分析方法，也即通过分析市场买方与卖方力量的对比变化来预测市场运行方向，而买卖力量就是通过持仓状况来分析的。一般而言，主力机构的持仓方向往往影响着价格的发展方向，这在国内市场尤其明显。由于基本面不会一日一变，在基本面基本确定的情况下，可以说，主力机构特别是大套保商比一般投资者对基本面的分析更具优势，他们对基本面的理解更透彻、更全面，因而他们的动向对交易的指导意义更强。

但是，由于主力资金经常进行分仓或转移交易席位，这使得通过持仓排行把握主力动向的方法有时如同盲人摸象，因此，这种方法得出的结论只能作为入市策略的辅助指标。

一、国内交易所持仓分析

(一) 交易所持仓信息披露

持仓信息是一种常规信息，不同国家的交易所或监管当局在持仓的具体规定和信息披露上有不尽相同的规定。比如，我国期货交易所在风险管理办法里均规定了限仓制度和大户持仓报告制度。根据不同期货品种的具体情况，分别确定每一品种每一月份合约的限仓数额，采用限制会员持仓和限制投资者持仓相结合的办法，控制市场风险。当会员或者投资者在某品种合约的投机持仓头寸达到交易所规定的持仓限额80%（含）以上时，会员或投资者应向交易所报告其资金情况、头寸情况，投资者须通过经纪会员报告。交易所可根据市场风险状况，制定并调整持仓报告标准。

目前，中国四大商品期货交易所在每日收盘后都将各品种主要合约当日交易量排名至少前20名会员的名单及持仓量予以公布，同时，多空持仓量排在前20名的会员及数量也予以公布。中国的持仓公布有两个特点，一是每个交易日都发布，发布频率高；二是以会员为公布对象。而会员的客户中既有套期保值者也有投机者还有套利者，仅仅从会员的持仓数据看不清持仓结构。

（二）持仓分析方法

就国内持仓分析来说，主要有以下方法：一是比较多空主要持仓量的大小，如果某期货合约前数名（比如前20名）多方持仓数量远大于空方持仓数量，说明该合约多单掌握在主力手中，空单则大多分布在散户手中，反之则相反；二是观察某一品种或合约的多单（空单）是否集中在一个会员或几个会员手中，结合价格涨跌找到市场主力所在，即"区域"或"派系"会员持仓分析；三是跟踪某一品种主要席位的交易状况，持仓增减，从而确定主力进出场的动向。

1. 前20名持仓分析。由于资金的多空意向体现在持仓上，而且主要体现在前20名席位上，因此一般使用前20名持仓的多空合计数之差（即净持仓）来对多空实力进行分析。这里的净持仓变化能较大程度地表现主力资金的多空态度，因此研究净持仓的变化对预判价格的将来变化有非常大的帮助。这里主要研究的是价格的阶段性变化，而非短期的价格无序波动。判断净持仓变化与价格关系一般有如下规律：

（1）特殊信号：背离。背离分为两种，即净持仓与价格变化方向的背离、阶段性的价格新低（新高）而净持仓峰值未创新低（新高）。在出现背离信号时，应首先遵从价格的技术信号，即当技术信号（特别是K线组合）出现"转折"迹象时，此时背离信号的作用将开始产生作用。

①一段时间的价格变化与净持仓方向变化相反，且较为激烈时，预示着后市价格很快将出现较大的反向运行。

②某个阶段性趋势运行时，价格较前一波段高点（低点）创出新高（新低），而净持仓峰值未较前一波段的峰值创出新高（新低），则暗示着价格在当前位置处于衰竭阶段，可能出现反向（或次级调整，由于获利回吐而产生）的变化。

（2）一般信号：顺势。此情况为净持仓变化与价格产生"同向"关联时，此时价格趋势的判断为顺势（即跟随之前价格变化趋势来定）。

当然，决定价格走向的并不是持仓结构，而是基本供求关系，但持仓变化客观地反映了基本面的变化。在不同的市场阶段，持仓变化的市场含义也会不同，要结合当时情况具体分析，但从长期看，持仓分析对交易的指导意义是明显的。此外，在市场参与基

期货市场理论与实务
QIHUO SHICHANG LILUN YU SHIWU

础较好的品种上，持仓分析尤为有效，而对于那些交易不活跃，靠做市商保持流动性的品种，持仓分析并无太大意义。

2. "区域"或"派系"会员持仓分析。在某些特殊时期，持仓资金具有地区属性。比如，近年来，某经济发达地区一带的资金活跃程度非常高，资金量也很大，在持仓排行榜上经常出现，2008 年上半年，其在大豆 809 合约上盈利不菲。这种"区域"或"派系"的办法一般是在特定背景下比较有效。如有的资金大部分来自民间游资，具有较强的投机属性；有的则有许多现货背景的席位等。另外，股指期货出台后，必然会产生"券商系"资金，而这些资金将会主要集中在具有券商背景的期货公司。通过分析某一时期、某个特定品种里的"区域"或"派系"会员持仓情况，可以更好地了解目前该品种的多空倾向，因为这些"区域"或"派系"会员具有这些特定背景下的实力。

3. 成交量活跃席位的多空持仓分析。成交量越大表示该席位越活跃，那么它在该合约上的影响能力则可能越大，因此分析成交量活跃的席位的多空持仓情况，能窥探这些"最活跃"的资金的多空倾向。值得注意的是，虽然有些席位成交量位列前几名，但因为或是做市商，或是专门做当日短线交易，因此分析这些成交量最活跃的席位持仓也未必能全面了解当前主流资金的多空倾向。

4. 合约总持仓量增减与价格关系。成本量和持仓量的变化会对期货价格产生影响，期货价格变化也会引起成本量和持仓量的变化。因此，分析三者的变化，有利于正确预测期货价格走势。

（1）成本量、持仓量增加，价格上升，表示新买方正在大量收购，近期内价格还可能继续上涨。

（2）成本量、持仓量减少，价格上升，表示卖空者大量补货平仓，价格短期内向上，但不久将会回落。

（3）成本量增加，价格上升，但持仓量减少，说明卖空者和买空者都在大量平仓，说明价格可能会下降。

（4）成交量、持仓量增加，价格下降，表明卖空者大量出售合约，短期内价格还可能下跌，但如抛售过度，反而可能使价格上升。

（5）成交量、持仓量减少，价格下跌，表明大量买空者急于卖货平仓。短期内价格将继续下降。

（6）成交量增加、持仓量和价格下跌，表明卖空者利用买空者卖货平仓导致价格下跌之际陆续补货平仓获利，价格可能转为回升。

（7）其他情况，根据之前走势特点进行"顺势"判断。

（三）持仓分析中需注意的问题

持仓分析要注意的问题很多，其中一个最重要的问题是，投资者往往对具有现货背景的会员席位上多空仓位的变化作出错误的判断。比如，铜厂一般是卖出套期保值，因此，其仓位的增加并不反映铜期货可能见顶的信息。类似地，电缆厂一般是买入套期保值者，其多仓的建立也不一定意味着铜价一定上涨。在牛市中，前者显然是亏损的，而在熊市中，后者亏损也是常事。因此，在对具有现货背景的会员席位上的持仓进行分析

172

时，应该考虑到套期保值盘的因素，辩证地分析套期保值者的建仓目的。

此外，期货市场上的空头比较分散，而多头通常比较集中（也有反过来的例子），这个现象其实反映的是现货资源的有限性和资金的无限性之间的矛盾。很难想象一个没有现货背景的机构敢于建立大规模的空头持仓，一旦建立了庞大的空头仓位，而又没有现货来源，就有可能面临被逼空的危机。因此，当空头仓位比较分散，多头仓位比较集中时，并不能断言目前是一波牛市行情，反之亦然。对于多头来说，不会遇到逼空的问题，因此仓位相对来说可以重些，最后有交割作保障，或者转抛到远期合约上。

综上所述，无论是经典的持仓量、成交量与价格之间关系的分析，还是主力持仓分析方法，都没有固定的模式，也没有绝对的结论，一切都需要投资者结合市场的现状和行情的趋势加以综合判断。但相对于股票市场，期货市场的持仓量确实能够给投资者提供一个反映多空双方交易意图和多空力量变化的指标。

二、美国 CFTC 持仓报告分析

（一）CFTC 持仓报告披露

美国商品交易委员会（CFTC）是监管期货和期权交易、促使市场免于虚假价格的权力部门。完成此项任务的措施之一就是 CFTC 的市场监管项目，它的职责在于监管市场，防止某个交易商的头寸大到足够导致价格不再正确反映供需状况。为了监控 CFTC 制定了大户报告制度。期货交易所的结算会员、期货经纪商和境外经纪商必须每天向 CFTC 提交持仓报告。报告内容主要是期货或期权的持仓量等于或超过 CFTC 规定水平的交易者的持仓情况。在每天收盘以后，如果投资者的任何月份的期货合约或期权合约超过 CFTC 的持仓限额，该报告单位必须向 CFTC 报告它在期货和期权上的全部持仓情况。CFTC 负责收集所有期货合约持仓构成数据于 COT 持仓报告（Commitments of Traders Report）中。COT 报告在美国东部时间每周五下午 3：30 公布，报告的持仓量数据截至当周星期二收盘时，持仓数据间隔为一周。COT 报告提供了每周二持仓量的明细项目，对达到 CFTC 持仓报告水平的 20 个或更多交易者的持仓进行公布。

目前披露的 COT 报告有两种：一种是期货持仓报告（Futures – Only Commitments of Traders）；另一种是期货和期权持仓报告（Futures – and – Options – Combined Commitments of Traders）。上述两种报告又按照各个不同交易所进行披露，每个交易所披露的格式分为两种：长格式（Lung Form）和短格式（Short Form）。

短格式中持仓由报告（Reportable）和非报告（Non – reportable）交易商组成。交易头寸超过 CFTC 规定水平的是报告交易商持仓，它被分成商业和非商业持仓。商业持仓指从事与现货有关的业务，被普遍认为是保值者。非商业持仓是 CFTC 持仓报告中最核心的内容，被市场视作影响行情的重要因素，它们不涉及现货业务被归为投机商。达到报告水平的投机商一般来自管理期货或者商品基金，因而也常被称为基金持仓。非报告持仓一般指小的投机商持仓。长格式除了以上披露的信息外，还包括作物年度数据、最大四家和八家交易商所持有头寸的集中度数据。

图 5 – 13 是 CFTC 发布的 NYMEX 原油期货多头分类持仓数示意图，时间区间是从

2000 年到 2009 年，从中可以看出 NYMEX 原油期货持仓中商业持仓一直占主导地位（从空头头寸来看更是如此），而基金持仓的规模也是逐步增加。

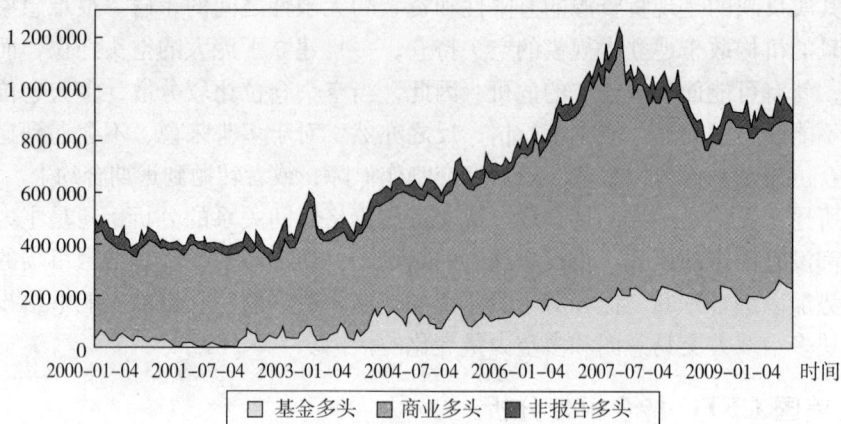

图 5 - 13　NYMEX 原油期货多头分类持仓（2000—2009 年）

（二）CFTC 持仓报告分析

通过分析持仓报告，投资者试图确定各类市场参与者、大型对冲机构、大型投机者和小型交易者的"预测"表现。这里有个合理的假定，那就是大型和经验老到的交易者应该能够对市场有更好的洞察，从而帮助他们预测价格运动。如果不是绝对无误的，那么至少也比包含在小型投资者中的"信息缺乏公众"的预测正确。

长期跟踪显示，大型对冲机构与大型投机商能够较好地预测价格，而小型交易者为最差，有些出乎意料的是，那些大的对冲机构一贯好于大型投机商，但大型投机商的预测结果在不同的市场中差异较大。

（三）CFTC 持仓报告分析需注意的问题

在关注 CFTC 的持仓报告时有几个方面应注意：第一，对商业头寸而言，更应关注净头寸的变化而不是持有多头还是空头。第二，注意季节性因素的变化，尤其是农产品，有时候商业交易者做的只是季节性套期保值盘。第三，持仓分析是从资金面的角度看市场动向，对短期作用明显，对于长期走势还需结合基本分析等其他方法。尽管如此，持仓报告仍为投资者提供了一个大概的市场轮廓，有其利用价值。

【本章小结】

技术分析法是通过对市场行为本身的分析来预测市场价格的变化方向。技术分析有三个基本假设：市场行为涵盖一切信息；价格以趋势方式演变；历史会重演。

技术分析的优点：具有可操作性、具有高度灵活性、适用于任何时间尺度、给出明确的买卖信号。

技术分析的缺点：买卖信号具有时滞性、分析指标或方法都有局限性、不同的技术分析者也会对同一信号和指标作出不同的解释和预测，并且各种不同的技术指标经常发出相互矛盾的信号。

技术分析实际运用中应注意的问题：技术分析应该与基本面分析结合起来、注意多种技术分析方法的综合研判，切忌片面地使用某一种技术分析、将现有技术分析方法与具体品种结合起来。

技术分析的主要理论包括道氏理论、K线理论、波浪理论、量价关系理论。其他技术分析理论包括江恩理论、切线理论、形态理论、相反理论与市场心理分析理论。

主要技术分析指标：趋势型指标、摆动型指标。

期货市场持仓分析包括国内交易所持仓分析和美国CFTC报告分析。

国内持仓分析方法：前20名持仓分析、"区域"或"派系"会员持仓分析、成交量活跃席位的多空持仓分析、合约总持仓量增减与价格关系。

【复习思考题】

1. 技术分析的三大假设是什么？应该如何辩证认识？
2. 技术分析的优点和缺点是什么？
3. 技术分析在期货市场应用中有哪些特点？
4. 构建期货连续图表有几种方式？
5. 如何在波浪理论中应用菲波纳奇数字？

【案例】

苏州红小豆事件

背景与经过

红小豆的产量受自然条件、气候变化和国内外市场需求量的影响较大，其价格波动也较为频繁。自20世纪90年代以来，我国在不断探索如何利用红小豆期货交易为生产和流通服务，先后在北京、上海、大连、长春、海南等8家期货交易所推出了红小豆期货交易，其中以天津联合交易所和苏州商品交易所的红小豆期货交易最为活跃。

1994年9月，天津联合交易所在国内率先推出了红小豆期货交易。受现货市场影响，天津红小豆期货上市不久，其价格就逐级下滑，从5 600元/吨下滑至503合约的3 680元/吨，507合约上市之后，由于现货市场持续低迷，期价亦是一路下跌。当其价格跌至3 800元/吨左右时，多头主力一方面在现货市场上大量收购现货，另一方面在期货市场低位吸足筹码，逐步拉抬期价。随着市场游资的加入，从1995年5月中旬开始，507合约成交量、持仓量开始逐步放大。6月初多头主力开始发力，连拉两个涨停板，期价涨至5 151元/吨。

为了抑制过度投机，交易所在6月6日、7日、8日连续发文要求提高交易保证金比例。6月9日，红小豆期货市场多头主力拉高期价至5 000元/吨和4 980元/吨，至9点

30 分，场内终端全部停机。第二天，交易所宣布 9 日交易无效，507 合约停市两天。随后，交易所采取措施要求会员强制平仓。这就是"天津红 507 事件"。

1995 年 6 月 1 日，苏州商品交易所正式推出红小豆期货合约交易。与天津联交所不同的是，苏州商交所红小豆期货合约的交易标的物为二等红小豆。由于当时红小豆现货市场低迷，苏州红 1995 系列合约一上市就面临巨大的实盘压力，仓库库存持续增加，致使期货价格连创新低，9511 合约曾创下 1 640 元/吨的低价。期价偏低和 1995 年红小豆减产等利多消息促使很多资金入市抄底。随着 1996 年诸合约陆续上市，多头主力利用交易所交割条款的缺陷和持仓头寸的限制，加上利多消息的支撑，蓄意在 1996 年系列合约上逼空。9602 合约期价与 10 月中旬以 3 380 元/吨启动后至 11 月 9 日价格涨至 4 155 元/吨的高位，随后回落整理，12 月再度进入暴涨阶段。12 月 15 日，苏州商品交易所通知严禁陈豆、新豆掺杂交割。12 月 19 日，苏州商交所公布库存只有 5 450 吨。多头借机疯狂炒作，在近一个月的时间里价格从 3 690 元/吨涨至 5 325 元/吨。空头主力损失惨重，同时也导致很多套期保值者爆仓。

1996 年 1 月 8 日，中国证监会认为苏州红小豆合约和交易规则不完善，要求各持仓会员减仓，并且不得开出 9608 以后的远期合约。1 月 9 日、10 日，苏州红小豆开盘不久即告跌停，这使得高位建仓的多头面临爆仓和巨大亏损的风险。而后，苏州商交所推出一系列强制平仓的措施，期价大幅回调。3 月 8 日，证监会发布通知，停止苏州商交所红小豆期货合约交易。

苏州红小豆事件发生之后，原来囤积在苏州商交所交割仓库的红小豆源源不断地流入天津市场。天津联交所为防范风险，规定最大交割量为 6 万吨。多头于是集中资金优势，统一调配，通过分仓，以对敲、移仓、超量持仓等手段操纵市场，使得 1996 年各合约呈现连续的多逼空态势，最终酿成了"9609 事件"，再次对交易所的风险监管敲响了警钟。当年底，受日本红小豆进口配额有可能增加的朦胧利好刺激，期价进一步冲高，到 1997 年初，9705 合约价格高达 6 800 元/吨。此后，期价逐渐回落，1997 年春节前到 10 月底，期价呈辗转下跌寻求支撑的态势，一直未能扭转颓势。

案例分析

首先，苏州红小豆合约不成熟的重要原因，在于其交割条款不合理。苏州红小豆合约的标的物为二等红小豆，但苏州商品交易所规定，陈豆不能交割，也禁止陈豆、新豆掺杂交割。由于新豆容易受自然条件的影响，产量较少，使得可交割的红小豆很容易发生短缺，这给多逼空创造了良好的条件。在这种多空双方先天性不平衡的条件下，期货市场本来的价格发现功能受到很大的抑制，期货价格也容易失去其本来的面目。

另外在期货交易中，为了防止市场风险过度集中于少数交易者和防范操纵市场行为，交易所通常会采取限仓制度，对会员和客户的持仓数量进行限制。最大持仓量的规定应该根据现货市场的情况合理选择。如果持仓限额太小，会影响期货合约的正常交易；如果持仓限额太大，又起不到应有的风险控制作用。苏州红小豆期货合约的持仓限额巨大，使其形同虚设。此外，由于当时我国期货市场投机气氛较为浓厚，参与期货的投资者大多抱着投机的心态参与。这也导致了小品种的苏州红小豆期货屡次受到投机资金的炒作，最终退出市场。

从苏州红小豆事件我们也得到了一些启示。首先风险管理是期货交易成功的首要前提。由于实行保证金交易和当日无负债制度，投资期货的风险比现货大得多，因而风险管理也重要得多。其次严格止损是风险管理的重要手段。除套期保值外，投资者参与期货交易的目的都是为了盈利。然而，金融市场最大的特点在于不确定，任何一个交易者都不可避免犯错，也就不可避免发生亏损。当投资者发现犯错时，唯一的办法就是止损，把损失控制在可承受的范围内。对期货交易者而言，生存远比赚钱更重要。最后期货投资必须具备良好的资金管理技巧。期货投资采用保证金交易，而保证金的多少跟市场行情息息相关。如果投资者保证金不足，将被强行平仓出局，这样即使投资者看对了未来的方向也可能血本无归。因此，期货投资必须具备良好的资金管理技巧，切忌满仓操作。当然，存放大量的保证金意味着丧失许多机会成本，因此有效的资金管理目标是，在防范被动平仓的前提下尽量减少可用保证金。

第六章

期货市场交易策略分析

【教学目标】

1. 了解套期保值的风险分析、发展和应用、方案制定及管理机制
2. 了解投机交易的发展
3. 理解机构投资者的交易策略、基本面型交易策略、技术型交易策略、程序化交易策略
4. 了解套利交易的优点和影响因素
5. 理解期现套利的含义、类型
6. 理解跨期套利的含义、理论基础、分类
7. 理解跨商品套利的含义、基本条件及风险分析
8. 理解跨市套利的含义、前提、分类及风险分析

【知识结构图】

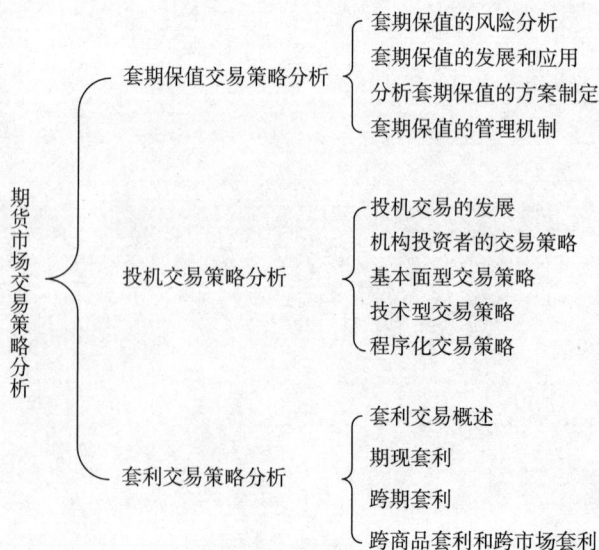

第一节　套期保值交易策略分析

一、套期保值的风险分析

从 20 世纪 90 年代国内建立期货市场以来，部分行业和企业正确地参与了套期保值（简称套保），较好地管理了风险，促进了企业稳健发展。尤其是 2008 年金融危机中，很多企业利用期货市场对冲了巨大的系统性风险，彰显了套期保值的魅力。尽管如此，许多国内企业对套期保值的认识还存在很大差距，技术上也不成熟，导致实践过程中不仅没有规避好风险，反而发生了不应有的损失。

（一）企业在套期保值中常见的问题

1. 定位不明确。许多国内企业刚进入期货市场的时候，把期货市场作为博取差价的"赌场"，这样非但没有起到避险的作用，反而加大了企业的运营风险。结果是企业有可能在短时期内快速发展，但是长期来看，企业的可持续发展会受到极大的威胁。套期保值者的目标是在管理价格风险后专心致力于经营，获取正常经营利润。

2. 认为套期保值没有风险。期货套期保值亦存在风险。首先，基差风险的存在，使得现货和期货价格未必同步或同幅度变化，套保效果未必完全有效，可能期货盈利不能完全弥补现货亏损。其次，还有保证金追加风险，套期保值即便结果不亏，但是，如果过程中出现亏损，就要求追加保证金，一旦企业资金紧张，就可能带来强行平仓风险。除此之外，套期保值还有操作风险、流动性风险和交割风险等。

3. 认为套期保值不需要分析行情。企业参与期货，如果只按现货思路入市，并不能确保取得理想的套保效果。正确的做法是明确宏观环境下的操作策略，了解产业变化特点，把握入市时机，最后再从基差角度判断入场和出场点。

4. 管理运作不规范。近些年，企业进行套期保值出现的重大亏损大多是因为风险管理制度不健全或者套期保值的组织结构不合理。例如，1996 年日本住友商社有色金属交易部部长首席交易员滨中泰男，利用公司的名义以私人账户进行期铜交易，给住友商社造成了 19 亿美元的巨额损失。原因就是公司监控管理机制的架空，纵容了滨中泰男的行为。

【专栏 6-1】

住友商社

日本住友商社（Sumitomo Corporation）是集金融、贸易、冶金、机械、石油、化工、食品和纺织为一体的超大型集团，在全球 500 强企业中一度排名第 22 位。1995 年底，住友商社在全球的总销量达 16 万亿日元，约合 1 468 亿美元。

　　早在 16 世纪时，住友家族因在四国岛上开创并经营一座铜矿而日益发展壮大，成为日本官方指定的供铜商，主要服务于当时日本一些极具实力的名门望族，其中包括在 1603—1868 年间统治日本长达 200 多年的德川幕府。住友商社还通过控股或参股等形式拥有全球包括智利、菲律宾等国的众多铜矿和冶炼厂部分或全部股份。不仅如此，住友商社很早就参与伦敦金属交易所（London Metal Exchange，LME）的金属交易。LME 世纪全球主要的有色金属期货交易市场，LME 的期铜结算价对全球铜的成交价格有重要影响。1987 年初，住友商社在 LME 铜价处于 1 300 美元左右时，建立大量期铜合约。由于市场对铜等基本金属的需求迫切，住友商社在 LME 期铜交易中获利丰厚，并逐步建立起在 LME 期铜市场上的重要地位。

　　5. 教条式套期保值。众所周知，期货市场套期保值业务操作应该遵循四大基本原则，即商品种类相同或相关、商品数量相等或相当、月份相同或相近以及交易方向相反。企业在参与套期保值的时候，仅仅教条式运用，不结合企业自身情况，往往达不到预期套保效果。例如，从商品数量相等或相当原则看，企业在做套期保值时不应留有风险敞口。但是实际情况中，企业的敞口风险只要在可承受范围之内，而且在风险相对不大的情况下，企业可以选择部分套保，而不必硬性规定完全套保。此外，完全套保会占用企业较大资金，在企业资金紧张以及期货头寸出现较大亏损的时候，很容易给企业带来现金流风险。

　　【例 6 - 1】　　2009 年 11 月某公司将白糖成本核算后认为期货价格在 4 700 元/吨左右卖出就非常划算，因此在郑州商品交易所对白糖进行了一定量的卖期保值。当时的观点是，只要有合适的利润就开始卖期保值，越涨越卖。随后，公司在 SR109 合约卖出 3 000 手，均价在 5 000 元/吨（当时保证金为 1 500 万元，以 10% 计算），当涨到 5 300 元/吨以上时就不敢再卖了。因为此时浮动亏损天天增加。至 2010 年 1 月，价格上涨到 5 900 元/吨时，浮动亏损已达到 2 700 万元 [（5 900 - 5 000）× 3 000 ×10]，保证金要求也提高了 270 万元，总资金需求已达到 4 470 万元。这个时候公司又被告知，如果次日价格再上涨，企业在无法追加保证金情况下，将不得不斩仓。所幸国际市场价格后来开始下跌，使得国内现货价格走弱，到 2010 年 3 月期货价格一路下跌到 5 200 元/吨左右，该公司才把绝大部分亏损给弥补了回来。

　　该案例说明，不分析大势，纯粹按基差来操作，非但不能取得理想的套保效果，反而可能给企业带来风险。

　　（二）套期保值的风险

　　1. 管理与运营风险。管理与运营风险是指企业套期保值日常管理与运作过程中可能遇到的风险，主要包括资金管理风险、决策风险和价格预测风险。

　　资金管理风险，也叫现金流风险，主要体现在期货头寸发生浮动亏损时，企业被要求追加交易保证金，如果企业因资金紧张或亏损过大而不能及时补足，导致头寸被强行平仓，从而使整个套期保值归于失败。决策风险是指由于企业套期保值管理决策机制失灵以及决策失误、延误给企业造成损失的可能，其具体原因与管理层的决策水平和能力有关。价格预测风险，指企业对价格变动的预测失误而引起的风险。这取决于价格预测者的信息收集整理能力和市场经验，较好的价格预测方法和辅助预测工具有助于交易者及时判断行情的变化方向和幅度。

2. 交割风险。作为现货企业，在期货市场采购原料或者销售产品有利可图时，实物交割也是企业在套期保值中经常会遇到的问题。现货交割环节较多，程序复杂，处理不好就会影响套期保值效果。交割风险主要来自以下几个方面：交割商品是否符合交易所规定的质量标准；交货的运输环节较多，在交货时间上能否保证；在交货环节中成本的控制是否到位；交割库是否会因库容问题导致无法入库；替代品种升贴水问题；交割中存在增值税问题等。

3. 操作风险。操作风险是由不完善的内部工作流程、风险控制系统、信息和交易系统，员工职业道德问题以及外部事件导致交易过程中发生损失，主要包括员工风险、流程风险、系统风险和外部风险。

4. 基差风险。基差风险是指基差的不确定性。实际运用中，期货价格和现货价格的变动不完全一致，基差是波动的，因而影响套期保值效果。比如对于金属、农产品等商品期货，由于供需不平衡以及仓储等原因，特别是存在逼仓的情况下，可能导致基差变化较大。

5. 流动性风险。流动性风险是指套期保值者在期货市场上因交易合约缺乏流动性，导致所选定的期货合约无法及时以合理的价格达到建仓或平仓目的的风险。

二、套期保值的发展和应用

(一) 套期保值的发展

传统套期保值理论在实践和发展的基础上，又形成了基差逐利型套期保值和组合投资型套期保值两个理论。

1. 基差逐利型套期保值。在现实期货交易中，期货价格和现货价格的变动不完全一致，存在基差风险。为克服基差风险，沃金提出基差逐利型套期保值概念，其套期保值核心不在于能否消除风险，而在于能否通过寻找基差方面的变化或预期基差的变化来谋取利润，来寻找套期保值的机会。因此从这个意义上讲，套期保值是一种套期图利行为。

2. 组合投资型套期保值。Johnson 和 Ederington 等较早提出用马柯维茨（Markowitz）的组合投资理论来解释套期保值。组合投资理论认为，交易者进行套期保值实际上是对现货市场和期货市场的资产进行组合投资，套期保值者根据组合投资的预期收益率和预期收益的方差，确定现货市场和期货市场的交易头寸，以使收益风险最小化或者效用函数最大化。组合投资理论认为，套期保值在期货市场上保值的比率是可以选择的，最佳套期保值的比率取决于套期保值的交易目的以及现货市场和期货市场价格的相关性。如果从组合投资角度理解套期保值的话，期货市场发挥的是"风险管理"的功能，而不是"风险转移"的功能。

假定 ΔX 为套保期限内现货价格的变化量；ΔQ 为套保期限内期货价格的变化量；并且假定现货和期货两个市场价格的变动服从正态分布。

σ_x 为 ΔX 的标准差；σ_Q 为 ΔQ 的标准差；ρ 为 ΔX 和 ΔQ 之间的相关系数；R 为套期保值比率。

在套保期限内，保值者头寸的价格变化为 $\Delta X - R\Delta Q$ 或 $R\Delta Q - \Delta X$；保值头寸价格变动的方差为

$$V = \sigma_1^2 + R^2\sigma_Q^2 - 2R\rho\sigma_x\sigma^Q$$

将方差 V 看作因变量，套保比率 R 看作自变量，两边取导可得

$$dV/dR = 2R\sigma_Q^2 - 2\rho\sigma_1\sigma_Q$$

显然当 d_V/d_R 无限趋近于 0 时，R 值为最佳，由此可得最佳套保比率公式：

$$R = \rho\sigma_x/\sigma_Q$$

该公式揭示了最佳套保比率等于套保期限内现货价格变动的标准差与期货价格变动的标准差的商乘以二者的相关系数。

根据公式可以发现，"等量相反"是建立在套保比率为 1，即 $R = \rho\sigma_x/\sigma_Q = 1$ 这个基础上的。但从实证的角度看，期货价格的波动往往要远大于现货价格的波动，所以在绝大多数情况下：

$$\rho\sigma_x/\sigma_Q \leqslant 1$$

因此，$\rho\sigma_x/\sigma_Q = 1$ 可基本认定为小概率事件。

【例 6 – 2】 某公司将在 3 个月后购买 5 000 吨钢，该公司测算出 3 个月内现货铜的价格变动标准差 $Qx = 0.033$，3 个月内伦敦期货铜价格变动的标准差 $Q\sigma = 0.039$，3 个月内现货铜的价格变动与 3 个月内期货铜价格变动的相关系数 $\rho = 0.85$。根据以上数据，该公司可以算出其最佳套期比率为 $0.85 \times 0.033/0.039 = 0.72$。由于伦敦铜的一手期货合约的标的是 25 吨，因此该公司应购买期货合约为 $5\,000/25 \times 0.72 = 144$（手）。

通过套保比率公式可以发现，ρ、Qx、$Q\sigma$ 这三个参数的精确度是影响公式效果的关键所在。通常，这些参数也是从历史数据中获得。

因为不同时期套保比率中的参数会有变化，所以按照套保比率来确定套保头寸，会涉及动态套期保值概念，即套期保值头寸应该根据不同时期、不同参数的变化而变化。

（二）套期保值的应用

1. 套期保值的作用。期货市场是因现货商品生产、加工和贸易的风险问题，融资问题，库存问题和定价问题的频繁出现而逐渐发展起来的，它是一种管理风险的金融工具。套期保值的作用主要体现在以下方面：

（1）锁定原材料的成本或产品的销售利润。这对于产品价格相对固定或生产成本相对固定的企业来讲尤为重要。比如钢生产商，由于钢的生产成本相对稳定，但铜的市场销售价又是以期货来定价的，卖出套保是锁定利润的最好的方式。在 1995—2002 年的熊市当中，尽管铜价一路下跌，但我国的铜生产商由于积极利用期货市场卖出套保，反而获得长足的发展。

（2）锁定加工利润。对加工企业来讲，原材料和产品都是由市场来定价的，都有必要进行套保，在买入保值的同时也要卖出套保，才能达到锁定加工利润的目的。如榨油厂在芝加哥期货交易所买入大豆合约进行进口贸易点价操作的同时在大连商品交易所卖出豆粕保值、铜加工企业买入电解铜后在期货市场卖出相同的数量为加工产品保值。贸易企业锁定贸易利润的方法也是类似的。

（3）库存管理。库存管理包括降低企业库存成本和锁定库存风险。由于期货合约代表着相应的实物量，企业增加库存只需要买入对应的期货合约即可。比如铜加工企业需要1 000吨钢的库存，买入200吨的现货铜和买入800吨的期货铜合约，不仅可以达到买入1 000吨铜的目的，而且800吨的铜期货只需80吨钢的资金（按照10%的保证金计算），同时减少了800吨钢的仓储费。用买入期货的方式来代替实物库存，节约了资金和仓储成本。当期货合约价格前面月份高、后面月份低的时候，还能增加换月收益；对现货企业来说，当市场处于高价位时或在下跌趋势中，卖出套保是非常必要的，这样可防止库存贬值。

（4）利用期货市场主动掌握定价权。企业的生产经营是连续的，而资金资源常常是有限的，当企业的库存不足而价格又处于高位时，为保证生产经营的持续性该怎么办？没有期货市场，企业可能只得在高价位买入原材料，有了期货市场之后，企业可以在买入实物原材料的同时卖出对应数量的期货合约，在期货价格下跌之后平仓，这样企业既保证了生产经营的持续性，又掌握了定价权的主动性。

2. 套期保值的方式。随着套期保值的实践发展，套期保值的操作方式也在不断创新。主要有以下方式：

（1）循环套保。期货市场各类期货品种中，并不是所有月份的合约都有足够的交易量，一般只有近期合约成交量较大，远期合约成交量较小，如果按照时间对等或相近原则进行操作，企业一旦在不活跃合约上进行套保，就容易陷入流动性风险中，因此企业可以利用在期货市场不断地移仓换月来达到循环保值的目的，从而避免期货主力合约与非主力合约成交的显著差异带来的不利影响。

（2）套利套保。企业通过套利的思维模式进行套保，这种模式本质上也是锁定成本；只是将套利和套保的思维模式结合使用。套利的优点是风险小，容易判断。企业可借鉴套利的模式，在特定的市场背景下，对不同的生产环节进行套期保值，从而优化套期保值效果。

【例6-3】　2009年11月25日，某钢材企业根据生产情况需要对自己的3 000吨库存进行保值，计划这部分库存的消化时间是在1个月左右，根据保值月份相同或相近的原则，企业应该在1001期货合约上进行卖出保值。不过当时的价格结构呈现近低远高，即螺纹钢1001合约价格为3 912元/吨，1003合约价格为4 275元/吨，基于远月升水幅度较大，价差可能缩小，企业可以先不选择直接在1001合约上进行保值，而选择在1003合约进行保值，最终使得保值效果优化了111元/吨（见表6-1）。

表 6-1   不同套期保值合约的选择方案比较   单位：元/吨

日期	套保方案一		套保方案二	
2009 年 11 月 25 日	1001 合约卖出开仓	3 912	1003 合约卖出开仓	4 275
2010 年 1 月 5 日	1001 合约买入平仓	3 975	1003 合约买入平仓	4 227
	累计盈亏	-63	累计盈亏	+48

（3）预期套保。传统套期保值认为现货交易与期货交易行为要"同时"交易才能完全锁定利润或者规避风险，但是，现货企业的经营日益复杂，市场环境千变万化，企业在实际交易中很难严格做到"同时进行"，这个时候要根据企业采购、生产和营销情况，结合市场走向预期分析，灵活确定套保的时机。

一般来说，期货的决策要与现货决策同步，或快于现货交易，因为企业经常会在对价格趋势判断的基础上调整其采购量，所以在期货保值上也应进行相应调整。如果认为价格将上行，那么企业可能需要在未来很长时间内逐步完成采购量的过程，而如果期货价格有利时，就可以提早进行套期保值，从而在预期价格上涨的过程中赚取超额利润。

【例 6-4】 某油脂消费企业知道 3 个月后的豆油用量大概是每星期 50 吨，总共需要使用 500 吨豆油，预期 3 个月后豆油价格要逐步上升，并可能超过当前价格 7 500元/吨，该企业就可以采取预期套保操作方式（见表 6-2）。

表 6-2   预期套保操作流程

时间	现货市场	期货市场
日期		买入 500 吨
3 个月后的第一周	买入 50 吨	平仓 50 吨
3 个月后的第二周	买入 50 吨	平仓 50 吨
3 个月后的第三周	买入 50 吨	平仓 50 吨
……	……	……
3 个月后的第 10 周	买入 50 吨	平仓 50 吨
结果	豆油上涨（高概率事件） 买入高价豆油，低买高卖，盈利	
	豆油下跌（小概率事件） 买入低价豆油，高买低卖，亏损	

（4）策略套保。传统套期保值理论认为套保的期货合约应当与现货数量相等或相当，企业不应该有风险敞口，但是从实践角度看，因为基差不断变化，数量完全对等、效果完全相抵都难以做到。对于一般的企业来说，套保的动机既不是风险的最小化，也不是利益的最大化，而是两者的统一，即将企业的利润曲线的波幅压缩到企业稳健经营的可接受程度，往往这样的效果最佳（见图 6-1），因此，企业应该根据风险偏好和可承受度，灵活科学地选择套保比率，进行具有策略性的套期保值。国内外有经验的套期保值企业实际上很少采取完全对等的保值办法。

（5）期权套保。在风险可控的原则下，可选择期权为主、期货为辅的套保组合。例如期权购买者拥有期权时，既能达到对目标项目的保值避险目的，又可以避免市场价格

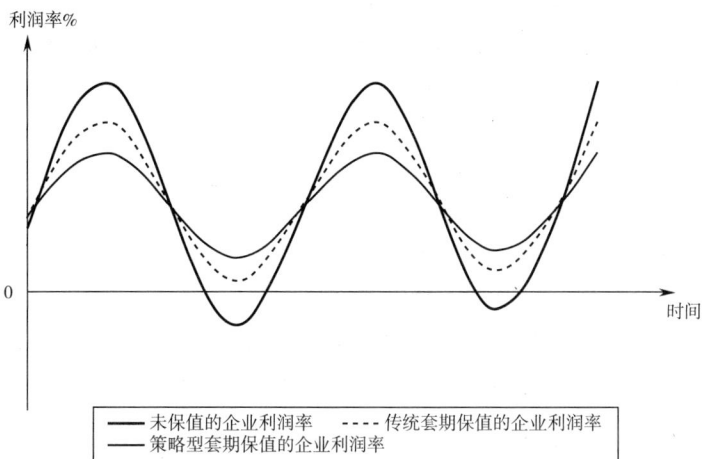

图 6 – 1 企业参与期货市场套期保值效果模拟图

波动导致像期货那样的支付浮动保证金亏损，从而使保值成本控制在固定水平。在当今全球金融交易中，期货和期权都是企业套期保值的重要手段。

套期保值的实践发展表明，套期保值企业应结合市场实际情况，设计适应于企业的套保机制。市场瞬息万变，很多事件的发生不可预知。如果教条套保，不根据市场变化随时调整风险工具以及所持仓位，企业将可能蒙受巨大损失，套保就失去了意义。

三、套期保值的方案制定

（一）明确套期保值的需求

企业参与期货交易一定要有明确的目标。企业在期货市场中的角色是由本企业在产业链中的位置和风险点决定的，即企业担心涨就买入保值，担心跌就卖出保值。此外，期货避险的方法一定要和自己的生产经营方式和规模相匹配，即了解企业自身的敞口风险。现货市场上，企业签订合同时，因为产品的定价方式不同，产品各个环节所面临的价格风险各不相同，企业的风险敞口也会不同。

【例 6 – 5】 某铜管加工厂，年产铜管约 1 万吨，月出口铜管约 100 吨，出口铜管的价格是根据上个月伦敦铜的期货价格或国际市场的现货价格（实际是伦敦铜期价 + 现货升水）+ 加工费用来确定。其余铜管内销。

1. 内销铜管的定价有以下三种方式：

（1）上个月长江有色现货价格 + 加工费用，月均约 650 吨。

（2）当月长江有色现货均价 + 加工费用。

（3）当日长江有色现货价格 + 加工费用。

2. 企业原材料的价格和采购方式主要有以下两种：

（1）长单：上个月上海现货月期货价格 +380 元/吨的升水，月均约 400 吨。

（2）现货：采购当日长江有色现货价格。

3. 原材料采购定价方式：

（1）上个月上海期价（当月合约）+380元/吨，月均数量400吨。

（2）长江有色现货价，月均数量600吨。

4. 产品销售定价方式：

（1）上个月长江现货均价+加工费用，月均数量650吨。

（2）出口产品上个月伦敦期价+加工费用，月均数量100吨。

（3）当日长江有色现货均价+加工费用。

（4）当日长江有色现货价+加工费用。

现货采购铜的时候一般是每2个工作日采购一次，长期看基本是长江有色的均价，所以企业产品销售按上述第4点中（3）、（4）的方式能赚到加工费用，没有风险。

铜管出口合同的价格虽然是按上个月伦敦的期价（或现价）+加工费用，可以视为上海上个月铜均价+加工费用，与原材料采购定价方式［上述第1点中（1）］相似。

企业的产品销售定价每月约有750吨是按上个月现货铜均价+加工费用来确定，而原料采购中月均只有400吨是按上海上个月期价+380元/吨的升水确定，月均有350吨之差，这350吨均存在着月度均价上涨的风险，因此价格上涨对企业不利，价格下跌对企业有利。

结论：该企业在购销合同价格不变的情况下每天有350吨敞口风险。

（二）制定保值策略

一个完善的套期保值策略首先是从宏观角度确定套期保值策略，其次从产业角度判断套期保值时机，最后从基差角度选择套期保值入场和出场点。

1. 从宏观角度确定套期保值策略。企业在进行套期保值的时候，首先应从宏观角度分析大势，即区分牛市和熊市行情，一般来说，在牛市和熊市不同形势下，套期保值的操作策略也不尽相同。如果遇到大势为熊市的形势，生产企业在期货市场上卖出保值要相对积极，反之要保守一些。消费型企业和生产企业的操作策略相反。市场无数次的经验告诉我们，如果大势看跌，即便基差较大，买入套保也要谨慎；反之，卖出套保也要谨慎。例如2008年金融危机爆发时，市场出现极端行情，价格处于急剧变化当中，企业面临非常大的风险，这时应尽快对套保策略作出调整，而不应该坐等基差有利时机来临，因为那时等待的风险远比基差风险大。

2. 从产业角度判断套期保值时机。

（1）从生产利润、生产成本角度判断套期保值时机。生产企业在进行套保决策的时候最关心的是其毛利问题。一般情况下，如果说行业毛利处于较大盈利状态下，生产企业的产量往往会急剧增加，价格就有下跌风险，这个时候进行卖出套保时机相对成熟，套保力度就可以加大。而如果毛利达到负值，生产企业减产的动力就会加强，价格就易涨难跌，生产企业就要选择出场时机或者少进行套期保值。对下游消费企业来说，在商品价格处于生产成本线附近或者低于成本的时候，就可以考虑买入套保。例如在2009年2月，锌矿价格处于成本线之下，这个时候对锌消费企业来说，战略性地买入套保时机较好。

（2）从供需关系角度判断套期保值时机。供求关系决定着市场的总体运行趋势，当需求大于供给时，就会表现出社会库存的不断降低，库存降到合理水平以下时市场价格就会上涨。合理的社会库存其实是贸易商信心的体现，而且是个经常变化的量，它是贸易商的历史经验和对未来需求判断的综合结果。因此，在需求减弱、库存增加的过程中可以选择卖出套期保值；在需求走强，库存减少的过程中尽量不进行卖出套期保值。

因产业差异较大，企业还需根据企业自身情况和产业特殊环境再判断是否需要入市进行套期保值。

3. 从基差角度选择套期保值入场和出场点。很多时候，短期期货价格的变化并不是与现货价格亦步亦趋的，现货价格主要由商品供求关系决定，而期货价格具有商品与金融双重属性，一方面在长期走势上受现货制约，另一方面短期波动更多地受金融市场和心理预期的影响。当期货价格高于现货价格，且期现价差较大情况下，对于生产企业来说就可以选择卖出套期保值。反之，卖出套期保值就要谨慎。

一般来说，当宏观、产业和基差三个角度均有利于套期保值的时候，入场时机的评级是最高的，而当三个因素对套期保值的影响方向并不一致的时候，就要考虑各个因素的影响程度再判断是否进行套期保值。

（三）选定目标价位

目标价位的设定有两种形式：即单一目标价位策略和多级目标价位策略。单一目标价位策略是指在市场条件允许的情况下，在为保值所设定的目标价位已经达到或可能达到时，企业在该价位一次性地完成保值操作。这样一来，不管今后市场如何变动，企业产品的采购价和销售价都是锁定的，市场上的价格波动对企业不再产生实质性影响（见表6-3）。

表6-3　　　　　　　　　　　　目标价位策略的优缺点分析

	单一目标价位策略	多级目标价位策略
优点	目标明确，操作简单，能有效抑制投机性倾向	具有较大的灵活性和弹性，在市场大牛市或大熊市时，能有效抓住不同价位实施套保，逐步提高或降低套保价位，避免失去较大的套保机会，从而提高套保效果
缺点	市场长期走高或走低时，一旦目标价格制定不合适，在企业一次性卖出保值（或买进）的情况下，容易使企业套保价位偏低（或偏高），从而丧失部分利润	当市场价格达不到企业设定的多级目标价位时，很可能出现套保不足的问题

所谓多级目标价位是指企业在难以正确判断市场后期走势的情况下，为避免一次性介入造成不必要的损失，从而设立了多个保值目标价位，分步、分期地在预先设定的不同目标价位上按计划地进行套保操作。

四、套期保值的管理机制

企业管理机制包括参与期货交易的组织结构、风险控制机制和财务管理。组织结构一般包括决策部门、期货交易运作部门和风险控制部门，而且将三者适度分离；风险控制一般包括交易计划监督、交易过程监督和交易结果监督；财务管理一般包括控制公司参与期货的总资金和总规模，建立风险准备金制度和对企业利用期货市场控制风险进行财务评价。

（一）组织结构设计

企业设置专门的部门和人员进行市场分析、交易策略设计和期货市场操作。组织结构设计的原则是决策机构和执行机构分离。由于市场分析和期货交易主要由企业自己运作，因此企业对期货市场、现货市场以及整个行业和经济发展会有比较深的了解，同时也更加便于企业结合自身的生产销售情况进行套期保值。但是由于企业需要设置专门的部门和人员，因此这种方式的运作成本大，对企业的管理水平也有比较高的要求。这种方式适合于企业规模和套期保值需求比较大、管理规范、资金实力雄厚的企业。图 6 - 2 为一个组织结构设置实例。

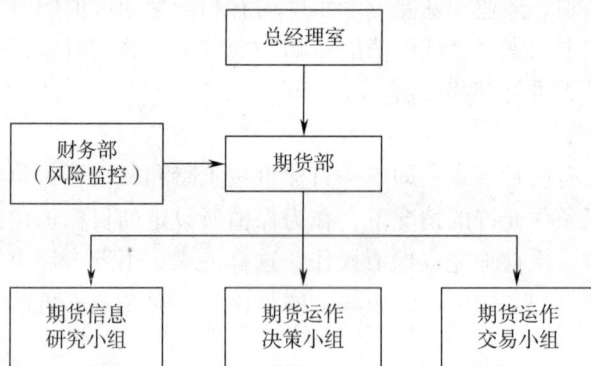

图 6 - 2　企业参与期货交易的组织架构

总经理室：公司最高管理层人员组成的决策机构，成员包括总经理、分管采购和销售的副总、财务总监，并由分管采购和销售的副总来分管期货。职责是制定指导性年度保值策略；提出年度保值总量和方向；审批期货部提交的年度、阶段性期货保值交易方案；定期召开市场分析会，根据市场情况调整保值策略。

财务部：协助期货部制定期货保值交易方案；提供资金支持；不定期抽查期货保值交易方案执行情况；财务监控。

期货信息研究小组：负责期货和现货相关信息的收集、整理、总结；分析生产经营数据。

期货运作决策小组：拟定年度、阶段性、每日的保值交易方案；对期货运作交易小组下达交易指令；跟踪行情走势，检查交易执行情况；定期总结和反馈每日和阶段性的行情、交易情况以及保值方案执行情况。

期货运作交易小组：严格执行交易指令；整理、保存交易记录，及时反馈交易结果。

（二）风险控制机制

企业参与期货交易，应该始终把控制风险放在重要的位置。

1. 建立严密的风险控制机制，如表6-4所示。其特点是：第一，层次清晰。由总经理室领导的期货监督委员会、财务监督以及期货交易部三个层次组成的监督体系，从不同角度对公司的期货业务风险进行控制。第二，结构完整。单独由某个环节出现的风险事故可以被其他机构及早发现，避免决策制定的独断性，保证资金风险控制的严密性。

表6-4　　　　　　　　　　　企业期货交易风险控制表

第一层风险管理	第二层风险管理	第三层风险管理
公司总经理室成立期货监督委员会	财务部从财务方面监督控制风险	期货交易部自身控制风险
公司参与期货交易管理条例 公司期货交易人员管理条例	每天检查期货交易的记录、持仓及财务监控	期货行情分析小组定期分析期货头寸风险，运作策略以及交易小组实施情况

2. 从业务流程来控制风险。

第一步，交易计划监督。由于企业所处的环境不同，其生产、经营和利润的目标也不尽相同，如何制订适合本企业经营发展目标的交易计划，对参与期市的企业来说是非常重要的。企业应成立由部门经理（采购/销售）为核心，财务、经营人员为主的期货交易管理小组，共同监督和制订交易计划，以求目标利润最大化和经营风险最小化，严格控制企业参与期市的资金总量和交易中的总持仓量。

第二步，交易过程监督。套期保值交易是一个动态的交易过程，每时每刻行情都会发生变化。这就要求从事保值交易的操作人员能灵活运用期货知识，及时调整交易手段，建立每日定期报告制度，将每日交易状况及时通报主管部门，套期保值管理小组及相关业务部门也应不定期检查套期保值交易情况，了解保值计划执行情况。

第三步，交易结果监督。针对套保业务的特点，企业主管部门应在一定时段内对企业的所有交易过程和内部财务处理进行全面的复核，以便及时发现问题、堵塞漏洞。事后监督应覆盖交易过程的各个领域，同时，建立必要的稽核系统，保证套保交易活动的真实性、完整性、准确性和有效性，防止差错、虚假、违法等现象发生，对违法违规的具体责任人进行调查、核实，根据国家有关法律、法规进行严肃处理。

（三）财务管理

企业从财务管理方面对公司的期货业务进行风险监控，可以从以下几个方面来进行：

1. 控制公司参与期货交易的总资金和规模。公司参与期货交易的总资金，要保证其建立在采购、销售总量基础之上，单笔最大亏损额度和总亏损额度应该在公司财务承受范围之内。

2. 建立风险准备金制度。对于长期参与期货交易的企业，短期内的盈利和亏损都很正常，单个年份则可能出现比较大的亏损或者盈利。因此，建立风险准备金制度就显得很有必要。当出现较大的盈利时，可以将本年份的盈利存入风险准备金当中，而在出现较大的亏损时，则可以从风险准备金中划出一定的资金来弥补，这样就可以保证公司财务的稳定性。

3. 对企业参与期货交易进行财务评价。期货交易的财务评价主要应该遵循这样三个原则：（1）风险控制是否在限定的范围之内；（2）期货交易和现货交易应该合并评价；（3）应该从相对较长的时期来判断，一般在一年以上。

第二节　投机交易策略分析

一、投机交易的发展

期货投机是指在期货市场上以获取价差收益为目的的期货交易行为。投机者利用对市场价格变动趋势的预期判断，在预期价格上升时买入或者在预期价格下跌时卖出期货合约，然后待有利时再卖出或者买入期货合约对冲平仓，从而获取价差收益。由于投机的目的是赚取差价收益，所以投机者一般通过对冲了结头寸，而不进行实物交割。随着期货市场的发展，投机交易也在不断地发展变化，主要体现在投机交易的技术手段、投机者的组织形态、投机交易的方式。

（一）投机交易技术手段的发展

在电子和通信技术产生之前，传统的期货交易是以场内公开喊价的方式为主，这种方式尽管人气很足，气氛活跃，但毕竟要受到交易场地等因素的限制。随着技术的发展，期货市场打破了时空限制，投资者可以在场外通过电话和互联网进行委托。与公开叫价相比，电子交易所具有的优势：一是提高了交易速度；二是降低了市场参与者的交易成本；三是突破了时空的限制，增加了交易品种，扩大了市场覆盖面，延长了交易时间且更具连续性；四是具有更高的市场透明度和较低的交易差错率。

【专栏 6-2】

程序化交易的发展趋势

程序化交易把投资者的投资策略或者交易思路形成电脑语言，通过电脑的运算并发出交易指令，然后由操作者自己下单形成半自动交易或完全电脑下单来实现全自动交易。它是随着电子交易和计算机技术的发展而产生的，程序化交易最早起源于1975年美国出现的"股票组合转让与交易"，在20世纪80年代开始迅猛发展，20世纪90年代以及2000年以后资本市场以及金融衍生品市场的长足发展使我们发现在1987年股灾中被指为罪魁祸首的程序化交易，终于被历史肯定了它的价值，人们终于也像当时从认为股票和期货为洪水猛兽到接受它们并发挥它们的经济作用一样，开始逐步走进了程序化交易的世界。程序化交易大师西蒙斯默默无闻地在十几年间大量使用量化系统的交易方法，取得了比巴菲特、索罗斯等市场传奇更高的年收益率。在这漫长的岁月中，程序化交易一直悄无声息地为投资者不停地赚进大把的钞票，也在润物无声地在为各交易所的交易量做着贡献。据统计，美国市场中有70%的交易是由程序化交易完成的，如果将程序化交易的概念再定义得宽泛一些的话，可能这个比例会更高。

（二）投机者组织形态的发展

期货市场上的投机者早期主要以个体形式存在，随着市场的发展，投机者的组织形态也在不断地演变和发展，机构投资者现已成为国际期货市场的主要力量。目前主要的机构投资者有商品指数基金、期货投资基金、对冲基金、国际投行及商业银行等，另外，证券公司、养老基金、共同基金、私募股票基金以及日内交易公司等机构也纷纷将资金投向期货市场，使得投机者组织形式更为多样化。其中，商品指数基金奉行"指数跟踪"的被动投资理论，期货投资基金奉行主动投资理念，对冲基金日渐将期货市场视为重要投资领域，国际投行及商业银行广泛参与场内和场外商品衍生品交易。国内期货市场由于历史较短，机构投资者的发展还不够成熟，以个体形式为主的自然人仍然是市场的主体，我国现在也正在创造条件积极培育期货市场的机构投资者。随着我国期货市场的快速发展，交易品种越来越多，交易规模越来越大，我国的期货投机者的组织形态开始多样化，机构投资者的发展也进入快车道。

（三）投机交易方式的发展

期货投机交易的方式从早期单边、单品种的投机交易，逐步发展到价差交易、波动率交易以及指数化交易等多种交易方式。

价差交易也叫价差套利，包括跨期套利、跨商品套利和跨市套利。价差交易丰富和发展了期货投机交易的内容，并使期货投机不仅仅局限于期货合约绝对价格水平变化，更多地转向期货合约相对价格水平变化。价差交易对期货市场的稳定发展有积极的意义，有助于合理价格水平的形成。

波动率交易是基于对商品价格波动率的方向作出预测，波动率交易策略可分为两类：做多波动率（Long Volatility）和做空波动率（Shont Volatility）。常使用的工具是期权，也可以通过"期货＋止损"来构造类似策略。

指数化交易一般是指交易标的指数化，买入并持有一揽子商品，主要是通过购买商品指数基金的形式。对于大型的投资机构，商品市场是其战略性资产配置的组成部分。根据 Hood&Beebower 的研究报告，在养老基金回报中，92%归功于资产配置，证券选择仅为4.6%，市场时机仅为1.8%。20世纪80年代后，这些大型机构开始在股票、债券和现金等传统资产类外寻求替代型投资，商品则是其中一种。

二、机构投资者的交易策略

（一）国际商品指数基金

1. 国际商品指数基金概述。国际商品指数最早开始于1957年的路透CRB商品指数（RJ/CRB），兴起于20世纪90年代的高盛商品指数（GS－CI）、道琼斯－AIG商品指数（DJ－AIGCI）以及罗杰斯国际商品指数（RICI）等。

商品指数基金一般以公募基金的形式存在，根据相关资料显示，企业年金、养老基金和捐赠基金，甚至一些国家的主权基金正成为商品指数基金的主要投资者。除了面向机构投资者之外，多数国外商品指数基金主要是针对零售客户开发设计的，是对个人投资者开放的基金。商品指数基金是各大投资公司旗下众多基金中的一种，投资者可以参与购买商品基金，委托基金经理管理其资产。商品指数基金一般收取数额不等的业绩提成费、服务费和管理费等，并定期公布业绩表现报告。

2. 商品指数基金交易策略。商品指数基金主要的投资策略是买入且持有，他们参与市场的方式是"采用抵押的方式"，即首先将全部资金投资于短期国债，以获取固定收益，再以短期国债作为抵押参与期货交易。商品指数基金不采用卖空策略，也不使用资金杠杆，他们的目的是长期买入并持仓（期货仓位或者现货），兼具指数化，是被动型投资策略的典型代表。严格意义上的被动型操作策略，是以指数为标杆，买入一揽子商品并持有，借以分散风险，获取收益。

商品指数基金在交易上的共性：（1）各类商品指数中均包含能源、贵金属、基本金属、农产品和畜产品五大类。（2）能源类比重最大。（3）不参与实物交割，遵循一定规则，在合约到期前进行迁仓交易。例如道琼斯－AIG 商品指数规定能源期货合约的换月时间在每个奇数月的第 5 个和第 9 个交易日之间进行，基本金属合约每年换月 5～6 次，农产品期货每年换月 4～5 次；标普高盛指数对所有期货合约采取了每月移仓形式，对于能源和基本金属合约，移仓发生在每月的第 5 个和第 9 个交易日之间。（4）基金运作频率低。

商品指数基金投资商品是因为商品具有内在收益，它的理论基础是：（1）商品在经济学意义上具有内在收益，这是被动型策略买入商品的核心。（2）组合效用。由于商品与传统资产（股票和债券）负相关或零相关，对经济周期和通货膨胀的反应也不同，将商品加入传统投资组合能够增强组合的夏普率（Sharp）。

商品指数基金收益主要来源于以下三个方面：价格上涨、展期收益（Rolling Return）和抵押收益（Collateral Yield）或者利息收益。价格上涨就是商品本身价格上涨的幅度，即大部分商品投资者希望得到的收益。展期收益是指持有本月的期货合约到期之后，滚动到下一个月的合约所获得的收益，也即移仓收益和成本。在一个现货升水市场，由于远期价格低于近期，展期收益为正；在现货贴水市场上，远期价格高于近期，展期收益为负。将价格上涨和展期收益组合在一起，称为超额回报。抵押收益或利息收益只适用于那些不使用杠杆的投资者，他们用一小部分资金支付期货保证金，剩下的资金投资于货币市场或债券市场，其边际资金都可以获得利息收益。

（二）期货投资基金

1. 期货投资基金概述。期货投资基金隶属于投资基金中衍生品基金的范畴，广义上的期货投资基金就是商品交易顾问（Commodity Trading Advisors，CTA），狭义上的期货投资基金主要是指公募期货投资基金。1949 年美国海登斯通证券公司的经纪人理查德·道前建立了第一个公开发售的期货基金，开创了期货投资基金的先河。20 世纪 70 年代期货投资基金经历了重要的发展时期，并在进入 20 世纪 80 年代以后高速发展，交易的品种也扩展到债券、货币、指数等各个领域。期货投资基金行业成为全球发展最快的行业之一，参与者数量和管理资产数额越来越大。

期货投资基金主要是指公募期货投资基金（Futures Public Fund），是一种用于期货专业投资的新型基金，其具体运作与共同基金类似，大多数采用公司型基金的组织形式，主要面向中小投资者。投资者可以购买基金公司的股份，就如同购买股票或债券共同基金的股份一样，只不过期货基金购买和出售的是期货和期权合约而非股票和债券。

2. 期货投资基金的交易策略。为实现分散化投资，期货投资基金多数采用多重策略，是系统型和机会型的基金。期货投资基金的投资策略可以划分很多种：（1）系统型投资策略和自由式投资策略；（2）技术分析投资策略和基本面分析投资策略；（3）分散型投资策略和专业型投资策略；（4）中短期策略和长期投资策略；（5）单 CTA 投资策略和多 CTA 投资策略等。在美国，期货投资基金所使用的投资策略包括了上述几种策略，其中使用最为频繁的策略有多 CTA 策略、系统型策略、技术分析和基本面分析相结合的投资策略。

在投资策略的使用上已经呈现出了一种趋势，就是投资决策模型和计算机辅助投资决策系统越来越多地被期货投资基金和 CTA 所使用。投资决策系统可以使基金尽可能地避免由于管理者主观偏见而造成的决策失误，拥有先进的投资决策模型和系统已经成为 CTA 的核心竞争力所在。

（三）对冲基金

1. 对冲基金概述。对冲基金（Hedge Fund）是一种以私人合伙企业或离岸公司的形式组成的投资工具，构造对冲基金的目标是为了给它们的投资者带来高于平均水平的收益。对冲基金通常被称作为备择投资或备择投资工具，它们经授权管理的资产并不局限于普通权益或是固定收入的投资。

对冲基金是随着金融管制放松和金融创新工具的大量出现而逐步兴盛的，特别是 20 世纪 90 年代以来，经济和金融全球化趋势的加剧，对冲基金获得快速发展。1990 年，美国仅有各种对冲基金 1 500 家，资本总额不过 500 多亿美元。根据《对冲基金情报》公布的调查结果，截至 2008 年初，全球对冲基金管理的资产规模已达 2.65 万亿美元。

对冲基金不像传统基金那样有义务向有关监管部门和公众披露基金状况，它们的资料主要依赖基金经理自愿呈报，而不是基于公开披露的资料。

2. 对冲基金交易策略。对冲基金可以运用多种投资策略，包括运用各种衍生工具如指数期货、股票期权、远期外汇合约，同时也可在各地的股市、债市、汇市、商品市场进行投资。与特定市场范围或工具范围的商品期货基金、证券基金相比，对冲基金的操作范围更广。

概括来说，对冲基金最主要的投资方式就是卖空和杠杆交易。对冲基金的投资策略主要分为以下几个大类：

（1）方向性策略：包括股票多头/空头、期货多头/空头和全球宏观。之所以称为方向性策略，是因为基金都极力在各自的市场上进行方向性的买卖。

（2）事件驱动策略：包括兼并套利、困境投资以及特殊境况投资。事件驱动策略的共同点是投资集中于特定公司的证券，这些公司正在经历或将要经历重大的事件或者转变。这些所谓的公司事件包含破产、重组、收购、合并、资产剥离等任何有关的内容。

（3）相对价值套利策略：可转换套利和固定收益套利。这一类型的基金认为一种证券的价格被高估，而另外一种证券的价格被低估，于是对这两种相互之间存在联系的证券采取对冲交易。

三、基本面型交易策略

基本面型交易策略依据预测价格变化的方法不同，可以分为宏观型交易策略、行业型交易策略、事件型交易策略和价差结构型交易策略。

（一）宏观型交易策略

宏观型交易策略是投资者通过分析宏观经济的发展状况作出交易决策，交易头寸持有的时间一般长达 1 年或几年以上。采用宏观型交易策略的典型投资者包括商品指数基金和宏观对冲基金等。

商品指数基金是通过被动地跟踪商品指数，以达到抵御通货膨胀和美元贬值风险的目的，采取买入并持有的策略投资于商品市场，来获取商品市场的平均收益。宏观对冲基金通过对商品市场的价格波动进行杠杆对冲交易，来尝试获得尽可能高的正投资收益。

全球宏观对冲基金交易可被分为直接定向型交易和相对价值型交易两大类。定向型交易指经理们对一种资产离散价格的波动情况交易，比如做多 WTI 原油或做空黄金；而相对价值型交易指通过同时持有一对类似资产的多头和空头，以期利用一种已被发现的相对价格错位来盈利，比如在持有新兴国家的股指多头的同时做空美国股指。

例如，NYMEX 原油价格从 2003 年初 26 美元/桶上涨到 2008 年 7 月最高达 147.25 美元/桶，期间商品指数基金和宏观对冲基金长期持有大量的原油多头。主要原因有美元贬值、通货膨胀以及世界经济的复苏与"金砖四国"的强劲增长导致对原油需求的增加。

（二）行业型交易策略

行业型交易策略是投资者通过分析某一行业的发展变化作出交易决策，交易品种一般固定在某一个行业或某一个类。行业周期性交易策略主要依据行业周期性指标来决定交易方向，按照时间的长短来分，可以分为长周期交易策略和短周期交易策略。有些商品的产业周期很长，有些商品的产业周期较短。如原油和金属，它们的供应周期较长，需要从地质勘探、道路电力等基础设施建设、开采到提炼才能形成产品，往往需要数年时间。农产品的产业周期较短，一般是一年一季，有的品种甚至是一年多季，季节性波动常常是影响农产品价格的主要因素。行业型交易策略在基本分析中占据非常重要的地位，因此需要将长周期和短周期两种情形分开介绍。

1. 长周期交易策略。在长周期交易策略中，常用一些行业的关键指标来决定交易方向，行业关键指标的高低趋势变化正面或侧面反映了供给和需求的变化趋势，直接或间接反映了该行业的供需紧张状况，从而为未来的价格发展指明了方向。如基本金属的精矿加工费用就是反映金属矿的供应紧张指标，精矿加工费用低说明该金属矿供不应求，精矿加工费用高说明该金属矿供大于求。

例如，锌精矿的加工费用在 2006 年出现大幅度上升，这说明锌的供应在改善，因此可以对锌采取抛空策略。随后 LME 市场锌的价格在 2006 年底触及最高点，在 2007 年和

2008 年价格一路下跌。

2. 短周期交易策略。短周期交易策略主要是应用在农产品的季节性上，相对而言农产品的季节性因素非常明显。

【例 6 - 6】　图 6 - 3 是 2005—2008 年大连玉米期货指数月 K 线图，我们可以看出 2005—2008 年每逢 7 月玉米价格就出现下跌，表现出明显的季节性走势。玉米价格 7 月下跌的背后反映的是玉米供给的季节性，由于新玉米将要上市和国储轮库，从而引起玉米在 7 月的价格下跌。

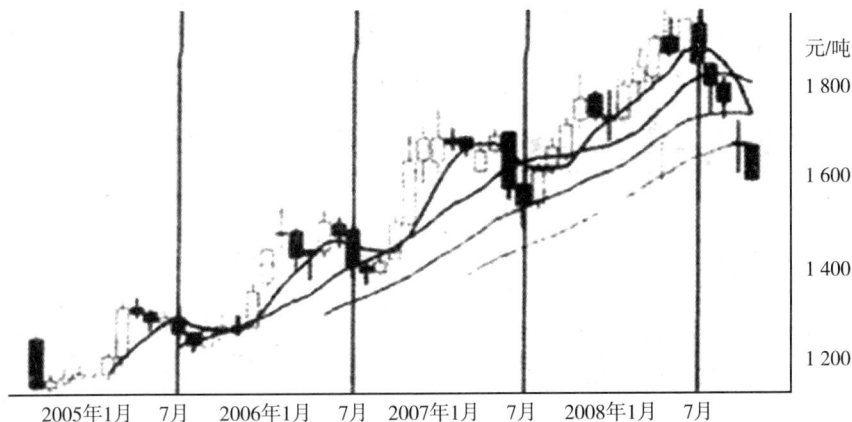

图 6 - 3　2005—2008 年大连玉米期货指数价格月线图

（三）事件型交易策略

事件型交易策略往往依赖于某些事件或某种预期引发的投资热点，虽然这种策略具有很大的风险性，但在良好的预期下，能够启动市场情绪，带动相关价格出现快速上涨或下跌，实现快速收益，因此能引发市场的广泛关注，也成为很多投资者乐于采用的交易策略。这是一种自下而上的投资方法，仅仅关注事件本身的进展，不会因为宏观趋势不利而改变交易。期货市场上的基本面事件包括气候灾难、病虫害、生产事故、进出口事件、关税政策、收储抛储等，交易事件如强制平仓、保证金变化、合约换月、交割规则变化等。

【例 6 - 7】　2008 年初，一场历史罕见的冰冻灾害袭击了广西大部分地区，受灾害影响部分甘蔗腐烂坏死现象出现，蔗种损失严重，产区救灾会议上作出了减产 180 万吨的预计，糖价强势拉升，白糖现货最高时达 4 000 元/吨，而期货远月合约价格则达到了 5 300 元/吨的高位。到 2 月 22 日，广西持续了一个多月的低温天气开始转晴，灾害天气宣告结束，糖价又开始大跌（见图 6 - 4）。

（四）价差结构型交易策略

价差结构型交易策略主要是根据交易品种的期货和现货、不同月份合约以及相关品种之间的价格偏差水平来决定采用的交易策略，它依据的是均值回归原理，即假定价差会向历史平均值回归。一般是在价格低估的时候买入，价格高估的时候卖出。这种策略包括期现价差交易策略、月间价差交易策略、内外价差交易策略、相关品种价差交易策

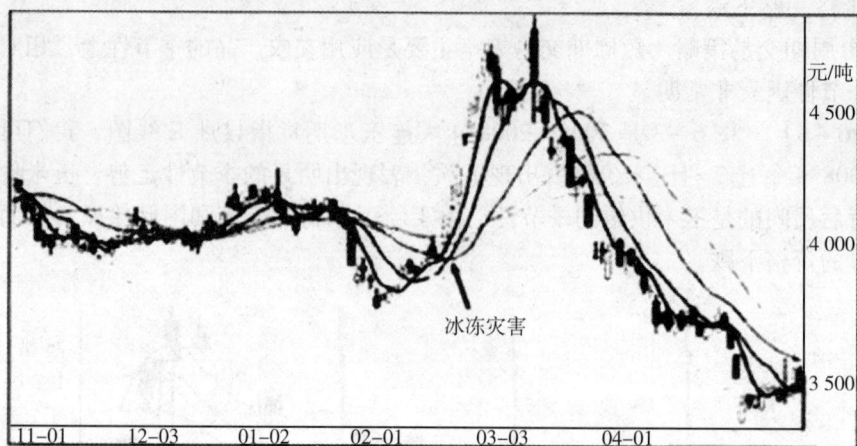

图 6 - 4　2007 年 11 月至 2008 年 5 月郑州白糖 809 合约价格日线图

略。例如商品指数基金在运作过程中，愿意持有商品多头的主要因素就是持有现货升水的期货品种，可以获得展期收益。

【例 6 - 8】　沪胶 2008 年 4 月 25 日，国内橡胶期货出现历史性的价差结构，表现为近月高升水（见图 6 - 5）。Ru0805 与 Ru0809 之间的价差达到 1 740 元/吨，近月标胶比复合胶低 1 710 元/吨左右，处于历史性低位，在这种情况下单边买 Ru0809 是一种较好的策略（见表 6 - 5）。

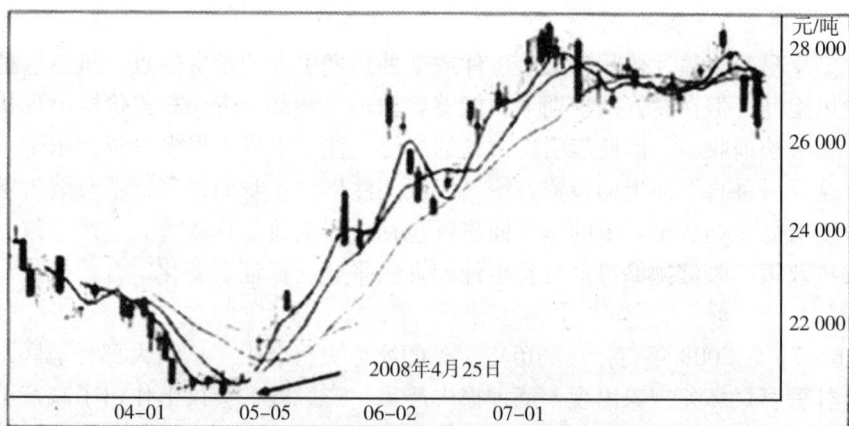

图 6 - 5　2008 年 3 月至 8 月上海橡胶 0809 合约价格日线图

表 6 - 5　　　　　　　　　　　　　　　橡胶价差表

	期现价差	月间价差	内外价差
	现货 - Ru0805	Ru0805 - Ru0809	Ru0805 - 复合胶
价差	22	1 740	- 1 710
价差均值	12	- 226	- 1 118

四、技术型交易策略

技术型交易者只重视价格，其核心理念是认为市场行为反映一切，因此技术型交易决策本质上是基于交易价格本身的变化，主要有跟随趋势型策略和反趋势型策略两种。

市场趋势有三种：上升趋势、下降趋势和横向延伸趋势。横向延伸趋势更通用的说法是"没有趋势"。每一种交易策略都有适合自己的市场环境，跟随趋势交易者在上升或下降的趋势中表现更好，而反趋势系统在无趋势的市场状态下表现较好。

（一）跟随趋势型交易策略

采用跟随趋势型策略的交易者通常被称为趋势交易者。趋势交易者主要研究和判断市场是否有趋势，趋势是向上还是向下以及趋势是否结束。该类型投资者多采取动量交易策略。趋势按时间划分，有持续几分钟的日内趋势，也有持续数日、数周、数月甚至数年的长期趋势。日内交易者和隔夜交易者都可以是趋势交易者。趋势交易者常用的工具有趋势通道、支撑位和阻力位、移动平均线、价格形态等。跟随趋势型策略的优势是趋势确立后，跟随趋势比较容易操作；局限性是趋势的判断比较困难，趋势运动的时间相对较少。

如图6-6所示，对趋势交易者而言，当价格运行至A点向上成功突破阻力位后，则新一轮上升趋势确立，买入信号出现；若价格在B点向下突破盘整区间的支撑，则后市看跌，卖出信号就出现了。

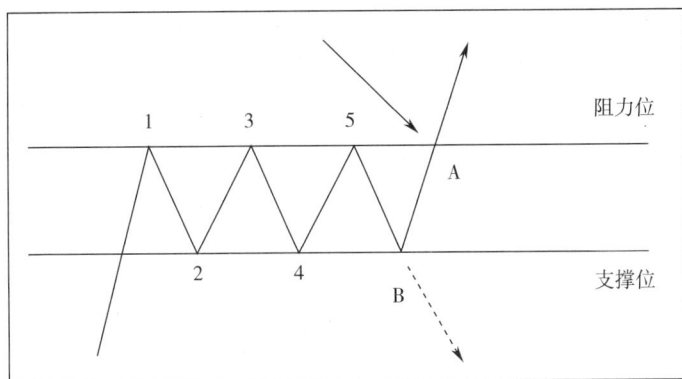

图6-6　跟随趋势型交易示意图

（二）反趋势型交易策略

采用反趋势型策略的交易者主要研究和判断市场的支撑与阻力，当价格回落到价格运动区间的支撑位时买入，当价格上升到区间的阻力位时卖出，一旦市场的支撑与阻力失效，反趋势交易就需要止损。反趋势交易者常常需要研究支撑和阻力价格水平、趋势线、移动平均线、价格形态等，判断市场的趋势是否发生变化。反趋势型策略的优势：一旦抄底抛顶成功，对随后的交易管理非常有利，盈利同样可观；其局限性：要能做到抄底抛顶需要非常深厚的功底，实践中成功率也比较低。

【例6-9】　如图6-7所示，2008年3月到5月郑州强麦901合约价格运行

2 120～2 200 元/吨的一箱体内，箱体顶部在 2 200 元/吨一带，箱体底部在 2 120 元/吨附近。当价格运行至图中标识 5 时，反趋势交易者会选择买入强麦 901 合约，当价格运行至箱体高位 A 点时，反趋势交易者会选择在 A 点附近卖出强麦 901 合约。

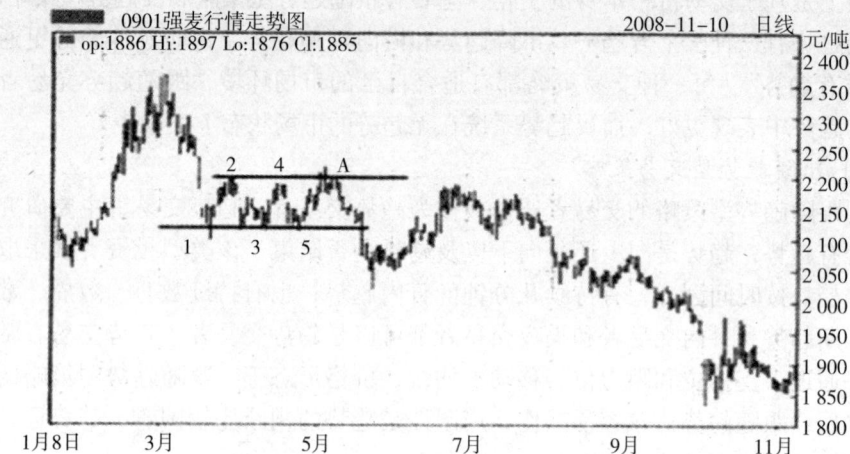

图 6 - 7　2008 年 1 月至 11 月郑州强麦 901 合约价格日线图

　　跟随趋势和反趋势都是针对特定级别的趋势而言，或者是投机者关注的那个级别的趋势而言。在一个小级别趋势中，投机者可能是反趋势的，但是从更高级别趋势来看，可能是跟随趋势的。在实际交易中很难说一个投资者是趋势交易者还是反趋势交易者，投资者往往既采用跟随趋势交易策略，也会采用反趋势交易策略，具体采用哪种策略，取决于投资者对市场状态的理解和投资者的交易习惯。

五、程序化交易

(一) 程序化交易概述

　　程序化交易（Program Trading）是指所有通过电脑计算机软件程序进行自动下单的交易。任何可以自动采集分析素材、具有逻辑化的分析推理决策过程的交易系统都可以实现完全的程序化交易。

　　程序化交易系统要解决好数据、规则和交易者思想的协调问题。数据是最基本和最客观的信息，体现了供求关系的变化；规则是维持市场秩序的有力工具；交易者的思想是个性心理和知识体系，因为他们的差异，产生了不同的行为，从而有了买卖的交易。

　　由此程序化交易产生了两个竞争的方向：一是提供程序化系统交易的软件平台；二是进行程序化交易过程的思想和方法。建造一个专业的程序化系统交易平台软件至少需要资讯、数据管理、公式编辑、测试平台和专业下单工具 5 项基本功能，还要有头寸调整函数、横向统计函数、历史财务函数、全市场历史测试和多系统兼容等功能。

　　程序化交易的优势是人为交易无法比拟的，它与人为交易的区别见表 6 - 6。

表 6 – 6　　　　　　　　　　　　　　程序化交易与人为交易区别

	人为交易	程序化交易
市场变化处理方式	预期市场变化	顺从市场变化
分析基础	基本面/技术面	技术面为主
投资报酬率稳定性	不稳定	比较稳定
专业能力需求	高	中
人才依赖度	高	中
服务工作时间	8～12 小时（人脑）	24 小时（电脑）
长期工作时间平均损失概率	高	低
交易记录与风险警示管理	人工手动	电脑自动
运算速度与执行能力	缓慢	快速/坚决
智慧与价值	人性智慧/无价	人工智能/有价
决策判断方式	感性/主观/恐惧贪婪	理性/客观/数据信号

（二）程序化交易系统类型

按交易决策的类型，程序化交易可以分为策略型交易和数量型交易两大类别。策略型的程序化交易是将经验策略和交易思想用程序实现，交由电脑进行自动决策和执行，它主要使用一些技术指标，结合实战经验，按照程序化交易的原则设计交易策略，并将此交易系统写成程序，交付计算机自动执行。策略型的程序化交易适合中小投资者在市场上进行运用。

数量型程序化交易通过建立金融数量模型，利用计算机对资讯、行情、数据的实时高速计算，自动发现交易机会、设定交易策略、完成交易执行。一般来说，数量型程序化交易的买卖数量巨大，往往同时操作多个市场多个品种，所使用的工具也比较复杂，多为大型机构使用，主要的策略有套利、组合决策等交易策略。数量型程序化交易是程序化交易的主流。

（三）程序化交易系统设计

1. 程序化系统设计原则。

（1）真理性。程序化交易系统所表达的真理是一种社会科学的真理。在投资市场中，如果一种投资方法被广泛利用，那么，用该方法所建立的交易系统也有可能失灵。

（2）稳定性。通俗地讲，程序化交易系统的稳定性就是它具有稳定的生存能力和稳定的获利能力。一个交易系统的稳定性通常包括以下几个方面的含义：①可以生存于各国市场；②可以生存于各个品种；③可以生存于各个历史时期；④可以捕获所有的原始波动。

（3）简单性。在设计交易系统的过程中，应该本着简单性的原则来设计交易系统。在指定交易策略时如果加了过多的条件限制，将会导致交易系统信号过少的情况产生。首先这不符合信号数量的统计要求，其次容易造成小概率事件的发生，造成以点代面、以偏概全的情况。

2. 程序化交易系统设计步骤。设计程序化交易系统分为以下八个基本步骤：交易策略的提出、交易对象的筛选、交易策略的公式化、交易系统的统计检验、交易系统的优化、交易系统的外推检验、交易系统的实战检验和交易系统的监测与维护。

（1）交易策略的提出。交易策略的形成可以有两种截然不同的方式，即从上到下和从下到上。所谓从上到下，是指根据市场的长期观察而形成某种理论认识，再基于这种认识而形成某种战略战术；所谓从下到上，是指从市场统计数据出发，根据统计特征而寻找对应的战略战术。从系统交易的观点看，从上到下形成的交易策略思想比从下到上形成的交易策略思想具有以下优点：①有利于把握局部亏损与全局失败的关系；②有利于交易系统的风险控制；③有利于交易系统的维护与修改。

（2）交易对象的筛选。期货合约都可以作为系统的交易对象，作为系统交易对象的期货合约，必须做如下的检验，以决定是否具有可交易性：①检查是否具有足够的流动性；②检查是否具有足够长的交易历史；③检查是否具有充分的信息源；④检查是否具有足够多的市场参与者。

（3）交易策略的公式化。交易策略的公式化是指将交易策略思想转化成精确的数学公式或计算机语言公式，使之成为计算机可识别并可检验的公式系统。交易策略的公式化过程主要包括：①定义交易规则；②交易策略的定量化；③编写计算机程序。

（4）交易系统的统计检验。"接近实战"是交易系统检验的基本原则，确定好系统检验的统计学标准和系统参数后，系统研究者应根据不同的系统参数对统计数据库进行交易规则的测试，其检测结果应注意包括以下几个方面：净利、最大盈利交易和最大亏损交易、最大连续盈利次数与最大连续亏损次数、最大投资本金损失幅度、总交易次数、盈利次数比率与亏损次数比率、平均盈利额对平均亏损额之比等。

当然，系统检验远不止这些内容，研究者根据需要可以设置绩效表现、获利能力、稳定性、交易频率、风险收益比等指标进行检验。

（5）交易系统的优化。它是指在对交易系统的参数值做进一步调试使之达到最佳状态的过程。交易系统的优化可选择在交易系统完成初步计算机检验，并确认具有实用价值之后进行。

（6）交易系统的外推检验。它是指在对交易系统的所有参数全部固定之后，使用统计检验期间之后的市场数据（包括多重市场数据），再次对交易系统按检验规则进行计算机检验，然后对交易系统外推检验与原有统计检验的评估报告进行比较，观察是否有显著变化。

（7）交易系统的实战检验。当一个交易系统完成了严格的统计检验及外推检验（或多重市场检验）后，便可运用于实战，系统使用者在实战中使用交易系统时，首先要做好实战交易记录。交易记录的一个目的在于事后进行统计分析，统计分析可以帮助投资人克服心理障碍，保持投资心态稳定，这一点很容易被大多数投资人忽略。

（8）交易系统的监测与维护。交易系统的监测与维护工作的目的是，观察交易系统的设计思想是否与市场特性逐步偏离，监测工作的基础是完备的实际交易记录。因此，交易系统的监测与维护是以交易系统的实际使用为基础，其分析基础是完备的交易实战记录。

第三节　套利交易策略分析

一、套利交易概述

期货套利交易是一种风险相对低、收益较为稳定的投资方式，比较适合追求稳定收益的投资者。随着国内市场品种的逐渐增加和投资者水平的不断提高，套利交易作为一种重要的交易方式，已经受到越来越多的投资者关注。

【专栏 6 - 3】

套利交易与投机交易的分分合合

对于是否将套利交易看成是投机交易的一种形式，在国外有着不同的观点。在早期，理论界一般也将套利交易归入投机的范畴，把套利交易看成投机的一种形式。但后来有些专家、学者开始将套利视为与投机交易不同的一种交易方式，在期货市场中具有独立的性质，并发挥着特定的作用。美国著名期货专家、金融期货的创始人利奥·梅拉梅德曾经指出："期货市场套利者与其他交易主体大不一样，套利者利用同一商品在两个或更多合约月份之间的差价，而不是任何一个合约的价格进行交易。因此，他们的潜在利润不是基于商品价格的上涨或下跌，而是基于不同合约月份之间价差的扩大或缩小，依此构成其套利的头寸。"可见，在他看来，套利者是一个与投机者或套期保值者都不同的独立群体。

（一）套利交易的优点

套利交易是指利用相关市场或相关合约之间的价差变化，在相关市场或相关合约上进行交易方向相反的交易，以期价差发生有利变化而获利的交易行为。

在进行套利交易时，投资者关注的是期货合约之间的相对价格即价差的变化，不是绝对价格的变化。套利交易主要有三个特点：套利交易是根据不同合约的相对价格变动来获取收益；套利交易分析的是相关合约之间的价差变化因素；套利交易要同时对相关品种合约进行方向相反的对冲交易，交易者同时持有多头和空头头寸。

套利交易在本质上是一种对冲交易。一般情况下其价差的波动幅度较价格的波动幅度要平缓一些，因此套利交易的风险和收益相对投机交易更加稳定。套利交易作为一种相对稳定的投资方法有以下优点：

1. 相对低的波动率。一般情况下，相对于绝对价格的波动来说，价差通常具有更低的波动率，因此套利者面临的风险更小。

2. 价差比价格更容易预测。期货价格的波动率较大，影响因素很多，不容易预测。

而价差则不同，由于商品期货具有特有的持有成本，它会围绕持有成本上下波动，当价差偏离持有成本太远时，在各种力量（投机者、套期保值者和套利者）的作用下，一般最终会回归到合理范围内。正因为价差波动范围的有限性，使得判断价差波动比判断价格变化要容易。

3. 更有吸引力的风险收益比。与单边投机相比，套利交易可以提供一个更有吸引力的风险收益比。虽然套利收益不是很高，但是成功率高，这是由价差的有限风险以及更低的波动率带来的好处。套利交易的是价差，由于投机力量在不同期货合约上的力量不均衡，往往容易产生不同的合约之间的价差扭曲，价差扭曲程度越高，套利交易的获利空间也就越大。也可以说，不理性的投机交易是套利交易获利的根源。

总的来说，期货套利交易有收益稳定、低风险的特点，比较适合风险偏好低的稳健投资者采用，同时也十分适合机构大资金的运作。

（二）套利交易的影响因素

一个相对有效的市场中，在多种市场因素的影响下，相关的期货品种之间和同一品种不同的期货合约之间有合理的价差关系，有时市场受某些因素冲击，会出现价差关系偏离正常水平。如果投资者预期在一段时间后价差关系会回归到正常水平，就可以进行套利交易，获取套利收益。因此，分析价差的扭曲和回归是套利交易关注的核心。下面对影响各种价差关系的主要因素进行分析。

1. 季节因素。由于商品的产出和需求在一定时间（如一年）内具有相对固定的价格波动规律（这种波动规律与市场长期走势的叠加构成了市场运动的具体形态），从而使不同季节期货合约的价格表现有强有弱。一般来说，需求旺季的合约价格相对较高，生产供应季节的合约价格相对较低。

2. 持仓费用。期货品种的仓储费用、交割费用和资金成本等费用相对稳定，在匡算好费用总和的基础上，如发现某一商品不同月份合约价差与总费用的价差不合理时，就可以找到套利的机会。

3. 进出口费用。当某一国际化程度较高的商品在不同国家的市场价差超过其进出口费用时，可以进行跨市场的套利操作。进出口费用一般包括关税、增值税、报关检疫检验费用、信用证开证费用、运输费用、港杂费等。完成交易的方式可以是对冲平仓，也可以是进口货物交割。

4. 价差关系。利用期货市场和现货市场价格的偏离，可以寻找到低风险的套利机会。在商品产地现货价格确定的情况下，匡算好运输费用、仓储费用、交割费用、资金成本等费用，可以进行购入现货（或者预定现货）同时卖出相应的期货合约的套利操作，赚取期现价差超出运输、仓储、交割成本的差额利润。

5. 库存关系。库存的变化对于近远期合约的价差变化影响比较明显。一般情况下库存紧张能够导致近期合约相对于远期合约的价格快速走强；而库存压力更多的是导致价差的逐步变化，并呈现远强近弱的格局。

6. 利润关系。原料与原料的下游产品之间有着生产利润关系，利润的高低往往影响到商品产量的变化，从而影响到原料与原料下游产品间的价格变化。例如原油与成品油之间就有一定的炼油毛利关系，国内大豆与豆粕、豆油存在着压榨利润关系。理论上，如果以 DCE 市场上的大豆、豆粕、豆油期货价格计算出来的压榨利润值过高或过低时，即可进行大豆、豆粕和豆油三者之间套利操作。

7. 相关性关系。在一定时期内，某些商品间由于在使用上可以相互替代，因此通常存在相对固定的比价关系。比如说，玉米与大豆在饲料用途上可以替代，当玉米比大豆的相对价格过高时，种植者将选择多种玉米，消费者将多选择大豆，使玉米的供给相对增加、需求相对减少，从而提高大豆对玉米的比价，反之则相反。

以上这些因素是形成期货相关合约价差关系的基础，在了解了这些因素以后，我们可以对各种期货合约之间具体的价差关系进行分析。

二、期现套利

期现套利是指利用期货市场与现货市场之间的不合理价差，通过在两个市场上进行反向交易，待价差趋于合理而获利的交易，即利用现货交割及持仓成本与期货的差价进行套利交易。其理论依据来源于持有成本理论。理论上期货价格应该高于现货价格，但因为有持仓成本这个上限，期货价格不可能无限制地高出现货价格。当期货价格与现货价格的价差高于持仓成本，就会有人买进现货、卖出期货，最终会促进价差重新回归到正常区间水平。

当期现价差位于持仓成本上下边界之间时，无法进行期现套利，因而将这个上下边界之间称为"无套利区间"。在期现套利中，确定了"无套利区间"，便可以据此监控期现价差，寻找套利机会（见图 6-8）。

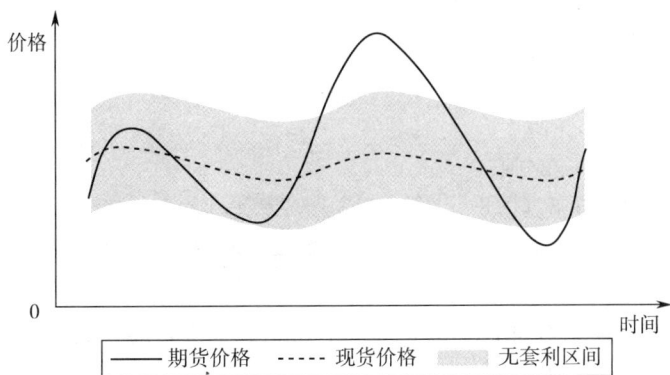

图 6-8 期现套利无套利区间

（一）正向期现套利

当期货价格大于现货价格时，称作"正向市场"。这时期货价格对现货价格的升水大于持有成本时，套利者可以实施正向期现套利，即在买入（持有）现货的同时卖出同等数量的期货，等待期现价差收敛时平掉套利头寸或通过交割结束套利。

一般来说，正向期现套利比较适合商品的生产厂家和贸易中间商。因为正向期现套利如果进入现货交割阶段，需要投资者卖出现货，生产厂家和贸易中间商的经营目的就是卖出商品，两者的交易流程是同方向的。

因为是期现套利，所以持有成本以持有现货到期交割为基础。一般会发生交易手续费、运输费、交割费、仓租费、增值税及资金利息等费用。每个地方的具体情况不同，各项费用往往各异。一般会发生如下费用：（1）交易和交割手续费。（2）运输费用。（3）检验费。注册仓单时，实物必须首先经过检验。检验费由卖方承担，买方无须支付检验费用。（4）入库费。火车、轮船、汽车的入库费用各异，而不同交割仓库的出入库费用也各不相同。（5）仓租费。各个商品的仓储成本要按照各交易所的规定。（6）增值税。商品期货进行实物交割卖方还需要缴纳增值税。（7）资金利息。购买现货的资金和期货的保证金的利息。（8）仓单升贴水。交易所还对不同的交割仓库、不同品质的品种规定了详细的升贴水情况，具体参考交易所规定。

综合以上分析，我们可以得到正向期现套利的持有成本计算公式：

正向期现套利持有成本 = 交易手续费 + 交割手续费 + 运输费 + 入库费 + 检验费
+ 仓单升贴水 + 仓储费 + 增值税 + 资金占用费用

【例 6 - 10】 2009 年 10 月 14 日，上海天然橡胶期货 1001 合约价格为 18 790 元/吨，当日天胶现货成交均价为 17 505 元/吨，可知基差为 1 285 元/吨。此时基差为负值，且绝对值偏高，出现了实物交割的期现套利机会。因此可以进行买入天然橡胶现货，并相应抛售在 1001 期货合约，以赚取中间的基差空间。

简要计算一下此次期现套利的成本，主要包括买入现货的费用（包括运费）、交易手续费、交割手续费、仓储费、增值税和资金占用利息。具体如下：

（1）交易手续费：期货 3 元/吨，点胶费 10 元/吨，计 13 元/吨。

（2）交割手续费：4 元/吨。

（3）过户费：10 元/吨。

（4）入库费：15 元/吨。

（5）取样检验费：6 元/吨。

（6）仓储费：90×0.8（0.8 元/天·吨）=72 元/吨（仓储时间以 90 天计）。

（7）增值税：$1\ 285/（1 + 13\%）\times 13\% = 148$ 元/吨（实际上不一定是 1 285 元/吨）。

（8）异地交割仓库与基准地上海仓库的运价贴水标准：280 元/吨。

（9）期货保证金利息：$18\ 790 \times 12\% \times 5.31\% 4 \approx 30$ 元/吨（设定期货保证金为 12%）。

（10）现货资金利息：$17\ 505 \times 5.3\%/4 \approx 232$ 元/吨（设定年利率为 5.31%）。

因此，套利成本共计 810 元/吨，本次交易的利润 = 期现基差 - 套利成本 = 475 元/吨。

（二）反向期现套利

当期货价格小于现货价格时，称作"反向市场"。反向套利是构建现货空头和期货多头的套利行为（在期现套利中就是做空基差）。由于现货市场上不存在做空机制，反向套利的实施会受到极大的限制。

在现实中，通常是拥有现货库存的企业为了降低库存成本才会考虑实施反向期现套利。这是因为在现货市场上卖出现货，企业不仅能够获得短期融资，而且可以省下仓储成本。当期货相对于现货的升水过低甚至是贴水的时候，企业就可以考虑反向套利以降低其库存成本。

（三）期现套利的注意事项

1. 商品必须符合期货交割要求。商品的质量标准是期现套利的重中之重。因为交割是实现期现正向套利的基础，一旦这个基础被破坏，那么期货市场上将面临巨大的敞口风险。

2. 要保证运输和仓储。注册仓单的时间点对于套利的效果起到很重要的作用。过早地把货物运到交割仓库，就会多交仓储费，利润会大打折扣；过晚则容易导致交割不成功。所以对投资者的运输条件和仓库的发货装车能力要求非常高。这需要投资者以及期货公司与仓储部门有长期的良好合作关系，要做到计划周密，使得交割商品能够装得上、运得出。

3. 有严密的财务预算。要保证套利交易成功，就要对所有环节所发生的费用有一个严密的预算，特别是对仓单成本要计算周密，另外，财务安排上要为期货保证金的追加作充分预留。

4. 注意增值税风险。对于进行正向期现套利的投资者，最后进行现货交割时，需要向买方提供增值税发票。因为商品的最终成交价格是按照最后一个月的结算价格计价，是套利方案开始时无法预估的，因此增值税是正向套利持有成本中唯一的变量。如果套利期间商品价格大幅上涨，将大大提高商品的结算价，使得套利投资者需要支付更多的增值税税额，造成利润缩水。

理论增值税暂时是按建仓价位与交割结算价的差额乘以17%计算（17%税率视品种而定），其公式为

实际增值税 ＝［按建仓价位与交割结算价的差额／(1 + 0.17)］× 0.17

三、跨期套利

所谓跨期套利，是指在同一市场（即同一交易所）买入（或卖出）某一交割月份期货合约的同时，卖出（或买入）另一交割月份的同种商品期货合约，以期在两个不同月份的期货合约价差出现有利变化时对冲平仓获利。

跨期套利的理论基础：（1）随着交割日的临近，基差逐渐趋向于零。（2）同一商品不同月份合约之间的最大月间价差由持有成本来决定。

理论期货价格 ＝ 现货价格 ＋ 运输费用 ＋ 持有成本

远期合约期货价格 ≤ 近期合约期货价格 ＋ 持有成本

持有成本：交易费用 ＋ 增值税 ＋ 仓储费 ＋ 存货资金占用成本 ＋ 其他费用

理论上不同月份合约间的正常价差应该小于或者等于持有成本，否则就会出现套利机会。

（一）事件冲击型套利

事件冲击型套利主要是由于某一事件的发生对近月和远月的价格波动影响不同，从而出现月间价差变化，依据事件的发生建立买近卖远或买远卖近的跨期套利交易就是事件冲击型套利。事件冲击型套利可以细分为以下几种：

1. 挤仓。发生挤仓的合约一般情况下为近期合约，包括多头挤仓和空头挤仓两种情况。多头挤仓一般情况下产生资金性溢价，空头挤仓一般情况下产生仓单压力贴水。当某个月份的空头或者多头受较大的资金推动或者仓单压力的影响，会导致这个月份的期货合约相对其他月份的期货合约价格产生资金性溢价或者仓单压力的贴水，这是一种跨期套利机会。

对于投资者来说，当辨识出潜在的挤仓行为时，可以买进或者卖出挤仓合约并在其他合约上进行对冲。如果是多头挤仓，可以进行买近期卖远期的正向套利，如果是空头挤仓，可以进行卖近期买远期的反向套利。

2. 库存变化。库存的变化对于近远期合约的价差变化影响比较明显。一般情况下库存紧张能够导致近期合约相对于远期合约的价格快速走强，而库存压力更多的是导致价差的逐步变化。关注库存因素对于市场的影响需要重点了解的是一个品种的正常库存波动区间，只有当库存超过了正常的库存波动区间的时候才能够影响合约的价差变化。

3. 进出口问题。进出口问题影响的是市场中短期的供求关系，与市场本身的库存变化也有密切的关系。对于国内商品期货系列来说，包括豆类油脂进口问题、金属进出口问题。

以大豆进口为例，2007 年大豆进口量已经占国内大豆消费总量的 60% 以上，大豆进口量的变化对于国内大豆价格变化影响巨大。当大豆出现进口受阻甚至中断的时候，将使国内后期的大豆供求关系发生明显的变化，从而导致对应月份期货合约价格的大幅度变化。尤其是当库存处于相对的低位区间，没有可以用来缓冲的库存，大豆进口问题对于对应合约月份的价格影响将更为明显。

总体来说，库存和进出口问题反映的都是中短期供求关系的差异变化，会导致月间价差出现一定程度的变化。

【例 6 - 11】 2009 年 9 月，因为塑料社会库存相对偏少，基差转向正值，同时塑料期货上的库存仅为 5 000 多吨，且 5 000 多吨仓单基本上是已经掌握在多头手中。塑料期货仓单还有一个问题就是注册时间长，根据现货商的仓单注册经验，LLDPE 期货标准仓单的生成需要经过预报、验收、指定仓库签发和交易所注册等环节，到最后成功生成一般需要一个多月的时间。

多头主力根据社会库存少和期货仓单短期难以注册的情况，大举持有快要到期的近月塑料多头，形成近月合约强于远月合约的格局。

从 9 月下旬开始，塑料期货的库存基本没有继续流入，随着交割日期临近，近月投机空头被迫砍仓，导致塑料 0911 和 1001 合约价差快速拉开，这种库存和持仓变化导致的月间价差变化，为投资者提供了很好的月间套利机会（见图 6 - 9）。

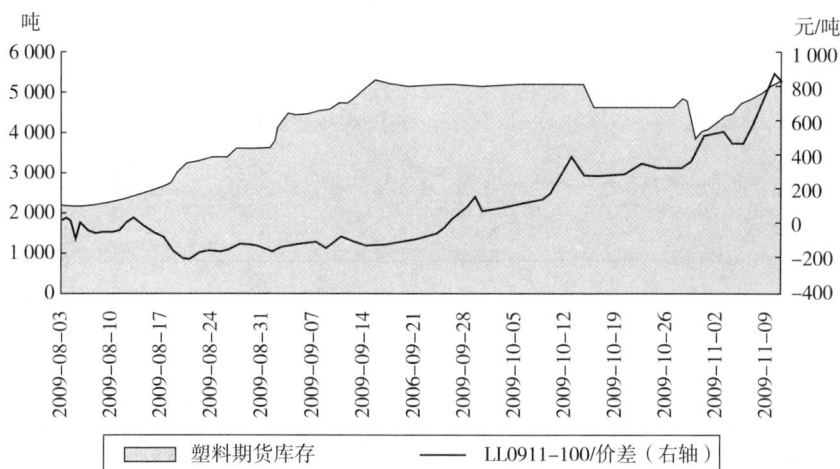

图 6 - 9　塑料期货库存与价差变化图

（二）结构型跨期套利

结构型跨期套利一部分反映的是供求关系的影响，但更多是反映市场中参与者，尤其是投机者的偏好对价差的影响。当市场处于一个明显的投机性看涨氛围，由于投机者一般都喜欢参与远期合约，因此容易在远期合约上面形成投机性溢价。

比较明显的一种情况是，当国际市场大幅度上涨的时候，国内市场受其影响会形成比较浓厚的看涨氛围，但国内市场的基本面很多情况下有其独特性，这样就容易导致国内近期合约和远期合约的差异。近期合约受国内现实供求关系的影响表现疲弱，而远期合约却受整体看涨氛围的影响，投机性多头大量参与，从而有利于反向跨期套利。

【例 6 - 12】　PVC 期货合约价差变化。2009 年 7 月，国内外商品市场在强烈的通胀预期推动下，价格出现了较大幅度上涨，PVC 亦成为资金追捧的对象。但是 PVC 消费并不非常强劲，库存持续高位。在现货疲弱，但市场看涨气氛又很浓厚的环境下，远月合约往往会成为资金追捧的对象。从 7 月 17 日开始至 7 月 28 日，资金不断流入 0911 合约，PVC0911 合约价格从 7 025 元/吨价格涨至 7 270 元/吨，0911 合约上涨幅度为 245 元/吨。而同期的 PVC0909 月合约价格从 7 000 元/吨涨至 7 065 元/吨，上涨幅度仅为 65 元/吨，若是进行买 0911 合约抛 0909 合约，并可收益 180 元/吨（见图 6 - 10）。

（三）正向可交割跨期套利

正向可交割跨期套利，是指同一期货品种，当其远期和近期合约的价差大于其持有成本时，出现的买近期抛远期的套利机会。由于远期合约与近期合约的价差不可能偏离持有成本太远，正向可交割跨期套利交易的风险相对较小。进行交割的正向跨期套利也是一种期现套利，即到期把注册仓单进行交割，从而获取价差收益。

进行正向可交割跨期套利的核心在于持有成本的计算。当某一期货品种月间价差大于持有成本时，就可以考虑进行正向可交割跨期套利交易。

在进行正向可交割跨期套利中，亦可能面临其他风险：

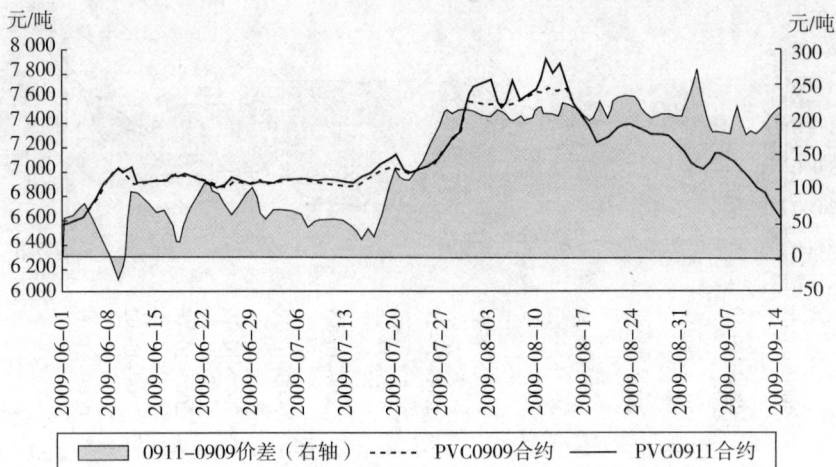

图 6 – 10　PVC0911 合约与 0909 合约价差变化

1. 财务风险。在交割套利中，仓单要持有到交割日，随着交割日的临近，保证金比率将大幅提高，交易保证金将要占用大量资金。

2. 交割规则风险。注销仓单不能交割到下一月份。例如螺纹钢期货仓单的有效期为 3 个月，过了有效期，仓单就要注销；PVC 仓单注销时间为每年的 3 月。

3. 增值税风险。期货交割由交割卖方向对应的买方开具增值税专用发票。增值税专用发票由双方会员转交、领取并协助核实。由于交割价格是不能提前确定的，在开始建立头寸之前增值税是无法准确计量的，交割价格的变动带来了增值税变动的风险。

【例 6 – 13】　2008 年 9 月 22 日，郑州交易所棉花 0901 月合约（13 185 元/吨）和 0903 月合约（13 470 元/吨）价差达 285 元/吨，通过计算棉花两个月的套利成本在 207.34 元/吨（见表 6 – 7），这时存在很好的跨期套利机会，即买入棉花 0901 合约，卖出棉花 0903 合约。

1. 如果 3 月份到 1 月份的价差不缩小，那么以实物交割的方式操作，计算资金成本：

$$2 个月收益率 = （285 - 203.08）\div 13\ 185 = 0.62\%$$

2. 如果 3 月份到 1 月份合约价差缩小，可以直接平仓获利，不必进行实物交割。其盈利率主要与价差缩小幅度有关。

表 6 – 7　　　　　　　　　　2008 年 9 月棉花跨期套利成本估算

套利成本 = 仓租费 + 资金利息 + 交易、交割费用 + 增值税	
1. 仓储费	内地仓库：0.60 元/吨·天；新疆仓库：0.50 元/吨·天
2. 交割手续费	4 元/吨（单方）
3. 交易手续费	9.6 元/吨（两次交易，手续费按实际收取为准，这里按交易所两倍收取）
4. 年贷款利率	5.31%
5. 增值税	增值税暂时按建仓价位与交割结算价差/1.13 × 13% 计算，按 285 元计算则为 32.79
6. 资金利息	交割结算价 × 5.31% × 1/12（按近月合约的 13 185 计算，为 58.34，假设跨期套利收取单边保证金）

一个月套利成本				
仓储费	资金利息	交易、交割费用	增值税	合计
0.6×30	13 185×5.31%×1/12	9.6+4+4	285/1.13×13%	
18	58.34	17.6	32.79	126.73
两个月套利成本				
仓储费	资金利息	交易、交割费用	增值税	合计
0.6×60	13 185×5.31%×2/12	9.6+4+4	285/1.13×13%	
36	116.69	17.6	32.79	203.08

四、跨商品套利和跨市场套利

（一）跨商品套利

跨商品套利是指利用两种或两种以上相互关联商品的期货合约的价格差异进行套利交易，即买入某一商品的期货合约，同时卖出另一相同交割月份、相互关联的商品期货合约，以期在有利时机同时将这两种合约对冲平仓获利。跨商品套利分为两种：一种是相关商品之间的套利，例如上海期货交易所的螺纹钢与线材套利、郑州商品交易所的菜油与大连商品交易所的豆油或棕榈油套利；一种是原料和原料下游品种之间的套利，如大连商品交易所的大豆和豆粕、豆油之间的套利。

1. 跨商品套利的基本条件。跨商品套利的理论基础与其他的套利交易相同。跨商品套利的主导思想是促使价格从非正常区域回到正常区域内，追逐商品价格之间的价差利润，需要具备一定的条件（以两种商品为例）。

（1）高度相关和同方向运动。进行跨商品套利的两种商品必须具备套利的基本条件，即高度相关和同方向运行。这样一次跨商品套利包含两项类似于对冲性质的反向操作，风险得到相当程度的屏蔽。

（2）波动程度相当。真正意义上的跨商品套利不仅需要两种商品走势方向一致，还需要它们长期波动程度相当。

（3）投资回收需要一定的时间周期。价格从非正常区域回到正常区域需要一定的时间，相应地，回收投资也需要一定的时间。

（4）有一定资金规模量的要求。表面上看，跨商品套利是在两种或者多种商品之间进行操作，一次跨商品套利包含了两项反向操作，对于保证金的要求也应该两倍于普通的投机操作。

2. 跨商品套利的特征。跨商品套利不仅仅是对一种商品的操作，而是对两种或者两种以上商品的操作，是套利交易中混合套利之外最为复杂的类型。随着价格影响因素的增多，一定程度上也增大了收益的风险性并扩大了操作的复杂性。其主要特征体现在以下两点：

（1）出现套利机会的概率较大。由于跨商品套利是在不同商品之间进行的，尽管商品之间存在一定相关性，但是，相对于跨期和跨市套利来说，导致不同商品价格之间出现套利机会的因素更多，获利空间也将维持更长久的时间。从这个角度出发，跨商品套利应该是套利类型当中最为灵活多变的类型。

（2）相应风险较大。收益来源同时也是风险所在，跨商品套利因此而添加了更多的投机色彩。其风险主要来源于不同商品具有不同的个体特征，它们的相关程度和同种商品相比相对较低，波动性也不一致，从而使得相对于跨期和跨市套利，跨商品套利中商品价差的变化区间并非一成不变，并且波动程度也更为剧烈。

【例6-14】 买9月豆粕、9月豆油及卖9月大豆套利。

1. 压榨利润分析。2007年3月底，9月大豆价格3 190元/吨，豆粕价格2 630元/吨，豆油价格6 570元/吨。

大豆压榨利润 = 2 630 × 0.8 + 6 570 × 0.165 - 100 - 3 190 = -102（元/吨）（油厂加工费以100元/吨计）

期货压榨亏损为102元/吨，说明大豆价格偏高，已经进入可以操作的区域间。

2. 风险分析。

（1）时间价值风险。时间价值风险是指价差可能在高位维持比较长的时间，导致持有成本增加，这个主要考虑价差波动的节奏问题。从消费的季节性因素来看，3月底一般是豆粕消费淡季，油厂豆粕库存压力十分明显，压榨利润处于亏损边缘，后期随着时间的推移，豆粕消费将逐渐转旺，压榨利润将有所好转。另一方面，整个压榨行业洗牌格局完成后，油厂的压榨利润波动将趋缓，这样将缩小压榨利润的波动区间。因此，时间价值风险不大。

（2）9月的大豆的季节性溢价风险。从目前国产大豆的消费格局来看，国产大豆消耗十分缓慢，后期的仓单压力不可小视。另外，9月大豆价格和进口大豆成本接近。根据国产大豆和进口大豆产出价值差，国产大豆价格相对偏高。

3. 收益分析。收益预期可以分为两部分，第一部分是压榨利润回归收益，如果压榨利润回归到零，则有100点左右利润；第二部分是9月合约受仓单压力导致的溢价消失，这部分一般要在6—7月以后才开始体现，预期利润也在100点左右。

4. 操作方式。根据压榨套利模式，卖出10手大豆，对应买入8手豆粕、2手豆油。

套利收益回顾：压榨利润100点以上建仓，20点附近平仓，每手压榨套利头寸获利80点左右。

（二）跨市套利

跨市套利是指在某个市场买入（或者卖出）某一交割月份的某种商品合约的同时，在另一个市场卖出（或者买入）同种商品相应的合约，以期利用两个市场的价差变动获利。

1. 跨市套利有三个前提：（1）期货交割标的物的品质相同或相近；（2）期货品种在两个期货市场的价格走势具有很强的相关性；（3）进出口政策宽松，商品可以在两国自由流通。

2. 跨市套利分类。从贸易流向和套利方向一致性的角度出发，跨市套利一般可以划分为正向套利和反向套利两种：如果贸易方向和套利方向一致则称为正向跨市套利；反之，称为反向跨市套利。例如，国内钢以进口为主，在 LME 做多的同时，在上海期货交易所做空，这样的交易称之为正向套利。相应的了结方式有实物交割平仓和对冲平仓两种。一般来说，正向套利是较常采用的一种跨市套利，而反向套利因具有一定的风险性，不建议经常采用。

总的来说，跨市套利交易风险相对较小，利润也相对稳定，是适合于具有一定资金规模的机构投资者和追求稳健收益的投资者的一种期货投资方式。

3. 跨市套利风险分析。虽然跨市套利是一种较为稳健的保值和投资方式，但依旧存在一定的风险因素。

（1）比价稳定性。比价关系只在一定时间和空间内具备相对的稳定性，这种稳定性是建立在一定现实条件下的。一旦这种条件被打破，比如税率、汇率、贸易配额、远洋运输费用、生产工艺水平等外部因素的变化，将有可能导致比价偏离均值后缺乏"回归性"。

（2）市场风险。市场风险主要是指在特定的市场环境下或时间范围内，套利合约价格的异常波动，处在这种市场情形之下的套利交易者如果不能及时采取应对措施，在交易所落实化解市场风险的措施过程中，可能会有获利头寸被强行平仓，留下亏损的单向头寸，从而导致整个套利交易失败。

（3）信用风险。由于国内禁止未经允许的境外期货交易，目前大多数企业只能采用各种变通形式通过注册地在香港或新加坡的小规模代理机构进行外盘操作，这种途径存在一定的信用风险。

（4）时间敞口风险。由于内外盘交易时间存在一定差异，因此很难实现同时下单的操作，不可避免地存在着时间敞口问题，加大了跨市套利的操作性风险。

（5）政策性风险。政策性风险或称系统性风险，指国家对有关商品进出口政策的调整、关税及其他税收政策的大幅变动等，这些都可能导致跨市套利的条件发生重大改变，进而影响套利的最终效果。

【例 6 – 15】　国内黄金期货市场受资金因素影响较大，因此当国内资金大量进入黄金期货市场，就会引起黄金期货价格剧烈波动，从而导致国内黄金期货价格与国际黄金价差拉开。一旦国内黄金期货价格与国际黄金价格的价差拉开 1% 以上，跨市套利资金就会进场操作。

2008 年 4 月 1 日，国内黄金期货价格在下午盘出现大幅下跌，期金 0812 合约一度跌至 198.11 元/克，而此时 CONEX 黄金 6 月价格折算人民币报价为 204 元/克左右，国外与国内价差最大拉开至 6 元/克左右。

以当时价格 198.11 元/克计算，加上两者之间的手续费大致在 0.24 元/克。国内外黄金合理价差大致在 ±2 元/克之间。根据两者之间的合理价差，一旦出现国内期货价格低于国外价格 2 元/克以下，就可以采取买入国内黄金期货，卖出国外黄金。反之，出现期货价格高于国外黄金价格 2 元/克以上，可采取卖出国内黄金期货合约，买入国外黄金。

当了解国内外黄金合理价差之后，套利资金大量进场，尾盘时段国内黄金期货价格大幅拉升至 203.22 元/克，COMEX6 月黄金价格折算人民币报价降至 203.65 元/克，价差缩小至 0.43 元/克。若是在 6 元/克价差左右进行买国内黄金期货抛国外黄金的套利，当天平仓即可获得 2.6% 的收益率。

【本章小结】

企业在套期保值中常见的问题：定位不明确、认为套期保值没有风险、认为套期保值不需要分析行情、管理运作不规范、教条式套期保值。

套期保值的风险：管理与运营风险、交割风险、操作风险、基差风险、流动性风险。

套期保值的发展：基差逐利型套期保值、组合投资型套期保值。

套期保值的应用：锁定原材料的成本或产品的销售利润、锁定加工利润、库存管理、利用期货市场主动掌握定价权。

套期保值的方式：循环套保、套利套保、预期套保、策略套保、期权套保。

套期保值的方案制定：明确套期保值的需求、制定保值策略、选定目标价位。

套期保值的管理机制：组织结构设计、风险控制机制、财务管理。

投机交易的发展：投机交易技术手段的发展、投机者组织形态的发展、投机交易方式的发展。

机构投资者的交易策略：国际商品指数基金、期货投资基金、对冲基金。

基本面型交易策略：宏观型交易策略、行业型交易策略、事件型交易策略、价差结构型交易策略。

技术型交易策略：跟随趋势型交易策略、反趋势型交易策略。

程序化交易（Program Trading）是指所有通过电脑计算机软件程序进行自动下单的交易，可以分为策略型交易和数量型交易两大类别。

程序化系统设计原则：真理性、稳定性、简单性。

程序化交易系统设计步骤：交易策略的提出、交易对象的筛选、交易策略的公式化、程序化交易系统的统计检验、交易系统的优化、交易系统的外推检验、实战检验、监测与维护。

套利交易是指利用相关市场或相关合约之间的价差变化，在相关市场或相关合约上进行交易方向相反的交易，以期价差发生有利变化而获利的交易行为。其策略包括期现套利、跨期套利、跨商品套利、跨市场套利。

套利交易投资方法的优点：相对低的波动率、价差比价格更容易预测、更有吸引力的风险收益比。

套利交易的影响因素：季节因素、持仓费用、进出口费用、价差关系、库存关系、利润关系、相关性关系。

期现套利是指利用期货市场与现货市场之间的不合理价差，通过在两个市场上进行反向交易，待价差趋于合理而获利的交易。包括正向期现套利、反向期现套利。

跨期套利是指在同一市场买入（或卖出）某一交割月份期货合约的同时，卖出（或买入）另一交割月份的同种商品期货合约，以期在两个不同月份的期货合约价差出现有利变化时对冲平仓获利。跨期套利的类型包括事件冲击型套利、结构型跨期套利、正向可交割跨期套利。

跨商品套利是指利用两种或两种以上相互关联商品的期货合约的价格差异进行套利交易，即买入某一商品的期货合约，同时卖出另一相同交割月份、相互关联的商品期货合约，以期在有利时机同时将这两种合约对冲平仓获利。跨商品套利分为两种：一种是相关商品之间的套利，一种是原料和原料下游品种之间的套利。

跨市套利是指在某个市场买入（或者卖出）某一交割月份的某种商品合约的同时，在另一个市场卖出（或者买入）同种商品相应的合约，以期利用两个市场的价差变动获利。

从贸易流向和套利方向一致性的角度出发，跨市套利一般可以划分为正向套利和反向套利两种。如果贸易方向和套利方向一致则称为正向跨市套利；反之，称为反向跨市套利。

跨市套利风险分析：比价稳定性、市场风险、信用风险、时间敞口风险、政策性风险。

【复习思考题】

1. 企业在套期保值中常见的问题有哪些？
2. 套期保值的风险有哪些？
3. 套期保值的方式有哪些？
4. 制定套期保值方案应该主要包含哪些方面？
5. 单一目标价位策略与多级目标价位策略的优缺点分别是什么？

【案例】

法国兴业银行事件

背景与经过

法国兴业银行是法国最大的商业银行集团之一，对高风险高利润的金融衍生产品充满热情，在政府的鼓励下，法兴银行成为银行激进派的代表，让皮埃尔·米斯蒂耶（Jean-Pierre Mustier）成为法兴银行投行部的负责人，他被法国媒体冠以"流氓交易员"。

凯维埃尔年仅31岁，2000年进入法兴银行，2006年被升任交易员，供职于公司和投行部属下的全球股权衍生品方案部。2008年1月18日，在一项常规系统检查中，法兴银行发现了凯维埃尔的账户交易情况异常，有高达 500 亿欧元的各类股指期货的多头单边头寸，使法兴银行暴露于巨大的风险之中，当时的市场环境在普遍下跌的走势中，法兴银行的多头单边头寸遭受重大损失。从 21 日起，法兴银行对上述股指期货头寸进行紧急平仓，整整抛售 3 天。截至 1 月 23 日，法兴将所有的违规仓位平仓，最终损失 49 亿欧元。次日，法兴银行股票停牌并发布公告。在一系列相关调查之后，2 月 20 日，法兴银行提交内部调查报告，报告中承认，银行在交易监控上的监管漏洞存在 2 年之久，致使该交易员使银行蒙受 71 亿美元的损失。

法兴银行事件的发生，对法兴银行造成了重大打击，且一度威胁到法兴银行是否可以继续生存下去。为了进行自救，2 月 11 日，法兴银行宣布了增资扩股计划，该计划将以发行新股、股东优先认购的方式进行，总筹资额超过 55 亿欧元。值得庆幸的是，法兴银行增资扩股计划进展顺利，所有的大股东都参与了申购，申购资金总计超过 100 亿欧元，是法兴银行筹资额的 1.84 倍，从而使法兴银行避免了被收购的命运。

案例分析

担当法国商界支柱之一的法兴银行，一直以出色的风险监控闻名遐迩，尤其是在股权衍生品方面，然而作为世界上风险控制最出色的银行之一，法兴银行的风险管理系统为什么会因为一个小小的交易员而失控？

首先是来自风险管理系统自身的原因。对于法兴银行来说，这些漏洞表现为，对已经撤销或者经过修改后的交易、将来某一时间才开始的交易、面额较大的头寸等缺乏进行严格控制的手段。在法兴银行事件中，对这些交易的控制与监管的疏忽，致使凯维埃尔的虚假交易能轻易蒙混过关。

其次是因为凯维埃尔高超的欺诈手法，这也是最直接的原因。根据法兴银行于 2008 年 5 月 23 日提供的调查报告，凯维埃尔的诈骗手法主要为：

其一，建立虚假交易头寸，通过修改这些交易中的参数，使其刚好掩盖真实发生的投机头寸。这样一来，从表面上看其所建立的未授权投机头寸的风险便被对冲掉了。然而，实际上整个组合面临单边头寸所带来的巨大风险。

其二，伪造以不同的价格买入和卖出相同数量资产的双向交易，这两笔交易所产生的亏损（盈利）用于弥补真实交易中所产生的盈利（亏损）。

另外，为了有效掩盖其所建立的虚假头寸，凯维埃尔使用了多种隐藏技巧，包括制造谎言、伪造文件、对非正常交易及时取消或修改、立即向操作人员提供解决办法等。由于凯维埃尔所制造的虚假交易类型多样，使得他减少了与同一个对话者打交道的次数，导致监管难度进一步加大。

然而即便法兴银行的风险管理系统存在漏洞、凯维埃尔的欺诈手法高明，实际上这些仍不足以使其在法兴银行的风险管理系统中来去自如。造成法兴银行事件发生的另一个重要原因，便是监管的疏忽。

从 2006 年 6 月到 2008 年 1 月，针对凯维埃尔的各种交易，法兴银行的大多数风险控制系统自动发出了 75 次报警。其中，2006 年凯维埃尔的交易引起了 5 次警报，而 2007 年发布的可疑交易更多，共达到 67 次，随着交易量的膨胀，警报越来越频繁。而直到 2008 年 1 月的 3 次警报的最后 1 次，欺骗才终于败露。归根到底，事件的原因不只是没有完善的风险控制系统，更是以人为主体的监管制度的缺失。

从根本上来说，利益驱动机制，以及以明星交易员为主体的管理运营模式的不完善，也是造成这次灾难的部分原因。实际上，国际金融机构无不为交易员提供诱人的奖励和提成比例。对于凯维埃尔来说，一旦成功则可平步青云，名利双收；即便失败，也会因为纯洁的动机而受到法律的宽恕。虽然这些激励机制无可厚非，但奖惩的不对称，无疑成为交易员铤而走险的潜在因素。另外，伴随着金融机构对政府监管部门及交易所的影响越来越大，交易员们依靠手中的客户权益和交易筹码，在期货交易所甚至监管者方面也具备越来越多的话语权，为了保住市场份额，所在机构的高层管理者对他们迁就也就不足为奇了。

第七章

期权交易

【教学目标】

1. 了解期权的概念、基本要素及分类
2. 了解期权价格及影响因素
3. 了解期权交易的步骤
4. 理解期权交易的基本策略

【知识结构图】

期权交易
- 期权与期权合约
  - 期权的概念
  - 期权的基本要素
  - 期权的分类
  - 期权的类、属、种
  - 期货期权交易与期货交易的比较
  - 期货期权与现货期权的比较
  - 期权合约
- 期权价格及影响因素
  - 期权价格及取值范围
  - 期权价格的构成影响期权价格的基本因素
- 期权交易
  - 交易指令
  - 撮合与成交
  - 期权部位的了结
  - 期权结算
- 期权交易的基本策略
  - 买进看涨期权
  - 卖出看涨期权
  - 买进看跌期权
  - 卖出看跌期权

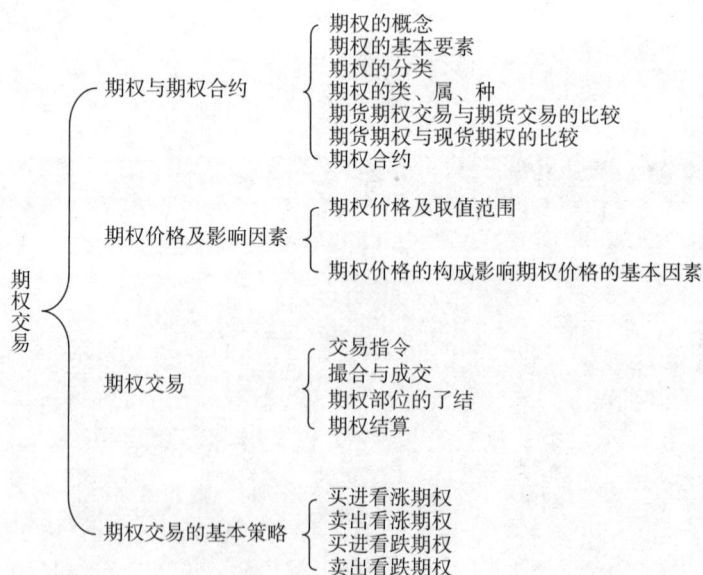

　　期权作为一种独特的金融工具，在投资、规避风险，以及资产管理等业务领域中发挥着重要作用。本章主要介绍期权的含义、特点及期权市场概况、期权主要类型、期权要素和期权合约的主要条款，研究并分析期权价格的构成及影响因素，期权交易指令、

头寸建立和了结方式、履约、结算及保证金交付等相关规则，期权市场的基本策略及应用等内容。

第一节　期权与期权合约

期权交易之所以受到市场的欢迎，与该交易方式自身具有的特点有关。从理论上说，任何金融产品都可以分解成若干期权组合，通过期权组合也可以构建任意一种金融产品。20 世纪 80 年代末，金融工程师们对传统期货的内容进行了改造，创造出一大批新型期权，并且形成了数百种期权组合，为投资者提供了广阔的选择空间，使得金融产品构架发生了深刻变化。

期权交易作为期货交易向纵深发展和推进的产物，既是期货交易的延伸，又有自己独特的、固有的交易特性。期权是一种可供投资者转移风险、获取杠杆效果以及增加收益的金融工具。通过近四十年的迅速发展，期权已成为世界各主要金融市场的重要组成部分。

一、期权的概念

期权（Option）是指买卖某种标的资产的选择权，期权交易实质上就是买卖标的资产权利的交易，即能在未来某特定时间以特定价格买入或卖出一定数量的某种特定资产的权利。期权的买方在向期权的卖方支付一定数额的权利金后，得到一种权利，即拥有了在一定时间内以一定价格向对方买入或卖出一定数量的某种资产的权利，但不承担必须买进或卖出的义务；而期权的卖方在获取了买方支付的一定数额的权利金后需承担一种义务，即有义务应期权买方的要求，以期权合约规定的价格卖出或买入相关的商品或金融产品，期权的卖方除了收取权利金外，只有义务没有权利。因此，期权交易是一种权利的买卖。

二、期权的基本要素

（一）权利金

权利金（Premium）是期权的买方为获得期权合约所赋予的权利而必须支付给卖方的费用。权利金是期权合约中的唯一变量，是由买卖双方在期权交易中通过竞价产生的。由于权利金是由买方负担的，是买方在出现最不利的价格变动时所承担的最高损失金额，因此权利金也称作"保险费"。同时因为它是买进或卖出权利的成交价格，故又称权价、期权费或期权价格。

期权的买方可以把可能会遭受的损失控制在权利金金额的限度内；对于卖方来说，卖出一份期权立即可以获得一笔权利金收入，而并不需要马上进行标的物（如股票、期货合约等）的交割，这的确是非常有利可图的。但它同时使卖方面临一定的市场风险，即无论期货市场上的价格如何变动，卖方都必须做好履行期权合约的准备。当然，卖方可以在被要求履约前将期权平仓。

（二）期权的标的物

期权的标的物，即合约签订时确定的未来买卖的资产或现金交割时确定的结算依据，如股指期权的标的物是股票指数。常见的期权标的物有股票、股指、期货、外汇、利率、债券等。

（三）期权的执行价格

期权的执行价格（Exercise Price）指期权合约被选择履约时所买入或卖出标的资产的价格，也称为敲定价格、履约价格或协议价格。具体地说，它是指看涨期权的买方得以依据期权合约的规定买进相关期权合约标的物的价格，或看跌期权的买方得以依据期权合约规定卖出相关期权合约标的物的价格。

执行价格是由交易所统一设定的，通常期权合约的每一标的物都有数种以阶梯形式给出的不同的执行价格。投资者在进行期权交易时必须选择其中的一个价格。原则上执行价格在期权合约的存续期间内不能改变。交易所在设定执行价格时，是以对应的标的物价格为基准，并考虑标的物价格的波动幅度来设定的。如芝加哥期货交易所长期国库券期货期权合约的执行价格规定，按每张 T – Bond 的期货价格为 86—00，其期权合约的执行价格有 80—00、82—00 、84—00、88—00、90—00、92—00 等。可见，期货期权的执行价格是在当时的期货价格基础上，向上或向下变动而设定的。

（四）期权的到期日

期权的到期日（Expiration）又称期满日或失效日，是指期权合约中所规定的履行权利期间的最后一天。一般地，它是在最后交易日之后的某一个具体日子。在这一天，一个已预先作买卖声明的期权合约必须履行交割，未作声明的则无须交割。过了这一天，买方所拥有的期权失效。期货期权的到期日一般在相关期货合约交割日期之前一个月的某一时间，因为在买方行使期货期权合约时买入或卖出期货合约，期权卖方卖出或买入的期货合约还需要有一定的时间在期货市场上进行对冲平仓，使期权卖方有机会避免他可能不愿进行的到期交割局面的出现。

（五）期权的执行方式

期权的执行方式主要有两种：现货交割和现金交割，如看涨股票期权如果是现货交割，则执行时由期权买方向卖方支付执行价格，期权卖方将股票交付给买方；如果是现金交割，则由期权卖方向买方支付股票价格和执行价格之差。

期权执行时还涉及执行时间的选择，如果是欧式期权则只能在到期日执行，如果是美式期权则可以在到期日和到期日之前任何一天执行，而从期权合约生效日起至最终交割日或到期日的时间内的任何一个工作日就称为履约日（Delivery Date），期权合约生效日起至到期日止的时间，称为权利期间。

（六）期权的执行方向

期权的执行方向即是指期权的选择权，是买入还是卖出标的物。如看涨期权在行权时，买方有权以事先确定的价格买入标的物，卖方有义务出售该标的物；而看跌期权在行权时，买方有权以事先确定的价格卖出标的物，卖方有义务买入该标的物。

【专栏7-1】

"开首"、"结清"

期权投资者常称自己为"开首"或"结清"交易。"开首"即是开始初始交易。购买1个期权是开首交易，这时持有者掌握了一个多头的未清算的交易额；售出1个期权也叫开首交易，这时出售者被认为创造了一个空头的未清算的交易额。"结清"交易是减少开首的期权交易额。结清购进是减少了前面的开首出售；结清出售则是减少了前面的开首购进。

三、期权的分类

（一）按期权所赋予的权利不同划分

可分为看涨期权、看跌期权和双向期权。看涨期权和看跌期权是交易者在交易时必须选择的。

1. 看涨期权。看涨期权（Call Option），又称买权、多头期权、买方期权或认购期权、买入选择权等，是指期权的买方向期权卖方支付一定数额的权利金后，即拥有在期权合约有效期内或特定时间，按执行价格向期权卖方买进特定数量的标的物的权利，但不负有必须买进的义务。

在看涨期权中，期权的买方同时也是标的物的买方，期权的卖方同时也是标的物的卖方。看涨期权的买方预测相关资产的价格会上涨，所以买进以这种资产为标的物的看涨期权；卖方则预测相关资产的价格不会上涨或可能下降，所以卖出看涨期权。例如，ABB 的股价为每股 50 美元，投资者甲预测 ABB 的股价近期内还将上涨，而投资者乙则预测 ABB 的股价不会上涨，还可能下降。于是，甲向乙购买一份股票期权，该期权规定甲可在 12 月以前以每股 50 美元的价格从乙手中购买 1 000 股 ABB 公司股票。在期权有效期内，甲可以行使买权，也可以不行使买权。如果在期权有效期内 ABB 公司股票价格涨至每股 50 美元以上，甲执行买权可以获利或可以用盈利冲抵一部分或全部他在购买期权时支付的期权费，他就可以按每股 50 美元的执行价格向乙购买 1 000 股 ABB 公司股票；相反，如果 12 月以前 ABB 公司股票价格一直没有上涨，甲便可以不行使买权。在甲行使选择权的过程中，作为这一期权的卖方，乙是完全被动的，只能被动地等待甲的履约或弃约，他在甲要求执行买权时不能因股票市价已高于执行价格而拒绝向甲出售；更不能在甲决定弃约时因股票市价低于执行价格而强迫甲购买。过了 12 月，如果甲未执行买权，此期权就会自动失效，甲也就无权再要求乙按协议条件出售股票了。

2. 看跌期权。看跌期权（Put Option），又称卖权、空头期权或卖方期权或认沽期权、卖出选择权等，是指期权的买方向期权卖方支付一定数额的权利金后，即拥有在期权合约有效期内或特定时间，按执行价格向期权卖方卖出特定数量的标的物的权利，但不负有必须卖出的义务。

在看跌期权交易中，期权的买方预测相关资产的价格可能会下跌，所以买入以这种资产为标的物的看跌期权；而期权的卖方则预测价格不会下跌还可能上涨，所以卖出看跌期权。可见，在看跌期权交易中，期权买方之所以买入看跌期权，是为了防止期货价格下跌可能造成的损失。例如，交易者甲预测股票价格将要下跌，想卖出手中的 ABB 股票，但立即卖出又怕卖出后价格会上涨，于是甲便向乙买入 ABB 股票的看跌期权。甲即拥有了在权利期间或特定时间按执行价格卖出或不卖出 ABB 股票的权利（而不是义务）。在此期间，如果 ABB 股价下跌，甲将会执行期权，而 ABB 股价上涨或不变，甲就会弃约。

3. 双向期权。双向期权（Double Option），又称双重期权，指期权买方在同时、按相同的执行价格和数量购买同一标的物的看涨期权和看跌期权。当人们预测某种标的物的价格会有大幅度波动，但又很难预测价格变动方向时，为避免损失和风险，往往购买双向期权，这样，只要价格发生大幅度波动，无论是上涨还是下跌，双向期权的购买者总有一种期权可获利。所以，购买双向期权所花的期权费要高于购买某种单向期权的期权费。相反，双向期权的卖方预测相关标的物的价格不会发生大幅度波动，因而卖出双向期权，以获取更多的期权费。

（二）按行使期权合约的期限不同划分

1. 美式期权。美式期权（American Options）是指赋予期权合约的买者在期权合约权利期间内任何一个交易日都可以行使权利的期权。

2. 欧式期权。欧式期权（European Options）是指赋予期权合约的买者在合约到期日方可行使权利的期权。

从以上定义可以看出，美式期权与欧式期权的区别在于：美式期权的买方可以在买进期权合约日起至到期日上的任何时点要求卖方履行交割，只要买方认为履行期权合约对己有利；而欧式期权则不同，买方只能在期权到期日那一天才能要求卖方履行交割。所以，美式期权给予买方以更大的灵活选择权利和获利机会。因此，美式期权的购买者一般需支付更高的权利金。可见，欧式期权和美式期权的分类与地域概念毫无关系，在美国，场外交易的外汇期权大都是欧式期权。近年来，无论是在欧洲还是美国及欧美以外的市场，美式期权已经占据主流。

（三）按交易场所的不同划分

1. 交易所交易期权。交易所交易期权也叫场内交易期权（Floor Traded Options），一般在交易所大厅中以正规的方式进行交易。所交易的期权合约都是标准化的，即由交易所预先制订每一份合约的交易规模、执行价格、通知日、到期日、交易时间等，合约的唯一变量是权利金。

交易所期权采用类似股票交易的做市商制度，每种期权在交易厅中都有具体的位置，某一确定的期权由特定的做市商负责。投资者的经纪人可向做市商询问买价和卖价。做市商可以增加场内期权市场的流动性，他本身从买卖价差中获利。

2. 柜台交易期权。柜台交易期权也叫场外交易期权（Over - the - Counter），是卖方为满足某一购买者特定的需求而产生的。它并不在交易大厅内进行交易，因此没有具体的交易地点。成交额、执行价格、到期日等都是由买卖双方自行协商。

（四）按期权合约的标的物不同划分

可划分为现货期权和期货期权。现货期权即标的物为现货商品、金融产品的期权，而期货期权即是"期货合约的期权"，是标的物为商品期货合约或金融期货合约的期权。对于商品现货期权，买方行权时，按执行价格交割标的商品；对于金融现货期权，买方行权时一般进行现金交割。对于期货期权，买方行权时是以执行价格交割商品期货合约或金融期货合约，而不是期货合约所代表的商品或金融产品。这两种期权的比较如表7-1所示。

表7-1　　　　　　　　　　　　　　　期权的种类

现货期权	商品期权	农产品、金属、能源等大宗商品期货期权
	金融期权	股票、指数、利率、外汇等期权
期货期权	商品期权	农产品、金属、能源等期货期权
	金融期权	股票、指数、利率、外汇等期货期权

四、期权的类、属、种

在同一时间内，对于同一标的物，可能有不同的期权合约同时在交易，如对某一股票，如果有四种到期日和五种执行价格的期权在同时交易，而且每一个到期日和每一个执行价格都有看涨期权和看跌期权在进行交易，则这只股票共有40种不同的期权合约。按照惯例，同一标的物的所有看涨期权属于同一大"类"，所有的看跌期权属于同一大"类"。看涨期权中或看跌期权中具有同一到期日的属于同一"属"。在同一"属"的期权中，还可按期权的执行价格不同分为不同的"种"。从表7-2中可以清楚地看出期权的类、属、种的内涵及其相互关系。

表7-2　　　　　　　　　　　　　　　期权的类、属、种

	类	属	种
看涨或看跌期权	同一标的物的看涨期权或同一标的物的看跌期权		
到期日		同一标的物、相同到期日的看涨期权或同一标的物、相同到期日的看跌期权	
执行价格			同一标的物、相同到期日、同一执行价格的看涨期权或同一标的物、相同到期日、同一执行价格的看跌期权

五、期货期权交易与期货交易的比较

（一）期货期权交易和期货交易的区别

第一，交易对象不同。期权交易是一种以特定权利为买卖对象的交易，期货期权交

易的对象是一种选择权，即行使或放弃按照执行价格买入或卖出相关期货合约的选择权。而期货交易的对象是代表具体商品或资产的标准化期货合约。

第二，交易双方的权利义务不同。在期货期权交易中，期权赋予买方享有在有效期内按照执行价格买进和卖出特定数量的某种期货合约的权利，但不负有必须买进或卖出的义务；而期货期权的卖方却只负有当期权买方要求行权时卖出或买进特定数量的期货合约的义务。在期货交易中，期货合约的交易双方都被赋予了相同的权利和义务，即或者在合约到期日之前实行对冲，或者在合约到期日之后进行实物交割。

第三，交易中的履约保证金不同。在期货期权交易中，买方不需要缴纳履约保证金，因为买方可能遭到的最大损失就是其购买期权时已经支付的期权权利金，而这种风险是有限的、预知的，并且已经支付了；期货期权的卖方则不然，他在期权交易中所面临的风险损失与期货交易中的风险一样很难准确预测，为此必须缴纳一笔保证金以表明其具有履约的财力，并与期货交易一样将其维持在一定水平。在期货交易中，交易双方都要根据交易所的规定，缴纳一定数额的交易保证金，在持仓过程中，如果由于价格发生对任何一方不利的变化使其保证金水平不足时，应随时追加保证金作为履约保证。

第四，交易中的市场风险不同。在期货期权交易中，买方的亏损是有限的，最大亏损额就是购买期权时已经支付的期权权利金；期货期权卖方的亏损可能是无限的（在出售看涨期权的情况下），也可能是有限的（在出售看跌期权的情况下）。在期货交易中，交易双方潜在的亏损都是无限的，因而所承担的风险损失都是无限的。

第五，交易中的盈利机会不同。在期货期权交易中，由于买方具有行使买进或卖出期货合约的决定权，所以盈利的可能是无限的（在购买看涨期权的情况下），也可能是有限的（在购买看跌期权的情况下）；对期权的卖方来说，其盈利是有限的，即期权买方支付的期权权利金。在期货交易中，交易双方潜在的盈利都是无限的。

（二）期货期权交易与期货交易的联系

第一，期货期权交易是在期货交易所内进行的、以买进或卖出某种期货合约的权利为交易对象的一种交易方式。因此它以期货交易、期货合约为基础，是期货交易的延伸、发展。

第二，期货期权合约与期货合约一样，都是标准化合约，二者都是在期货交易所内通过公开竞价的方式进行交易，都通过结算所统一结算。

第三，期货期权交易和期货交易都可以用来作为防止市场价格风险的避险工具，并为某些交易者提供利用价格差的变动获取风险收入的机会。

六、期货期权与现货期权的比较

期货期权与现货期权相比，具有以下优点：

第一，资金使用效益高。在行使现货期权时，必须有充足的资金来交付整个行使价格，而期货期权仅需保证金支付，从这个意义上讲，期货期权可以以较少的资金完成交易，因而也就提高了资金的使用效益。

第二，流动性强。现货期权要受到现货供应量的限制，而期货期权没有这一限制，其标的物期货的供应可自由创造，因而克服了现货期权因资产短缺所引起的流动性不足问题。

第三，交易方便。由于期货期权的标的物是标准化期货合约，具有较高的流动性，因此便于进行交易。

第四，信用风险小。由于期货期权交易通常是在交易所进行的，交易的对方是交易所清算机构，因而信用风险小。

与现货期权相比，期货期权也有明显的缺点，其最大缺点是由于在交易所进行交易，上市的商品种类有限，因而协议价格、期限等方面的交易条件不能自由决定。就优势而言，如果交易者在期货市场上做保值交易或投资交易时，配合使用期货期权交易，在降低期货市场风险性的同时提高现货市场套期保值的成功率，还能增加盈利机会。

七、期权合约

因期权交易分为期货期权和现货期权，相应地，期权合约有期货期权合约和现货期权合约两种。

（一）期货期权合约

期货期权合约几乎包括期货合约的所有标准化要素，即合约名称、交易单位、报价单位、最小变动价位等15个要素。同时，期权合约另有三项要素是期货合约所没有的，即权利金、执行价格及合约到期日。

1. 国际主要商品期货期权合约。商品期货期权合约的种类很多，其格式却大同小异。国际主要农产品期货期权合约如表7-3所示，国际主要金属、能源期货期权合约如表7-4所示。

表 7 - 3　　　　　　　　　国际主要农产品期货期权合约

名称	大豆	小麦	玉米	豆油	豆粕
交易所	芝加哥期货交易所	芝加哥期货交易所	芝加哥期货交易所	芝加哥期货交易所	芝加哥期货交易所
合约月份	1月、3月、5月、7月、8月、9月、11月	3月、5月、7月、9月、12月	3月、5月、7月、9月、12月	1月、3月、5月、7月、8月、9月、10月、12月	1月、3月、5月、7月、8月、10月、12月
合约单位	5 000 蒲式耳	5 000 蒲式耳	5 000 蒲式耳	60 000 磅	100 吨
执行价格间距	20 美分的整数倍/蒲式耳	10 美分的整数倍/蒲式耳	10 美分的整数倍/蒲式耳	1 美分的整数倍/磅	5 美元的整数倍/吨，10 美元的整数倍/吨
最小变动价位	6.25 美元/张	6.25 美元/张	6.25 美元/张	3 美元/张	5 美元/张
停板额	±1 500 美元/张	±1 000 美元/张	±500 美元/张	±600 美元/张	±1 000 美元/张
交易时间	公开叫价：周一至周五9：30～13：15（芝加哥时间）；电子交易：周日至周五18：00至第二天6：00（芝加哥时间）。到期合约的交易时间与标的期货和营业最后交易日时间（24：00）相同				
最后交易日	期权合约前一月距最后一个营业日至少两个营业日前的最后一个星期五。如最后一个星期五为非交易日，则提前至前一个交易日				
合约到期日	最后交易日之后的第一个星期六10：00（芝加哥时间）				
交易代码	CZ 买权/PZ 卖权	WY/WZ	CY/PY	OY/OZ	MY/MZ

表7-4 国际主要金属、能源期货期权合约

名称	白银	高级铜	轻质低硫原油	纽约港2号取暖油
交易所	芝加哥期货交易所	芝加哥期货交易所	芝加哥期货交易所	芝加哥期货交易所
交割月份	2月、4月、6月、8月、10月、12月	3月、5月、7月、9月、12月	6个连续月份	6个连续月份
合约单位	1 000盎司	25 000磅	1 000桶	42 000美制加仑
执行价格	25美分，50美分及1美元	1美分，2.5美分/桶	1美元/桶	2美分/每加仑（所有执行价格只能为偶数）
最小变动价位	1美元/张	12.5美元/张	10美元/张	0.0001美元/加仑
停板额	±1 000美元/张	无	无	无
最后交易日	*	相关期货合约月份的前一个月的第二个周五		
合约到期日	* *	到期日16：30以前		
交易代码	AC/AP	HG	CL	HO/QH

2. 国际主要金融期货期权合约。金融期货期权主要有指数期货期权、利率期货期权和外汇期货期权。国际主要金融期货期权合约如表7-5所示。

表7-5 国际主要金融期货期权合约

类型	指数期货期权	利率期货期权			外汇期货期权
名称	S&P500股票指数	3个月期欧洲美元期权	10年中期国库券	长期国库券	英镑
交易所	芝加哥商业交易所（指数和股权市场）	芝加哥商业交易所（指数和股权市场）	芝加哥商业交易所	芝加哥商业交易所	芝加哥商业交易所（指数和股权市场）
交割月份	所有月份	3月、6月、9月、12月	3月、6月、9月、12月	3月、6月、9月、12月	全年
合约单位	500美元×指数	100万美元	10万美元	10万美元	62 500英镑
执行价格	以相关期约表示，间隔为5点	间隔2.5美元	相关期约价1点（1 000美元）的整数倍	相关期约价2点（2 000美元）的整数倍	间隔2.5美元（美元/英镑）
最小价位	5个指数点，25美元/张	25美元/张	1/64点，15.63美元/张	1/64点，15.63美元/张	12.5英镑/张
停板额	当相关期货触及日限时，则停止交易	无	±3点，3 000美元/张	±3点，3 000美元/张	±0.04英镑，开市15分钟后无限价
最后交易日	交割月份的第三个周五	从合约月份第三个星期三往回数的第二个伦敦银行工作日	相关期约交割月份前一个月		
合约到期日		最后交易日之后的第一个周六10：00			
交易符号	SP	TC/TP	CG/PG		BP

此外，指数期货期权还有芝加哥期货交易所市政公债券指数、香港恒生股票指数（HSI）、纽约证券交易所股票综合指数期权、芝加哥商业交易所指数期权、日经 NK - 225 平均股票指数期权、芝加哥商业交易所的指数和期权市场（IOM）的英国伦敦金融时报股票指数 FT - SE100 等；利率期货期权有芝加哥期货交易所抵押证券期货期权等；外汇期货期权还有国际货币市场的加拿大元（CD）、国际货币市场的澳大利亚元（AD）等。总之，金融期货期权种类繁多，在此不一一列举了。

（二）现货期权合约

一般所说的期权通常是指现货期权，现货期权的标的物是现货商品。现货期权也分为金融期权和商品期权，金融期权按标的物的不同可分为股票、利率、指数及外汇期权。股票期权是最早出现的期权产品，早在 20 世纪 20 年代，美国便出现了场外交易形式的股票期权交易。股票期权，从其字面意思即知其标的物是股票，是买方在交付了期权费后而取得在合约规定的到期日或到期日以前按协议价买入或卖出一定数量相关股票的权利。在此主要以中国香港股票期权为例介绍一下股票期权合约（见表 7 - 6）。

表 7 - 6　　　　　　　　　　中国香港股票期货合约规格

项目	合约细则			
代码	股权代码与挂牌股票的代码一致			
期权类别	认沽与认购			
合约股数	一手正股			
合约价值	权利金乘以合约股数			
合约月份	即月、随后两个历月、随后两个季月			
最低价格变动	0.01 港元			
权利金	以 0.01 港元报价			
执行价格	相关股票价格		间距	
	由（港元）	至（港元）	间距组别 A（港元）	间距组别 B（港元）
	0	2	0.1	0.05
	2	5	0.2	0.1
	5	10	0.5	0.25
	10	20	1	0.5
	20	50	2	1
	50	100	5	2.5
	100	200	5	2.5
	200	300	10	5
	300	500	20	10
交易时间	10：00 ~ 12：30，14：30 ~ 16：00			
到期日	到期月份最后营业日之前一个营业日			
行使方式（美式）	期权持有人可于任何营业日（包括最后交易日）的 18：45 之前随时行权			
行权费用	2.00 港元			
交收	期权行权时以正股交收，交收期如下：T + 1（交付所有权利金）或 T + 2（行权后交收股票）			
交易费用	第一类：3.00 港元；第二类：1.00 港元；经纪佣金：可商议			

第二节　期权价格及影响因素

本节主要介绍期权的价格及取值范围、标的物市场价格和执行价格的关系、标的物价格波动率、期权合约的剩余期限、无风险利率对期权价格的影响等内容。

一、期权价格及取值范围

期权价格即权利金，是期权买方为取得期权合约所赋予的权利而支付给卖方的费用。依据期权的价格，权利金的取值范围如下：

1. 期权的权利金不可能为负。由于买方付出权利金后便取得了未来买入或卖出标的物的权利，除权利金外不会有任何损失或潜在风险，所以期权的权利金不会小于0。

2. 看涨期权的权利金不应该高于标的物的市场价格。如果交易者预期标的物市场价格将会上涨，但又担心购买标的物后价格会大幅下跌，如果投资者既希望获得标的物市场价格上涨带来的收益，又希望价格下跌时风险可控，便可通过购买看涨期权的方式持有标的物。价格上涨时，投资者按照约定的执行价格取得标的物，成本为执行价格与权利金之和；而价格下跌时，投资者放弃行权，最大的损失为权利金。如果权利金高于标的物的市场价格，投资者的损失将超过直接购买标的物的损失，这便失去了期权投资的意义，投资者不如直接从市场上购买标的物，损失更小且成本更低。所以权利金不应该高于标的物的市场价格。通过期权方式取得标的物存在的潜在损失不应该高于直接从市场上购买标的物所产生的最大损失。

3. 美式看跌期权的权利金不应该高于执行价格，欧式看跌期权的权利金不应该高于将执行价格以无风险利率从期权到期贴现至交易初始时的现值。

4. 美式期权的行权机会大于欧式期权，所以美式期权权利金高于或等于欧式期权的权利金。

二、期权价格的构成

根据持有成本理论，期货理论价格是由标的物现货价格和持有成本决定的。期权价格也受标的物价格的影响。期权执行价格与标的物现行市场价格的关系常用内含价值表示，与标的物未来价格的关系则用时间价值表示。期权价格主要由内含价值（Intrinsic Value）和时间价值（Time Value）两部分构成。

【专栏7-2】

持有成本理论

持有成本理论是研究期货价格的主要理论之一。持有成本理论认为，期货理论价格应该等于即期的现货价格加上人们将现货持有到期货合约到期日的期间内发生的持有成本，持有成本包括仓储费用、运输费用、保险费用和利息等。在市场均衡的时候，现货和期货价格之间以及不同交割月的期货合约价格之间的价差反映了不同时期持有现货的交易者支付的持有成本。

现在的商品期货持有成本理论是在不考虑直接的交易费用、现货市场卖空的限制、借贷利率的不等性以及商品仓储的限制性（例如库存等）等因素的假定基础上建立的。该理论认为期货价格等于商品现货的价格加上将现货持有至到期日的成本。

（一）内含价值

内含价值指期权买方立即行权所能获得的总利润，相当于期权的溢价部分，是由期权合约的执行价格与标的物现行市场价格决定的。按照执行价格与标的物市场价格的关系，期权可以分为实值期权、虚值期权和平值期权。

1. 实值期权。实值期权（In - the - money Option）是指具有内含价值的期权。当看涨期权的执行价格低于标的物现行市场价格时，该看涨期权具有内含价值，为实值期权；当看跌期权的执行价格高于标的物现行市场价格时，该看跌期权具有内含价值，为实值期权。当内含价值很大时，称为极度实值期权（Deep In - the - money）。

2. 虚值期权。执行价格高于标的物现行市场价格的看涨期权和执行价格低于标的物现行市场价格的看跌期权为虚值期权（Out - of - the - money Option），当看涨期权的执行价格远远高于标的物现行市场价格或看跌期权的执行价格远远低于标的物现行市场价格时称为极度虚值期权（Deep Out - of - the - money）。

3. 平值期权。平值期权（At - the - money Option）也称两平期权，是指看涨期权或看跌期权的执行价格与标的物现行市场价格相等或接近的期权，平值期权也不具有内含价值。

实值期权、平值期权、虚值期权的执行价格与市场价格关系如表7-7所示。

表7-7　　　实值期权、平值期权、虚值期权的执行价格与市场价格关系

	看涨期权	看跌期权
实值期权	执行价格＜标的物市场价格	执行价格＞标的物市场价格
虚值期权	执行价格＞标的物市场价格	执行价格＜标的物市场价格
平值期权	执行价格＝标的物市场价格	执行价格＝标的物市场价格

如果某个标的物的看涨期权处于实值状态，则与其执行价格相同的看跌期权一定处于虚值状态，反之则相反。

（二）时间价值

期权的时间价值又称外含价值。它是指随着时间的延长，相关标的物市场价格的变动有可能使期权增值时期权买方愿意为买进这一期权而支付的权利金金额。时间价值还可反映出期权卖方所愿意接受的期权价格或卖价。因此，期权时间价值的确定，是期权买方和卖方依据对未来时间内期权价值增减趋势的不同判断而相互竞价的结果。

期权权利金是时间价值与内含价值之和，而期权内含价值与期权权利金之差可被视

为时间价值。

时间价值＝权利金－内含价值

一般来说，期权的时间价值与期权的有效期成正比。期权的剩余有效期越长，其时间价值越大。这是因为，对于期权的买方来说，期权的有效期越长，其获利的机会和可能性就越大；而对于卖方来说，期权的有效期越长，买方要求履约的风险也就越大，因而卖方所要求的权利金也就越高。期权的时间价值如同意外灾害保险费一样，投保期越长，投保人提出索赔的可能性就越大，保险公司的理赔风险也越高，就会因面临更大的风险而增加保险金额和保险费率。

期权价值与期权有效时间衰减成函数关系（如图7－1所示）。当期权临近到期日时，在其他条件不变的情况下，其时间价值由高到低衰减速度加快。这是因为可导致期权转向实值的时间减少所致。进入到期日时，期权不再具有时间价值，如果认为该期权仍具有价值，那只能是内含价值。在图7－1中，纵轴表示期权价值，横轴表示期权合约剩余的有效时间（月），随着时间的推移，期权价值逐步逼近于零。

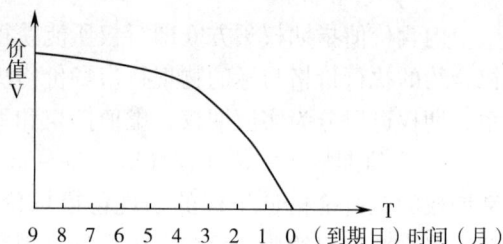

图7－1　期权时间价值衰减图

三、影响期权价格的基本因素

影响期权价格的因素主要有六个：标的物市场价格、执行价格、标的物市场价格波动幅度、无风险利率、距离到期日前剩余的时间、股票分红（对股票期权有影响）。

（一）标的物市场价格与执行价格

期权执行价格和标的物市场价格直接影响权利金的多少，它是在期权交易中首先要考虑的因素，这两种价格的相互关系决定了期权是实值、平值还是虚值，并决定了内含价值的大小。对于看涨期权来说，市场价格超过期权执行价格越多，内含价值越大；当市场价格等于或低于执行价格时，其内含价值为零。对于看跌期权而言，市场价格低于期权执行价格越多，内含价值越大；当市场价格等于或高于执行价格时，其内含价值为零。

在标的物价格一定时，执行价格决定了期权的内含价值。对看涨期权而言，执行价格越高，期权的内含价值越小，而执行价格越低，内含价值越大。比如当玉米期货价格为3.58美元/蒲式耳时，在其他条件相同的情况下，执行价格为3.60美元/蒲式耳的看涨期权的权利金比执行价格为3.50美元/蒲式耳的看涨期权的权利金肯定要低。因为前者是虚值期权，后者是实值期权。看跌期权则与之完全相反。

期权执行价格与标的物市场价格的关系也直接影响到期权的时间价值。一般来说，执行价格与市场价格的差额越大，则时间价值就越小；反之，差额越小，则时间价值就越大。当一种期权处于极度实值或极度虚值时，其时间价值趋向于零，而当期权处于平值期权时，其时间价值达到最大。因为对于实值期权而言，若市价偏离执行价格很远时，市价偏离更远，继续增加其内含价值的可能性已很小，而使它减少内含价值的可能性倒很大，因而人们都不愿意为买入该期权并持有它而付出比当时的内含价值更高的权利金。相反，对于虚值期权来说，若市价离执行价格很远，则人们会认为其转为实值的可能性很小，因而也不愿为买入这种期权而支付权利金，因此其时间价值也会很小，甚至为零。只有在平值期权时，市场价格的变动才最有可能使期权增加内含价值，人们因而最愿意为买入这种期权而付出等于时间价值的权利金，所以此时的时间价值为最大。

（二）标的物市场价格波动幅度

标的物市场价格的波动幅度是影响期权价格水平的重要因素之一。

在其他因素不变的条件下，预期标的物价格波动率越高，标的物上涨很高或下跌很深的机会会随之增加，标的物市场价格涨至损益平衡点之上或跌至损益平衡点之下的可能性和幅度也就越大，买方获取较高收益的可能性也会增加，损失却不会随之增加，但期权卖方的市场风险会随之大幅增加。所以，标的物市场价格的波动率越高，期权的价格也应该越高。

在期权定价中标的资产的波动率可用历史数据估计，也可通过期权价格推出，前者被称为历史波动率，后者被称为隐含波动率。如果历史波动率大于隐含波动率，即标的资产实际波动率大于通过期权价格计算的波动率，意味着标的资产未来有加大波动的可能。

标的物价值的波动性增加，加大了期权向实值方向移动的可能性，因此期权权利金也会相应增加。例如，若玉米期货价格为 3.60 美元/蒲式耳，并预期在其后一年内可能保持该价格水平（价格波动性很小），那么卖出一个执行价格为 4.0 美元/蒲式耳的玉米看涨期权面临的风险就很小，卖方要求的权利金也少。但是，如果价格波动性增大，如波动于 3.50~4.2 美元/蒲式耳，买方履行合约的可能性也随之增加，卖方风险加大，要求的权利金也高。

（三）无风险利率

与期货交易不同的是，期权权利金在成交时以现金支付，因此短期利率反映了期权买方的融资成本，交易者交易时，自然会把短期利率考虑进去。当利率提高时，期权的时间价值会减少；反之，当利率下降时，期权的时间价值会增加。但总的来说，利率对期权价格的整体影响是十分有限的。另外，无风险利率的变化也会引起股票价格的变动，进而使股票期权的内含价值发生改变。

（四）距离到期日前剩余的时间

在期权的时间价值中起最大作用的是期权的有效期即距离到期日前剩余时间的长短。期权有效期越长，其时间价值越大，因为有效期越长，买方获利的可能性和卖方亏损的可能性越大，所以权利金越高；而有效期越短，标的物价格出现大幅波动甚至逆转的可能性越小，权利金也相应减少。因此，期权的时间价值大小与期权合约有效期长短成正比。如果其他因素相同，随着时间向到期日趋近，期权的时间价值也趋于减少。在到期日时，时间价值为零。

（五）股票分红

股票分红主要是对股票期权的价格有影响，股票的价格是随着红利支付日期的变化而变化的。随着红利支付日期的临近，股价趋于上升，股票看涨期权的内含价值趋于升高，而看跌期权的内含价值则趋于减少。当红利支付日期过后，人们预期股票价格会降低，因此，看涨期权价格会降低，看跌期权价格会升高。

<h1 style="text-align:center">第三节　期权交易</h1>

一、交易指令

期权交易指令主要包括以下内容：市价或限价（权利金）、买入或卖出、开仓或平仓、数量、合约到期月份、执行价格、标的物（如小麦期货、大豆期货、股票、股票指数等）、期权种类（看涨期权或看跌期权）。

比如，客户甲第一次进行小麦期权交易，但他认为小麦价格将上涨，则发出指令（见图7-2）。

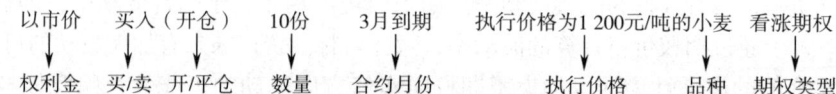

以市价	买入（开仓）	10份	3月到期	执行价格为1 200元/吨的小麦	看涨期权
↓	↓ ↓	↓	↓	↓	↓ ↓
权利金	买/卖 开/平仓	数量	合约月份	执行价格	品种 期权类型

图7-2　客户交易指令的发出

交易者发出交易指令时，最重要的是选择执行价格及权利金的出价。选择执行价格的重要依据是交易者对后市的判断。对于买进看涨期权来说，执行价格越高，看涨预期越大。对于买进看跌期权来说，执行价格越低，看跌预期越大。

【专栏7-3】

<h2 style="text-align:center">期权交易的发展</h2>

期权交易历史悠久，其雏形可追溯到公元前1200年。现代期权交易始于20世纪70年代初，1973年芝加哥期权交易所（CBOE）正式成立，进行统一化和标准化的期权合约买卖，1987年5月29日伦敦金属交易所正式开办期权交易。今天，期权交易已逐渐规范化，其规模也不断扩大，种类不断齐全，已从传统的有形商品的期权交易发展到包括货币、证券、利率、指数等领域的期权交易。其交易方式呈多样化，既可欧式，也可美式；既可在交易所内进行，也可在场外交易。场外交易是在银行同业之间进行，也叫"柜台交易"。而经营期权业务的交易所则遍布世界各主要金融市场。目前这类交易所有费城交易所、芝加哥商品交易所、纽约商品交易所、美国证券交易所、阿姆斯特丹交易所、蒙特利尔交易所、伦敦股票交易所、伦敦国际金融期货交易所和香港商品交易所等。我国大陆没有专门的期权市场，但中国银行在1985年和1986年也分别开展了黄金、白银和货币等期权业务。期权交易已成为现代西方金融市场上极为流行的一种交易方式。

二、撮合与成交

期权交易与期货交易一样，按照价格优先、时间优先的原则，由计算机进行撮合成交。同品种、同期权类型、同执行价格、同一到期月份的期权，期权买方所出权利金高者、时间早者优先成交，期权卖方愿意接受的权利金低者、时间早者优先成交。

【例 7 -1】　客户甲发出指令：以市价开仓买入 10 手 3 月到期执行价格为 2 450 元/吨的小麦看涨期权。

客户乙发出如下指令：以 20 元权利金开仓卖出 10 手 3 月到期执行价格为 2 450 元/吨的小麦看涨期权。

那么甲乙的指令通过计算机就会撮合成交。

如果甲出价 20 元，乙出价 24 元，则二者不会成交；如果甲先出价 24 元（买方所出权利金高者、时间早者），乙后出价 20 元，则二者会按 24 元价格成交；如果乙先出价 20 元（卖方愿意接受的权利金低者、时间早者），甲后出价 24 元，则二者会按 20 元价格成交。

当然，交易所也可能规定买卖报价要与前一成交价比较，比如目前中国的三家期货交易所的期货交易撮合原则就是如此。

交易所计算机自动撮合系统将买卖申报指令以价格优先、时间优先的原则进行排序。当买入价大于、等于卖出价则自动撮合成交，撮合成交价等于买入价（bp）、卖出价（sp）和前一成交价（cp）三者中居中的一个价格。

当 $bp \geqslant sp \geqslant cp$，则最新成交价 = sp

当 $bp \geqslant cp \geqslant sp$，则最新成交价 = cp

当 $cp \geqslant bp \geqslant sp$，则最新成交价 = bp

【例 7 -2】　权利金买报价为 24 元，卖报价为 20 元，而前一成交价为 21 元，则成交价为 21 元（24 > 21 > 20）；如果前一成交价为 19 元，则成交价为 20 元（24 > 20 > 19）；如果前一成交价为 25 元，则成交价为 24（25 > 24 > 20）。

三、期权部位的了结

（一）对冲平仓

期权的对冲平仓方法与期货基本相同，都是将先前买进（卖出）的合约对冲卖出（买进）。在平仓时，除了权利金和买卖方向外，指令的其他内容都与建仓时的指令相同。如果建仓时买进看涨期权，则通过卖出相同执行价格、相同到期日的看涨期权对冲平仓。如果建仓时卖出看涨期权，则通过买进相同执行价格、相同到期日的看涨期权对冲平仓。如果建仓时买进看跌期权，则通过卖出相同执行价格、相同到期日的看跌期权对冲平仓。如果建仓时卖出看跌期权，则通过买进相同执行价格、相同到期日的看跌期权对冲平仓。在期权合约有效期内的任何交易时间，买方和卖方均可以将在手的未平仓期权部位予以对冲平仓。

【例 7 -3】　客户甲以 20 元/吨买入（建仓）10 手 3 月到期，执行价格为 2 500

元/吨的小麦看涨期权。如果小麦期货价格上涨，那么权利金也上涨，比如上涨到 30
元/吨，那么客户甲发出如下指令：以 30 元/吨卖出（平仓）10 手 3 月到期，执行价格
为 2 500元/吨的小麦看涨期权。

（二）行权了结

期权的买方在合约规定的有效期限内的任一交易日闭市前均可通过交易下单系统下
达执行期权指令，交易所按照持仓时间最长原则指派并通知期权卖方，期货期权买卖双
方的期权部位在当日收市后转换成期货部位。

对于看涨期权多头，按照执行价格获得多
头期货部位；对于看涨期权空头，按照执行价
格获得空头期货部位。对于看跌期权买方，按
照执行价格获得空头期货部位；对于看跌期权
卖方，按照执行价格获得多头期货部位。买卖
双方履行期货期权后所处的期货市场交易部位
如表 7 - 8 所示。

**表 7 - 8　期货期权买卖双方履约
后转入的期货市场交易部位**

	看涨期权	看跌期权
买方承担	多头期货部位	空头期货部位
卖方承担	空头期货部位	多头期货部位

【例 7 - 4】　执行价格为 2 500 元/吨的 3 月小麦看涨期权执行后，买方获得 2 500
元/吨的 3 月小麦期货多头部位；卖方获得 2 500 元/吨的 3 月小麦期货空头部位。期权
买方已经持有开仓价格为 2 560 元/吨的 3 月小麦空头期货合约，也可用执行看涨期权获
得的多头期货部位与已经持有的空头期货部位平仓，获利 60 元/吨。

（三）放弃权利了结

如果期权合约到期时，期权没有对冲平仓，也没有提出执行，在当日结算时，投资
者的期权持仓就会被自动了结。按照惯例，在期权到期时，实值期权会被自动执行。因
此，买方放任到期的一般为虚值期权。

根据需要，期权买方可以不执行期权，让期权到期。期权卖方除对冲平仓和应买方
要求履约外，只能等待期权到期。

四、期权结算

期权结算是期权交易不可缺少的一环。由于买方的最大风险是成交时所交的权利
金，因此买方没有每日结算风险。但卖方的风险与期货交易一样依然存在，因此交易所
要对卖方进行每日结算。

期权结算与期货结算一样都是对保证金进行结算。目前国外期权的保证金制度虽然
五花八门，但可分为传统制度、Delta 制度与 SPAN 制度。这里仅以传统制度为例对每日
结算进行介绍。

传统的期权保证金制度以纽约商品期货交易所（COMEX）为代表，每一张卖空期
权的保证金为下列两者较大者：权利金 + 期货合约的保证金 - 虚值期权价值的一半；权
利金 + 期货合约保证金的一半。

（一）卖方持仓保证金结算

卖方的保证金要根据交易所规定的保证金公式计算。

【例7-5】　若一投机者3月5日卖出一张（136吨）执行价格为2 100元/吨的7月小麦看跌期权，权利金为30元/吨（立即划入其账户），当日期货结算价格为2 125元/吨（前日为2 114元/吨），期货交易保证金按5%收取，当日权利金结算价为28元/吨（1蒲式耳小麦＝0.027216吨）。

当日成交时的权利金划入＝30×136＝4 080（元/张）

当日成交时的交易保证金划出＝权利金＋昨日期货交易保证金－虚值期权的一半＝［30＋2 114×5%－（2 114－2 100）÷2］×136＝（30＋105.7－7）×136＝17 503.2（元/张）

当日结算时的交易保证金＝权利金＋当日期货交易保证金－虚值期权的一半＝［28＋2 125×5%－（2 125－2 100）÷2］×136＝（28＋106.25－12.5）×136＝16 558（元/张）

当日结算时需要再划入其结算准备金账户17 503.2－16 558＝945.2（元/张）。由于其成交时收取了4 080元的权利金，因此，他卖出的看跌期权实际占用的资金只有16 558－4 080＝12 478（元/张）

【例7-6】　若3月6日期货价格下跌到2 107元/吨，权利金上涨到36元/吨，则：

当日持仓的交易保证金＝［36＋2 107×5%－（2 107－2 100）÷2］×136＝（36＋105.35－3.5）×136＝18 747.6（元/张）

结算部门从其结算准备金账户划出资金＝18 747.6－16 558＝2 189.6（元/张）。这其中包括权利金的增加＝（36－28）×136＝1 088（元/张）和期货价格的下跌所引起的期货交易保证金的减少＝（2 107－2 125）×5%×136＝－122.4（元/张），以及虚值一半的减少所引起的交易保证金的增加＝［（2 125－2 100）÷2－（2 107－2 100）÷2］×136＝1 224（元/张）。

（二）卖方当日开仓当日平仓结算

【例7-7】　3月6日某投资者以36元/吨卖出一张执行价格为2 100元/吨的7月小麦看跌期权，当日期货结算价为2 125元/吨（前日为2 114元/吨）。

成交时36元/吨的权利金划入其结算准备金账户，共划入资金＝36×136＝4 896（元/张）。同时从其结算准备金账户上划出交易保证金＝权利金＋按昨日期货结算价计算的交易保证金－虚值的一半＝［36＋2 114×5%－（2 114－2 100）÷2］×136＝134.7×136＝18 319.2（元/张）　［卖方实际占用资金＝（134.7－36）×136＝13 423.2（元/张）］。

如果当日平仓价为30元/吨，则结算准备金账户上划入资金＝交易保证金－权利金平仓价＝18 319.2－30×136＝18 319.2－4 080＝14 239.2元。

成交时划入权利金为4 896元/张（36×136），划出的交易保证金为18 319.2元，平仓后划入的资金为14 239.2元，则总的盈亏＝4 896＋14 239.2－18 319.2＝816元。简单地说，他36元/吨卖出，30元/吨平仓，则盈亏＝（卖价－买价）×交易量＝（36－30）×136＝816元。

（三）卖方历史持仓结算

如果卖方当日没有平仓，而是隔日平仓，则

平仓时划入资金 ＝ 已经收取的保证金 － 权利金平仓价

【例7－8】 上文【例7－4】中的投资者在3月6日以36元/吨平仓，则结算时将昨日结算时收取的保证金退回其账户，并从其账户扣除36元/吨，即实际划入资金 ＝ 16 558 － 36 × 136 ＝ 16 558 － 4 896 ＝ 11 662 元，他3月5日实际支付的资金为12 478元，而如今只划入了11 662元，则亏损816元。简单地说，他30元/吨卖出，36元/吨买入平仓，则盈亏 ＝（卖价 － 买价）× 交易量 ＝（30 － 36）× 136 ＝ －816元。

（四）买方权利金的结算

买方不进行每日结算。成交时支付的权利金是买方的最大亏损，买方一旦成交，其权利金全部从其账户上划出；一旦平仓，则按权利金平仓价全部划入其账户。

【例7－9】 买方成交时的权利金为10元/吨，则当日结算时从其账户上划出10元/吨；如果第二天他以20元/吨平仓，则当日结算时划入其账户20元/吨。如果他当日以10元成交，当日又以20元平仓，则成交时从其账户上划出10元（头寸占用），平仓时划入账户20元，实际盈亏 ＝ 卖价 － 买价 ＝ 20 － 10 ＝ 10元。

（五）履约结算

作为美式期权，每天都可能有履约发生。如果买方提出执行权利，则交易所按照配对原则找出相应的卖方。配对后，当日各自的期权持仓自动消失，结算部门收取卖方的交易保证金也于当日自动划入卖方结算准备金账户。至于买方，因为成交当日的权利金已经划出，也不进行每日结算，所以执行权利后也没有权利金的划转问题。至于两者转换的期货部位可视为新建立了期货部位，按照期货的结算办法进行每日结算。

（六）权利放弃时的结算

最后交易日闭市后，虚值和平值期权以及提出不执行的实值期权将自动失效，其持仓在最后交易日后随着合约的到期也自然消失。

权利放弃时，买方不用结算。期权卖方所支付的交易保证金全部划入其结算准备金账户。

（七）实值期权自动结算

实值期权自动结算是指在到期日闭市后，所有没有提出权利执行的实值期权将由结算部门自动结算。

是否只要有实值，哪怕只有1个最小变动价位（比如1/8美分/蒲式耳）就自动结算呢？如果是部位的转换，则不是。这里要扣除各项手续费以后还有一定利润的情况下，实值期权才会自动结算。至于实值多少，要看交易所或结算公司的规定了。如果不是部位的转换而是现金结算，则只要有一个最小变动价位就应自动结算。

第四节 期权交易的基本策略

期权交易的最基本策略有买进看涨期权、卖出看涨期权、买进看跌期权、卖出看跌期权四种。本节主要介绍四种基本策略的目的、基本操作、损益分析和基本运用等内容。

一、买进看涨期权

(一) 目的和基本操作

交易者预期标的资产价格上涨而买进看涨期权，买进看涨期权需支付一笔权利金。看涨期权的买方在支付权利金后，便可享有按约定的执行价格买入相关标的资产的权利，但不负有必须买进的义务，从而避免了直接购买标的资产后价格下跌造成的更大损失。一旦标的资产价格上涨至执行价格以上，便可执行期权，以低于标的资产的价格获取标的资产；买方也可在期权价格上涨或下跌时卖出期权平仓，获得价差收益或避免损失全部权利金。

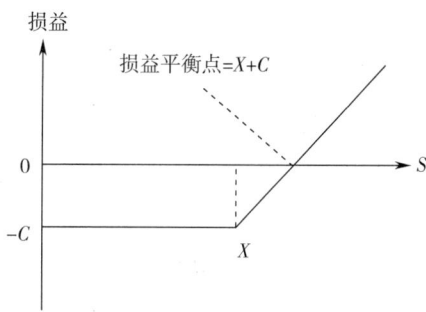

图 7 - 3　看涨期权多头损益状态

(二) 损益分析

看涨期权多头的最大损益结果或到期时的损益状况见图 7 - 3。

图 7 - 3 中，C 为期权的价格，X 为执行价格，S 为标的资产价格。

标的资产价格越高，对看涨期权多头越有利，标的资产价格变化对看涨期权多头损益的影响见表 7 - 9。

表 7 - 9　　　　　标的资产价格变化对看涨期权多头损益的影响

标的资产的价格范围	标的资产价格的变动方向及买方损益	期权头寸处置方法
$0 \leqslant S \leqslant X$	处于亏损状态，无论 S 上涨或下跌，最大损失不变，等于权利金	不执行期权。可卖出期权对冲平仓，或继续持有
$X < S < X + C$	处于亏损状态，损益随 S 变化而变化，但小于权利金	可卖出期权对冲平仓，或继续持有，在期权到期时执行期权
$S = X + C$	损益 = 0	
$S > X + C$	处于盈利状态，盈利随 S 变化而变化。随着标的资产价格的上涨，期权买方的收益会超过甚至远远大于权利金支出	

买进看涨期权综合分析见表 7 - 10。

表 7 - 10　　　　　　　买进看涨期权综合分析表

标的资产价格状态	(1) 牛市；(2) 预期后市上涨；(3) 价格见底，市场波动率正在扩大，或隐含价格波动率低
损益	平仓损益 = 权利金卖出价 - 权利金买入价行权损益 = 标的资产卖价 - 执行价格 - 权利金
最大风险	损失全部权利金
损益平衡点	执行价格 + 权利金
保证金	无须缴纳
履约后头寸状态	多头

注：隐含波动率是指期权价格反映的波动率。隐含波动率低，期权价格反映的波动率就小于理论计算的波动率；反之则相反。

（三）基本运用

1. 获取价差收益。当交易者通过对相关标的资产价格变动的分析，认为标的资产价格上涨可能性很大，可以考虑买入看涨期权获得权利金价差收益。一旦标的资产价格上涨，看涨期权的价格也会上涨，交易者可以在市场上以更高的价格卖出期权获利。即使标的资产价格下跌，买方的最大损失也只是支付的权利金。

2. 追逐更大的杠杆效应。与期货交易相比，买进看涨期权和看跌期权可以为投资者提供更大的杠杆效应。与持有股票等金融现货资产相比，通过购买期权获取标的资产的杠杆效用更高。剩余期限较短的虚值期权，权利金往往很低，用较少的权利金就可以控制同样数量的标的合约或金融现货资产；而且如果标的资产价格下跌也不会被要求追加资金或遭受强行平仓，一旦价格反转则享受标的资产价格上涨带来的盈利。

【专栏 7 - 4】

杠杆效应

杠杆效应是指由于固定费用的存在而导致的，当某一财务变量以较小幅度变动时，另一相关变量会以较大幅度变动的现象。合理运用杠杆原理，有助于企业合理规避风险，提高资金营运效率。财务管理中的杠杆效应有三种形式，即经营杠杆、财务杠杆、复合杠杆。经营杠杆是指由于固定成本的存在而导致息税前利润变动大于产销业务量变动的杠杆效应；财务杠杆是指由于债务的存在而导致普通股每股利润变动大于息税前利润变动的杠杆效应；复合杠杆是指由于固定生产经营成本和固定财务费用的存在而导致的普通股每股利润变动大于产销业务量变动的杠杆效应。

【例 7 - 10】 2015 年 1 月 26 日，CME 交易的 Mar15 原油期货合约的价格为 45.15 美元/桶，该标的有 170 个不同执行价格的看涨期权，执行价格为每桶 35 ~ 170 美元；有 160 个不同执行价格的看跌期权，执行价格为每桶 21 ~ 150 美元。

实值期权价格较高，执行价格为 35 美元的看涨期权实值程度最深，其价格也最高，为 10.31 美元，期权价格接近内在价值（45.15 - 35 = 10.15 美元）；深度虚值期权的价格最低，执行价格超过 70 美元的深度虚值期权基本上没有交易。执行价格从 65.50 ~ 69.50 美元的虚值看涨期权的价格均为 0.02 美元；接近平价的执行价格为 45 美元的看涨期权的价格分别为 2.53 美元。所以，如果购买平值和虚值看涨期权，权利金远低于期货价格，且低于期货保证金；即使是实值期权，实值程度不深的话，权利金也会低于期货保证金。

所以，与购买期货合约相比，购买虚值或平值看涨期权的杠杆效应更高。

因此，如果想追逐更大的杠杆效应，选择买进看涨期权比选择购买期货合约可能更具优势，但需考虑由于期权费而额外增加的成本。

【例 7 - 11】 【例 7 - 10】中，某交易者购买 10 手 Mar15 原油期货合约，如果保证金率为10%，则：

交易者需缴纳的保证金 = 45.15 × 1 000 × 10 × 10% = 45 150（美元）。

如果交易者通过期权实现购买10手标的期货合约的目的，则需购买10手Mar15到期的该标的的看涨期权，该交易者决定购买执行价格为43美元的实值看涨期权。期权价格为3.69美元，权利金投入 = 3.69 × 10 × 1 000 = 36 900（美元），低于期货保证金投入。

如果在2015年3月期货合约和期权合约到期前，期货合约价格在43美元以上，交易者以43美元的价格行权买入期货合约，其持有期货合约的成本 = 43 + 3.69 = 46.69（美元/桶），比直接购买期货合约多出 46.69 – 45.15 = 1.54（美元/桶），高出值恰好等于期权建仓时的时间价值。该例中时间价值 = 3.69 – （45.15 – 43）= 1.54（美元）。由于除实值看跌期权外，其余期权的时间价值均大于0，所以，通过看涨期权持有期货合约的成本高于直接购买期权合约的成本。此外，由于平值或接近平值的期权时间价值最高，所以，通过接近平值的看涨期权多头持有期货合约，比直接购买期货合约高出的成本更多。

3. 限制卖出标的资产风险。持有某资产多头的交易者，还想继续享受价格上涨的好处，但又担心价格下跌，将资产卖出又担心价格上涨。在此情况下，可利用看涨期权限制卖出标的资产的风险。

操作策略是将所持资产卖出，同时买进该资产的看涨期权，从而限制卖出标的资产后价格上涨的风险。

如果将所持资产卖出后，资产价格继续上升，交易者可行权按执行价格买进标的资产，或继续持有看涨期权，直至期权到期时执行期权；如果资产价格下跌，交易者损失期权费，也可将期权平仓，以减少期权费损失，所以交易者最多损失为权利金。

标的资产卖出后，如果标的资产价格上涨，购买的看涨期权可实现继续持有标的资产的目的；如果标的资产价格下跌，放弃执行期权，规避了标的资产价格下跌的风险。如果采用期货交易，如卖出资产的同时买进相关期货合约，当资产价格上涨时期货合约盈利，资产价格下跌时期货合约损失，所以不能实现上述功能。

因此，此策略达到了限制卖出标的资产风险的目的，但要付出权利金的代价。

另外，对于已生产出产品的厂商来说，其设想将产品储存到价格可能上升时再出售以获更大的利润，同时又担心万一价格不升反跌，这时就可考虑将产品卖出，同时买入与实物产品相关的看涨期权，既可立刻获得货款，加快资金周转，还避免了因储存产品而产生的市场风险。同样地，厂商也需要承受付出权利金的代价。

4. 锁定现货成本，对冲标的资产价格风险。未来需购入现货的企业或经销商，当其认为现货市场价值趋势不明朗，为规避价格上涨导致购货成本提高的风险，可买入该资产的看涨期权，不仅可以实现锁定购货成本的目的，还可获得标的资产价格下跌带来的好处。

交易者买入看涨期权后便取得了以执行价格买进标的资产的权利，这样可以为将来计划买入的标的资产限定一个最高买价，以防止价格上升而造成的损失。当现货市场价格下跌时，期权购买者可以放弃行权，在现货市场上买入标的资产，为此付出的最大代价是期权费，而实现了以更低价格买进标的资产的目的。

所以，买入看涨期权可以实现为未来购买标的资产保险的功能。

与买进期货合约对冲现货价格上涨风险相比，利用买进看涨期权进行套期保值具有以下特征：

第一，初始投入更低，杠杆效用更大。即购买看涨期权所支付的权利金较购买期货合约所需交纳的保证金更少。

第二，当标的资产价格变化对现货持仓不利时，如标的资产价格上涨，交易者在期货市场的盈利会弥补所提高的现货购买成本；购买看涨期权也可达到此目的，但通过看涨期权多头标的资产价格上涨的风险往往比通过买进期货合约对冲标的资产价格风险要多付出权利金及时间价值的代价。

【例 7 - 12】　【例 7 - 11】中，如果原油价格上涨，标的期货合约价格和看涨期权价格会随之上涨，如期货合约上涨 20% 至 54.18 美元/桶。如果交易者通过期货市场进行套期保值，则期货市场盈利 = 54.18 - 45.15 = 9.03（美元/桶）；而通过期权进行套期保值，则期权行权收益 = 54.15 - 43 - 3.69 = 7.49（美元/桶）。期权收益较期货收益少 9.03 - 7.49 = 1.54（美元/桶），恰好等于期权建仓时的时间价值。

第三，在标的资产价格变化对现货持仓有利时，如标的资产价格下跌，期货持仓亏损，套期保值需要补交保证金。此时，由于在期货市场建仓买入期货合约，期货的亏损抵补了现货价格有利变动所带来的盈利。而看涨期权卖方也会产生亏损，但既不用支付任何额外费用，又可限制最大损失。当标的资产价格下跌远远高于期权费时，交易者还可享受标的资产价格有利变化所产生的利润。所以此情形下，利用看涨期权多头对冲标的资产价格上涨风险比利用期货多头建仓更有利。

【例 7 - 13】　【例 7 - 11】中，如果原油价格下跌，标的期货合约价格和看涨期权价格会随之下跌。如期货合约下跌 20% 至 36.12 美元/桶，期货交易亏损 20%；如果不平仓的话，需追缴保证金 = 45.15 × 20% × 10 × 1 000 +（36.12 - 45.15）× 10 × 1 000 × 10% = 81 270（美元）。

而持有期权合约交易者最大损失为购买期权的成本，为 36 900 美元，低于持有期货合约的损失，且不需要追缴保证金。

二、卖出看涨期权

看涨期权卖方损益与买方正好相反，一方的盈利恰好是另一方的亏损，看涨期权卖方能够获得的最高收益为卖出期权收取的权利金。

（一）目的和基本操作

交易者卖出看涨期权的主要目的是获取期权费，但卖出看涨期权时要缴纳保证金，而且保证金要高于权利金，所以卖出看涨期权需要一定的初始资金，当行情发生不利变动时还要追加保证金。

看涨期权卖方在收取期权费后，便拥有了按约定的执行价格卖出相关标的资产的义

务。如果卖方行权，卖方被指定履约时，须以执行
价格向买方出售标的资产，此时标的资产价格应该
高于执行价格；如果标的资产价格低于执行价格，
买方放弃行权，卖方可实现赚取权利金收入的目
的；卖方也可在期权到期前买进同一看涨期，权将
所持看涨期权空头对冲平仓，获得权利金价差收益
或减少价格向不利方向变动时的损失。

（二）损益分析

看涨期权空头的最大损益结果或到期时的损益
状况见图 7 - 4。

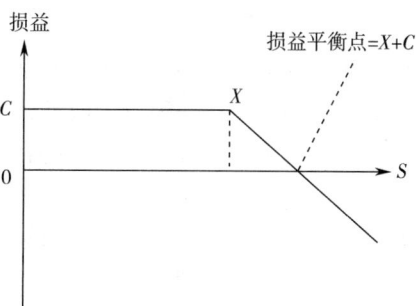

图 7 - 4 看涨期权空头损益状态

标的资产价格处于横盘整理或下跌，对看涨期权的卖方有利。如果预期标的资产价
格窄幅整理或下跌，可通过卖出看涨期权获利。标的资产价格变化对看涨期权卖方损益
的影响见表 7 - 11。

表 7 - 11　　　　　　　标的资产价格变化对看涨期权空头损益的影响

标的资产的价格范围	标的资产价格的变动方向及卖方损益	期权头寸处置方法
$0 < S < X$	处于盈利状态，无论 S 上涨或下跌，最大盈利不变，等于权利金	买方不会执行期权。卖方可买入期权对冲平仓，或持有期权至到期获得全部权利金（期权不会被执行）
$X < S < X + C$	处于盈利状态，盈利随 S 变化而变化，但低于权利金	可买入期权对冲平仓；或接受买方行权，以执行价格卖出标的资产
$S = X + C$	损益 = 0	
$S > X + C$	处于亏损状态，亏损随 S 变化而变化。当标的资产价格持续上涨时，期权卖方亏损会超过甚至远远高于权利金收入	

卖出看涨期权空头综合分析见表 7 - 12。

表 7 - 12　　　　　　　　　　卖出看涨期权综合分析表

标的资产价格状况	（1）熊市；（2）横盘，市场波动率或收窄，或隐含价格波动率高
最大收益	权利金
损益	平仓损益 = 权利金卖出价 - 权利金买入价 履约损益 = 执行价格 - 标的资产买家 + 权利金
损益平衡点	执行价格 + 权利金
保证金	需缴纳（如果是有保护的看涨期权，则视保护情况而定）
履约后头寸状态	空头

（三）基本运用

1. 获取权利金收入或权利金价差收益。交易者通过对标的资产价格变动趋势的分

析，认为标的资产价格会下跌，或窄幅整理，可卖出看涨期权，收取一定数额的权利金。待标的资产价格下跌时，看涨期权的市场价格也随之下跌，交易者可将看涨期权空头头寸对冲平仓，获得价差收益；如果坚信标的资产价格不会上涨，交易者可持有期权至到期，实现获得权利金收入的目的。

从国外市场的交易情况看，卖出看涨期权的收益率并不低，由于多数期权买方行权的机会很小，所以期权卖方的收益往往高于买方。

交易者通过对期权及标的资产价格趋势的分析，选择不同的有效期、执行价格以及适当的入市时机，有可能获得丰厚的利润。但对于资金有限的投资者，由于卖出期权需要缴纳保证金还可能被要求追加保证金，因而应避免卖出无保护看涨期权。

2. 对冲标的资产多头。如果投资者对标的资产价格谨慎看多，则可在持有标的资产的同时，卖出执行价格较高的看涨期权。如果标的资产价格下跌，所获得的权利金等于降低了标的资产的购买成本；如果标的资产价格上涨，或期权买方行权，看涨期权空头被要求履行，以执行价格卖出标的资产，将其所持标的资产多头平仓。此策略被视为一个标的资产多头和一个看涨期权空头的组合，标的资产多头对卖出看涨期权形成保护，被称为有担保的看涨期权策略。

3. 增加标的资产多头的利润。如果交易者对标的资产后市谨慎看多，则在买入标的资产的同时可卖出该标的看涨期权。对于已经持有标的资产，当价格上涨一定水平后，如果担心价格下跌，可采取卖出看涨期权策略。此策略视同有保险的看涨期权策略，卖出期权建仓时称为备兑开仓。

【例 7 - 14】　交易者于 2014 年 12 月 12 日以每股 17.12 港元的价格买入 50 000 股招商银行 H 股股票，股票总市值 = 17.12 × 50 000 = 856 000（港元），持有 20 天后，2015 年 1 月 2 日，该股票价格上涨至 19.90 港元，交易者认为股票价格仍有进一步上涨潜力，但又担心新年过后股市下跌，于是以 0.52 港元的价格卖出执行价格为 21 港元的该股票看涨期权 100 张。如果股票价格上涨至 21 港元以上，交易者可以 21 港元履约将股票卖出，加上权利金收入，交易者的股票卖出价为 21 + 0.52 = 21.52（港元）。

但 1 月份，标的股票一直表现不佳，1 月 26 日，股票价格跌至 18.54 港元，该看涨期权的价格也跌至 0.01 港元，交易者决定将股票和期权同时平仓。以 0.01 港元的价格将看涨期权空头头寸对冲平仓，平仓收益 = 0.52 - 0.01 = 0.51（港元），相当于股票售价每股提高 0.51 港元，该策略没有考虑交易成本以及保证金资金占用成本。

组合策略损益状态见图 7 - 5。

构建该组合策略主要考虑的因素：

第一，看涨期权的执行价格。所卖出期权的执行价格越高，买方行权的可能性越小，卖方赚取权利金的可能性越大。但执行价格越高，看涨期权的权利金越低，卖出期权对增加标的资

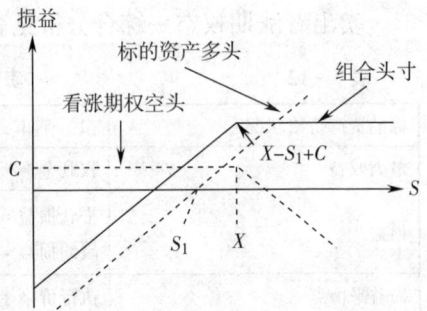

图 7 - 5　看涨期权空头与标的资产多头的组合

产持仓利润的影响越小。

第二，标的资产价格变化趋势。如果预期标的资产价格能够上涨至期权的执行价格与权利金之和以上时，则单独持有标的资产更为有利，即预期标的资产价格将大幅上涨时不宜采用此策略；如果预期标的资产价格下跌，则不会购买或继续持有标的资产。所以，此策略适用于对标的资产价格谨慎看多的情形。

三、买进看跌期权

（一）目的和基本操作

交易者预期标的资产价格下跌而买进看跌期权，买进看跌期权需支付一笔权利金。

看跌期权的买方在支付权利金后，便可享有按约定的执行价格卖出相关标的资产的权利，但不负有必须卖出的义务。一旦标的资产价格下跌，便可执行期权，以执行价格卖出标的资产；如果标的资产价格上涨，则可放弃执行期权，或将期权卖出平仓，从而规避了直接卖出标的资产后价格上涨造成的更大损失。

（二）损益分析

买进看跌期权最大损益结果或到期时的损益状况见图7-6。

标的资产价格变化对看跌期权买方损益的影响见表7-13。

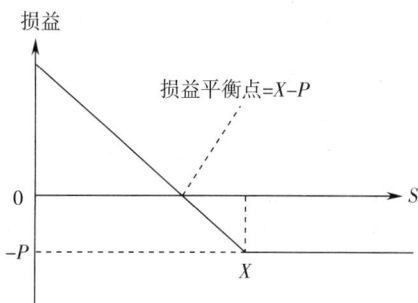

图7-6　看跌期权多头损益状态

表7-13　　　　　标的资产价格变化对看跌期权多头损益的影响

标的资产的价格范围	标的资产价格的变动方向及买方损益	期权头寸处置方法
$S \geqslant X$	处于亏损状态，无论 S 上涨或下跌，最大损失不变，等于权利金	不执行期权。可卖出期权对冲平仓，或继续持有
$X - P < S < X$	处于亏损状态，亏损随 S 变化而变化，但小于权利金	可卖出期权对冲平仓，或继续持有，在期权到期时执行期权
$S = X - P$	损益 $=0$	
$S < X - P$	处于盈利状态，盈利随 S 变化而变化，标的资产价格趋于 0 时买方盈利最大，接近 $X - P$	

买进看跌期权综合分析见表7-14。

表7-14　　　　　　　　买进看跌期权综合分析表

标的资产价格状态	（1）熊市；（2）预期后市下跌；（3）价格见顶，波动率正在扩大
损益	平仓损益=权利金卖出平仓价-权利金买入价　行权损益=执行价格-标的资产价格-权利金
最大风险	损失全部权利金
损益平衡点	执行价格-权利金
保证金	无须缴纳
履约后头寸状态	空头

（三）基本运用

1. 获取价差收益。如果交易者认为标的资产价格有较大幅度下跌的可能，则可以考虑买进看跌期权策略。如果标的资产价格下跌，看跌期权的价格会上涨，交易者可将期权卖出平仓；如果标的资产价格不跌反涨，期权价格会下跌，看跌期权也不会被执行，买方最大损失为支付的期权费；交易者也可将看跌期权卖出平仓，以减少权利金损失。

2. 博取更大的杠杆效用。与买进看涨期权的相似，如果预期标的资产价格有较大下跌可能，通过买进看跌期权持有标的资产空头比直接卖出标的期货合约或融券卖出标的资产所需要的初始资金少，而且如果标的资产价格上涨也不会被要求追加资金或遭受强行平仓，标的资产价格下跌时可获取较高的资金收益率。

【例7-15】　买进看跌期权与卖出期货合约的杠杆效应比较。

【例7-10】中，Mar15 的原油期货合约价格为每桶45.15 美元，如果卖出期货合约的话，在成交时并不能得到价格收入，而且要按交易所规定缴纳保证金。如果保证金比率为10%的话，交易者初始资金投入为每手45.15 × 1 000 × 10% = 4 515（美元）。

执行价格为21~150 美元/桶的160 个不同执行价格的看跌期权，价格最高的是执行价格150 美元的实值看跌期权，价格为每桶104.85 美元，期权价格接近内在价值（150 - 45.15 = 104.86），因此，深度实值期权的价格不仅会高于期货合约的保证金，甚至会远高于期货合约的价格。

与看涨期权相同，看跌期权中价格最低的是深度虚值看跌期权。执行价格为21~28.5 美元的深度虚值看跌期权基本上没有交易。执行价格为30~33.5 美元的虚值看跌期权的价格从0.03~0.09 美元，购买1 张执行价格分别为30 美元和33.5 美元的该标的原油期货看跌期权，需支付期权费30 美元（0.03 × 1 000）或90 美元，远低于卖出期货合约需要缴纳的保证金；接近平值的执行价格为45 美元/桶的看跌期权的价格为2.38 美元/桶，初始投入也远低于卖出期权合约的初始投入。

所以，与采用卖出期货合约相比，购买虚值或接近平值的看跌期权的杠杆效应更高。当标的资产价格变动方向不利于交易者时，如标的资产价格上涨，期货合约亏损，且需要追缴保证金；而期权交易不仅不用考虑后续资金不足的问题，且亏损仅限于投入的期权费。

因此，如果想追逐更大的杠杆效应，选择买进看跌期权比选择卖出期货合约可能更具优势，但需考虑由于期权费而额外增加的成本。

【例7-16】　【例7-8】中，某交易者卖出10 手Mar15 原油期货合约，如果保证金率为10%，则：

交易者需缴纳保证金 = 45.15 × 1 000 × 10 × 10% = 45150（美元）

如果交易者通过期权实现出售10 手标的期货合约的目的，则需购买10 手Mar15 到期的该标的看跌期权，该交易者决定购买执行价格为47 美元的实值看跌期权。该期权的价格为3.48 美元，权利金投入 = 3.48 × 10 × 1 000 = 34 800（美元），低于期货保证金投入。

如果在2015 年3 月期货合约和期权合约到期前，期货合约价格在47 美元以下，交

易者以 47 美元的价格行权卖出期货合约，其卖出期货合约的价格 = 43.52 美元（47 -
3.48），比直接卖出期货合约每桶价格低 1.63 美元（45.15 - 43.52）。每桶价格降低值
恰好等于期权建仓时的时间价值 [3.48 - （47 - 45.15）= 1.63 美元/桶]。

由于实值欧式看跌期权的时间价值可能小于 0，所以，通过实值欧式看跌期权卖出期
货合约的收入有可能高于直接卖出期货合约的收入，但是大部分情况下期权的时间价值均
大于 0，所以通过看跌期权卖出期货合约的收入低于直接卖出期货合约的收入。而且，通
过接近平值的看跌期权多头卖出期货合约，比直接卖出期货合约的价格收入减少得最多。

3. 保护标的资产多头。投资者已经买进了标的资产，他既想持有标的资产享受价格
上涨的好处，又担心价格下跌而遭受损失。在此情形下，可买进看跌期权加以保护。如
果标的资产价格下跌，看跌期权的价差收益或行权收益会弥补持有标的资产带来的损
失，从而对买进的标的资产是一种保护；如果价格上涨，投资者标的资产持仓会继续受
益，但看跌期权价格会下跌或期权作废，交易者会增加买进期权的代价，从而标的资产
持仓成本提高。

所以，买入看跌期权可以实现为所持标的资产保险的功能，既可以规避标的资产价
格下跌的风险，又不会丧失标的资产价格上涨的获利机会。

【例 7 - 17】　　【例 7 - 14】中，交易者于 2014 年 12 月 12 日以每股 17.12 港元的价格
买入招商银行 H 股并持仓至 2015 年 1 月 2 日，当股票价格上涨至 19.90 港元时，交易者想
继续持仓，又担心股票价格下跌，于是决定买进该股票看跌期权对股票持仓加以保护。交
易者以 0.98 港元的价格买进 2015 年 3 月到期，执行价格为 20 港元的该股票看跌期权。

如果股票价格上涨至 20 港元以上，交易者放弃行权，可享受股票价格上涨的利润，
与不购买期权相比，会增加期权费的投资成本，但交易者可将期权卖出对冲平仓，以减
少期权费损失，所以其最大损失为期权费；如果股票价格下跌至 20 港元以下，如跌至
10 港元，交易者可行权以每股 20 港元的价格将股票卖出，实现了期权的保险功能，但
实际售价比执行价格低 0.98 港元，即期权成本。该交易者也可将期权卖出平仓，当标的
股票价格下跌时，看跌期权价格会上涨，交易者期权头寸的盈利可弥补或部分弥补股票
价格下跌的损失。

1 月 26 日，股票价格下跌至 18.54 港元，该看跌期权的价格上涨至 1.47 港元，如
果交易者将期权平仓，实现平仓收益 = 1.47 - 0.98 = 0.49（港元），股票实际售价提高
至 18.54 + 0.49 = 19.03（港元）；如果交易者行权将股票卖出，实际售价 = 20 - 0.98 =
19.02（港元）。由此可见，通过看跌期权，能够保证股票售价在执行价格与期权费的差
额之上，而且平仓了结比行权了结更有利。所以，买进看跌期权可以实现保护标的资产
多头的目的。而期货交易则不能实现此目的。例如，如果交易者卖出该股票期货合约，
期货合约建仓可以对冲标的股票价格下跌的风险，但股票价格上涨时，期货建仓会产生
亏损。因此，期权多头的保险功能是期货交易所不能实现的。

4. 锁定现货持仓收益，对冲标的资产价格下跌风险。持有现货者或已签订了购货合
约的中间商，未来有现货出售，当其认为所持资产价格趋势不明朗，为规避价格下跌风
险，可买入该资产的看跌期权，既可规避标的资产价格下跌的风险，也不会丧失标的资

产价格上涨带来的利润。所以，该目的与保护标的资产多头相同，可以实现为现货持仓保险功能。

若标的资产价格下跌至执行价格以下，交易者可执行期权，以执行价格将标的资产卖出，或将期权对冲平仓。由于标的资产价格下跌而期权价格会随之上涨，期权的平仓收益可弥补或部分弥补其所持资产价格下跌造成的损失；如果标的资产价格上涨至执行价格以上，交易者可放弃执行价格，其最大的损失为权利金，而此时所持资产价格上涨获得的超额收益可能远高于其损失的权利金。

与卖出期货合约对冲现货价格下跌风险相比，利用买进看跌期权进行套期保值具有以下特征：

第一，初始投资更低，杠杆效用更大。即购买看跌期权所支付的权利金较卖出期货合约所需缴纳的保证金更少。

第二，当标的资产价格变化对现货持仓不利时，如标的资产价格下跌，交易者在期货市场的盈利可弥补降低的现货卖出收入。购买看跌期权也可达到此目的，同样，通过看跌期权多头对冲标的资产价格下跌的风险，比通过卖出期货合约对冲标的资产价格风险要多付出权利金或时间价值的代价。

第三，在标的资产价格变化对现货持仓有利时，如标的资产价格上涨，期货持仓亏损，套期保值者需补充保证金。此时由于在期货市场建仓卖出期货合约，期货亏损抵补了现货价格有利变动所带来的盈利。而看跌期权买方也会产生亏损，但既不用支付任何额外费用，也限制了最大损失；当标的资产价格上涨远远高于期权费时，交易者还可享受标的资产价格有利变化所产生的利润。所以，此情形下利用看跌期权多头对冲标的资产价格下跌的风险比利用期货空头建仓更有利。

四、卖出看跌期权

（一）目的和基本操作

与卖出看涨期权相似，卖出看跌期权的主要目的也是获取期权费，在卖出看跌期权时同样要缴纳保证金，而且保证金要高于权利金，所以卖出看跌期权也需要一定的初始资金，当行情发生不利变动时还要追加保证金。

交易者卖出看跌期权后，便拥有了履约义务。如果标的资产价格高于执行价格，则买方不会行权，卖方可获得全部权利金收入，或者在期权价格上涨时卖出期权平仓，获得价差收益。但是，一旦标的资产价格下跌至执行价格以下，买方执行期权，卖方被要求履约时，则必须以执行价格从买方处买入标的资产，随着标的资产价格的下跌，卖方收益减少，直至出现亏损，下跌越多，亏损越大。

（二）损益分析

卖出看跌期权最大损益结果或到期时的损益状况见图7-7。

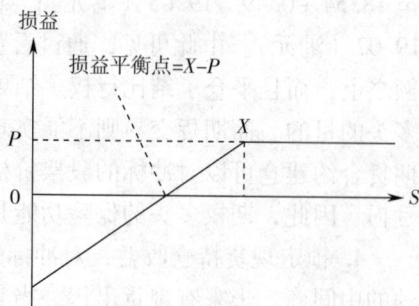

图 7-7 看跌期权空头损益状态

标的资产价格变化对看跌期权卖方损益的影响见表 7 – 15。

表 7 – 15　　　　　　　　标的资产价格变化对看跌期权空头损益的影响

标的资产的价格范围	标的资产价格的变动方向及买方损益	期权头寸处置方法
$S \geqslant X$	处于盈利状态，无论 S 上涨或下跌，最大盈利不变，等于权利金	买方不会执行期权。卖方可买入期权对冲平仓，或持有到期使期权作废（期权不会被执行）
$X - P < S < X$	处于盈利状态，盈利随 S 变化而变化，但低于权利金	可买入期权对冲平仓，或接受买方行权，以执行价格购买标的资产
$S = X - P$	损益 = 0	
$S < X - P$	处于亏损状态，亏损随 S 变化而变化，标的资产价格趋于 0 时卖方亏损最大，接近 $P - X$	

卖出看跌期权综合分析见表 7 – 16。

表 7 – 16　　　　　　　　　　卖出看跌期权综合分析表

标的资产价格状况	（1）牛市；（2）横盘，市场波动或收窄
最大收益	权利金
损益	平仓损益 = 权利金卖出价 – 权利金买入价 履约损益 = 标的资产卖出价 – 执行价格 + 权利金
损益平衡点	执行价格 – 权利金
保证金	需缴纳（如果是有保护的看跌期权，则视保护情况而定）
履约后头寸状态	多头

（三）基本运用

1. 获得价差收益或权利金收益。交易者卖出看跌期权后，如果标的资产价格上涨至执行价格以上，则买方不会行权，持有到期的话可获得全部权利金收入；卖方也可在期权到期前买进看跌期权对冲平仓。如果标的资产上涨，看跌期权价格下跌，卖方可获得价差收益。总之，如果交易者对标的资产价格趋势分析正确，则可实现交易目的。

与卖出看涨期权相似，从国外实际的交易情况看，卖出看跌期权也会获利丰厚。但必须考虑价格不利变化时追加保证金要求，因此资金有限的投资者应避免卖出无保护看跌期权。

2. 对冲标的资产卖空。如果投资者对标的资产价格谨慎看空，则可在卖出标的资产的同时，或持有标的资产空头时，卖出执行价格较低的看跌期权。如果标的资产价格上涨，则说获得的权利金等于提高了标的资产的卖价；如果标的资产价格下跌，或期权买方行权，看跌期权空头被要求履约，以执行价格买进标的资产，将其所持标的资产空头平仓。此策略被视为一个标的资产空头和一个看跌期权空头的组合，标的资产空头对卖出看跌期权形成保护，被称为有担保的看跌期权策略。

对于计划在未来购买现货的企业，在利用看涨期权套期保值时，可在买进看涨期权的同时卖出执行价格较低的看跌期权，执行价格的选择可考虑企业未来购买现货的成本。如果标的资产价格上涨，看涨期权头寸盈利，同时还收获了看跌期权的权利金收入；如果标的资产价格下跌，交易者可接受买方行权，按执行价格买进标的资产，实现其购买标的现货的目的，其卖出看跌期权的权利金收入可使购买价格进一步降低。

【例7－18】　【例7－16】中，交易者在卖出 10 手 Mar15 原油期货合约的同时卖出 10 张执行价格为 43 美元的该标的看跌期权，期权价格为 1.54 美元。

交易者获得权利金收入 = 1.54 × 10 × 1000 = 15 400（美元）

如果标的期货合约价格在执行价格以上时，看跌期权多头不会行权，交易者可获得权利金收入，等于降低了所持标的期货合约空头的平仓价格，或增加了期货合约的卖价，扩大了盈利空间或降低了部分损失，但标的期货合约卖价最高可提至每桶 46.69 美元（45.15 + 1.54），这也是该策略的损益平衡点；如果标的期货合约大幅上涨，如上涨至 100 美元，交易者损益 = 46.69 - 100 = -53.13（美元）。

所以，卖出看跌期权不能对冲标的资产空头的持仓风险。

如果标的期货合约价格下跌至 43 美元以下，交易者被要求履约，已执行价格买进标的期货合约，并对冲期货空头。

交易者期货和期权总损益 = 45.15 - 43 + 1.54 = 3.69（美元）

总损益不随标的资产价格下跌而增加，即标的资产价格在 43 美元以下，交易损益不变，为每桶 3.69 美元，这也是该策略的最大盈利。因此，标的期货合约大幅下跌，如下跌至执行价格与期权费的差，即 41.46 美元（43 - 1.54）以下时，单独持有期货空头更有利。

当标的期货合约价格上涨至 46.69 美元时，交易者盈亏平衡，随着标的期货合约价格上涨，交易者亏损增加，上涨越多亏损越大。

当标的资产价格下跌至 $X - P$ 以下时，单独持有标的期货合约更为有利，组合策略损益状态见图 7-8。

图 7-8 中，S_1 = 45.15 美元/桶，X = 43 美元/桶，P = 美元/桶。

构建该组合策略主要考虑的因素：

图 7-8　标的物空头与看跌期权空头组合

第一，看跌期权的执行价格。所卖出期权的执行价格越低，买方行权的可能性越小，对该策略越有利，但执行价格越低，看跌期权的权利金越低，卖出期权对增加标的资产空头的持仓利润的影响越小。

第二，标的资产价格的变化趋势。如果预期标的资产价格下跌至期权的执行价格与权利金的差以下时，单独持有标的资产更为有利，即预期标的资产价格将大幅下跌时不宜采用此策略；如果预期标的资产价格上涨，则不会卖出或继续持有标的资产空头。所以，此策略适用于对标的资产价格谨慎看空的市场情形。

3. 低价买进标的资产。如果投资者想买进标的资产但认为价格偏高，也可卖出执行价格较低的看跌期权。如果标的资产价格上涨，投资者可赚取权利金收益；如果标的资

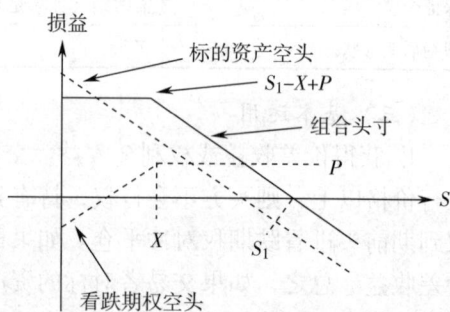

产价格下跌至执行价格以下，投资者被指定行权按执行价格买进标的资产，实现其买进标的资产的目的。

【例 7 - 19】 2015 年 2 月底，某交易者认为国内股市仍有投资价值，决定买进上证 50ETF 获利，但认为近期股市有可能下跌，上证 50ETF 会随着下跌，于是决定通过卖出较低执行价格的上证 50ETF 看跌期权实现低价买进标的基金的目的。

2015 年 2 月 25 日，上证 50ETF 的收盘价为 2.370 元，2015 年 3 月到期的该标的的看跌期权有 2.200 元、2.250 元、2.300 元、2.350 元、2.400 元、2.500 元六个不同执行价格系列。

交易者认为标的基金有下跌至 2.300 元的可能性，而且以该价格购买标的基金比较合理，于是在下一交易日以 0.0561 元的价格卖出 2 张 510050P1503M02300 期权（2015年 3 月到期，执行价格为 2.300 元的上证 50ETF 看跌期权），当时标的基金的价格为2.45 元。

该期权的行权方式为欧式，合约到期日和行权日为 2015 年 3 月 25 日（到期月份的第四个星期三）。交易者的目的是通过看跌期权空头买进标的基金，因此计划持有合约至到期。3 月 25 日，如果标的基金价格下跌至 2.300 元以下，期权买家行权卖出标的基金，卖方被指定履约时，交易者将以 2.300 元的价格买进标的基金，减去卖出期权的权利金收入，考虑交易费用的情况下，交易者购买基金的成本 = 2.300 - 0.0561 = 2.2439（元），如果标的基金的价格在 2.300 元及以上，期权买方不执行期权，交易者卖出 1 份卖权赚取 0.0561 元权利金，2 张期权的权利金收入总计 = 2 × 10 000 × 0.0561 = 1 122（元）。

交易者卖出期权时必须考虑缴纳保证金的要求。经测算，该交易者卖出期权时须缴纳 5 434 元初始保证金，如果标的基金价格上涨，当保证金账户中的资金低于维持保证金要求时，交易者还要补充保证金，否则其部分或全部持仓将被强行平仓。

上证 50ETF 期权初始保证金和维护保证金的计算公式如下。

第一，每张合约的开仓保证金的计算：

认购期权义务仓开仓保证金 = ［合约前结算价 + max（12% × 合约标的的前收盘价 - 认购期权虚值，7% × 合约标的前收盘价）］ × 合约单位

认沽期权义务仓开仓保证金 = min ［合约前结算价 + max（12% × 合约标的的前收盘价 - 认沽期权虚值，7% × 行权价），行权价］ × 合约单位

本例中用到的该期权上一交易日结算价为 0.1107 元。

第二，维持保证金收取办法：

认购期权义务仓维持保证金 = ［合约结算价 + max（12% × 合约标的的收盘价 - 认购期权虚值，7% × 合约标的的收盘价）］ × 合约单位

认沽期权义务仓维持保证金 = min ［合约结算价 + max（12% × 合约标的的收盘价 - 认沽期权虚值，7% × 行权价）］ × 合约单位

【本章小结】

期权是指买卖某种标的资产的选择权，期权交易实质上就是买卖标的资产权利的交易，即能在未来某特定时间以特定价格买入或卖出一定数量的某种特定资产的权利。

期权的基本要素包括权利金、期权的标的物、期权的执行价格、期权的到期日、期权的执行方式、期权的执行方向。

期权所赋予的权利不同分为看涨期权、看跌期权和双向期权。按行使期权合约的期限不同分为美式期权、欧式期权。按交易场所的不同分为交易所交易期权、柜台交易期权。

期货期权交易和期货交易的区别：交易对象不同、交易双方的权利义务不同、交易中的履约保证金不同、交易中的市场风险不同、交易中的盈利机会不同。

期货期权与现货期权相比具有的优点包括资金使用效益高、流动性强、交易方便、信用风险小。

期权价格即权利金，是期权买方为取得期权合约所赋予的权利而支付给卖方的费用。

期权价格主要由内含价值和时间价值两部分构成。

影响期权价格的因素主要有六个：标的物市场价格、执行价格、距离到期日前剩余的时间、标的物价格波动幅度、无风险利率、股票分红。

期权交易指令主要包括以下内容：市价或限价、买入或卖出、开仓或平仓、数量、合约到期月份、执行价格、标的物、期权种类。

期权部位的了结：对冲平仓、行权了结、放弃权利了结。

期权结算：卖方持仓保证金结算、卖方当日开仓当日平仓结算、卖方历史持仓结算、买方权利金的结算、履约结算、权利放弃时的结算、实值期权自动结算。

期权交易的基本策略：买进看涨期权、买进看跌期权、卖出看涨期权、卖出看跌期权。

【复习思考题】

1. 什么是期权交易？期权的种类如何划分？
2. 期权的基本要素有哪些？
3. 期权交易与期货交易有何区别和联系？
4. 简述期货期权与现货期权相比的优缺点。
5. 什么是实值期权、虚值期权、平值期权？

【案例】

巴林银行倒闭

背景与经过

英国巴林银行（Barings Bank）是世界首家"商业银行"，主要从事投资银行业务和证券交易业务，是英国历史悠久、声名显赫的银行集团之一，但就是这样一家著名的银行集团，在 1995 年轰然倒塌，此即"巴林银行事件"。

巴林银行事件的肇事者名叫尼克·里森（Nick Leeson），一个关键的工具就是"88888"错误账号，这是里森用来隐藏未经授权交易所造成损失的工具。早在 1992 年，里森就开始利用"88888"错误账号进行投机性交易。巴林银行倒闭前夕，里森持有的交易头寸主要有以下三种：买入日经 225 指数期货；卖出日本政府债券期货；从事日经 225 指数期货期权的跨式交易。1995 年 1 月 17 日，日本神户发生大地震，日本股市调整对里森的上述三种交易头寸均产生不利影响：日经 225 指数随之大幅向下调整，里森持有的日经 225 指数期货多头头寸全面溃败；神户地震后，日本政府债券价格反而普遍上升，于是里森的日本政府债券期货的空头头寸也出现亏损；由于日本股市持续大幅下跌，期权权利金的收入远远不足以弥补履行期权行权义务所带来的巨大支出。

尽管里森的交易持续亏损，维持大量期货和期权头寸需要巨额的保证金，但里森都设法通过各种途径获得银行总部的资金支持。1993—1994 年，巴林银行在 SIMEX 及 OSE 两地市场投入的资金超过 11 000 万英镑，超出了英格兰银行规定英国银行投向海外的资金不应超过银行总资金 25% 的限制。1995 年，巴林银行继续转账给里森来追缴保证金。1995 年 1 月 30 日起，巴林银行仍以每天 1 000 万英镑的速度向里森提供资金。1995 年 2 月 24 日，里森负责的交易总账面损失达到 4 亿~4.5 亿英镑，接近巴林银行集团自身的资本、储备的总和。直到此时，巴林银行因被追缴保证金，才发现里森利用"88888"错误账号进行大量未经授权的股指期货投机活动。1995 年 3 月 2 日，巴林银行几乎将所有未平仓的日经 225 指数期货合约和 10 年期日本政府债券期货合约全部平仓。根据调查，巴林银行因金融衍生品投资失败引致的亏损高达 9.16 亿英镑（约 14.7 亿美元）。

数日后，荷兰国际集团（ING）象征性地以 1 英镑的价格收购了巴林银行，接管了巴林银行全部资产和负债。至此，巴林银行长达 233 年的历史最终画上了句号。

案例分析

我们应该认识到巴林银行倒闭的根本原因不在于股指期货本身，而在于自身管理制度的缺陷。从企业的角度出发，巴林银行倒闭，原因可归结为以下三个方面：

首先，里森的职位设置不合理，缺乏必要的岗位制约。作为前台首席交易员，里森同时具有管理后台结算的权力，没有岗位制约使得他可以通过操纵后台部门的结算工作，隐藏其在期货市场上大量未经授权的交易及亏损。

其次，巴林银行管理层缺乏风险管理经验。一方面，里森前往新加坡就职的前一星期，巴林银行内部曾有人指出，里森的岗位安排可能存在问题，但领导层对此漠不关心。另一方面，套利交易是低风险业务，相应的收益也应较小，但里森反映在银行总部交易账户上的巨大收益却未能引起管理层的警惕。甚至在倒闭前夕，巴林银行以每天1 000万英镑的速度向里森提供资金，但巴林银行管理层也未细究资金的去向。

最后，巴林银行缺乏严格的审查制度。早在1992年，里森就利用"88888"错误账号为其下属职员掩盖操作失误。在此后几年时间里，里森继续利用"88888"错误账户进行期货投机性交易。1994年底，巴林银行的资产负债表出现5 000万英镑的差额后，巴林银行审计部门曾展开正式调查，但被里森轻易蒙骗过关。

从外部监管的角度出发，巴林银行倒闭，SIMEX、新加坡金融监管机构和英国金融监管机构也负有一定的责任。

首先，巴林银行在SIMEX及OSE投入的资金比例上违反了英格兰银行的规定，但巴林银行这种投资行为得到了英格兰银行主管商业银行监察的高级官员的口头默许，未留下任何证明文件，反映出英格兰银行的监管存在一定问题。巴林银行倒闭后，英国政府开始改革金融市场的监管结构，实行针对产品的监管模式。1998年，英国政府将英格兰银行监管部门、证券投资委员会和其他金融自律组织合并，建立了统一的金融市场法律体系和对应的监管机构——金融服务监管局（Financial Services Authority，FSA）。

其次，SIMEX的风险控制措施设计得过于宽松，实施也过于松懈。巴林银行原本是在SIMEX与OSE之间进行日经225指数期货的套利交易，但里森却同时在SIMEX与OSE买入日经225指数期货合约。自1995年1月1日起的不足两个月的时间里，合约数量由1080张迅速增加到61 039张，扩大56倍。SIMEX分别在1995年1月11日和1995年1月27日致信给巴林银行，揭示巴林银行在日经225指数期货市场上的巨大持仓及保证金追缴问题。但是，SIMEX没有把其担心及时通知新加坡金融管理局和英国证券期货管理局，也没有采取进一步的行动，实施相关的风险控制措施如补充保证金，以防患于未然，这给里森继续进行投机活动提供了重要的外部条件。巴林银行事件发生后，SIMEX加强监管，改进了股指期货市场的风险防范和控制制度，如采取间歇性突击审核的方式，重点查询清算会员交易方向变动的情况，加强对交易保证金的管理等。目前，新加坡交易所的风险控制和制度规范都走在全球证券与期货市场的前列。

巴林银行因股指期货等金融衍生品投资失败而倒闭，引起欧洲甚至国际金融市场的震惊，同时也给我们敲响了警钟。无论是参与金融衍生品交易的投资者，还是涉及金融衍生品业务的金融机构，都应正视风险，采取行之有效的风险管理措施。

第八章

期货市场风险管理

【教学目标】

1. 理解期货市场风险的概念、类型、成因
2. 了解"五位一体"的监管体系及法律法规
3. 了解期货市场的风险管理

【知识结构图】

期货市场风险管理
- 期货市场风险的识别与类型
  - 期货市场风险的概念、特点与风险管理的必要性
  - 期货市场风险的类型
  - 期货市场风险的成因
- "五位一体"的监管体系及法律法规
  - "五位一体"的监管体系
  - 期货市场相关法律法现与自律规则
- 期货市场的风险管理
  - 交易所的风险管理
  - 期货公司的风险管理
  - 投资者的风险管理

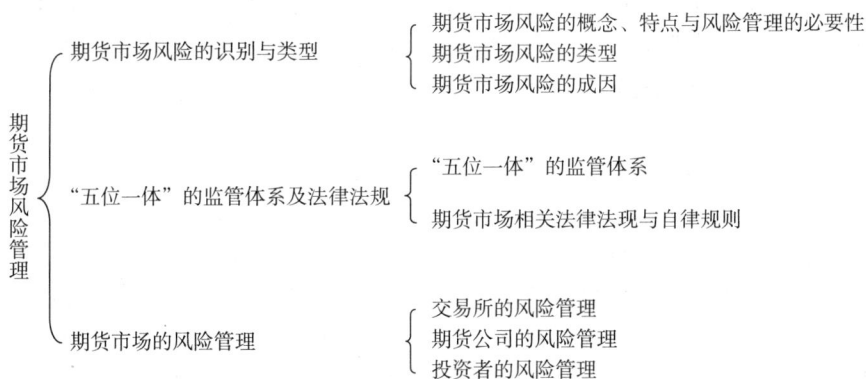

随着中国国民经济的迅猛发展，期货市场在中国整个市场经济体系中发挥着越来越重要的作用。期货市场的存在，有利于中国规避现货市场价格波动的风险，形成公正的市场价格。但是与此同时，期货市场也是一个各种风险高度集中的场所，其风险产生于影响市场的各种因素的不确定性。对期货市场的风险必须进行科学、严格、完善的监控与管理。否则，期货市场风险将严重损害投资者的利益，对期货市场的稳定造成极大的危害。因此，加强对中国期货市场风险监管的研究十分必要。

第一节 期货市场风险的识别与类型

期货交易作为一种独特的交易方式，在其运行过程中可能面临各种风险。与其他市场的风险相比，期货市场的风险是复杂的、多方面的，因此有必要对其进行深入细致的分类和研究，从而寻求防范、管理期货市场风险的有效措施，保证期货市场的正常运转，保证市场参与者的利益，保证期货市场功能的实现。

一、期货市场风险的概念、特点与风险管理的必要性

1. 期货市场风险的概念。对于期货市场风险，通常人们把它理解成期货交易的风险，即由于期货价格的变化而使市场参与者遭受损失的可能性或不确定性。但这种解释过于狭窄，因为虽然价格风险是期货市场的基本风险，然而在期货市场上并不是所有的风险皆因价格波动而产生。

期货市场风险在本质上是一种引起损失的可能性。具体是指，由于期货市场运行的不确定性而使市场参与者遭受损失的可能性。这种风险的大小，可以通过分析实际运行结果与预期运行目标的离散程度即波动幅度来近似地测量。这里的预期目标是指一组能够标示期货市场正常运行的指标组合，如达到一定规模的期货合约交易量、合约的实物交割率、市场流动性等。当期货市场处于目标运行状态，如期货交易活跃，结算、履约不存在任何问题时，则期货市场是安全的。反之，期货市场运行状态严重偏离预期目标，如交易不活跃、投机过度、会员单位履约困难、财务的完整性难以保证等，那么期货市场就存在极大的风险。

2. 期货市场风险的特点。

（1）风险存在的客观性。期货风险是客观存在的市场现象，不以人的意志而消失。期货风险的客观性一方面来自市场风险的共性——在市场交易活动中，由随机出现或必然出现的不确定因素而导致损失的可能性，这种可能性源于随着商品经济的发展，市场交易方式、交易内容、交易过程日益复杂而引发的市场波动性；另一方面来自期货交易内在机制的特殊性——期货交易是一种投机性的投资行为，没有机会，就不存在投机行为；没有风险，也就没有套期保值的必要，期货交易是为回避风险而产生，又由投机的加入而发展。所以，可以说没有风险就没有期货交易。

（2）风险产生的增发性和放大性。期货风险与现货风险相比具有增发性和放大性的特征。这是因为：

①期货交易的商品多是价格弹性较大、易于波动的商品，价格波动频率高、波幅大，并易产生强烈的共振，扩大了风险面，加剧了风险度；

②期货交易具有"以小博大"的特点，使交易者具有强烈的投机性，过度投机心理易于诱发风险行为，增加风险产生的可能性；

③期货交易是连续性的合约买卖活动，风险易于延伸，引发连锁反应；

④期货交易量大，风险涉及面广；

⑤期货交易是远期交易，未来不确定因素多，预测难度大。

3. 风险与机会的共生性。期货交易是一种非纯粹的风险，既存在着风险也意味着机会，以机会为诱饵，促使交易者产生冒险行为。这种风险不仅仅意味着损失，也潜存着机会和获取高额利润的可能。期货的机会收益之所以高于一般的交易，是对期货风险投入的回报。

这种风险与机会的共生性，既是产生期货投机的动力，使期货投机收入具有合法性的客观依据，也是一种压力，促使交易者提高自身的素质，规范交易行为，把风险降低到最小限度。

4. 风险的可防范性。期货风险既存在着不确定因素，但又是可测定的。任何事物的变化总是遵循着客观规律。期货风险的产生和发展，同样存在着自身的运行规律和变化趋势，可以通过对历史资料、统计数据和变化过程进行预先测定，掌握其征兆和可能产生的后果，进行预先防范，达到回避、分散、弱化风险的目的。

二、期货市场风险的类型

期货市场的风险具有多样性和复杂性，可以从不同角度对风险进行划分、归类。归纳起来，期货市场风险主要有四种划分方法。

（一）按风险来源划分

按照风险来源的不同，期货市场的风险可分为市场风险、信用风险、流动性风险、操作风险与法律风险。

1. 市场风险。市场风险是因价格变化使持有的期货合约的价值发生变化的风险，是期货交易中最常见、最需要重视的一种风险。导致期货交易市场风险的因素一般可分为自然环境因素、社会环境因素、政治法律因素、技术因素、心理因素等。期货市场的市场风险又可分为利率风险、汇率风险、权益风险、商品风险等。

2. 信用风险。信用风险是指由于交易对手不履行履约责任而导致的风险。期货交易由交易所担保履约责任而几乎没有信用风险。现代期货交易的风险分担机制使信用风险发生的概率很小，但在重大风险事件发生时，或风险监控制度不完善时也会发生信用风险。

3. 流动性风险。流动性风险可分为两种：一种可称作流通量风险，另一种可称作资金量风险。流通量风险是指期货合约无法及时以合理价格建立或了结头寸的风险，这种风险在市况急剧走向某个极端时，或者因某种原因想调整资产结构而无法即时成交时容易产生。资金量风险是指当投资者的资金无法满足保证金要求时，其持有的头寸面临强制平仓的风险。

4. 操作风险。操作风险是指期货公司或投资者在交易过程中因操作不当或内部控制制度的缺陷或信息系统故障而导致意外损失的可能性。操作风险包括以下几个方面：期货公司或投资者在交易过程中未能按照操作流程的规定进行操作所造成的风险；价格波动剧烈或连续出现涨跌停板而客户未能及时追加保证金造成保证金账户穿仓的风险；工作责任不明确或工作程序不恰当导致的不能进行准确结算或发生作弊行为的风险；因内控制度与处理步骤不完善，期货公司交易操作人员指令处理错误所造成的风险；负责风险管理的计算机系统出现差错，导致不能正确地把握市场风险，或因计算机操作错误而破坏数据的风险；储存交易数据的计算机因灾害或操作错误而引起损失的风险等。操作风险贯穿于期货交易的整个流程，期货公司和投资者必须时刻警惕。

5. 法律风险。法律风险是指在期货交易中，由于相关行为（如签订的合同、交易的对象、税收的处理等）与相应的法规发生冲突致使无法获得当初所期待的经济效果甚至蒙受损失的风险。如有的机构不具有期货代理资格，投资者与其签订经纪代理合同就不受法律保护，投资者通过这些机构进行期货交易就有法律风险。

（二）按风险是否可控的角度划分

按风险是否可控，期货市场风险可以分为不可控风险和可控风险。

1. 不可控风险。不可控风险是指风险的产生与形成不能由风险承担者所控制的风险。这类风险来自期货市场之外，具体包括两类：一类是宏观环境变化的风险，这类风险是通过影响供求关系进而影响相关期货品种的价格而产生的。具体可分为不可抗力的自然因素变动的风险，以及由于政治因素、经济因素和社会因素等变化的风险。这些因素的变动，影响交易者对价格的合理预期，尤其是突发事件或偶然事件的发生，会扰乱正常的供求规律，使期货市场产生剧烈震荡，从而带来很大风险，如异常恶劣的气候状况、突发性的自然灾害及国家政局的动荡等。另一类是政策性风险。管理当局根据期货市场发展的特定阶段通过制定、颁布、实施政策加强对期货市场的宏观管理。政策是否合理，在很大程度上取决于管理当局对期货市场的认识、经验以及期货市场的成熟程度。如果政策不合理、政策变动过频或者政策发布缺乏透明度等，都可能在不同程度上对期货市场的相关主体产生直接或间接的影响，造成不可预期的损失，进而引发风险。

【专栏 8-1】

次贷危机导致期货市场暴跌

华尔街对金融衍生品的"滥用"和对次贷危机的估计不足在 2008 年终酿苦果，造成席卷全球的金融危机。2008 年 8 月，美国房贷两大巨头——房利美和房地美股价暴跌，持有"两房"债券的金融机构大面积亏损。美国财政部和美联储被迫接管"两房"，以表明政府应对危机的决心。然而，接踵而来的是：总资产高达 1.5 万亿美元的世界两大顶级投行雷曼兄弟和美林相继爆出问题，前者被迫申请破产保护，后者被美国银行收购；总资产高达 1 万亿美元的全球最大保险商美国国际集团（AIG）也难以为继，美国政府在选择接管 AIG 以稳定市场的同时却对其他金融机构"爱莫能助"。随后，次贷危机席卷欧盟、日本、新兴经济体等世界主要金融市场，全球股市、期市暴跌，代表全球大宗商品价格走势的 CRB 指数从 2008 年 7 月最高 473.97 点暴跌至 10 月的最低 253.85 点，跌幅达 46.4%，期市多头损失惨重。

2. 可控风险。可控风险是指通过期货市场相关主体采取措施可以控制或管理的风险，如交易所的管理风险和技术风险等。这些风险可以通过市场主体采取一些措施进行防范、控制和管理。期货市场的风险管理重点放在可控风险上。

当然，将风险分为可控和不可控两类，并不意味着利益主体面临不可控风险时可以将责任外推。各利益主体不仅应该管理住可控风险，也应该在不可控风险的防范和化解上有所作为。期货市场的实践证明，各利益主体通过完善风险控制制度并采取有效措施，防范或降低不可控风险是完全有可能的。

（三）按投资者的期货交易环节划分

投资者在从事期货交易过程中主要面临以下风险：

1. 代理风险。代理风险是指客户在选择期货公司确立代理过程中所产生的风险。客户在选择期货公司时应对期货公司的规模、资信、经营状况等对比选择，确立最佳选择后与该公司签订期货经纪合同，如果选择不当，就会给客户将来的业务带来不便和风险。

2. 交易风险。交易风险是指交易者在交易过程中产生的风险。它包括由于市场流动性差，期货交易难以迅速、及时、方便地成交所产生的风险，以及如果期货价格波动较大，保证金不能在规定时间内补足的话，交易者可能面临强行平仓的风险。

3. 交割风险。交割风险是客户在准备或进行期货交割时产生的风险。期货合约到期后，所有未平仓合约都必须进行交割，因此，不准备进行交割的客户应在合约到期之前或合约交割月到来之前将持有的未平仓合约及时平仓，免于承担交割责任。

（四）按风险产生的主体划分

期货市场涉及期货交易所、期货公司、期货交易客户（投资者）和政府等主体，它们在期货市场中扮演着不同的角色。期货交易的风险具有复杂性和多样性，部分风险的产生与一些主体的行为是有直接关联的。

1. 期货交易所。期货交易所为期货交易提供交易场所、制定交易规则。设计期货合约、组织监督交易，承担着期货市场微观管理的职责，因此在风险防范与管理中交易所起着重要作用。但是，如果发生交易所风险管理措施不严密，在风险管理中丧失公平、公正原则，有意偏袒交易一方甚至纵容交易者操纵市场等现象，交易所不仅不能防范或化解风险，而且还会加大市场风险。期货交易所的风险主要包括交易所的管理风险和技术风险。前者是指由于交易所的风险管理制度不健全或者执行风险管理制度不严、交易者违规操作等原因所造成的风险；后者则是指由于计算机交易系统或通信系统出现故障而带来的风险。

2. 期货公司。期货公司是联系交易所与客户之间的桥梁，也是风险控制的重要环节。但是，如果期货公司由于自身原因，在利益驱使下进行违法、违规活动，欺骗客户、损害客户利益或者运作不规范、经营管理不善，那么就可能给期货市场带来风险，甚至对期货市场产生重大影响。期货公司的风险可以分为两种：一种是由于期货公司自身的原因而带来的风险，如期货公司管理不善、期货公司从业人员职业道德缺乏或操作失误等给自身或客户甚至整个市场带来风险；另外一种是由于客户方面的原因而给期货公司带来的风险,如客户资信状况恶化、客户有违规行为等。

3. 投资者。投资者是期货市场最基本的交易主体。一方面,他们利用期货市场规避风险,获得投资收益;另一方面,他们不合规的交易行为也给市场带来风险。客户的风险主要可分为两种:一种是由于对期货公司选择不当等原因而给自身带来的风险;另一种是自身投资决策失误或违规交易等行为带来的风险。投资者以其自有资金进行期货交易并承担可能损失的风险,目的是获取利润,这一利润可称为风险利润。

进行套期保值的客户是风险厌恶者,他们进行期货交易的目的是规避现货市场的价格风险。然而,这并不意味着他们在期货交易中没有风险。单从期货交易账户看,同样可能出现大亏大赢的情况,所面临的风险与投资者并没有实质性的差别,唯一的差别是这个盈亏的背后有现货市场的盈亏来对冲。同时,套期保值仍然面临着基差不利变动可能带来的风险,以及由于管理不善导致套期保值失败的风险。

4. 政府及监管部门。期货市场是市场经济发展到一定阶段的产物,其运行遵循一定的内在规律。但是,作为市场体系的组成部分,期货市场不可能脱离现时经济发展状况而独立存在。政府及监管部门要运用宏观管理手段,调节期货市场与其他市场以及与整个经济发展的关系,从而使期货市场能够协调、平稳地发展,发挥其应有的经济功能。政府的宏观管理手段包括制定政策、法规,规范有关主体的行为,设置管理机构对期货市场进行行业监管及采取经济措施调整期货市场的发展。政府宏观政策失误、宏观政策频繁变动或对期货市场监管不力、法制不健全等,均会对期货市场产生重大影响。

三、期货市场风险的成因

期货市场风险来自多方面。从期货交易起源与期货交易特征分析,其风险成因主要有四个方面:价格波动、保证金交易的杠杆效应、交易者的非理性投机和市场机制的不健全。

1. 价格波动。在市场经济条件下,商品价格受供求关系因素的影响而上下波动。在期货市场上,现货价格波动会导致期货价格波动,而期货市场特有的运行机制会加剧价格频繁波动乃至异常波动,从而产生高风险。

2. 保证金交易的杠杆效应。期货交易实行保证金制度,交易者只需支付期货合约一定比例的保证金即可进行交易,保证金比例通常为期货合约价值的5%～10%,以此作为合约的履约担保。这种以小博大的高杠杆效应,既吸引了众多投机者的加入,也放大了本来就存在的价格波动风险。价格的小幅波动,就可能使交易大户损失大量保证金。市场状况恶化时,他们可能因无力支付巨额亏损而发生违约。期货交易的杠杆效应是区别于其他投资工具的主要标志,也是导致期货市场高风险的主要原因。

3. 交易者的非理性投机。投机者是期货交易中不可缺少的组成部分,既是价格风险的承担者也是价格发现的参与者,不仅促进形成合理价格,而且提高市场流动性。但是,在风险管理不健全、制度实施不严格的情况下,投机者受利益驱使,极易利用自身的实力、地位等优势进行市场操纵等违法、违规活动。这种行为既扰乱了市场正常秩序,扭曲了价格,影响了发现价格功能的实现,还会造成不公平竞争,损害其他交易者的正当利益。

4. 市场机制的不健全。期货市场在运作中由于管理法规和机制不健全等原因，可能产生流动性风险、结算风险、交割风险等。在期货市场发展初期，这种不健全的机制产生的相应风险始终存在，有关部门应给予高度重视，并应及时出台、修订和完善各项法规，使期货市场运行机制不断完善。

第二节　"五位一体"的监管体系及法律法规

一、"五位一体"的监管体系

2007 年 8 月，为适应期货市场发展的新形势，整合期货监管系统资源，进一步夯实监管基础，落实监管责任制，提高监管效率，增强防范、控制和化解期货市场风险的能力，根据《期货交易管理条例》及相关法规和规范性文件，中国证券监督管理委员会发布了《期货监管协调工作规程（适用）》（证监期货字〔2007〕139 号），建立了中国证监会、证监局、中国期货保证金监控中心有限责任公司、期货交易所和中国期货业协会"五位一体"的期货监管协调工作机制。按照"统一领导、共享资源、各司其职、各负其责、密切合作、合力监管"的原则，监管协调机制各方形成了一个分工明确、协调有序、运转顺畅、反应快速、监管有效的工作网络，保证了监管工作的顺利进行、监管效能的有效发挥。

（一）证监会

行政管理是指一国政府的行政权力机关通过履行自己的职责而实施的管理。中国证监会作为中国期货市场的监管机构，近年来为防范风险，规范运作，出台了一系列部门规章和规范性文件。例如：《期货交易所管理办法》《期货公司管理办法》《期货从业人员管理办法》《期货公司高级管理人员任职资格管理办法》《期货公司董事、监事和高级管理人员任职资格管理办法》等，对交易所、期货公司、期货从业人员等进行行政管理。

中国证监会为国务院直属事业单位，依照法律、法规和国务院授权，统一监督管理全国证券期货市场，维护证券期货市场秩序，保障其合法运行。

（二）证监局

中国证监会总部设在北京，在省、自治区、直辖市和计划单列市设立 36 个证券监管局，以及上海、深圳证券监管专员办事处。

国家目前确定中国证监会及其下属派出机构对中国期货市场进行统一监管。国家工商行政管理局负责对期货公司的工商注册登记工作。我国期货市场由中国证监会作为国家期货市场的主管部门进行集中、统一管理的基本模式已经形成。对地方监管部门实行由中国证监会垂直领导的管理体制。根据各地区证券、期货业发展的实际情况，在部分监管对象比较集中、监管任务比较重的中心城市，设立证券监管办公室，作为中国证监会的派出机构。此外，还在一些城市设立特派员办事处。

（三）中国期货保证金监控中心

中国期货保证金监控中心有限责任公司（简称中国期货保证金监控中心）是经国务院同意、中国证监会决定设立，并在国家工商行政管理总局注册登记的期货保证金安全存管机构，是非营利性公司制法人。

中国期货保证金监控中心的主管部门是中国证监会，其业务接受中国证监会领导、监督和管理，章程经中国证监会批准后实施，总经理、副总经理由股东会聘任或解聘，报中国证监会批准。中国证监会成立中国期货保证金监控中心管理委员会，审议决定中国期货保证金监控中心的重大事项。

中国期货保证金监控中心的经营宗旨是建立和完善期货保证金监控机制，及时发现并报告期货保证金风险状况，配合期货监管部门处置风险事件。

（四）期货交易所

期货交易所处于期货市场风险监管的第一线，交易所遵循公开、公平、公正和诚实信用的原则组织期货交易。根据《期货交易管理条例》的规定，期货交易所应当建立健全各项规章制度，加强对交易活动的风险控制和对会员以及交易所工作人员的监督管理。

（五）中国期货业协会

2000年12月，中国期货业协会成立。协会的宗旨是贯彻执行国家法律法规和国家有关期货市场的方针政策，发挥政府与行业之间的桥梁和纽带作用，实行行业自律管理，维护会员的合法权益，维护期货市场的公开、公平、公正原则，开展对期货从业人员的职业道德教育、专业技术培训和严格管理，促进中国期货市场规范、健康、稳定地发展。期货业协会是期货行业的自律性组织，是社会团体法人。期货公司以及其他专门从事期货经营的机构应当加入期货业协会，并缴纳会员费。期货业协会的权力机构为全体会员组成的会员大会。期货业协会的章程由会员大会制定，并报国务院期货监督管理机构备案。

期货业协会的业务活动应当接受国务院期货监督管理机构的指导和监督。

地方期货自律组织是由在当地注册的期货公司、外地期货公司当地营业部和期货交易所驻当地办事处等单位自愿联合发起成立，经中国证监会审核设立的期货行业自律组织，是在当地社会团体登记管理机关核准登记的非营利性社会团体法人。

地方期货自律组织的宗旨是：遵守国家法律法规和国家有关期货市场的方针政策，发挥政府与行业之间的桥梁和纽带作用，遵循期货市场的公开、公平、公正原则，坚持服务、规范、发展，实行行业自律管理，维护会员的合法权益，遵守社会道德，开展对期货从业人员的职业道德教育、专业技术培训和严格管理，促进各地方期货市场规范、健康、稳定地发展。

地方期货自律组织接受业务主管单位中国证监会在当地证券监管办事处的领导、中国期货业协会的业务指导及当地社会团体登记管理机关的监督管理。

二、期货市场相关法律法规与自律规则

市场经济是法治经济，期货市场就是法治市场。从某种意义上讲，我国期货市场的发展历史，也是我国期货市场法制体系从无到有，从少到多，不断完善的演进历程。作为商品经济发展到一定阶段的产物，期货市场是高级的市场组织形态。期货市场对于法治建设有着内在的动力和渴求，完善的立法、有效的执法以及公正的司法，是期货市场有序运行的基础和前提。

期货交易机制复杂，交易风险大，因此一个健康发展的期货市场离不开法律法规的规范。可以说，期货市场的法律规范是社会主义市场经济法律体系的必要组成部分。规范和调整期货市场各主体间权利义务关系的法律规范体系构成了我国期货市场的法制框架。目前，我国期货法律法规体系主要由全国人民代表大会及其常务委员会通过的与期货市场有关的法律、国务院制定的行政法规、中国证监会及其他政府部门制定的部门规章与规范性文件、最高人民法院和最高人民检察院的有关司法解释、中国期货业协会和期货交易所制定的有关自律规则等构成。

（一）法律与行政法规

规范和调整期货市场各主体间权利义务关系的法律规范体系构成了我国期货市场的法制框架。从法律规范的效力层次来看，目前，由国家最高立法机关——全国人民代表大会及其常务委员会制定的专门系统地规范和调整期货市场各主体间权利义务的期货法还没有出台。《民法通则》《公司法》《合同法》《刑法》《行政处罚法》《行政许可法》《行政复议法》《仲裁法》等法律的相关内容从不同角度对期货市场起到规范和调整作用。比如，《刑法》明确规定刑事责任是国家刑事法律规定的犯罪行为所应承担的法律后果。期货活动中的当事人如果有《期货交易管理条例》规定的违法行为，且其行为符合《刑法》所规定的犯罪构成要件，就要依据《刑法》的有关条款追究相应的刑事责任。

针对中国期货市场盲目发展、缺乏有效监管且立法滞后的局面，20 世纪 90 年代中后期，国家对期货市场进行严厉的清理整顿。在形成集中统一监管体制的基础上，国务院于 1999 年制定出台《期货交易管理暂行条例》（以下简称《暂行条例》），中国证监会也相应地发布了《期货交易所管理办法》《期货公司管理办法》等配套法规文件。这些法规文件，虽然管制色彩较浓，但为加强期货市场监管，强化市场风险管理，巩固期货市场清理整顿成果等提供了有力的法律保障，为期货市场的规范发展作出了重要贡献，并为后来期货市场健康发展奠定了重要基础。

稳步发展期货市场是我国的战略决策，服务和服从于国民经济建设是期货市场稳步发展的出发点和落脚点。期货市场法治建设必须以此为努力目标，要为实现这一重大决策提供更为良好的法律保障。近年来，我国期货市场法治建设取得明显的成就，逐渐摸索出了一条适应期货市场发展需要，符合期货市场规律要求，有中国特色的期货市场法治建设道路，为期货市场健康稳定发展发挥了非常重要的作用。2007 年 3 月 6 日和 2012 年 10 月 24 日，国务院两次对《期货交易管理条例》进行了修订。

（二）监管机构规章与规范性文件

根据修订后的《条例》，结合金融期货筹备和市场发展需要，中国证监会全力以赴开展了配套法规文件的制定、修改和完善工作。在制定完善《条例》配套规章和规范性文件的过程中，坚持了以下指导思想：一是全面贯彻落实《条例》中新增的关于加强市场监管和完善基础制度的内容，细化各项具体制度和监管要求；二是总结近年来监管工作经验，适应新的市场形势，完善各项日常监管措施，依法行使《条例》赋予中国证监会的监管职权和监管手段；三是配合金融期货筹备，为金融期货交易所设立和开业、期货公司从事金融期货业务、机构投资者参与市场等制定相应的制度规则和市场准入标准，落实各项制度创新举措；四是考虑到对金融期货缺乏实践经验，为了平稳起步、稳健运行，与金融期货相关的准入门槛和监管制度要"高标准、严要求"。

在法规体系和框架结构方面，根据立法要求，结合当前市场情况，中国证监会征求了包括市场主体在内的各方面意见，形成了以主体规范为主线、兼顾业务规范的总体规划。一方面，全面修改《期货交易所管理办法》《期货经纪公司管理办法》《期货公司高级管理人员任职资格管理办法》和《期货从业人员管理办法》等四项规章。另一方面，新制定《期货投资者保障基金管理暂行办法》《期货公司金融期货结算业务试行办法》《期货公司风险监管指标管理试行办法》《证券公司为期货公司提供中间介绍业务试行办法》和《期货公司首席风险官管理规定（试行）》等五项规章和规范性文件。从目前情况看，期货法规体系结构相对合理，既遵循了立法的基本原则，又兼顾了期货市场的业务特性，还考虑了与金融期货有关的制度安排带有的试验性质，有利于今后的不断修改完善。

（三）自律规则

从自律规范的角度来看，期货业协会和期货交易所依法制定的交易规则、自律规则也是期货市场法律规范体系的有机组成部分。

《条例》和上述规章及规范性文件实施以后，期货交易所对其规则体系进行了修改和完善，中国期货业协会也建立健全和修改完善了行业自律规则。一是各期货交易所层面，根据修订后的《条例》要求，在中国证监会的领导下，上海期货交易所、郑州商品交易所和大连商品交易所等各期货交易所均按照《条例》和新的《期货交易所管理办法》的规定和要求，对交易规则进行了修订完善。中国金融期货交易所针对即将推出的股指期货进行了较大规模的制度建设工作，根据《条例》《期货交易所管理办法》等法规规章，发布股指期货交易规则及其实施细则，并在业务规则体系中创新性地引入了市场协议，明确了交易所与会员间的权利和义务。二是行业自律性组织——中国期货业协会层面，协会已经制定或修订完成了《期货从业人员资格考试管理规则》《期货从业人员资格管理规则》《期货从业人员后续职业培训规则》《期货从业人员执业行为准则》《中国期货业协会纪律惩戒程序》以及《中国期货业协会行业信息数据库系统管理规则》六个自律规则的草案。

综上所述，目前以《条例》为核心，以证监会部门规章和规范性文件为主体，并通过期货交易所、期货保证金监控中心和期货业协会的若干规则细则予以体现落实，具有中国特色的期货市场法规制度体系已经基本形成。我国期货市场已经进入一个新的发展阶段。

第三节　期货市场的风险管理

期货市场的风险管理，就是对期货市场的潜在风险进行识别、衡量和处理，有意识、有目的地通过计划、组织和控制等管理活动来防范风险损失的发生，削弱损失发生的影响程度的过程。根据期货交易风险的特点，市场各参与者从各自不同的交易地位出发，在识别主要风险源的基础上，对可能出现的各种风险采取必要的防范措施，建立完善各自的内部风险监控机制。

一、交易所的风险管理

交易所作为期货交易的主要场所，对期货交易的监管起着重要的作用。它作为政府监管机构制定政策的直接执行者，作为市场交易情况的监督者和信息反馈者，在政府监管机构和交易商中间起到一个沟通桥梁的作用，是整个期货市场监管体系的核心内容，因而期货交易所必须建立完善的风险管理系统。

（一）交易所的主要风险源

交易所在期货交易中的地位和作用，表明其主要风险源有两个：一个是监控执行力度问题，另一个是市场非理性价格波动风险。

1. 监控执行力度不严带来的风险。为保证期货交易的平稳运行，各交易所都有一整套风险监控制度，这是风险监控的必要条件，但不是决定因素。防范风险的关键在于加强交易所的监管执行力度。巴林银行破产事件如果从交易所的角度分析原因，监管执行力度不严就是关键问题。

2. 异常价格波动风险。价格的频繁波动是期货市场生存与发展的基础。因此价格波动引发的风险是期货市场永恒的客观风险。正常价格波动风险一般是可以估量的，而异常价格波动造成的风险则难以估量。造成期货价格异常波动的因素有很多，人为的非理性投机因素是其中最直接、最核心的因素。

与异常价格波动紧密联系、互为因果的风险还有两个：一是大户持仓风险。期货市场防止大户垄断操纵的制度如果执行不力，持仓过分集中，价格被少数交易者左右，就会引发异常价格波动风险。二是资金风险。交易中如果出现大面积"爆仓"或巨额"爆仓"，将会造成灾难性风险。

（二）交易所的内部风险监控机制

1. 正确建立和严格执行有关风险监控制度。监控的主要内容有：加强资本充足性管理，制定适当的资本充足标准，以避免信用风险的发生；根据资本多少确定交易者的持仓限额；合理制定并及时调整保证金率，避免发生连锁性的合同违约风险；加强对清算、结算和支付系统的管理，增强衍生品的流动性，降低流动性风险；加强交易系统的开发、维护和检修，防止因系统故障而造成的操作风险的发生；加强交易合约的合理性设定，实行适当的交易制度，尽可能最大限度地保持交易活动的流动性。

2. 建立动态风险监控机制。根据期货市场风险特点，为有效控制期货市场的风险，必须建立起严密的事前防范和事中动态监控的风险控制体系，并使之与事后管理相配套。通过计算机系统监控市场上每个交易日价位的变化、持仓量的变化、资金的变化，重点监控交易部位转换，做到有多少资金开多少仓，严禁超仓交易、透支交易等。对可能破坏市场平衡的各种因素和最大风险进行预测分析，及时发现潜在的问题，并通过对市场状况分析及设定参数比较研究，给出量化指标和处理问题的多种方案以供选择，提出预警报告和处理建议，防止过度投机。风险异常监控系统应设以下指标体系：

(1) 换手率。用于反映期货合约换手的频繁程度，在一定价格幅度内，换手率越高，市场流动性越大，进出容易，市场风险相对降低。计算公式为

$$换手率 = \frac{交易量}{空盘量}$$

(2) 市场资金占用率。用于反映会员总体持仓水平。若该比值大，可供追加的保证金相对较少，会员在价格波动时发生欠款的可能性较大，市场面临的风险就大。计算公式为

$$市场资金占用率 = \frac{总持仓保证金}{市场资金总量}$$

(3) 市场资金总量变动率。本指标表明在近 N 日内市场交易资金的增减状况。如果其变动大小超过某特定值（或者说临界值），可以确定期货市场价格将发生大幅波动。N 通常取值为3。计算公式为

$$市场资金总量变动率 = \frac{当日市场资金总量 - 前 N 日市场资金总量}{前 N 日市场资金总量均值} \times 100\%$$

(4) 市场资金集中度。计算公式为

$$市场资金集中度 = \frac{\sum 前 n 名会员期货市场交易资金}{市场资金总量} \times 100\%$$

(5) 某合约持仓集中度。计算公式为

$$某合约持仓集中度 = \frac{\sum 交易资金处于前 n 名会员某合约持仓总量}{某合约的持仓总量} \times 100\%$$

联合指标 (4) 和指标 (5)，风险管理者可以判定期货市场价格波动是否是因人为投机而引起的。如果两指标同向变动，则价格非理性波动的可能性就大。

(6) 某合约持仓总量变动比率。计算公式为

$$某合约持仓总量变动比率 = \frac{当日某合约的持仓量}{前 N 日某合约的持仓量均值}$$

(7) 会员持仓总量变动比率。计算公式为

$$会员持仓总量变动比率 = \frac{当日合约持仓总量(属某会员)}{前 N 日某合约的持仓总量均值(属某会员)}$$

综合考虑指标 (6) 和指标 (7)，可以初步判定市场持仓量的变动是否是因个别会

员的随意操纵市场所致。如两指标同向变动，且指标（7）远远大于指标（6）及该会员该合约持仓量较大，则价格因人为因素而波动的可能性较大。

（8）现价期价偏离率。该指标反映期货非理性波动的程度。现价期价偏离率越大，期货价格波动越离谱。计算公式为

$$现价期价偏离率 = \frac{现货价格 - 期货价格}{现货价格} \times 100\%$$

（9）期货价格变动率。本指标反映当前价格对 N 天市场平均价格的偏离程度，其值越大，期货市场风险就越大，同时，期货价格非理性波动的可能性也越大。计算公式为

$$期货价格变动率 = \frac{当日期货价格 - 前 N 日期货价格的平均价}{前 N 日期货价格的平均价} \times 100\%$$

一旦发现上述指标发生异动，则应立即查明原因，采取相应措施，予以控制与排解。

3. 建立并严格管理风险基金。为了避免突发性事件带来的风险，交易所结算系统从每笔成交合约中按一定标准提取风险基金，用于确保交易所和会员在突发事件发生时的财务安全性，此外当会员申请会籍时必须缴纳一笔指定数目的风险基金，以备会员无力偿还欠债时使用。建立风险基金是交易所提高抗风险能力的必要措施，风险基金的管理与使用应按法律法规进行，不能用作日常交易的保证金和日常的盈亏结算，通常只有在期货交易所或期货结算所因会员违规而导致巨大损失、用其他办法又不能完全补救时，才能动用。期货交易所为了避免突发性事件带来的风险，交易所结算系统从每笔成交合约中按一定标准提取风险基金，用于确保交易所和会员在突发事件发生时的财务安全性。

目前，我国期货交易所建立和管理的风险基金主要有风险准备金和结算担保金。

风险准备金是指期货交易所设立，用于为维护期货市场正常运转提供财务担保和弥补因交易所不可预见风险带来的亏损的资金。《期货交易管理条例》要求各期货交易所建立健全风险准备金制度。期货交易所应当按照中国证监会、财政部的规定提取、管理和使用风险准备金，不得挪用。风险准备金的来源：一是交易所按照会员收取手续费收入20%的比例，从管理费用中提取；二是符合国家财政政策规定的其他收入。风险准备金单独核算，专户存储。

结算担保金是指由结算会员依期货交易所规定缴纳的，用于应对结算会员违规风险的共同担保资金。《期货交易管理条例》规定，实行会员分级结算制度的期货交易所，应当向结算会员收取结算担保金。中国金融期货交易所实行了结算担保金制度。根据中国金融期货交易所交易规则规定，结算担保金分为基础结算担保金和变动结算担保金。基础结算担保金是指结算会员参与交易所结算交割业务必须缴纳的最低结算担保金数额。变动结算担保金是指结算会员结算担保金中超出基础结算担保金的部分，随结算会员业务量的变化而调整。结算担保金应当以现金形式缴纳。交易所在银行开立结算担保金专业账户，对结算会员缴纳的结算担保金进行专户管理。结算会员缴纳的结算担保金

依法使用后，应当按照规定补足。

二、期货公司的风险管理

期货公司具有期货交易中介者和参与者双重身份，它面临的风险除了包括上述期货交易所的风险以外，还面临许多其他风险，主要包括：期货公司、经纪人、客户之间委托—代理关系不清晰、不明确引发的风险，市场风险，操作风险，流动性风险，客户信用风险，技术风险，法律风险和道德风险等。因此，期货公司风险监控是期货市场风险监管的重要组成部分。

风险监控机制的建立和完善是风险监控的核心。期货公司风险监控的主要内容有：

1. 期货公司应按照明晰职责、强化制衡、加强风险管理的原则，建立和完善公司治理。

2. 期货公司应当建立与风险监管指标相适应的内控制度，建立动态的风险监控机制。

3. 期货公司应当严格执行保证金制度和持仓限额制度，严禁客户透支交易。

4. 期货公司应当对营业部实行统一结算、统一风险管理、统一资金调拨、统一财务管理和会计核算。

5. 期货公司应当设立首席风险官，建立独立的风险管理系统，规范、完善的业务操作流程和风险管理制度。

6. 严格控制客户信用风险，保证客户有足够的资金从事期货交易，应将资信差、不符合期货投资要求的客户拒之门外。

期货公司作为代理期货业务的法人主体，其期货经营中的风险管理牵涉到它的兴衰成败。其风险管理的目标是：为客户提供安全可靠的投资市场，维护其市场参与的权益。通常采用的风险监管措施主要有：

1. 严格遵守净资本管理的有关规定。期货公司风险控制以净资本为核心，充足的资本是期货公司应对和解决风险的基础和保障。2007 年 4 月 18 日，中国证监会发布了《期货公司风险监管指标管理试行办法》（以下简称《办法》），确立了以净资本为核心的期货公司财务风险监管指标体系，要求期货公司建立与风险监管指标管理相适应的内部控制制度，建立动态的分析监控和资本补足机制，确保经调整净资本等风险监管指标始终符合监管要求。净资本是期货公司风险监管指标体系的核心指标，是在期货公司净资产的基础上，按照变现能力对各资产负债项目进行风险调整后得出的衡量期货公司抗风险能力的综合性风险监管指标。

2. 设立首席风险官制度。2008 年 3 月 27 日，中国证监会发布了《期货公司首席风险官管理规定（试行）》，并于 2008 年 5 月 1 日起施行。首席风险官是负责期货公司经营管理行为的合法合规性和风险管理状况进行监督检查的期货公司高级管理人员。首席风险官向期货公司董事会负责。首席风险官向期货公司总经理、董事会和公司住所地中国证监会派出机构报告公司经营管理行为的合法合规性和风险管理状况。首席风险官按照中国证监会派出机构的要求对期货公司有关问题进行核查，并及时将核查结果报告公司住所地中国证监会派出机构。

3. 控制客户信用风险。包括严格开户程序、严格委托程序、根据客户资信情况进行风险管理、对客户进行必要的培训。

4. 严格执行保证金和追加保证金制度。保证金是客户履约的保证，期货公司的保证金标准一般要高于交易所的保证金收取标准。客户必须在规定时限内追加保证金，做到每日无负债化，而客户无法追加时实行强制平仓。对于客户在途资金的处理，也是风险管理的一个重要环节。

5. 严格经营管理。必须及时公开市场信息、数据，理性地参与市场。严禁为了私利而采取违规手法，扰乱正常交易；对财务的监管，必须坚持财务、结算的真实性，坚持对客户和自身在期货交易全过程中的资金运行进行全面的监督。

6. 加强对从业人员的管理，提高业务运作能力。期货公司要加强人员培训，提高从业人员素质，健全场内、场外经纪人及其他工作人员的岗位责任制和岗位管理守则，加强经纪人的职业道德教育和业务培训，增强市场竞争能力。

7. 健全信息技术管理，做好技术保障。因期货公司自身过错导致的技术系统故障给客户交易造成损失的，期货公司应当承担相应的责任。期货公司加强对信息技术的投入和管理，避免因技术问题引发风险。

三、投资者的风险管理

投资者是期货市场的直接参与者，是利益与风险的直接承受者。一般投资者参与期货交易，必须通过期货公司的代理在交易所中进行，他们既面临期货经纪公司的违约风险，也面临期货价格波动带来的风险，因此，客户风险管理也是期货市场风险管理的重要组成部分。

投资者的主要风险有：

1. 价格风险。价格风险是指价格波动使投资者的期望利益受损的可能性。换言之，价格风险是由于价格变化方向与投资者的预测判断和下单期望相背而产生的。价格风险是投资者的主要风险源。

2. 代理风险。代理风险是投资者在选择期货公司确立代理过程中所产生的风险。投资者在选择期货公司时应对比期货公司的规模、资信、经营状况，确立最佳选择后与该公司签订期货经纪合同。如果选择不当，就会给投资者将来的业务带来不便和风险。

3. 交易风险。交易风险是指交易者在交易过程中产生的风险。它包括由于市场流动性差，期货交易难以迅速、及时、方便地成交所产生的风险，以及当期期货价格波动较大，保证金不能在规定时间内补足，交易者可能面临的强行平仓的风险。

4. 交割风险。交割风险是投资者在准备或进行期货交割时产生的风险。期货合约到期后，所有未平仓合约都必须进行交割，因此，不准备进行交割的投资者应在合约到期前或合约交割月到来前将持有的未平仓合约及时平仓，免于承担交割责任。

5. 投资者自身因素导致的风险。作为期货交易者利用的直接承受者，投资者自身的素质、知识水平、进行期货投资的经验和操作水平，都是风险因素。

投资者的风险监控措施主要有：

1. 充分了解和认识期货交易的基本特点，对期货交易及其风险性有足够的认识和心理准备。

2. 慎重选择期货公司，降低代理风险。

3. 制定正确的投资战略，将风险降至可以承受的程度。

4. 规范自身行为，提高风险意识和心理承受能力。

对于机构投资者，内部风险监控机制的完善和加强是非常重要的。一系列期货风险事件已经给我们敲响了警钟。内部风险监控措施主要包括：建立由董事会、高层管理部门和风险管理部门组成的风险管理系统；制定严格的风险管理程序；建立相互制约的业务操作内部监控机制；加强高层管理人员对内部风险监控的力度；等等。

【本章小结】

期货市场风险具体是指由于期货市场运行的不确定性而使市场参与者遭受损失的可能性。

期货市场风险的特点：风险存在的客观性、风险产生的增发性和放大性、风险与机会的共生性、风险的可防范性。

按照风险来源的不同，期货市场的风险可分为市场风险、信用风险、流动性风险、操作风险与法律风险。

按风险是否可控的角度划分期货市场风险可以分为不可控风险和可控风险。

按投资者的期货交易环节划分为代理风险、交易风险、交割风险。

按风险产生的主体划分为期货交易所、期货公司、投资者、政府及监管部门。

期货市场风险成因主要有四个方面：价格波动、保证金交易的杠杆效应、交易者的非理性投机和市场机制的不健全。

交易所的主要风险源有两个：一个是监控执行力度问题，另一个是市场非理性价格波动风险。

交易所的内部风险监控机制：正确建立和严格执行有关风险监控制度、建立动态风险监控机制、建立并严格管理风险基金。

投资者的主要风险有：价格风险、代理风险、交易风险、交割风险、投资者自身因素导致的风险。

【复习思考题】

1. 什么是期货交易风险？它有何特征？

2. 期货市场风险类型怎样划分？

3. 期货风险的成因是什么？

4. 期货市场各主体怎样控制市场风险？

5. 简述美国、英国、日本的期货市场的风险监管模式。

【案例】

住友铜事件

背景与经过

日本住友商社（Sumitomo Corporation）是集金融、贸易、冶金、机械、石油、化工、食品和纺织为一体的超大型集团，在全球 500 强企业中一度排名第 22 位。住友铜事件的主角是滨中泰男（Yasuo Hamanaka），于 1970 年加盟住友商社，20 世纪 70 年代末开始参与 LME 的金属期货交易，随后成为首席交易员。

早在 1991 年，住友商社的首席交易员滨中泰男在期铜交易上就涉嫌伪造交易记录和操纵市场价格，但并没有得到及时处理。

1994—1995 年，滨中泰男长期控制 LME 大量的铜仓单，最高时约占交易所的 90%。通过控制仓单，可交割铜出现人为短缺。由于控制了许多交割仓库的库存，导致 LME 铜价从最初的 1 600 美元/吨单边上扬，最高达 3 082 美元/吨的高位。然而，1995 年全球铜产量增加，越来越多的卖空者加入到到抛售者的行列，这导致了铜价下跌。铜价的连续下挫不仅使滨中泰男的期铜多头头寸的盈利损失殆尽，而且还出现严重亏损。这时，滨中泰男认为凭借雄厚的资金实力必能遏制住铜价继续下跌的势头，于是通过各种途径融资增持期货合约，以此操纵期铜价格。在滨中泰男的操纵下，LME 铜价在 1995 年末略微持稳。滨中泰男抬高价格的行为使伦敦期铜市场长期处于升水（Premium）状态，以此遏制市场的远期抛盘。

1995 年 10 月、11 月，有人意识到期铜各月份合约的差价处于不合理状态，随即要求展开详细调查。在监管部门合理追查及交易大幅亏损的双重压力下，滨中泰男企图操纵市场的行径逐渐败露，住友商社在期铜交易的亏损额多达 26 亿美元。

事后，住友商社承认滨中泰男的操纵行为，声称事件未经授权。住友商社和 CFTC 进行调节，同意停止那些违反《美国交易所法》中禁止的操纵行为，支付 1.25 亿美元民事罚款，建立一个信托基金用于赔偿因违法行为给一般投资者造成的损失。

案例分析

从住友铜事件中，我们再一次认识到，市场并不是完全由资金多少来决定其长期走势，尤其是铜等基本金属市场。因为国际铜价受到全球经济形势及经济周期的影响，即使个别金融机构有力量在短期内操纵国际铜市，但从长远来看，如果忽视铜市的基本面，逆势而动，最终必然惨淡收场。

回顾住友铜事件，我们发现，滨中泰男之所以能够长期轻易地操纵 LME 期铜价格，主要有以下三方面的原因。

首先，住友商社的内部管理机制存在漏洞。住友商社过分倚重滨中泰男过往的表现，赋予滨中泰男过多的权力，对其缺乏足够的监管。在事件发生之前，滨中泰男以其卓越的业绩，成为住友商社在期铜交易方面的直接管理者，在期铜交易上具有显赫的地位。期铜交易的风险控制措施、财务管理措施及市场监控手段都是以滨中泰男为主进行制定和实施。住友商社没有通过有效控制来约束滨中泰男的交易行为。为了隐藏损失，滨中泰男持有两套交易账本，一套用于向住友商社显示其在铜、铜期货和铜期权买卖中的巨额利润，另一套交易账本则是记录他数十亿美元的损失。然而，住友商社管理层没有察觉到滨中泰男损失的行径。

其次，LME 的风险控制制度不够严格。LME 的现仓制度对投资者的要求比较宽松，而且没有建立大户报告制度。LME 的交易会员只有在持有铜的头寸超过 1.5 万吨时才需要报告，而且仅需向交易所的有关负责人报告即可。相比之下，纽约商品交易所（New York Mercantile Exchange，NYMEX）的交易会员持有铜的头寸超过 1 000 吨时，即必须公开报告头寸的情况。在保证金追缴方面，LME 允许投资者使用信贷资金追缴保证金，这在一定程度上为滨中泰男大规模增持期铜合约制造了机会，即使交易员积累大量头寸也不会引起公司财务部的注意。

最后，LME 对市场的实时监控体系未能有效运行，没有对市场异常情况及时展开调查和处理。从 1991 年起，LME 就收到反映滨中泰男有意操纵铜价的报告，但这些报告未能引起足够的重视。直到 1995 年 11 月，LME 主管部门才开始对期铜价格的反常现象进行调查和探讨。

为了杜绝期货市场操纵行为对其他投资者的正当收益造成伤害，期货市场的监管机构应逐渐完善市场监控体系和规范市场交易规则，抑制期货操纵行为的发生。第一，完善的市场监控体系可以有效监控期货的交易活动，记录期货交易的所有情况。期货交易量一旦过大、过小或者期货价格波动异常时，专职监管人员将针对异常现象展开调查，并依情节轻重发出警告或终止交易的命令，将违规行为及其市场风险化解在萌芽状态。第二，规范的市场交易规则可以防范期货市场的操纵行为。住友铜事件发生后，NYMEX某官员曾批评 LME 过于温和的监管方式及过于松散的交易规则。美国《商品交易法》第三条也阐述了把规范市场操纵的规则作为《商品交易法》的中心问题加以对待的必要性。

经过多年的发展，世界各主要期货市场从期货操纵行为中吸取了丰富的管理经验。期货市场的交易规则和风险控制制度逐步完善，市场发展日益健康。目前，各大期货交易所均已经建立起较为成熟的风险控制制度。

主要参考文献

［1］刘志刚．境外期货交易［M］．北京：中国财政经济出版社，2005.

［2］朱玉辰．期货投资经典案例［M］．上海：上海远东出版社，2010.

［3］中国证券业协会．证券市场基础知识［M］．北京：中国财政经济出版社，2011.

［4］巴曙松．现代金融机构的风险管理体系及其运作发展趋势．中评网．

［5］曹元芳等．跨市场金融风险与金融监管合作［J］．上海金融，2007.

［6］庞海峰．期货市场［M］．哈尔滨：东北林业大学出版社，2001.

［7］方世圣等．股指期货实战解析［M］．上海：上海财经大学出版社，2007.

［8］徐雪．期货市场［M］．北京：中国金融出版社，2010.

［9］张九辉等．期货投资实战教程［M］．北京：经济管理出版社，2004.

［10］中国期货业协会．期货市场教程［M］．北京：中国财政经济出版社，2010.

［11］李国华．期货市场简明教程［M］．北京：经济管理出版社，2003.

［12］约翰 C. 赫尔（JohnC. Hull）著；王勇，袁俊，韩世光译．期权与期货市场基本原理（原书第 8 版）［M］．北京：机械工业出版社，2016.

［13］肖敏顺．期货市场交易守则［M］．太原：山西人民出版社，2012.

［14］劳伦斯 G. 麦克米伦（Lawrence G. McMillan）著；王琦译．金融期货与期权丛书：期权投资策略［M］．北京：机械工业出版社，2015.

［15］上海证券交易所．327 国债期货事件．金融界网站，2006.

［16］上海期货交易所．白银期货合约文本．上海期货交易所网站，2016.

［17］大连商品交易所．豆油期货合约文本．大连商品交易所网站，2016.

［18］郑州商品交易所．上市期货合约文本．郑州商品交易所网站，2016.

［19］郑振龙．衍生产品［M］．武汉：武汉大学出版社，2005.

［20］赵彤刚．中盛粮油演绎美版"中航油"事件［N］．北京：中国证券报，2005.

［21］庞海峰．期货市场理论与实务［M］．北京：科学出版社，2012.

附　录

专用术语中英文对照

A

ADP　备用交割程序

American options　美式期权

AP（associated person）　经理商代理人

associate broker clearing　准经纪清算会员

associate trade clearing　准交易清算会员

associate broker　准经纪会员

associate trade　准交易会员

at – the – money　平值期权

B

Back stop technology　回止技术

backwardation　现货升水

basis　基差

basis contracts　基差合同

bear spread　熊市套利

BM&F　巴西商品期货交易所

BOTCC　芝加哥交易所清算公司

butterfly spread　蝶式套期留利

bull spread　牛市套利

buy spread　买进套利

C

cash day　现货日

call options　看涨期权

cash – flow risk　现金流风险

cash forward　现货远期合同

cash settlement price　现货结算价

CBOE　芝加哥期权交易所

CFTC　美国商品期货交易委员会

Chicago Board of Trade（CBOT）　芝加哥期货交易所

CME　芝加哥商业交易所

contango　现货贴水

contract size　合约规模

COMEX　纽约商品交易所

commodity product spread　商品产品套利

commodity options　商品期权

commodity fund　商品基金

CPO（commodity pool operators）　商品基金经理

crack spread　原油提炼套利

credit risk　信用风险

credit trading　授信交易

crush spread　大豆提油套利

CTA（commodity trading adviser）　商品交易顾问

D

delayed pricing　延迟定价

deliverable grades　交割等级

DTB　德国期货交易所

270

E

EFP（exchange – for – physicals）　期货转现货交易

effectiveness test　有效性测试

EFS　期货转掉期

e – mini – sized contract　电子迷你型合约

either offer or bid　收盘价

EUREX　欧洲期货交易所

Euronext　泛欧交易所

European options　欧式期权

F

FCM（futures commission merchant）　期货佣金商

FIA　美国期货行业协会

flat price　全价

floor broker　场内经纪人

forward or deferred pricing contracts　远期合同

funding liquidity risk　融资流动性风险

functional regulation　功能监管

futures contract　期货合约

FSA　英国金融服务局

G

gas oil　柴油

GNMA（Government National Mortgage Association Certificates）　政府国民抵押协会抵押凭证

GLOBEX　期货全球交易网络

gulf basis　海湾升贴水

H

hedging　套期保值交易

hedge fund　对冲基金或套利基金

hedge ratio　套期保值比率

HKEX　香港交易和结算所有限公司

horizontal spreads　水平套利

hold grain in on – farm storage and sell later　自存后销

I

IB（introducing broker）　介绍经纪人

Industrial metals or base metals　工业金属

IMM　芝加哥商业交易所国际货币市场分部

inverted market　逆转市场

intermarket spread or interdelivery spread　同市场套期图利

Interoffice Trading　办公室之间的交易

intermarket spread　跨市场套利

intercommodity spread　跨商品套利

intercrop spread　跨作物年度套利

intrinsic value　内含价值

in – the – money　实值期权

IOSCO　证监会国际合作组织

IPE　伦敦国际石油交易所

K

KCBT　堪萨斯交易所

kerb dealing　场外交易

KOFEX　韩国期货交易所

L

LBMA（London Bullion Market Association）　伦敦贵金属市场协会

Legs　套利的"腿"

LIFFE　伦敦国际金融期货期权交易所

liquidity risk　流动性风险

LME　伦敦金属交易所

long hedge or buying hedge　买入套期保值

long straddle　买入跨式套利

long strangle　买入宽跨式套利

LTRS　美国商品期货交易委员会的大户报告制度

M

macro fund　宏观基金

managed futures　管理期货（期货投资基金）

market maker　做市商

mark to market　逐日盯市

market risk　市场风险

market product liquidity risk　市场/产品流动性风险

ME　蒙特利尔交易所

MexDer′　墨西哥衍生品交易所

mini – sized contract　迷你型合约

N

normal market or contango　正常市场

NYBOT　纽约期货交易所

NYMEX　纽约商业交易所

NYSE　纽约证券交易所

NZFOE　新西兰期货与期权交易

O

OCC（Option Clearing Corporation）　期权结算所公司

OM　瑞典期货交易所

OME　大阪商业交易所

open out cry　公开喊价

Operation risk　操作风险

original margin or initial margin　初始保证金

OTC　场外交易

Out – of – the – money　虚值期权

P

price basis　点价的基价

pricing or basis trading　点价交易

premiums　期权的权利金

precious metals　贵金属

put options　看跌期权

Q

quotational period　定价期

R

rape or rapeseed　油菜

rank classification　分类排序法

reverse crush spread　反向大豆提油套利

reverse crack spread　反向原油提炼套利

ring member　圈内会员

S

S&P　标准普尔

SCE　新加坡商品交易所

scalpers　抢帽子交易者

SEC　美国证券交易委员会

series　期权的组

SFE　悉尼期货交易所

sell spread　卖出套利

sensitivity analysis　敏感度分析

SGX – DT　新加坡交易所衍生品交易有限公司

SOFFEX　瑞士金融期货期权交易所

short hedge or selling hedge　卖出套期保值

short straddle　卖出跨式套利

short strangle　卖出宽跨式套利

SPAN　标准组合风险分析

spread　价差

spreads　套利交易

strike price　敲定价格

straddle　跨式套利

store grains in commercial elevator and sell later　代存后销

strangle　宽跨式套利

stress testing　压力测试法

swap　掉期

T

TAIFEX　台湾期货交易所

tabular and graphic　表格图形法

TGE　东京谷物交易所

The Commitments of Trader Report　投资者头寸报告制度

TIFFE　东京国际金融期货交易所

Time value　时间价值

TIMS　市场间保证金计算系统

TOCOM　东京工业品交易所

vertical bull call spread/long call spread　买空看涨期权垂直套利

vertical bull put spread/long put spread　买空看跌期权垂直套利

vertical bear call spread/short call spread　卖空看涨期权垂直套利

vertical bear put spread/short put spread　卖空看跌期权垂直套利

V

value line index　价值线指数

variation margin　可变保证金

vertical spread　垂直套利

W

WCE　温尼伯商品交易所

WTI　西得克萨斯中质油